Andalusien

W0070018

Hans-Peter Burmeister

DUMONT RICHTIG REISEN

Inhalt

Andalusien – Porträt einer Region

Rundreise durch Andalusien

Inhalt

Inhalt

Tipps & Adressen

Verzeichnis der Karten und Pläne

Vorwort

Schon der Name klingt verheißungsvoll – weich, gefühlvoll, exotisch. Flamenco, Stierkampf, blühende Natur, ewige Sonne sind mit ihm verbunden. Und sind Sevilla, Córdoba und Granada nicht die Namen gesuchter Geheimnisse, Namen voller Musik und Grazie? Andalusien beschwört schon Bilder und Klänge herauf, ehe wir die Reise angetreten haben. Nach Andalusien reist man mit Erwartungen. Wer jedoch nur bestätigt wissen möchte, was er vorher über das Land seiner Wahl gehört, gelesen oder in Filmberichten gesehen hat, mag am Schluss enttäuscht sein, weil der Traum, der Film, die Vorstellung schöner waren als dieses Land, das wie jedes andere nur eine Anzahl erfüllter Augenblicke bieten kann. Reisen als Desillusionierung, gespickt mit dem mageren Triumph, dort gewesen zu sein?

Reisen bildet. Aber der Reisende nimmt sich selbst immer mit: seinen Blickwinkel, seinen Horizont und seine Vorstellungen. Andererseits ist es gut, etwas zu wissen, um das Interesse zu steuern, das Naheliegende nicht zu übersehen, den Horizont weiter zu spannen und aus der Vielzahl der Eindrücke ein Ganzes bilden zu können.

Seien wir also unbefangen, offen für Überraschungen, aber auch vorbereitet, um nicht allein dem Zufall preisgegeben zu sein. Andalusien ist nicht nur das herausgeputzte Kalenderbild unserer Vorstellungen, es steckt voller Gegensätze, und der Reisende hat daran teil. Die faszinierende Tradition des Landes ist nicht zuletzt durch jene ›weiße‹ Industrie des Tourismus bedroht, die zugleich für viele Bewohner Auskommen und Rettung bedeutet und für den Reisenden die Behaglichkeit des für ihn eingerichteten Komforts, aber auch die Plage des Immergleichen. Andalusien ist ein wunderbares Land, in das die Reise lohnt, in dem selbst das Bekannte und Spektakuläre reizvoll geblieben sind, ganz zu schweigen von all den unentdeckten Landschaften, Plätzen und Orten. Legen wir die Werbeprospekte beiseite, vergessen wir die Schwärmereien, richten wir uns darauf ein, dass Andalusien anders ist als wir es uns vorstellen. Dann können wir auch jenes Andalusien erleben, das uns schon einmal angelächelt hat – wie eine Landschaft aus einem Kinderbuch. Wir können erstaunen, dass es sie wirklich gibt: die Blumenwiesen im Frühjahr, die prachtvollen Gärten, in denen Brunnen plätschern, die zur Melancholie einladenden Gässchen und stillen Winkel, die geräumigen, nachts auflebenden Plätze der Stadt, die herrischen Burgen über einer zarten und einsamen Landschaft, die über strengen Gebirgen schwebenden Adler und das geduldige, zum Baden einladende Meer.

Andalusien –
Porträt einer
Region

Geografie
Ein Land mit vielen Gesichtern

Andalusien ist Spaniens Süden. Die Region erreicht fast die Größe Portugals. Flächenmäßig bildet Andalusien mit 87 268 km^2 nach Kastilien-León die zweitgrößte *communidad autónoma* (autonome Gemeinschaft) Spaniens, und hinsichtlich der Einwohnerzahl übertrifft es Katalonien. Etwa ein Sechstel der spanischen Bevölkerung lebt in Andalusien: siebeneinhalb Millionen Menschen.

Eine natürliche Grenze zur kastilischen Hochebene bildet die lang ausgedehnte Gebirgskette der Sierra Morena. An ihrer Nordseite schließen sich die Regionen Extremadura und Kastilien-La Mancha an. Südlich der Sierra Morena erstreckt sich das Kerngebiet Andalusiens mit seinem Lebensstrom: Die Flussebene des Guadalquivir.

Der Guadalquivir entspringt im Cazorla-Gebirge im Nordosten Andalusiens und fließt bis in den äußersten Westen zum Atlantik. An seinen Ufern wurden so geschichtsträchtige Städte wie Córdoba und Sevilla gegründet. Das Gebiet der Flussmündung ist heute ein Naturschutzpark, eines der größten Vogelreservate Europas. Hier, im flachen Coto de Doñana und in den *marismas*, halten die Vögel Rast, bevor sie nach Afrika übersetzen oder den Rückflug in den Norden beginnen.

Den stärksten Kontrast zum Flachland des Guadalquivir-Beckens bildet das Hochgebirge der Sierra Nevada mit seinen bis in den Juli hinein schneebedeckten Gipfeln, das sich im Südosten des Landes befindet. Der Mulhacén ist mit 3482 m der höchste Berg des spanischen Festlandes.

Nur wenige Kilometer von den Wintersportquartieren der Sierra Nevada entfernt liegt die Costa del Sol, die mit Recht so genannte ›Sonnenküste‹. Sie verwöhnt die dort ansässigen Menschen fast das ganze Jahr hindurch mit einem milden Klima. In ihrem Rücken stehen rauhe Mittel- und Hochgebirge, die Betische Kordillere, zu der auch die Sierra Nevada gehört. In den Bergen

In der Sierra Nevada

können die Winter hart werden; sie bieten erfrischende Kühle, wenn es in den Ebenen zu heiß wird.

Den schmalen, fruchtbaren Küstenstreifen in der Umgebung von Málaga, dem Verkehrsknotenpunkt der Mittelmeerküste, kennzeichnet üppige Vegetation. Die Gegend um Almería im Südosten Andalusiens dagegen erinnert an die Wüsten Afrikas. Hier, Am Ostrand der Sierra Nevada, befindet sich die einzige natürlich entstandene Wüste Europas.

Zwischen den rauhen Bergen nördlich von Málaga und dem Becken des Guadalquivir liegt eine ausgedehnte Hügellandschaft, in die weiße Dörfer eingebettet sind, oft überragt von den Resten einer maurischen Burg. Diese niederandalusische Landschaft erstreckt sich über 300 km in Ost-West-Richtung bis zum Atlantik.

Andalusien, durch die ausgedehnte und wilde Sierra Morena von der Extremadura wie von Kastilien und Portugal getrennt, erscheint als geografisch abgeschlossener Raum, der aber kein einheitliches Gepräge besitzt, sondern aus unterschiedlichsten Landschaftsformen besteht. Gerade darin liegt ein besonderer Reiz der Region. Selbst die Meere, die an die Küsten Andalusiens stoßen, stehen in starkem Kontrast zueinander: Das Mittelmeer ist sanft, und das Klima in seinem Einflussbereich ist zuverlässig mild, der Atlantik dagegen zeigt sich schroff und wechselhaft.

Bevölkerung, Alltagskultur und Wirtschaft

Der Rhythmus des Lebens

In Andalusien gibt es kaum Industrie. Der Rhythmus des Lebens folgt dem Rhythmus des Jahres mit seinem Klimawechsel und der darauf abgestimmten Feldarbeit, dem Pflanzen und Säen, Ernten und Verarbeiten von Spargel, Erdbeeren, Zitronen, Orangen, Weizen, Baumwolle und Oliven. Alles hat seine Zeit im Jahr, so auch die Feste, deren es viele gibt: im Frühjahr, im Sommer und im Herbst.

Im Winter, zur Regenzeit, schließt man die Türen und wartet. Man wartet nicht auf die wärmende, trocknende Sonne, sondern auch auf jenen anderen Zyklus, der im Frühjahr, nach der Winterpause, jährlich neu beginnt, im Sommer anschwillt und im Herbst abebbt, um im Winter fast gänzlich zu versiegen. Es handelt sich neben der Landwirtschaft um die zweite große Erwerbsquelle der Region: den Tourismus.

Die Touristen kommen langsam, im Frühjahr noch als wagemutige Einzelne, erobern nach und nach Dörfer und Städte, zunächst noch zögernd im Schritt, verhalten in der Bewegung, verschämt im Gebrauch der neu erworbenen spanischen Redewendungen, bis sie in Massen stranden, unbelastet von jeder Rücksichtnahme, im Vollgefühl derjenigen, die für die Sonne und die Bedienung bezahlt haben, laut englisch oder deutsch sprechend. Sie sorgen für Beschäftigung der Einheimischen im Baugewerbe und im Transportwesen oder als Köche und Reinigungspersonal, Barmixer, Zeitschriftenhändler und Apotheker. Für die im Tourismussektor Beschäftigten gibt es kaum freie Wochenenden.

Im Herbst haben sie genug, auch der geduldigste Andalusier bekommt einen gereizten Ton. Und die Massen suchen wieder das Weite: im fernen Norden, in der Kälte, in den Städten.

Ab März bricht die Sonne durch und schenkt den Menschen eine milde Wärme, bevor sie im Sommer unbarmherzig die Erde verbrennt und die Städte in Öfen verwandelt. Im Frühjahr ist das Land grün und von bunten Blumen übersät. Nun werden auch die Bars zur Straße hin geöffnet. Alte Männer sitzen draußen, kommentieren und debattieren. Junge Mädchen flanieren eingehakt und kichernd vorbei, herausgeputzt, in wiegendem Gang. Das Leben scheint nicht nur aus der Erde, sondern auch aus den Behausungen der Menschen herauszubrechen.

Ostern ist das große Fest der Auferstehung. Es ist ein christliches Fest, das in Andalusien ganz ohne den heidnischen Osterhasen begangen wird. Dennoch drücken archaische Religionen die-

sem wichtigsten Fest Andalusiens bis heute ihre Stempel auf. Die ernst genommenen christlichen Traditionen vermischen sich so stark mit Elementen von Naturreligionen wie kaum in einem anderen Land Europas. So feiert man Ostern zugleich das Erwachen der Natur und den Frühling.

Höhepunkte des Jahres – Feste und Volkstradition

In der **Semana Santa,** der Heiligen Woche vor Ostern, wird der mit Blumen geschmückte, gekreuzigte Christus durch die Straßen der Städte und Dörfer getragen, zusammen mit **María Dolorosa,** der ›Schmerzensreichen‹ Jungfrau. Die mannshohen Holzskulpturen sind auf schwere Wagen oder Gestelle montiert. Ihre Träger quälen und schinden sich und holen sich blutige Nacken. Die Geduld der Schauenden scheint grenzenlos. Kapuzenmänner, Menschen, die Fackeln tragen, sich Ketten an die nackten Füße gebunden haben und Holzkreuze auf dem gebeugten Rücken schleppen, und die Trommeln, die den Zug begleiten – all das erinnert an eine dunkle Zeit, an Inquisition und Folter, an sinnlose Qual. Aber es verträgt sich mit einer sozialistischen Stadtverwaltung ebenso gut wie mit Kaugummi kauen-

den Mädchen. Jeder Stadtteil, jede Gemeinde möchte die prachtvollste Bühne vorführen, vor allem die schönste Madonna, die wie eine Königin geschmückt wird. Die jungen Männer der jeweiligen Bruderschaften tragen ›ihren‹ Christus und ›ihre‹ Madonna durch die Stadt wie zur jährlichen Erneuerung eines Bündnisses, das wie der Ritus einer Initiation den Schmerz verlangt, den Tod vor der Auferstehung, die Askese vor der Erlösung, den selbstbewusst dargebrachten Verzicht vor der Hingabe an die Freude.

Damit beginnt der Jahreszyklus immer wieder neu. Der Tod wird beschworen, man nimmt ihn geradezu auf sich, will seine Nähe spüren – um der Auferstehung und des neuen Freude bringenden Lebens willen.

Ein bis zwei Wochen nach Ostern beginnt dann in Sevilla ein Frühlingsfest, das kein christliches Ereignis, sondern das Leben selbst feiert. Die **feria** ist ein Höhepunkt des Jahres – nicht nur in Se-

Semana Santa (Karwoche) in Málaga

villa. Jede Stadt in Andalusien feiert ihre *feria,* zu ihrer bestimmten Zeit. Aber die *feria* von Sevilla ist die größte und turbulenteste. Das Fest dauert eine Woche – Tag und Nacht. Hunderte von Häuschen, so genannte *casetas,* werden auf einem riesigen Areal am Stadtrand von Sevilla installiert. Familien, Betriebe, Parteien, Berufsverbände errichten sich ihre *caseta.* Mitgezogen vom vereinigenden Rhythmus der *sevillanas,* die man auf den Podien, aber auch zwischen Tischen und Stühlen tanzt, feiern Alte und Junge, Arme und Reiche, Rechte und Linke ein Fest ohnegleichen.

Solch ein Fest macht die Ankündigung eines jeden neuen Frühlings und Sommers verlockend. Die Sevillaner fallen in den Rausch, der nicht in Zerstörung und Trunkenheit endet, sondern im Rhythmus der Musik und des Tanzes bleibt und bei aller Ausgelassenheit Maß und Regeln kennt.

Man zeigt sich, man schmückt sich, und wer kann, kommt beritten oder mit der Kutsche zu den vielen lokalen Festen am Tage des jeweiligen Schutzheiligen sowie zu den *ferias* und den Erntefesten.

Auch bei manchen **Wallfahrten** verzichten die Andalusier nicht auf Pferd und Wagen. Die prachtvollste *romería* findet zu Pfingsten statt: Tausende von Pilgern und zahlreiche Reiter begleiten die zu prunkvollen Altären umgebauten Ochsenkarren, mit denen sich Männer und Frauen von überall her auf den Weg machen. Tagelang sind sie unterwegs, um das im Mündungsgebiet des Guadalquivir liegende **El Rocío** zu erreichen, ein stilles, abgelegenes Nest, das einmal im Jahr zu rauschendem Leben erwacht. Man versammelt sich hier zu Ehren der *Blanca Paloma,* einer Marienfigur aus dem 13. Jh., die im Schlick gefunden wurde. Gefeiert wird schon beim Aufbruch und während des langen

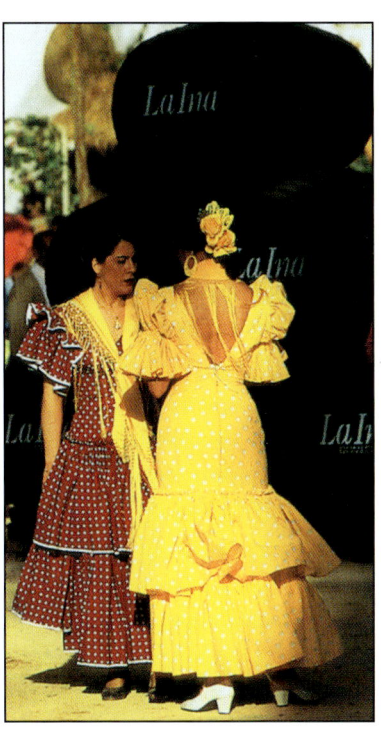

Ganz Andalusien feiert die feria

Weges. Das Hauptfest aber beginnt am Pfingstsonntag auf dem riesigen Platz von El Rocío und dauert bis zum Mittag des Pfingstmontags. Die Pilger kommen nicht im Büßergewand, sondern in den schönsten Trachten. Unter freiem Himmel wird musiziert und getanzt – unter den wohlwollenden Blicken der gnädigen Jungfrau. Rechtzeitig mit dem Auftakt zu den ersten Frühlingsfesten beginnt die Stierkampfsaison, die bis zum Herbst andauert. Auch hier werden die Formen und Regeln der Tradition gewahrt. Der **Stierkampf** ist ein ritualisiertes Töten, aber ein gefahrvolles. Die

Pilger auf der berühmten Pfingstwallfahrt nach El Rocío ▷

machtvolle, animalische Natur des Stiers, der man souverän gegenübertritt – sie beherrschend und sie tötend – atmet auch Tod, den sie bringen kann. Es ist ein blutiges, archaisches Spiel, umgeben von einem eigentümlichen, spannungsgeladenen Ernst.

Durchaus ernst geht es auch beim **Flamenco** zu, den man vielerorts abends oder nachts erleben kann und der vor allem von den in Andalusien lebenden *gitanos* vorgetragen wird. Nicht einmal die Bedeutung des Namens für jenen Gesang, jene Musik, jenen Tanz ist gesichert. Und selbst die Herkunft der Protagonisten des Flamenco liegt im Dunkeln. Die *gitanos* gehören seit Jahrhunderten zur andalusischen Bevölkerung. Wahrscheinlich indischer Abstammung, zogen sie durch verschiedene Länder Südosteuropas, bis sie Mitte des 15. Jh. nach Spanien kamen, vor allem nach Andalusien, wo sie bis heute meist von den anderen Einheimischen abge-

trennt leben. Dennoch sind sie in der Kultur dieses Landes verwurzelt, die sie inspirierte, und der sie eigene Töne, Lieder und Tänze schenkten, deren Kraft und bizarre Ausdrucksform die Menschen bis heute anrührt und begeistert.

Auch im Flamenco geht es scheinbar um Leben und Tod. Der kehlige wimmernde und sich im Schrei dramatisch öffnende Gesang kündet von jahrhundertelanger Unterdrückung, reißt einen Abgrund verfehlter Liebe auf oder verleiht dem Schmerz des Verlassenseins Stimme. Der Tanz des Mannes wie der Frau unterstreicht die Würde ihrer Eigenart und die kraftvolle Spannung ihrer geschlechtlichen Gegensätze. Die Geschlechterspannung wird im Tanz hart zum Ausdruck gebracht, bleibt aber human, weil jeder der Beteiligten seine Würde behält und niemand niedergerungen wird. Die Ekstase des Einzelnen wird getragen, begleitet und angefeuert von der Gruppe, der er angehört und die

Tödliches Ritual: Stierkampf in Sanlúcar de Barrameda

Flamenco ist die Kunst der in Andalusien lebenden gitanos

den Rhythmus vorgibt. Die Ekstase ist ein Heraustreten und ein Besessensein, eine Fühlungsnahme mit einer anderen Welt, mit dämonischen Kräften, die man zulässt, die überwältigen, die man aber dennoch beherrscht, indem sie Gesang und Bewegung werden.

Flamenco ist nur ein Aspekt der andalusischen Folklore. Musik und Tanz, ritueller Tod und inszenierter Frohsinn sind durchaus kein operettenhaftes Beiwerk oder eine Zugabe für den Touristen. Sie sind als willkommene Erhöhungen des Alltags authentischer Lebensausdruck der Bevölkerung.

Schrecken der Stille, Lärm des Lebens

Das Dorf, die Stadt – das ist immer anders als das unbehauste einsame Land. Aber einsam will in Andalusien niemand sein. Man ist immer mit anderen unterwegs, redet unentwegt, kommt von der Familie und geht zur Familie. Man ist gern zusammen, in kleinen oder großen Gruppen. Man meidet die Stille. Das einsame Land bedeutet Stille, mächtig wie der Tod. Doch das Dorf, das eine Bar besitzt, besser noch die Stadt mit ihren zahlreichen Lokalen, aber auch das eingeschaltete Fernsehgerät, das magische Bilder einer weit entfernten Welt vermittelt, bedeuten Leben. Mit lautem Rufen und Schreien, Reden und Spielen vertreibt man den draußen lauernden Schrecken der Stille.

Es gibt kaum eine Bar oder ein Restaurant, in dem das Bildschirmleben nicht in den Raum dröhnt – während gegessen, getrunken, Domino oder Billard gespielt und der jaulende Spielautomat mit Aufmerksamkeit bedient wird. Das lautstarke Gespräch gilt derweil dem Fußball, dem Wetter oder den geliebten Feinden der Nachbardörfer und -städte, mit denen man konkurriert. Die Fülle der

Kinder gehören überall dazu

Geräusche bildet eine Art akustischen Raum, in den man, von draußen kommend, plötzlich eintritt – der Stille entronnen, ausgeliefert dem Lärm.

Die Andalusier trinken nicht wenig, mit Vorliebe den landeseigenen Wein und den weltberühmt gewordenen Sherry oder Brandy, vielfach auch Bier. Aber selten sieht man Betrunkene. Das bekömmliche Maß verdankt sich nicht gewaltsamem Verzicht, es ergibt sich zwanglos. Das Netz der Kommunikation schützt vor der Sucht und befördert den Genuss. Durch das Gewebe des Sprechens und Trinkens und Essens fällt niemand hindurch. Stille Trinker sind selten.

Die Begabung der Andalusier zu mitreißender Geselligkeit ist legendär. Das gilt nicht nur für die Feste. Man trifft sich alltäglich auf den städtischen Plätzen und in den Bars, um das Tagesgeschehen zu debattieren. Zwischen den Gläschen werden *tapas* genossen, die typisch spanischen Appetithäppchen. So vergeht die Zeit nicht in tickender Leere oder in brausendem Tempo, sondern gemächlich, geknüpft zwischen *copas* (Gläschen) und *tapas*.

Der Süden bricht auf

Andalusien liegt heute nicht mehr fernab. Von Málaga aus strömen die Gäste aus aller Welt an die Küste und in das Landesinnere. Und nicht nur Sevilla, Schauplatz der Weltausstellung 1992, hat sich durch zunehmenden internationalen Flugverkehr, ein neu entstandenes Autobahnnetz und Hochgeschwindigkeitszüge zu einem Verkehrszentrum entwickelt. Auch die anderen Metropolen sind inzwischen Teil eines Verkehrsnetzes, das raschen Ortswechsel erlaubt und das übrige Land erschließt.

Aber der Sprung in die Moderne, so selbstsicher er auch unternommen wurde, er hat Andalusien nicht gänzlich umzuwandeln vermocht. Man besinnt sich sogar verstärkt auf jenes unverwechselbare Eigene, das Jahrhunderte überleben konnte und nun einer plötzlich einströmenden Modernität zu widerstehen hat. Der Lebensrhythmus widersetzt sich nach wie vor einer zielstrebigen Hektik.

Andalusien ist noch immer ein agrarisch strukturiertes Land, in dem die feudalen Verhältnisse über Jahrhunderte vergleichsweise unverändert erhalten blieben. Weil die spanischen Könige an Adel und Klerus für ihre Beteiligung an der *reconquista* immense Landflächen vergaben, entwickelte sich die Latifundienwirtschaft. Der Adel lebte vom Großgrundbesitz, die besitzlose Unterklasse bestand aus Landarbeitern. Das in arabischer Zeit blühende Land, ein von den arabischen Poeten besungener Garten Eden, verkam nach der Vertreibung der Mauren und Juden; die Bewässerungsanlagen verrotteten, der Boden versteppte. Seine Eigentümer waren weder Bauern noch Bürger, die an Produktivität interessiert gewesen wären,

sondern adelige Großgrundbesitzer. Zwar hatte sich in den größeren Städten wie Sevilla und Cádiz ein Bürgertum entwickelt, doch richtete dieses seinen Blick auf den neu entdeckten Kontinent und nicht auf das eigene Land, zu dessen Entwicklung es wenig beitrug. Andalusien war eine Region großer sozialer Gegensätze, gekennzeichnet durch den Abstand zwischen einer das Land besitzenden Aristokratie und den Besitzlosen, die es bearbeiteten.

Noch immer herrschen in Andalusien Großgrundbesitzer, noch immer arbeiten viele Andalusier als Tagelöhner. Die Landarbeiter hatten seit dem 19. Jahrhundert wiederholt ihre Situation durch

Noch immer herrschen in Andalusien Großgrundbesitzer

spontane, anarchistische Aktionen zu verändern versucht. 1843 wurde die spanische *Guardia Civil* gegründet, um diese Aufstände zu bekämpfen.

Eine besondere Rolle spielte in Spanien seit Beginn des 20. Jh. die gewerkschaftliche Arbeiterbewegung. Die Anarcho-Syndikalisten richteten sich vehement gegen Staat und Kirche. Ihren stärksten Einfluss hatten sie unter den Facharbeitern Kataloniens und unter den Landarbeitern Andalusiens. Sie kämpften im spanischen Bürgerkrieg in vorderster Front gegen das putschende Militär – und auch gegen die Gegner im eigenen Lager, die autoritären stalinistischen Kommunisten –, und noch während des Bürgerkriegs verteilten sie in Andalusien Anbauflächen nach dem Prinzip: ›Das Land denen, die es bearbeiten‹. 1984 kam es endlich zu einer Agrarreform, die unter gewissen Voraussetzungen die Enteignung von Großgrundbesitzern erlaubt, aber bisher kaum Früchte trug.

Die Großgrundbesitzer züchten mit Vorliebe Pferde und Stiere, ihnen gehören die riesigen Olivenplantagen, die Weinstöcke, die Baumwoll- und Weizenfelder, die Orangenpflanzungen, die ganze Flächen bedeckenden leuchtenden Sonnenblumen und die unter den Plastikplanen der Treibhäuser versteckten Gurken und Tomaten. Die Ernten werden zum großen Teil nicht mit Hilfe von Maschinen, sondern mit den Händen der Tagelöhner eingebracht, die nur saisonweise Arbeit finden. Ihre Familien sind daher froh, dass es den Tourismus gibt. So können die Kinder im Lande bleiben und müssen nicht wie früher ihre Heimat verlassen, um ihre Familien zu ernähren. Zur Glücksvorstellung des Andalusiers gehört, in Andalusien zu leben.

Zahlreiche Andalusier gingen in der Vergangenheit als Gastarbeiter nach Nord- und Mitteleuropa, andere wanderten in die spanischen Industriezentren Madrid, Barcelona und Bilbao ab. Sie haben den nationalen Hochmut von Katalanen und die steife Verachtung von Kastiliern erfahren, die auf den Südländer, den Zurückgebliebenen, den *moro* zielten. Heute leben die meisten Andalusier wieder zu Hause. Die Arbeitslosigkeit ist zwar nach wie vor hoch, aber die Region ist kein Armenhaus mehr. Noch immer gibt es materielle Not, doch ist Andalusien politisch selbstbewusst und eine wirtschaftlich aufstrebende Region geworden.

Einen entscheidenden ökonomischen Impuls stellte 1992 die Weltausstellung in Sevilla dar. Der Infrastruktur des Landes kamen die neuen Schienenwege, Straßen, Flugplätze und Dienstleistungsbetriebe zugute, die im Zusammenhang mit der EXPO entstanden waren. Davon profitieren nicht nur die heutigen Reisenden, sondern neben dem Tourismus auch nach wie vor der Handel und die sich auf den gesamteuropäischen Markt einstellende Landwirtschaft. Dennoch waren die erwarteten Folgen auch enttäuschend. Aus dem angestrebten Technologie-Zentrum auf dem EXPO-Gelände wurde nichts, ebenso wenig konnte eine der wichtigen europäischen Behörden nach Sevilla gelockt werden. Der Aufbruch Osteuropas hat Andalusien für Europa-Politiker wieder an den äußersten Rand gedrängt. Inzwischen ist die Weltausstellung '92 in die Geschichte eingegangen: als großartiges Fest und Anlass für eine Modernisierung der Infrastruktur, aber auch als fragwürdige Pleite. Noch immer lastet ein Schuldenberg auf Stadt und Land. Eine nachhaltige ökonomische Entwicklung, wie sie durch die EXPO angestrebt und als deren Folgewirkung erwartet wurde, blieb bisher aus.

Touristen in der Alhambra, Granada

Die ›weiße‹ Industrie

1965 war Spanien weltweit das Reiseland Nummer eins, und der weitere touristische Ausbau der andalusischen Mittelmeerküste wurde massiv vorangetrieben. Die Öffnung des Landes für die nun massenweise kommenden Besucherscharen sollte dem Franco-Staat Devisen bringen. Diese Rechnung ging auf. Dass nun die Touristen zumindest teilweise auch die abgeschlossene Welt der Franco-Diktatur aufbrachen, war wohl kaum geplant. Tatsächlich waren es neben den Erfahrungen, die die Spanier als Gastarbeiter in der Fremde machten, gerade die zahlreichen Ausländer, die während der Franco-Zeit Horizonte öffneten und die bisherige Randstellung des Landes aufweichten.

In der Regel sind die Andalusier sogar auf die fragwürdigsten Segnungen der so genannten ›weißen‹ Industrie in ihrem Land stolz, erscheint sie ihnen doch als Zeichen des Anschlusses an das reiche Europa oder auch als der für das eigene Auskommen zu zahlende Preis. Überfremdung wird kaum gefürchtet. Um die Touristen massenhaft in der Schönheit der andalusischen Natur Platz nehmen zu lassen, ist die Mittelmeerküste vielerorts verschandelt worden – ein Modell, das weder vorbildlich noch ausbaufähig ist.

Noch sieht man den unkontrollierten Zerstörungen von Landschaft und Natur mit relativer Gelassenheit zu. Aber das Bewusstsein für die Gefährdung der regionalen Eigenart wächst. Ökonomisches Kalkül trifft sich dabei mit eingeborenem Schönheitssinn. Dem hässlichen Massentourismus beginnt man schon abzuschwören. Man weiß: Dem Anspruchsvollen gehört die Zukunft. Und ihm will man etwas bieten. Der Gedanke, dass Natur etwas Kostbares und Bewahrenswertes sei, ein großer Schatz, von dem man lange zehren kann, wenn man ihn hütet, wurde zunehmend von engagierten Bürgern, Medien und politischen Parteien als wichtiges Thema anerkannt.

Landeskunde im Schnelldurchgang

Fläche: 87 268 km²
Einwohner: 7,5 Mio.
Amtssprache: spanisch (castellano)
Währung: Euro (€)
Hauptstadt: Sevilla
Ferienzentren: Costa del Sol, Costa tropical, Costa de la Luz

Geographie: Andalusien liegt an der Südspitze des europäischen Kontinents. Der Meeresgraben zwischen Atlantik und Mittelmeer, die Straße von Gibraltar, trennt Andalusien nur durch einen 14 km langen Meeresstreifen von Afrika. Im Westen grenzt die Region an Portugal.

Im Norden und Nordwesten bildet der südliche Rand der Kastilischen Hochebene, die Sierra Morena, die Grenze zu den Regionen Extremadura und Kastilien – La Mancha. Unterhalb dieses Gebirges fließt der wichtigste Fluss Andalusiens, der Guadalquivir. Er bildet mitsamt seinen Nebenflüssen die Lebensader Andalusiens. Noch weiter südlich erheben sich in West-Ost-Formation die Bergketten der Cordilleras Beticas, die bis zur Mittelmeerküste reichen und fast zwei Drittel der Landschaft Andalusiens ausfüllen. Zu den Cordilleras Beticas gehört auch die höchste Gebirgsformation Spaniens auf dem Kontinent, die Sierra Nevada. Die Südküste grenzt ans Mittelmeer. Das schmale Küstengebiet wird teilweise von Gebirgen, teilweise von wüstenähnlichen Landschaften begrenzt. Die Westküste Andalusiens grenzt an den Atlantik. Dieses Gebiet wird vom flachen Mündungsgebiet des Guadalquivier dominiert.

Bevölkerung: Aufgrund der geografischen Gegebenheiten konzentriert sich die Bevölkerung seit jeher auf die Siedlungen im Guadaquivir-Tal und an den Küsten. Veränderte Wirtschaftsstrukturen haben dazu geführt, dass die Landbevölkerung in den letzten Jahrzehnten um die Hälfte geschrumpft ist, während die Bevölkerung an der Küste rapide zugenommen hat. Zu den traditionellen Minderheiten, den *gitanos,* die meist in billigen und verwahrlosten Siedlungen der Vorstädte wohnen, gehören seit Jahren auch Engländer und Deutsche, die in so genannten Urbanisationen an der Mittelmeerküste residieren. In der Gegend von Almería und Huelva leben außerdem Tagelöhner aus Nordafrika, vor allem Marrokaner, viele darunter illegal.

Religion: Über 90 % der andalusischen Bevölkerung ist katholisch. Durch Zuwanderung an der Costa del Sol und durch Konversion vor allem Jugendlicher in Granada und Umgebung gibt es zudem eine kleine Minderheit islamischen Glaubens.

Staat und Politik: Spanien wurde 1975 parlamentarische Monarchie, die verschiedenen Regionen haben eine eigene Regierung. Andalusien wurde 1980 durch ein Referendum zur Autonomen Gemeinschaft mit eigenem Verwaltungsnetz. Die Autonomen Gemeinschaften Spaniens, den deutschen Bundeländern vergleichbar, wurde in verschiedene Provinzen eingeteilt, in Andalusien sind es: Huelva, Cádiz, Sevilla, Córdoba, Jaén, Málaga, Almería.

Seit 1996 wird Spanien von der rechtskonservativen Partido Popular (PP) unter Jose Maria Aznar regiert (2000 mit 44,4 % wiedergewählt und seitdem ohne Koalitionspartner allein regierend). Andalusien wird traditionell von den Sozialisten (PSOE) regiert, die allerdings in der letzten Parlamentswahl ihre absolute Mehrheit verloren haben und mit einer andalusischen Regionalpartei (Partido Andalucista) koalieren müssen.

Wirtschaft und Tourismus: Traditionell hoch ist der Anteil der Landwirtschaft, die vom Großgrundbesitz beherrscht wird: Olivenanbau in der Provinz Jaén, Wein in der Provinz Cádiz um Jerez de la Frontera. Im Tal des Guadalquivir werden Weizen, Sonnenblumen, Zuckerrüben und Baumwolle angebaut, Erdbeeren gedeihen besonders früh in der Provinz Huelva, Gemüse und subtropische Früchte werden an der Mittelmeerküste geerntet, davon allein 65 % in der Provinz Almería. Der Export der landwirtschaftlichen Produkte hat in den letzten Jahren stark zugenommen.

Der Fischfang, einst ein wichtiger Erwerbszweig Andalusiens, hat hingegen stark abgenommen. Gründe sind die Überfischung des Mittelmeeres, aber auch Streitigkeiten über die Fanggründe im Atlantik, insbesondere mit Marokko. Industriezentren (Bergbau, Stahlwerke, Schiffbau und chemische Industrie) sind Algeciras, Cádiz und Huelva. Experimente mit der Gewinnung neuer Energien finden seit einigen Jahren in den Wüsten Almerías (Sonnenenergie) und in der Provinz Cádiz (Windenergie) statt.

Neben der Landwirtschaft ist der Tourismus der wichtigste Wirtschaftszweig. 50 % der erwerbstätigen Bevölkerung ist inzwischen im Dienstleistungssektor tätig, wovon der Tourismus den Löwenanteil bildet. Fast 20 Mio. Touristen pro Jahr besuchen Andalusien, mit immer noch steigender Tendenz, darunter vor allem Engländer, Franzosen und Deutsche, zunehmend auch Osteuropäer. Die Arbeitslosenrate liegt mit über 20 % über dem spanischen Durchschnitt.

Klima und Reisezeit: Für zuverlässiges Sommerwetter von Ende Mai bis Mitte September sorgen in ganz Andalusien die Azorenhochs. Davon abgesehen ist das Klima aufgrund der geografischen Gegebenheiten jedoch uneinheitlich: Die Costa del Sol hält auch im Winter ein mildes Klima mit vielen Sonnentagen bereit, aber nur wenige Kilometer entfernt liegt in den Bergen nicht selten Schnee, auf den Bergkappen der Sierra Nevada von Oktober bis Juni. Am heißesten ist es in den Tälern, wo der kühlende Atlantikwind nicht hinreicht, so etwa im Guadalquivir-Becken zwischen Sevilla und Cordoba. Dafür bleibt das Klima an der Costa de la Luz zwischen Cádiz und Huelva selbst im Sommer manchmal frisch. Selbst die Niederschlagsverhältnisse sind extrem unterschiedlich: Die Sierra de Grazalema gilt als feuchteste, die Gegend nördlich von Almeria als die trockenste Region ganz Spaniens.

Andalusien ist zu nahezu jeder Jahreszeit ein lohnendes Reiseziel: Der Winter eignet sich für einen Aufenthalt an der Costa del Sol oder in der Gegend von Almería; zu dieser Zeit kann man die Städte und ihre kulturellen Schätze weitgehend ohne Touristenrummel genießen. Das Frühjahr besticht durch die blühende Natur – allerdings bleibt es in Granada wegen der Höhenlage bis Ende April noch empfindlich kühl. Der Sommer ist an den Küsten, vor allem am Atlantik, gut erträglich, auf längere Städtebesichtigungen im Landesinnern sollte man allerdings wegen der Hitze verzichten. Auch wenn viele Landstriche kahl und verbrannt sind, bietet der Herbst als Reisezeit viele Vorteile: Die Meere laden noch zum Baden ein, das Klima ist mild und warm und das Licht von besonderer Sanftheit. Ab Mitte Oktober können schon die ersten Regenwolken über das Land ziehen, die manchen als Erfrischungen durchaus willkommen sind.

Ein Streifzug durch die Geschichte

Auf andalusischem Boden kämpften Römer und Karthager um die Vorherrschaft im Mittelmeerraum. Germanische Völkerscharen fielen ein und dominierten das Land für Jahrhunderte. Alle diese Eroberer haben ihre Spuren hinterlassen. Nur der Zug der Vandalen führte während der Völkerwanderung über Andalusien hinaus bis nach Afrika. Aber das Land hieß für die Mauren, die es später beherrschten, *Al-Vandaluz* (Land der Vandalen), ein Name, aus dem das heutige *Andalucía* entstand.

Frühe Kulturen

Von der andalusischen Urbevölkerung zeugen Gräber und Höhlenmalereien, die zwischen 20 000 und 15 000 Jahre alt sind. Ab dem 5./4. Jahrtausend v. Chr. begann die Megalithkultur, deren Wurzeln im östlichen Mittelmeerraum zu suchen sind und die die Iberische Halbinsel in mehreren Kolonisierungswellen erreichte. Ein Zentrum der Megalithkultur befand sich in Los Millares (Almería).

Keramikfunde beweisen, dass Andalusien im 3. Jahrtausend v. Chr. ein europäisches Kulturzentrum bildete: Der Glockenbecher verbreitete sich über ganz Europa. Ende des 3./Anfang des 2. Jahrtausends v. Chr. blühte um Almería die El-Argar-Kultur auf, die die Bronzeverarbeitung beherrschte und neben Waffen Schmuck herstellte.

Für die antike Sagenwelt war jenseits der Straße von Gibraltar die Welt zu Ende. Herakles, mythischer Gründer vieler spanischer Städte, richtete hier die Säulen auf, die den Himmel trugen: Den Berg Musa (frz.: Moussa) rückte er auf afrikanische und den Felsen von Gibraltar auf europäische Seite.

Das sagenumwobene Atlantis, von dem die antiken Autoren berichten, ist im Meer versunken. Möglicherweise war es identisch mit dem Reich von Tartessos, das vermutlich um 1000 v. Chr. nahe der Mündung des Guadalquivir existierte. Der Wohlstand von Tartessos beruhte auf der Förderung von Kupfer und Zinn. Es brachte die Bronzeverarbeitung zum Blühen, die vor allem der Herstellung von Waffen diente. Gold- und Silberfunde taten ein Übriges, um diesem Reich eine Vorrangstellung zu sichern. Die Phönizier, das wagemutigste und kenntnisreichste Volk des Mittelmeeres, besorgten den Handel per Schiff. Sie holten Zinn aus England und Gold aus Irland, das in Tartessos umgeschlagen wurde. Die Phönizier, die aus der Gegend des heutigen Libanon kamen, legten schon um 1100 v. Chr. den Grundstein für Handelsniederlassungen an der Atlantikküste und gründeten die älteste Stadt Spaniens: Cádiz.

Jahrhunderte später begannen die punischen Nachfahren der Phönizier, die in Karthago (im heutigen Tunesien) siedelten, eine Reihe von Städten längs der spanischen Mittelmeerküste anzulegen, wo sich zeitgleich griechische Kaufleute und Handwerker niederließen. Auch die Kultur der Iberer, wie die Griechen die autochthone Bevölkerung der Halbinsel nannten, erlebte einen Höhepunkt.

Das von den Phöniziern gegründete Karthago entwickelte sich zu einem selbstständigen Machtzentrum des Mittelmeerraumes. Im Kampf um die Vorherrschaft kam es zu den Punischen Kriegen gegen die Römer. Sie entflammten als Auseinandersetzung um Sizilien. Um dessen Verlust auszugleichen, begannen die Karthager, ihr Einflussgebiet auf der Iberischen Halbinsel auszudehnen. Der karthagische Heerführer Hamilkar hielt sich hier jahrelang auf, ebenso sein Sohn Hannibal. Im Streit um die Stadt Sagunto (bei Valencia), die mit Rom verbündet war, brach 218 v. Chr. der Zweite Punische Krieg aus, in dessen Verlauf Hannibal mit seinen Elefanten durch Spanien und Frankreich und dann über die Alpen zog, um die Römer in Italien zu schlagen. Währenddessen suchte sein römischer Gegenspieler Scipio Gelegenheiten, die Karthager auf iberischem Boden zu schwächen, um sie hier 206 v. Chr. zu besiegen. Damit begann die römische Herrschaft über die Iberische Halbinsel, die 600 Jahre andauerte, von rund 200 v. Chr. bis 400 n. Chr.

Das römische Baetica

Immer wieder gab es Aufstände gegen die römische Besatzungsmacht, aber sie setzte sich schließlich durch. Die Römer waren gute Organisatoren, Verwalter und Konstrukteure und gaben dem Land eine Zivilisationsstruktur, deren Spuren bis heute sichtbar geblieben sind. Sie gründeten Städte, in denen sie Veteranen ansiedelten, wie Itálica nahe Sevilla, und befestigten vorhandene Siedlungen neu. Sie errichteten Straßen, Brücken und Wasserleitungen, Theater, Tempel und Thermen. Latein wurde im erstmals einheitlich verwalteten Iberien offizielle Sprache.

Römer bildeten die Oberschicht in jenen drei Provinzen, in die Iberien eingeteilt wurde: Tarraconensis umfasste

Reste römischer Siedlungen in der Provinz Huelva

den Osten und Norden und Lusitania den Westen, während die Provinz Baetica im Süden etwa dem heutigen Andalusien entsprach. Baetis hieß der große Fluss dieser Region, dessen jetziger Name aus arabischer Zeit stammt: Guadalquivir. Verwaltungszentren der Provinzen waren die heutigen Städte Tarragona, Mérida und Córdoba.

In Andalusien wurde schon zur Zeit der Römer eine großflächige Landwirtschaft auf Latifundien betrieben. Die römischen Bewässerungssysteme ermöglichten eine intensive Nutzung des Bodens. Neben Mineralien wurden Öl, Wein und Fisch in das Mutterland exportiert.

Der christliche Glaube konnte in Spanien bereits in den ersten Jahrhunderten unserer Zeitrechnung Fuß fassen. Vandalen, Sueben und Westgoten brachten das zerbröckelnde römische Reich in Spanien zum Einsturz, aber die von den Römern geschaffene Infrastruktur blieb erhalten, und das Christentum breitete sich weiter aus.

Die Westgoten

Die germanischen Völker der Alanen, Sueben und Vandalen zogen im 5. Jh. n. Chr. plündernd und zerstörend durchs Land. Die mit Rom verbündeten Westgoten trieben die Sueben in die Randgebiete Nordwestspaniens und verdrängten die Vandalen, die nach Afrika übersetzten.

Die Westgoten blieben in Spanien und herrschten fast 300 Jahre lang – bis Anfang des 8. Jh. Die *visigodos,* wie sie genannt werden, bildeten eine schmale Oberschicht, die sich zunächst nicht mit dem ibero-romanischen Volk vermischte. Erst im Jahre 589 nahmen die Westgoten den katholischen Glauben an und akzeptierten wie die übrige spani-

sche Bevölkerung die Gottgleichheit Christi (nach Athanasius), während sie vorher von der Gottähnlichkeit ausgingen (nach Arianus). Nun erst setzte eine Völkervermischung ein. Bis heute beruft sich der stolzeste spanische Adel auf seine westgotische Herkunft.

Während der gesamten Zeit ihrer Herrschaft schwankte das Königtum der Goten zwischen Wahl- und Erbmonarchie. Amtierende Herrscher wuren häufig von Rivalen ermordet.

Im Staatswesen des westgotischen Königreiches vermischten sich germanische Traditionen mit römischen Vorbildern. In der Verwaltung blieb das römische Erbe erhalten. Die Gemeinden aus der Römerzeit bestanden weiterhin, aber ihre Einrichtungen, insbesondere auch ihre Selbstverwaltung, verfielen.

Der Adel verteilte sich über das Land und bildete zusammen mit dem Hofadel eine relativ geschlossene Oberschicht. Den Gefolgsleuten dieser Mächtigen wurde Land verpachtet, und das freie Bauerntum verschwand zusehends. Der Boden wurde hauptsächlich von Sklaven bearbeitet. Der soziale Gegensatz zwischen den besitzenden Oberschichten und einer Masse von Abhängigen und Sklaven verstärkte sich im 7. Jh. Als die Mauren das innerlich zerrissene und geschwächte Westgotenreich angriffen, fand zur gleichen Zeit ein Massenaufstand der Hispano-Romanen gegen die westgotische Oberschicht statt. Einzelne Gebiete erklärten ihre Autonomie und stellten sich unter den Schutz der Mauren.

Unter dem Banner des Halbmonds

Unter dem Ansturm der im Islam vereinigten Araber und Berber aus Nordafrika im Jahre 711 zerbrach das West-gotenreich in kurzer Zeit. Bis auf wenige unzugängliche Gebirgsgegenden in Nordspanien wehte bald in ganz Iberien das Banner des Halbmonds.

Die Araber bildeten nun die neue Oberschicht. Aber es kamen mehr und mehr Berber aus jener Provinz, die die Römer Mauretanien genannt hatten (dem heutigen Marokko); daher stammt auch der Name für die ›maurische‹ Kultur in Spanien. Der Siegeszug des Islam verlief nicht nur mit großer Schnellig-keit, sondern hatte auch dauerhaften Er-folg. Die islamischen Eroberer kamen als Krieger ins Land, also ohne ihre Fa-milien. Sie nahmen sich einheimische Frauen, und die Bevölkerung ver-mischte sich stark. Der Anteil der Einge-sessenen gegenüber den arabischen Neueinwanderern war im islamischen Andalusien außerordentlich hoch.

Unter den Mauren erlebte Andalusien eine wirtschaftliche und kulturelle Blüte-zeit ohnegleichen. Die Araber errichte-ten oder verbesserten Bewässerungsan-lagen, führten neue Anbaumethoden und Kulturpflanzen ein, wie den Reis und die Orange, Zuckerrohr und Dattel-palmen, verfeinerten das Handwerk und entwickelten neue Gewerbe. Stoffe, Tep-piche, Glasarbeiten, Keramik und Waf-fen aus *Al-Andalus* wurden weltweit be-rühmt und waren begehrt. Ähnlich wie zur Römerzeit und im Unterschied zur Herrschaft der Westgoten konzentrierte sich das kulturelle Leben in den Städten. Eine besondere Blüte erlebte Córdoba, zugleich Zentrum der politischen Macht und des religiösen Lebens.

Das religiöse Oberhaupt der Muslime war zugleich ihr politischer Führer. Die Anhänger Mohammeds bildeten eine Gemeinschaft, die sowohl religiösen wie politischen Charakter besaß. Der Kalif galt als Nachfolger des Propheten.

Er beherrschte das islamische Groß-reich, das im 8. Jh. von Indien bis West-afrika reichte und mit Spanien bis nach Europa vorgedrungen war. Der Sitz des Kalifen war Damaskus, später Bagdad. Spanien wurde von einem Statthalter (Emir) verwaltet. Als die Abbassiden in Damaskus die herrschende Dynastie der Omaijaden stürzten, konnte sich ein Omaijade nach Andalusien retten. In Córdoba errichtete er 756 ein vom Orient unabhängiges Emirat, das 929 von einem seiner Nachfolger, Abd ar-Rahman III., zum selbstständigen westli-chen Kalifat erhoben wurde.

Der Kalif war religiöses Oberhaupt und politischer Führer der Moslems; zu-gleich war er ihr Richter, delegierte al-lerdings in der Praxis die damit verbun-denen Funktionen an die *qadi*. Die nichtislamischen Bevölkerungsgruppen durften nicht nur ihrer Religion treu blei-ben und ihre eigenen Gotteshäuser be-halten, sie erhielten auch weitgehende Selbstverwaltungsrechte und besaßen eigene Richter.

In Andalusien dauerte jene Zeit des Morgenlandes im Abendland nahezu 800 Jahre, vom dunklen Mittelalter bis zur Schwelle der Neuzeit: Im Jahre 711 setzten die islamischen Krieger von Ma-rokko aus über die schmale Meerenge der Straße von Gibraltar, und erst 1492 fiel die letzte islamische Bastion auf spa-nischem Boden, das Königreich Gra-nada.

Als Mitteleuropa noch ein wenig zivili-siertes und ›dunkles‹ Gebiet war, in dem sich erst langsam und barbarisch die christliche Lehre durchsetzte, bescherte das maurische Spanien dem Abendland die Schriften arabischer Gelehrter und antiker griechischer Philosophen. Aris-toteles wurde aus dem Griechischen zu-nächst ins Arabische und dann ins Latei-nische übersetzt, bevor seine Schriften die Grundlage der mittelalterlichen Philosophie bilden konnten und Diskussionsstoff für die im 12. und 13. Jh. gegründeten Universitäten in Paris oder Bologna wurden.

Ob es sich um Mathematik, Medizin und Astronomie handelte oder um Poesie – das Arabische war die Sprache der Wissenschaften und des Feingefühls. Was Jahrhunderte später das noch dunkle Mittelalter aufklärte, kam nicht nur aus der neu entdeckten Antike, sondern entsprang auch der gegenseitigen Inspiration im Miteinander der Rassen, Religionen und Wissensgebiete, die das maurische Spanien erlebte.

Die Zeit des Kalifats zwischen 929 und 1031, als die Millionenstadt Córdoba neben Konstantinopel die größte und glänzendste Metropole Europas war, bildete den Höhepunkt maurischer Machtentfaltung.

Das Kalifat zerfiel nach 1031 gewaltsam im Verlauf von Nachfolgestreitigkeiten und Aufständen. Es bildeten sich eine Reihe kleinerer Teilkönigreiche *(reinas de taifas),* die auch gegeneinander Kriege führten. Einige von ihnen wurden den langsam nach Süden ausgreifenden christlichen Herrschern tributpflichtig. Untereinander zerstritten, waren sie der von Norden heranziehenden Macht der vereinigten Christenheere nicht gewachsen.

Nach dem Zerfall des Kalifenreichs gab es zwar noch Aufschwünge, aber die Großzügigkeit der Herrschenden gegenüber Andersgläubigen nahm ab. Zweimal kamen aus Nordafrika fanatische Berbersekten zu Hilfe, die Almoraviden und die Almohaden. Sie zogen erfolgreich gegen die Christen und mit strenger Hand zwangen sie das mauri-

sche Spanien für eine gewisse Zeit zur Einheit. Die neuen aus Marokko stammenden Herrscher waren unduldsam und auf die reine Lehre bedacht, die sich im Völkergemisch Spaniens zugunsten einer kultivierten Lebenskunst aufgelöst hatte.

Bis 1492 hielt sich noch das Königreich Granada, dessen islamischer Herrscher allerdings ein Vasall des christlichen Königs von Kastilien geworden war, der in Sevilla residierte. In diesem letzten Refugium entwickelte das maurische Spanien seine feinste Blüte, die wir heute noch im Königspalast von Granada, der Alhambra, bewundern können.

*Granada mit der Alhambra,
Farblithographie, 1898*

Reconquista und Heiliger Krieg

Die christlichen Reiche des Nordens (Asturien, Kastilien, Leon) hatten sich vereinigt und trotzten den Mauren nach und nach in einem kriegerischen Wechselspiel, das Jahrhunderte dauerte, das eroberte Gebiet wieder ab. Zogen die deutschen und englischen Ritter ins Heilige Land, um Jerusalem zu befreien, so betrieben die christlichen Spanier mit tatkräftiger Hilfe vor allem französischer Ritter ihren Kreuzzug jahrhundertelang im eigenen Land. Im 13. Jh. war schließlich auch der überwiegende Teil Andalusiens mit seinen Zentren Córdoba und Sevilla unterworfen.

Die *reconquista* (christliche Wiedereroberung) des spanischen Nordens begann schon im 8. Jh. Aber erst gegen Ende des 11. Jh. bekamen die Beziehungen zwischen Mauren und Christen jene Unerbittlichkeit des ›Heiligen Krieges‹ für die Anhänger des Islam und des Kreuzzugs für die Christen. Der große spanische Nationalheld mit dem arabischen Ehrennamen El Cid (arab: Sayid = ›Der Herr‹) stand im 11. Jh. nicht nur in den Diensten des christlichen Königs, sondern focht zeitweise auch auf Seiten maurischer Fürsten, und das war zu-

Toleranz und Verfolgung während islamischer Herrschaft und Reconquista

Geschichte

30

Der jüdische Prophet Abdias hatte schon in vorchristlicher Zeit von einem Land im Exil namens Sepharad gesprochen. Wahrscheinlich wanderten die ersten Juden bereits im 5. vorchristlichen Jh. von Palästina nach Westen. Historische Spuren der spanischen Juden, Sephardim genannt, gibt es allerdings erst seit dem 3. Jh. n. Chr.

Während der Herrschaft der Mauren erlebte die jüdische Kultur eine Blüte wie nur noch zu Zeiten Salomons in Palästina. Unter den Westgoten hatte es von christlichen Kirchenführern provozierte Pogrome gegen die Juden Spaniens gegeben. Ihre Existenz war bedroht. Auf dem 17. Konzil von Toledo im Jahre 694 n. Chr. hatte man sie praktisch zu Sklaven erklärt. Der Einfall der Mauren rettete die spanischen Juden vor christlicher Verfolgung. Von den Muslimen konnten sie ebenso Toleranz erwarten wie die Christen. Nur die Heiden mussten zum Islam übertreten. Christen und Juden hatten lediglich besondere Steuern zu entrichten. Doch man erlaubte ihnen, ihre Kultstätten zu behalten und in ihrem religiösen Leben fortzufahren. Für die rasche und erfolgreiche islamische Eroberung Iberiens spielten die eingesessenen Juden eine wichtige Rolle, denn die islamischen Krieger konnten sie mit der Verwaltung der eroberten Städte beauftragen und selbst die nächste Front eröffnen.

Die im islamischen Andalusien lebenden Christen, die so genannten Mozaraber, bildeten zum Teil den gewerblichen Mittelstand. Vielfach stellten sie in den Städten die Bevölkerungsmehrheit. Jahrhundertelang konnten sie ihre romanische Sprache, ihre Institutionen und ihren Glauben bewahren. Erst um das Jahr 1000 hatten sie sich weitgehend sprachlich, kulturell und religiös assimiliert. Doch kam es auch zu Aufständen der Mozaraber und zu Massenauswanderungen in die inzwischen von den Christen wiedereroberten Gebiete des spanischen Nordwestens. Zeiten großer Toleranz und Zeiten der Verfolgung Andersgläubiger wechselten einander während der langen *reconquista* ab. Nicht nur unter den islamischen Herrschern lebten Moslems, Juden und Christen friedfertig miteinander. Auch die christlichen Reiche durchlebten eine Periode der Toleranz in Spanien, beispielsweise im 13. Jh. unter dem kastilischen König Alfons dem Weisen.

Wo der Kontakt zwischen Mauren und Christen nicht unmittelbar gelang, waren die Juden gesuchte Vermittler. Sie lehrten die arabische Sprache und übermittelten das von den Arabern gesammelte Wissen über medizinische, technische und agronomische Belange.

Diese Situation änderte sich grundsätzlich mit dem zunehmenden Gelingen der Rückeroberung. Die christliche Kirche erstarkte und kämpfte gegen die Andersgläubigen. Geistliche forderten

in ihren Predigten zur Gewalt gegenüber den Juden auf. Die 1478 in Kastilien gegründete Inquisition ging nach
der *reconquista* vor allem gegen jene
vor, die angeblich nicht ›reinen Blutes‹
seien und also auch keine wahren
Christen, selbst dann, wenn sie sich
zum Christentum bekannten.

nicht allzu weit entfernt war. Deren
Bündnis mit der Staatsmacht allerdings
und das Selbstverständnis der spanischen Herrscher wiederum, für das katholische Christentum im Streit mit der
übrigen Welt zu stehen, ist kennzeich-
nend für die spanische Geschichte bis
tief in das 20. Jh. hinein. Darin liegt ein

Zwangstaufe der Mauren (Gemälde von Edwin Long)

Die lutheranischen und calvinisti-
schen Ketzer, die man auf spanischem
Boden aufspürte, wurden verbrannt.
Die Anregungen, Ideen und Gedanken
von Renaissance und Humanismus galten den führenden Männern der spanischen Kirche als Satansgift. 1535 verbot
man die in ganz Europa einflussreichen
humanistischen Schriften von Erasmus.

Der Protestantismus des nördlichen
und mittleren Europa wurde selbst in
seinen Motiven in Spanien nicht verstanden, obwohl vieles, was die Refor-
mation an moralischer Kritik gegen das
römische Papsttum vorbrachte, von der
strengen Haltung der spanischen Kirche

Gegensatz zum übrigen Europa, für dessen Entwicklung gerade die Trennung
von Kirche und Staat ein entscheiden-
der Schritt war. Spanien wurde das Zentrum der Gegenreformation.

Noch im 20. Jh. legitimierte General
Franco seinen Militärputsch gegen eine
demokratisch gewählte Regierung und
die Errichtung seiner Diktatur mit der
Verteidigung des katholischen Glaubens gegenüber liberalen und sozialistischen Ideen. Die weltlichen Herrscher
Spaniens fühlten sich für den Seelen-
frieden ganz Europas verantwortlich –
zugleich isolierten sie ihr Land von der
europäischen Entwicklung.

nächst nicht ungewöhnlich. Die religiösen Fronten bekamen erst später ihre verhängnisvolle Eindeutigkeit, die zur strikten Ausgrenzung, Verfolgung, Vertreibung und Vernichtung derjenigen führte, die nicht gleichen Glaubens waren. Die Religion galt ihren jeweiligen Anhängern als ›wahrer Glaube‹, der nun verstärkt zu einem Ferment des Machterhalts wurde, zu einer Ideologie, die den Andersgläubigen zum Feind abstempelte und im Kampf gegen ihn die eigene Gläubigkeit zu bestätigen meinte. Wobei es in der andalusischen Bevölkerung beides gab: die Konkurrenz, den Wettstreit, den gegenseitigen Respekt, den lebendigen Austausch derjenigen, die einander nahe waren, und die Versteifung, die betonte Strenge, mit der die Verführung des so nahen und daher so gefährlichen anderen Glaubens abgewehrt werden sollte. Die Strenge des spanischen Katholizismus hat sicherlich eine ihrer Wurzeln auch darin, dass der Glaubensgegner im eigenen Land stand, dass man ihm gegenüber jederzeit gewappnet sein musste, dass es um Sein oder Nichtsein ging und von Anfang an die Symbole des Glaubens, und zwar auf beiden Seiten, im Zeichen des Schwertes zur Geltung gebracht wurden.

Mit Schwert und Kreuz zur Weltmacht

1492 war für Europa ein folgenschweres Jahr, vor allem aber für Spanien. Kolumbus entdeckte den amerikanischen Kontinent. Isabella von Kastilien und Ferdinand von Aragón, die Katholischen Könige (ein Ehrentitel des Papstes), eroberten gemeinsam die Stadt Granada und beendeten damit definitiv die maurische Herrschaft auf iberischem Boden, indem sie ganz Spanien zu einer Nation unter christlichem Vorzeichen einten. Nicht nur die Anhänger des Islam wurden vertrieben, sondern auch die spanischen Juden. Sie hatten sich als äußerst nützliche Verwalter und Financiers zunächst der maurischen Herrscher und später der christlichen Könige erwiesen, außerdem als tüchtige Handwerker und Kaufleute. Nun jagte man sie aus dem Land – und behielt ihre materiellen Schätze für sich. Eine jahrhundertealte Kultur, die Andalusien entscheidend mitgeprägt hatte, wurde ausgelöscht. Die bis zu 400 000 spanischen Juden – und wenig später die Juden Portugals – nahmen auf ihrem Weg ins Exil nach Marokko, Griechenland, Bulgarien und Holland nichts als ihren jüdischen Glauben, ihre spanische Sprache und ihr kulturelles Selbstbewusstsein mit, das sie zum Teil bis in unser Jahrhundert hinein bewahren konnten.

Der Katholizismus war in Spanien das Bindeglied staatlicher Einheit; er verlor fast gänzlich seinen universellen, kosmopolitischen Anspruch, indem er zum Instrument nationaler Machtentfaltung wurde und schließlich seit dem 15. Jh. selbst rassistische Gedanken verfocht, um den Machtanspruch zu begründen und zu verteidigen.

Mit der religiös-staatlichen Einheit Spaniens Ende des 15. Jh. und dem Fall der letzten maurischen Bastion Granada wurde ganz Andalusien nicht nur Teil des spanischen Nationalstaats, sondern auch eines nun ungeheuer expandierenden Weltreichs. Süditalien und Mailand, Burgund, die Niederlande und zeitweise Portugal gehörten zur spanischen Krone – und nicht zuletzt die amerikanischen Länder, die nun ausgeplündert wurden. Spanien herrschte als Weltmacht nicht nur über halb Europa, sondern auch über ein riesiges Kolonialreich.

Kolumbus vor Isabella und Ferdinand, Gemälde von Eugène Delacroix

Noch während der Belagerung Granadas erhielt Christoph Kolumbus nach jahrelangem Warten endlich die Erlaubnis, von der Küste Andalusiens aus den Seeweg nach Indien zu suchen. Mit der Entdeckung des amerikanischen Kontinents begann für Spanien eine gigantische Ausdehnung seines Einflussbereichs. Sevilla wurde das Tor Europas zur Neuen Welt. Die Stadt erhielt das Monopol für den Handel mit Amerika und zog daher Abenteurer aus ganz Europa an.

Die spanischen Galeonen schafften Gold und Silber aus Amerika nach Sevilla, aber der Reichtum blieb nicht im Lande, sondern wurde in Kriegszügen verpulvert, mit denen das spanische Großreich unter dem Habsburger Karl V. seine Stellung sichern und die türkische Macht im Mittelmeer wie den Protestantismus in Zentraleuropa bezwingen wollte. Das Land indes verfiel. Die fähigsten Agrarexperten und Handwerker hatte man außer Landes getrieben. Die von den Mauren gerade in Andalusien so erfolgreich betriebene Landwirtschaft wurde vernachlässigt. Das ritterliche Ideal schloss die Verachtung der Arbeit ein. Während die geraubten Goldmengen zunahmen, verfiel der lebendige Reichtum des Landes: kultivierter Boden und qualifizierte Arbeitskraft. Schließlich wurde der spanische König zum Schuldner süddeutscher Kaufleute. Das Gold Amerikas gelangte in die Hände europäischer Händler und Financiers und schuf letztendlich das Kapital, das den Grundstock für die Industrialisierung Westeuropas, insbesondere Englands, bildete. Spanien ging seiner ›großen‹ Zeit entgegen, während es gleichzeitig verarmte.

Goldenes Zeitalter

Das ritterliche Ideal des *caballero* wendete sich gegen Arbeit und Planung, das christliche gegen arabische Sinnlichkeit und jüdische Geistigkeit. Aber all dies steckte noch in den Spaniern als Teil ihrer eigenen Geschichte. In der Verarbeitung, Abwehr und Integration dessen, was sie als ›anders‹ bestimmten, schufen sie sich im 16. Jh. ein eigenes nationales Profil, wenn auch mit regionalen Unterschieden. *Siglo de oro* – ›Goldenes Jahrhundert‹ – spielt nicht auf das Gold Amerikas an, sondern bezeichnet ein Jahrhundert spanischer Kultur, die zwischen 1550 und 1650 einen stilbildenden Glanz entfaltete. Er strahlte auf ganz Europa aus, vor allem auf Literatur und Malerei.

Don Juan eroberte von Madrid aus die Weltbühne. ›Don Quijote‹ begeisterte die Lesekundigen Europas nachhaltig. Calderóns Dramenkunst beeindruckte nicht nur Goethe und Schopenhauer, sie inspirierte auch Richard Wagner. An Velázquez schulten sich Manet und Picasso. Der Wahlspanier El Greco wurde für die Expressionisten des beginnenden 20. Jh. zum Ahnherrn ihrer Kunst. Sogar spanische Sitte war seinerzeit vorbildlich, der *caballero* – ein Kavalier. Der spanische Handkuss trat seinen Siegeszug an bis tief in den Osten Mitteleuropas. Aber auch spanische Strenge ist seitdem zum Begriff geworden und ein unduldsamer, gegen Andersdenkende aggressiv handelnder Katholizismus, vor allem repräsentiert in der spanischen Einrichtung der Inquisition. Sie beherrschte jahrhundertelang das Spanien der Neuzeit und bestimmte nach dem *siglo de oro* auch jene düstere Atmosphäre, in der Staat und Kirche gemeinsam wirkten, um das aufkommende Licht europäischer Aufklärung in ihrem Herrschaftsbereich zu verdunkeln und zu dämonisieren.

Habsburger und Bourbonen

Johanna, die Tochter der Katholischen Könige Ferdinand von Aragón und Isabella von Kastilien, wurde mit dem Habsburger Philipp dem Schönen vermählt. Dies führte zur Vereinigung zweier europäischer Riesenreiche. Ein neu entdeckter Kontinent kam hinzu. Die Dynastie der Habsburger bestimmte das Geschick der entstandenen Weltmacht bis 1700. Der Sohn von Johanna und Philipp, Karl V., wurde zur beherrschenden Figur der ersten Hälfte des 16. Jh.

Mit dem deutschen Kaiser Karl V., der als Carlos I. zugleich spanischer König war, begann 1516 in Spanien die Herrschaft der Habsburger und zugleich die Geschichte einer Weltmacht. Karl V. regierte über ein Gebiet, in dem die Sonne nie unterging. Die Habsburger erweiterten und erhielten ihre Macht auch durch eine geschickte Heiratspolitik. Aber sie knüpften die Verbindungen, aus denen die Thronfolger hervorgingen, in einem derart engen familiären Kreise, dass die anfängliche persönliche Kraft ihrer Herrscher, wie sie Karl V. und sein Sohn Philipp II. besaßen, immer mehr nachließ. Der letzte spanische Habsburger, der von 1665–1700 regierende Karl II. (›Der Verhexte‹), war schließlich nur noch ein bedauernswerter ›dummer August‹, dem es dazu an Zeugungskraft fehlte, um das edle Geschlecht in die folgende Generation fortzupflanzen. Alle europäischen Mächte starrten seinerzeit – nach fast 200 Jahren Habsburger-Herrschaft in Spanien – auf die vergeblichen Anstrengungen dieses Mannes, der früh dahinwelkte und die reibungslose Nachfolge naturgemäß offenließ. Es gab verschiedene Bewerber aus dem Hause Habsburg und Bourbon. Der spanische Erbfolgekrieg war eine Art Erster Weltkrieg, in den die meisten europäischen Mächte verwickelt waren und dessen Kampfplätze bis nach Übersee reichten. Die Engländer nahmen während des Krieges mit Hilfe hessischer und hannoveranischer Soldaten den nackten Felsen von Gibraltar in Besitz und halten ihn bis heute.

1714 war das Gemetzel beendet! Im Frieden von Utrecht erhielten die Bourbonen den spanischen Königsthron zugesprochen, den sie seither innehaben.

Der Weg ins 20. Jahrhundert

Nach französischem Vorbild wurde das Spanien der Bourbonen zentralistisch regiert. Die Teilreiche verloren an Autonomie, und der Einfluss des Klerus wurde zeitweise eingedämmt. Im 18. Jh. erlebte Spanien einen bescheidenen wirtschaftlichen Aufschwung. Die Wirren des 19. Jh. warfen es wieder hinter die europäische Entwicklung zurück. Als Napoleon 1808 den spanischen König Karl IV. zur Abdankung zwang und französische Truppen das Land besetzten, rebellierten die Spanier gegen die Okkupation. Ein jahrelanger Krieg verwüstete das eigene Land. Die Franzosen trieb man hinaus. Aber die Hoffnung der spanischen Liberalen, die 1812 die auf ganz Europa ausstrahlende Verfassung von Cádiz erarbeitet hatten, wurde enttäuscht. In Spanien richtete sich erneut die alte autoritäre Herrschaft ein. Thronstreitigkeiten unter den Bourbonen führten zudem zu immer wieder aufflammenden Bürgerkriegen (Karlistenkriege).

Nachdem sich zu Beginn des 19. Jh. schon die meisten lateinamerikanischen Länder von der spanischen Herrschaft befreit hatten, verlor Spanien 1898 im Krieg gegen die USA seine letzten überseeischen Kolonien. Das Agrarland Spanien war arm geblieben; in weiten Teilen des Landes herrschte der Hunger. Die Industrialisierung blieb auf den Norden des Landes beschränkt. 1923 setzte sich General Primo de Rivera durch einen Staatsstreich an die Spitze der Regierung. Nachdem der 1930 wieder abgedankt hatte, formierten sich die Anhänger einer Republik. König Alfons XIII. verließ Spanien 1931. Im selben Jahr errangen die Republikaner einen überwältigenden Sieg bei den Wahlen zur Verfassunggebenden Versammlung. Aber die Zweite Republik – die Erste Republik von 1873 war nur ein Intermezzo von elf Monaten Dauer – wurde ihrer Probleme nicht Herr. Eine versprochene Agrarreform wurde zunächst nur zögernd umgesetzt und 1934 von der konservativen Regierung wieder rückgängig gemacht. Die enttäuschten Landarbeiter – in Andalusien bis zu 80 % der Bevölkerung – wendeten sich verstärkt den Anarchisten zu, die eine umgehende Enteignung des Großgrundbesitzer verlangten. Noch immer besaßen weniger als hundert Aristokratenfamilien riesige, zumeist unbebaute Landgüter, vor allem im Süden Spaniens. Zahlreiche Aufstände und Gewaltakte erschütterten die in verschiedene Lager gespaltene spanische Gesellschaft. 1936 wurde das Parlament aufgelöst. Bei den Neuwahlen errang die Vereinigung der Linksparteien (Volksfront) die parlamentarische Mehrheit. Daraufhin begann der Aufstand der Rechten mit einem Militärputsch, *alzamiento nacional* (nationale Erhebung) genannt. Für die spanischen Bischöfe war er eine *cruzada,* ein Kreuzzug.

Der Spanische Bürgerkrieg

Mit Hilfe faschistischer italienischer Truppen und der Luftwaffe des nationalsozialistischen Deutschland besiegte die spanische Armee unter Franco nach einem verheerenden dreijährigen Bürgerkrieg 1939 die Verteidiger der spanischen Republik. Bis auf die Sowjetunion, deren spärliche Waffenhilfe sich Stalin mit dem spanischen Goldschatz teuer bezahlen ließ, leistete kein Land der spanischen Republik militärischen Beistand. In aller Welt sammelten sich deshalb internationale Brigaden, die nach Spanien gingen und auf Seiten der Republikaner ins Gefecht zogen. André Malraux, George Orwell, Ernest Hemingway, Arthur Koestler, Alfred Kantorowicz, um nur einige der vielen beteiligten Schriftsteller und Intellektuellen zu nennen, setzten an dieser Front ihr Leben für ein freies Europa ein.

Niemand hat die Toten des Bürgerkriegs gezählt, manche Quellen sprechen von einer halben Million Opfer.

400 000 Menschen gingen ins Exil, Zehntausende so genannter *rojos* (›Rote‹) – so bezeichneten die Franco-Anhänger alle Republikaner – wurden nach Kriegsende eingekerkert, zu Zwangsarbeit verurteilt oder hingerichtet. Das unerbittliche Spanien der Gegenreformation und des Kreuzzugs, der Einheit von zentralistisch-autoritärem Staatsverhältnis und militantem Katholizismus, war noch einmal blutig auferstanden, gnadenlos. Aber es bildete keine Ausnahme im Europa der Diktaturen.

Von Hitler umworben und bedrängt, verstand es Franco dennoch, Spanien weitgehend aus dem Zweiten Weltkrieg herauszuhalten. Es hatte durch seinen Bürgerkrieg ohnehin so heftige Zerstörungen erlitten, dass es alle Kräfte für den Wiederaufbau von Straßen, Brücken und Gebäuden brauchte.

Die Diktatur des Caudillo

Die Diktatur Francos, des *Caudillo,* wie man ihn nannte, repräsentierte die Interessen einer dünnen besitzenden Schicht und der katholischen Kirche, die im Bündnis mit der Finanzoligarchie und mit Hilfe von Armee und *Guardia Civil* durchgesetzt wurden. Spanien war nach dem Bürgerkrieg auch ökonomisch am Ende. Nur etwa 2,5 % der Bevölkerung machten die herrschende Oberschicht aus, 17 % bildeten den Mittelstand und 80 % zählten zur Unterschicht. Spanien beschritt noch einmal einen Sonderweg. Der Staat übernahm die Kontrolle der Wirtschaft. Das Wirtschaftsmodell der *Falange,* deren Vorbild Mussolinis faschistische Schwarzhemden gewesen waren, setzte auf Autarkie und bürokratische Reglementierung des Wirtschaftslebens, eine Art zentraler Planwirtschaft, die die Produktivität nicht in Gang brachte, sondern lähmte.

Szene des Spanischen Bürgerkriegs

Nach 1950 begannen die Amerikaner vor dem Hintergrund des Kalten Krieges, Spanien ökonomisch zu unterstützen. Zugleich wurde die Wirtschaft insgesamt – wenn auch langsam – liberalisiert. Die 50er Jahre gelten als ›Jahrzehnt des Wechsels‹. 1959 gab man die falangistische Autarkie-Idee ganz auf, um den direkten wirtschaftlichen Anschluss an Europa zu suchen. Ausländische Investoren wurden ins Land gebeten und größere Teile des Staatshandels in private Hände gegeben.

Das Wirtschaftswachstum stieg rapide an, der Staat investierte gezielt in die Verbesserung der Infrastruktur: Autobahnen und Häfen wurden gebaut, Elektrizität in die Dörfer gebracht, eine große Anzahl von Staudämmen errichtet. Im Jahr 1974 war Spanien kein Entwicklungsland mehr, sondern die zehnte Industrienation der Welt. Der ökonomische Aufschwung verlief jedoch regio-nal unterschiedlich; bevorzugt waren die traditionellen Industriegebiete am nördlichen Küstensaum und das Zentrum um Madrid. Andalusien blieb eine der ärmsten Regionen, wo drei- bis viermal weniger verdient wurde als in Katalonien oder im Baskenland. Viele Andalusier zogen daher als Gastarbeiter in die Metropolen des Nordens. Zugleich begann der massive Aufbau des Tourismus an der Mittelmeerküste und damit auch die Expansion der Dienstleistungsbranche, die den Andalusiern dringend benötigte Arbeitsplätze verschaffte.

Rückkehr nach Europa

Das neue Spanien hat eine kurze und rasante Geschichte hinter sich. 1975 starb General Franco. Sein Tod bedeutete das Ende einer Diktatur und eines Polizeistaats, der in Europa ein Fremdkörper geworden war. Die großen Arbeiter-

*König Juan Carlos und
Königin Sofía*

streiks in den 60er Jahren und Anfang der 70er Jahre sowie die Studentendemonstrationen zwischen 1966 und 1968 zeigten unmissverständlich, dass es neben dem offiziellen Franco-Spanien ein unzufriedenes anderes gab, das für politische Freiheit stritt. Die von Franco selbst unterstützte wirtschaftliche Liberalisierung hatte dazu beigetragen, dass sich eine bürgerliche Mittelschicht von wachsendem Gewicht bilden konnte. Als politische Klasse erstrebte sie gegen die alteingesessenen Mächte der Großgrundbesitzer und des Klerus größeren wirtschaftlichen Spielraum, demokratische Erneuerung und damit den Anschluss an Europa.

Nach Francos Tod wurden ehemals verbotene Parteien wieder zugelassen. 1977 fanden die ersten freien Wahlen seit 1936 statt. 1978 wurde die neue Staatsverfassung vom frei gewählten Parlament angenommen. Sie definiert Spanien als parlamentarische Monarchie mit dem Ziel einer ›fortschrittlichen, demokratischen Gesellschaft‹.

Der spanische Weg zur Demokratie verlief nicht unangefochten. Das linke und rechte Lager standen sich eine Zeitlang gegenüber wie vor dem Bürgerkrieg. Aber alle fürchteten eine erneute Zuspitzung des politischen Konflikts,

und keine Richtung fühlte sich stark genug, ihre Interessen ohne Abstriche durchzusetzen. Franco selbst hatte den Prinzen Juan Carlos aus dem Hause Bourbon zu seinem Nachfolger ausgewählt und ihn schon 1969 vereidigen lassen. Er übernahm nach Francos Tod im Jahre 1975 das Amt des Staatschefs und erwies sich in der Folgezeit als Garant der neuen demokratischen Ordnung, als ihr Förderer und Verteidiger. Dies zeigte sich in einer brisanten Situation während des spektakulären Militärputsches im Februar 1981, als ein Offizier in das Parlamentsgebäude eindrang, die Abgeordneten mit Waffengewalt gefangen hielt und die Übernahme der Macht durch eine militärische ›Autorität‹ ankündigte. Es war in diesem Moment die Autorität des Königs, zugleich Oberbefehlshaber der Streitkräfte, die die junge Demokratie schützte. Er trat der ›Rettung des Vaterlandes‹ durch das Militär entgegen und bezog als Repräsentant aller Spanier eindeutig Stellung für den eingeschlagenen Weg zur gesellschaftlichen Erneuerung. Inzwischen gilt der spanische Weg zur Demokratie geradezu als vorbildlich für die gewaltlose Veränderung einer Diktatur hin zu einem demokratischen Gemeinwesen.

Zeittafel

ab 2500 v. Chr.	Andalusien ist ein Zentrum der Megalithkultur (›Glocken-becherkultur‹ von Almería; Dolmen von Antequera).
1100 v. Chr.	Gründung von Cádiz durch die Phönizier.
ca. 1000–500 v. Chr.	Blütezeit des Reiches von Tartessos im Mündungsgebiet des Guadalquivir.
ab 650 v. Chr.	Griechische Kolonisierung der spanischen Mittelmeerküste und wenig später kartagische Stadtgründungen.
206 v. Chr.	Beginn der römischen Herrschaft.
ab 409	Westgoten, Vandalen, Alanen und Sueben fallen auf die Iberische Halbinsel ein.
ab 474	Die Westgoten verlegen ihr Königreich nach Iberien.
589	Die Westgoten bekennen sich zum katholischen Glauben als offizieller Religion.
711	Beginn der arabisch-berberischen (maurischen) Herrschaft über Spanien.
756	Abd ar-Rahman I. gründete in Córdoba ein selbstständiges Emirat (Fürstentum).
785	Baubeginn der Mezquita (Moschee) von Córdoba.
ab 929	Unter Abd ar-Rahman III. wird das Emirat zum Kalifat erhoben.
ab 936	Entstehung der Kalifenstadt Medina Azahara unter Abd ar-Rahman III.
ab 1009	Beginn des Bürgerkrieges in Córdoba.
1031	Zerfall des Kalifats in Kleinkönigreiche (taifas).
1085	Die Christen rücken von Norden bis ins Zentrum der Halbinsel vor; Eroberung von Toledo.
1086	Die berberischen Almoraviden dominieren Al-Andalus.
ab 1147	Die nordafrikanischen Almohaden erobern Al-Analus. Sevilla wird Hauptstadt ihres Reiches.
1212	Schlacht bei Las Navas de Tolosa; Sieg der vereinigten Christenheere über die Almohaden.
ab 1230	Kastilien und Aragón erobern einen Großteil Andalusiens.
1232	Gründung des islamischen Königreiches von Granada unter Mohammed I. (Nasriden-Dynastie).
1252	Regierungsantritt des kastilischen Königs Alfons X. des Weisen; Blütezeit christlicher Kultur; Übersetzerschule von Toledo.
um 1370	Bau des Königspalastes (Löwenhof) der Alhambra in Granada und des Sevillaner Alcázars Peters des Grausamen.
1479	Isabella von Kastilien und Ferdinand von Aragón (die ›Katholischen Könige‹) vereinigen ihre Königreiche und herrschen in Personalunion.

Die Königliche Wache von König Juan Carlos (beim Besuch der EXPO '92 in Sevilla)

1481	Beginn des Krieges gegen das Königreich Granada.
1482	Unter dem Großinquisitor Tomás de Torquemada beginnt die systematische Verfolgung von *moriscos* (christianisierten Mauren) und *conversos* (getauften Juden).
1492	Eroberung Granadas, Ende des letzten maurischen Königreiches; Vertreibung der Juden aus Spanien; Entdeckung Amerikas durch Kolumbus.
1503	Sevilla erhält das Monopol für den Amerikahandel und wird das ›Tor zur Neuen Welt‹.
1516	Der Habsburger Carlos I. wird König von Spanien; ab 1519 ist er als Karl V. zugleich deutscher Kaiser.
1520/21	Comuneros-Aufstand gegen Karl V.
1556	Karl V. dankt ab. Sein Sohn Philipp II. wird spanischer König. Unter ihm lösen sich die Niederlande von Spanien ab.
1571	Sieg der vereinigten Christenflotte unter Juan de Austria über die Türken bei Lepanto.

1588	Die spanische Armada wird vor der englischen Küste durch Stürme zerstört. England übernimmt die Seeherrschaft.
1609	Ausweisung der Morisken unter Philipp II.
1648	Spanien anerkennt die Unabhängigkeit der Niederlande.
1700	Ende der Habsburger-Herrschaft; Beginn des Spanischen Erbfolgekriegs.
1714	Mit dem Frieden von Utrecht beginnt die Bourbonen-Herrschaft; Gibraltar bleibt englisch.
1717	Cádiz übernimmt von Sevilla das Monopol für den Handel mit den amerikanischen Kolonien.
1767	Vertreibung der Jesuiten.
1805	Schlacht bei Trafalgar: Sieg der Briten unter Lord Nelson über die französisch-spanische Flotte.
1808–1814	Spanischer Unabhängigkeitskrieg gegen Napoleon und dessen Bruder Joseph Bonaparte (seit 1808 König von Spanien).
1812	In Cádiz tagen die Cortes und erarbeiten eine bürgerlich-liberale Verfassung.
1814	Wiedereinsetzung des spanischen Königs Ferdinand VII.; Verfolgung der Liberalen.
1833–1839	1. Karlistenkrieg (Bürgerkrieg zwischen liberalen und konservativen Kräften).
1873–1874	Erste Republik; 2. Karlistenkrieg (bis 1876).
1898	Spanien verliert seine letzten Kolonien (Kuba, Puerto Rico, Philippinen).
1923–1930	Diktatur des Generals Primo de Rivera.
1931	Beginn der Zweiten Republik.
1936	Militärputsch der Generäle Franco und Mola.
1936–1939	Bürgerkrieg zwischen ›Nationalen‹ und Republikanern.
1939	Beginn der Franco-Diktatur.
1975	Tod Francos. Mit Unterstützung des König Juan Carlos I. beginnt die demokratische Erneuerung Spaniens.
1977	Erste demokratische Wahlen seit 1936.
1979	Beginn der Einrichtung von *cumunidades autónomas* (autonome Gemeinschaften = Regionen).
1981	Putschversuch von Angehörigen der Guardia Civil und des Militärs.
1982	Beitritt zur NATO; Wahlsieg der Sozialisten (PSOE); Beginn der ›Ära González‹.
1986	Beitritt Spaniens zur EG.
1992	Spanien feiert das 500. Jahr der Entdeckung Amerikas. Sevilla organisiert die Weltausstellung EXPO 92.
1996	Ende der Ära Gonzalez. Bildung einer Koalitionsregierung unter Jose María Aznar (Partido Popular).
2000	Absolute Mehrheit für die PP bei den Parlamentswahlen.
2002	Erste hochrangige Gespräche zwischen Vertretern des spanischen und des britischen Staates über die Zukunft Gibraltars.

Höhepunkte andalusischer Kunst und Kultur

Das Erbe aus römischer Zeit

Der bedeutende kulturelle Einfluss der Römer auf der Iberischen Halbinsel hinterließ seinen signifikantesten und nachhaltigsten Ausdruck in der spanischen Sprache. Mit den Straßen, Brücken, Aquädukten, Theatern und Stadtmauern, die die Eroberer anlegten, sowie mit den Siedlungen, die sie gründeten, drückten sie dem Land eine bis heute sichtbare zivile Struktur auf. Die erste römische Stadtgründung erfolgte 204 v. Chr.: Unmittelbar nach dem Sieg über die Karthager wurden in Itálica bei Sevilla römische Veteranen angesiedelt. Die erst halb ausgegrabene Siedlung mit ihrem riesigen Amphitheater aus der Kaiserzeit (2. Jh. n. Chr.) kann man besichtigen. Bereits bestehende Städte wurden befestigt und erweitert. Bei Ronda sind ein römisches Theater und Reste eines Aquädukts zu finden. Ähnliches gilt für Málaga und Cádiz (erst jüngst entdeckt). Carmonas Stadtmauern sind römischen Ursprungs, und noch eindrucksvoller bezeugt die gigantische Grabanlage die römische Siedlungsgeschichte dieses Ortes. In Córdoba steht die Brücke über dem Guadalquivir auf römischen Fundamenten.

Glanzvolle maurische Kultur

Eine kulturhistorische Besonderheit Andalusiens liegt unbestritten in der Wirkung des Islam, in der maurischen Kultur, die auf ein besonders reiches und langes Kapitel in der Geschichte des spanischen Südens zurückgeht. In An-dalusien blieben die Mauren länger als irgendwo sonst in Spanien: 780 Jahre. Das entspricht etwa der Zeitspanne, die zwischen dem Stauferkaiser Friedrich II. und heute liegt.

Der Einfluss der Araber auf die spätere Entwicklung des Abendlandes ist kaum zu unterschätzen. Sie selbst waren nur in geringem Maße ein Volk mit ausgeprägter eigener Kultur, sie waren ursprünglich ein Wüstenvolk, das von der mündlichen Überlieferung lebte und durch den Koran des Propheten Mohammed nicht nur eine neue Sicht des Lebens, sondern auch eine einheitliche Sprache geschenkt bekam. Diese erlaubte es, riesige eroberte Gebiete zu verwalten und Nutzen aus ihnen zu ziehen. Von ihren Raubzügen kehrten die Araber mit reicher Beute zurück. Aber von den oströmischen Patriarchen forderten sie beispielsweise nicht Gold und Silber, sondern Schlüssel zu halb vergessenen Bibliotheken und Bücher, die sie ins Arabische übersetzten. Das Sammeln von Büchern war eine weitverbreitete arabische Leidenschaft. Das erworbene reiche Wissen ging somit anfangs auf griechische, indische und persische Überlieferungen zurück, die die Araber in ihre Sprache übersetzten. Sie fassten so zusammen, was verstreut und bislang unzugänglich gewesen war. Vielfach folgten sie den Hinweisen, Theorien und Erkenntnissen und entwickelten so ganz eigene umwälzende Anschauungen über die Rätsel der Materie, das Geheimnis der Zahlen, die Balance der Körpersäfte

Fassade der Mezquita in Córdoba

im Menschen, die Brechung des Lichts, den Lauf der Gestirne. Die arabische Wissenschaft trank vom Quell der Weisheit verschiedener Kulturen und belebte mit einem Schlag die geistige Welt Europas. Als Vermittler für das christliche Abendland wirkten im 13. Jh. vor allem der Hof Friedrichs II. in Palermo und die Übersetzerschule Alfons des Weisen in Toledo.

Die Araber verkörperten zudem eine neue Moral. Ihre Religion wollten sie niemandem aufdrängen. Den Andersgläubigen ließen sie ihre Gotteshäuser und Riten. Schließlich galten ihnen die christliche und die jüdische Religion nicht als Bekenntnisse von Ungläubigen. Der gemeinsame Urvater aller drei Glaubensrichtungen war für sie der biblische Abraham. Mit den Juden teilten sie das Bilderverbot und den Gottesbegriff. Für das islamische Verständnis blieben die Christen zwar mit ihrem Gottessohn, mit ihren Bildern und der Heiligenverehrung dem götzendienerischen Heidentum noch nah, aber auch Jesus von Nazareth wurde als Prophet anerkannt.

Im islamischen Spanien gestanden die Männer ihre Liebe zur Frau in kunstvoll gereimten Versen. Anstöße zu dieser ritterlichen Verehrung kamen aus Persien. Sie wanderten dann als von Königen geübte Poesie durch die arabische Welt bis nach Spanien und von dort bis tief hinein in die christliche Kultur. Lange vor dem europäischen Minnesang kannte die arabische Poesie die in rhythmischer Sprache vorgetragene Anbetung der Geliebten. Beides wirkte vorbildhaft für die südfranzösischen Troubadoure und inspirierte schließlich auch einen Walther von der Vogelweide.

Es verwundert nicht, dass den Arabern, die mit den Vorzügen einer unbefangenen frischen Kultur antraten, überall die mit Gewaltzusammengehaltenen Reiche zufielen. Es war nicht in erster Linie die Macht der wilden Reiter, durch die sie das Gewonnene auch hielten, sondern eine kluge Politik: In seiner Frühzeit besaß der Islam eine ungeheuer befreiende Wirkung. Dies gilt nicht nur für die Wirtschaft und die sozialen Strukturen. Auch die Welt des Wissens wurde neu entdeckt. Byzanz, Wahrerin des griechischen Erbes, saß auf seinen Schätzen. Die eigentliche Rettung des verschütteten und zwischen Buchdeckeln vermodernden Wissens der antiken Welt ist dem Enthusiasmus der Araber zu verdanken.

Ihrer Verehrung des Buches und den arabischen Übersetzungen verdankt das mittelalterliche Europa die Begegnung mit der griechischen Philosophie. Aber nicht nur die Wissenschaften blühten – Mathematik und Geografie, Optik und Medizin –, man gab sich auch den sinnlichen Genüssen hin. Von den Römern übernahmen die Araber manche Form der Hauskonstruktion, wie das Atrium, das Vergnügen der körperlichen Reinigung, die sie in ihren Bädern kultivierten, und Anregungen aus der Welt der Gerüche und Speisen, der Gärten und Springbrunnen. Körper, Geist und Seele sollten eine gottgefällige Einheit bilden. Schulen, Bäder und Bibliotheken gab es in der zeitweise glänzendsten Stadt Europas in Fülle: in Córdoba. Sie hatte fast viermal so viele Einwohner wie heute, nahezu eine Million, und sie war Zentrum des westlichen Kalifenreiches. Ihre Hauptmoschee musste immer wieder vergrößert werden. Hierher zu pilgern galt als Alternative zum vorgeschriebenen Mekka-Besuch der Mohammedaner. Die große Moschee von Córdoba, die Mezquita, die seit dem 16. Jh. in Teilen zu einer christlichen Kathedrale umgewandelt wurde, beeindruckt bis heute als einzigartiges architektonisches Zeugnis der islamischen Kultur.

Nach dem Zusammenbruch des Kalifenreichs und der *reconquista* Nord- und Mittelspaniens durch die Christen gewannen in Südspanien Fanatiker des Islam die Oberhand. Unter ihrer strengen Ordnung wurde Sevilla die Hauptstadt des maurischen Reiches. Hauptzeugnis dieser Epoche ist das Minarett der ehemaligen Almohaden-Moschee, der heutige Glockenturm der Kathedrale und das Wahrzeichen Sevillas, die Giralda.

Nachdem die vereinigten Christenheere Mitte des 13. Jh. Córdoba und Sevilla erobert hatten, lehnten die neuen christlichen Herrscher die maurische Kultur nicht in Bausch und Bogen ab. Sie ließen die geschickten maurischen Architekten und Kunsthandwerker weiterhin für sich arbeiten. Aus der christlichen Auftragsvergabe an Baumeister, die die islamische Dekorationskunst beherrschten, entstand der so genannte *mudéjar*-Stil. Sein schönstes Beispiel ist wohl der Alcázar Peters des Grausamen in Sevilla, von dem aus Anregungen auf die späteren Bauten der Alhambra in Granada ausgingen.

Im Königreich Granada, das sich noch 250 Jahre lang als maurisches Reich inmitten des gerade von Christen eroberten Andalusien halten konnte, in einem Gebiet, das die Mittelmeerküste bis nach Algeciras umfasste und Málaga, Almería und Ronda einschloss, gedieh die Spätblüte islamischer oder besser maurisch-andalusischer Kultur. Eine der anmutigsten und schönsten architektonischen Schöpfungen, die Menschenhände je erschufen, ist die Alhambra, der Königspalast von Granada.

Auch im maurischen Spanien sprachen die Menschen weiterhin ihr Vulgärlatein aus Römerzeiten, als Sprache der Gebildeten diente aber das Arabische. Es öffnete den Zugang zu den Wissens-

quellen. Seine Ausdruckskraft, die Möglichkeiten, neue Worte zu schöpfen, und der Reichtum seiner Wendungen waren allgemein anerkannt. Auch Christen und Juden sprachen Arabisch, wenn sie zu der Oberschicht oder zu den Gebildeten gehörten, manche Mauren der Unterschicht hingegen benutzten das Lateinisch ihrer Nachbarn. Bis heute hat die arabische Vergangenheit Spuren in der spanischen Sprache, im *castellano*, hinterlassen. Der kehlige J-Laut von *naranja* (Orange) beispielsweise und vor allem viele Worte, die im Spanischen mit ›a‹ beginnen, wie *alcázar* (Burg), *alcalde* (Bürgermeister), *azulejo* (Kachel), haben arabische Wurzeln.

Patio de los Leones (Löwenhof) in der Alhambra von Granada ▷

Renaissance und Barock

Die christlichen Ritter und Edelleute, die Ende des 15. Jh. endgültig die Anhänger des Islam von der Iberischen Halbinsel vertrieben, setzten jener feinen Kunst des reichen Ornaments, wie sie die Mauren pflegten, einen neuen Stil entgegen, den europäischen Stil ihrer Zeit, der über die Nachahmung griechisch-römischer Formensprache ihre Wiedergeburt betrieb.

Der schnörkellose und robuste Baustil der Renaissance bevorzugt das einfache Gleichmaß, eine Balance, die Menschenmaß in der harmonischen Horizontale zu verankern sucht. Nicht mehr die himmelwärtsstrebende Vertikale der Gotik und nicht das Liniengeflecht und Ineinanderübergehen der unendlichen Ornamente in der islamischen Kunst bestimmen die Architektur, sondern die schlichte Setzung eines Baukörpers, der klare mit Säulen, Portalen und Fenstern durchgegliederte Flächen besitzt.

Karl V. ließ einen in diesem Sinne geradezu klassischen Bau direkt neben dem Königspalast der Alhambra in Granada errichten. Er wirkt in dieser Umgebung wie ein Fremdkörper, monumental und raumverdrängend. Ganz anders hingegen die gut ins Stadtbild eingefügten Paläste im Renaissancestil, wie sie die christlichen Ritter in den andalusischen Städtchen Úbeda und Baeza erbauen ließen. In Sevilla existiert ein geradezu märchenhafter Palast, der das Formenmaß der Renaissance mit der Dekorationskunst der Mauren verbindet, die Casa de Pilatos. Es gibt weitere bemerkenswerte Bauwerke in Andalusien, die jenem Stil der beginnenden Neuzeit zuzurechnen sind, beispielsweise die Kathedralen von Jaén und Granada.

Die Renaissance ist in Andalusien stärker als im übrigen Spanien vertreten, wenn auch in eigener Prägung. In vielen Fällen scheint das neue Grundgefühl der Renaissance entnommen, ohne die gotischen Formen ganz abgestreift zu haben, sie nur ›horizontal mildernd‹. Und man verzichtete in Andalusien nicht auf die Ornamentik und die maurische Tradition, etwa Schrift dekorativ in die Architektur einzufügen. Jener Gotik, Renaissance und maurische Traditionen aufgreifende und umwandelnde Stil wird als isabellinisch bezeichnet, nach der Königin Isabella von Kastilien, die zusammen mit ihrem Mann, Ferdinand von Aragón, das christliche Spanien politisch einigte und eine Reihe von Bauwerken während und nach der Eroberung Granadas in diesem Stil errichten ließ. Berühmt geblieben ist auch die feine Ziselierkunst, die Arbeit an einer Mauerfläche, an der Embleme angebracht sind, als seien sie von Silberschmieden gearbeitet. Daher rührt jedenfalls die Bezeichnung plateresk (span.: *platero* = Silberschmied).

Der Islam verbietet die figürliche Darstellung, das katholische Christentum lebt von den Bildern. Die Renaissance befreite schließlich die Malerei von ihrem Dienst an der Religion. Die Kunst emanzipierte sich, die Malerei wurde autonom. Sie entdeckte und deutete die menschliche Wirklichkeit auf neue Weise. Die spanische Malerei folgte dem Beispiel der italienischen, aber ihr Beitrag zur europäischen Kunst des Barock ist ein eigener und ein gewichtiger. Die Werke von Murillo, Zurbarán oder Velázquez haben ihren gemeinsamen Ursprung in Andalusien, so unterschiedlich, ja entgegengesetzt sie uns erscheinen mögen. Murillo entdeckte als Maler den Alltag, Kinder und Frauen aus dem Volk erscheinen erstmals auf der Leinwand. Die Würde des Einzelnen spricht aus der Kunst des Porträts. Die Malerei von Velázquez, dem bedeutendsten spanischen Künstler des 17. Jh., akzeptiert nicht mehr, dass allein die soziale Stellung den Wert eines Menschen bestimmt. Jenseits des kirchlichen Zugriffs entstanden im ›Goldenen Zeitalter‹ Werke des europäischen Humanismus. Das schmälerte nicht die religiöse Inbrunst, von der die Zeit erfüllt war. In Andalusien griff man die Bemühungen der Jesuiten, den Menschen ein Spektakel zu bieten, ihren Glauben anschaulich und öffentlich zu demonstrieren, am nachhaltigsten und kräftigsten auf. Das gilt für die barocken, prachtvoll verzierten, goldglänzenden Altäre im Innern der Kirchen wie für die geschmückten Umzüge durch die Straßen der Stadt. Im Gefolge der Gegenreformation entstanden im 16. und 17. Jh. die farbenprächtigsten Prozessionen und jene naturalistischen Darstellungen von Jesu Kreuzestod und einer Jungfrau Maria als verehrter Königin, die man besonders in der *Semana Santa* als plastische Bilder durch die Straßen trägt.

Die wichtigsten Sehenswürdigkeiten und Feste

Kulturhistorische Sehenswürdigkeiten

Granada: Alhambra (Königspalast der Nasriden)
Sevilla: Kathedrale, Alcázar (Palast Peters des Grausamen), Casa de Pilatos (mudéjar-Renaissance-Palast)
Córdoba: Mezquita (Moschee)

Städte mit reizvollem Ortsbild

Baeza, Úbeda: Renaissance-Städtchen
Cádiz, Vejer de la Frontera, Arcos de la Frontera: hübsche Altstadt
Granada: maurisches Viertel Albaicín
Sevilla: ehemaliges Judenviertel Barrio Santa Cruz
Córdoba: ehemaliges jüdisches Viertel ›Judería‹

Die bedeutendsten Feste

Semana Santa: Die Karwoche ist besonders in Sevilla ein Erlebnis, aber auch in Granada, Córdoba und anderen Orten.
Feria de Abril: zwei Wochen nach Ostern in Sevilla (vgl. S. 244f.)
Wallfahrt nach El Rocío: zu Pfingsten, ein religiöses Fest mit heidnischen Zügen (vgl. S. 15f.)
Karneval in Cádiz: im Februar; eine der berühmtesten Karnevalsfeiern in Spanien.

Vorschläge für Rundreisen

▶ **Eine Woche:**

Beginn in Granada mit dem Besuch von Alhambra, Königliche Kapelle sowie der Kathedrale und einem Rundgang durch den Albaicín; am dritten Tag Weiterfahrt nach Córdoba, wo die Mezquita, die Synagoge, der Palacio de Viana und die Judería zum Pflichtprogramm gehören; am 5. Tag Fahrt nach Sevilla, um Kathedrale, Alcázar, Casa de Pilatos und den Parque María Luisa zu besichtigen.

▶ **Zwei bis drei Wochen:**

Aufenthalt in Granada von zwei bis drei Tagen (s. o.); Fahrt ans Mittelmeer nach Salobreña, dann über Almuñécar und Nerja (Tropfsteinhöhle) nach Marbella (ein bis drei Tage). Von dort nach Ronda (Stadtrundgang, ein bis zwei Tage Aufenthalt). Fahrt durchs Gebirge, über die ›Route der weißen Dörfer‹ Richtung Atlantik (ca. zwei Tage). Besuch von Tarifa oder Conil de la Frontera (ein, zwei Tage). Spaziergang durch Cádiz und Bodega-Besuch in Jerez de la Frontera (zwei Tage). Aufenthalt in Sevilla von drei bis vier Tagen. Auf dem Weg von Sevilla nach Córdoba Stop in Carmona (ein Tag). Von Córdoba aus Ausflug nach Medina Azahara.

▶ **Drei bis vier Wochen:**

Beginn der Rundreise in Granada, ca. drei Übernachtungen. Ausflüge nach Jaén (Kathedrale, arabische Bäder, Burg), Úbeda und Baeza, in die Sierra de Cazorla und auf die Höhen der Sierra Nevada (je ein Tag). Über Salobreña, Nerja und Marbella an der Mittelmeerküste nach Ronda ins Gebirge (zwei oder drei Tage). Von Ronda Ausflug zur Cueva de Pileta, nach Ronda la Vieja und Grazalema, Weiterfahrt nach Ubrique (zurück über Zahara), Übernachtung in Ronda. Fahrt über die ›Route der weißen Dörfer‹ Richtung Atlantik und Gibraltar, Besuch von Castellar de la Frontera und Tarifa (insgesamt zwei bis drei Tage). Spaziergang durch Vejer de la Frontera, Übernachtung in Conil de la Frontera (Baden und Wanderung an der Atlantikküste). Besuch von Cádiz (Kathedrale, Archäologie- und Kunstmuseum), Jerez de la Frontera (Besuch einer Bodega, in der Sherry produziert wird, und einer Reitschule) und Arcos de la Frontera (je einen Tag). Aufenthalt in Sevilla von drei bis vier Tagen, inklusive eines Ausflugs nach Itálica. Fahrt an den Atlantik, auf dem Weg dorthin kurzer Besuch von El Rocío des Nationalparks Coto de Doñana (ein bis zwei Tage), Ausflug in die Sierra de Aracena. Auf dem Weg nach Córdoba Besuch von Carmona und Écija (zwei Tage). Aufenthalt in Córdoba und Ausflug nach Medina Azahara (drei Tage). Auf dem Weg nach Málaga Ausflug nach El Torcal bei Antequera (letzter Tag).

Rundreise durch Andalusien

In der Provinz Jaén

Die Provinzhauptstadt Jaén – Silbernes Tor Andalusiens

Stadtplan: S. 56
Tipps & Adressen: S. 341

Jaéns Bewohner haben sich die respektvolle Freundlichkeit derer erhalten, die keine Invasion von Touristenströmen kennen. Der Name des Ortes stammt vom arabischen *giyen* oder *geen,* was Karawanenweg bedeutet. Die Reisekarawanen unserer Zeit führen meistens an Jaén vorbei. Der spanische Dichter Antonio Machado nannte die Stadt schwärmerisch ›silbernes Jaén‹. Wenn wir uns ihr von der Ebene des Guadalquivir nähern, sehen wir sie schon aus der Ferne im Sonnenlicht blinken und blitzen und am Hang der Sierra de Jabalcuz emporklettern – das ›silberne Tor von Andalusien‹.

Dass die allgemeine Reiseliteratur wenige lobende Worte für Jaén findet, scheint Tradition zu haben. Schon Théophile Gautier zitierte in seiner ›Reise in Andalusien‹ aus dem Jahre 1840 ein spanisches Sprichwort: »Hässliche Stadt, böse Menschen«. Er selbst sah dies ganz anders. Jaén war für ihn ein bunter, lebendiger Ort mit freundlichen Menschen. Ihm fielen die Ernsthaftigkeit und der Zeitaufwand auf, die den Mahlzeiten gewidmet wurden. Der heutige Reisende kann dies bestätigen, wenn er eine der Bars betritt und ihre *tapas* probiert, die kleinen Köstlichkeiten, die man auf Bestellung oder gratis zum Getränk serviert bekommt: Schinken, Käse, Meeresfrüchte, verschiedenste Salate, Schnecken, eingelegte

◁ *Die Altstadt von Jaén*

Paprika – und natürlich Oliven oder ein Tellerchen mit köstlichem Olivenöl, in das man Weißbrot tunkt.

Die Stadt liegt weder am Meer noch an einem großen Fluss. Dennoch ist ihr Horizont nicht eng. Sie kontrolliert die Ebene, in der sich das größte Olivenanbaugebiet der Welt befindet. Jaén leuchtet von weitem, führt aber ein fast ungestörtes Eigenleben, den schlechten Ruf ignorierend.

Beginnen wir unsere Reise mit Jaén, dann fühlen wir uns gleich in verlockender Fremde. Und wir bemerken die stille Aufmerksamkeit, mit der man uns als ungewohnte Erscheinung betrachtet. Die Straße Madrid-Granada führt an Jaén vorbei. Wenn man dennoch nichtsahnend Einlass begehrt in jenes verführerisch aus der Ferne blinkende ›silberne Jaén‹, weist es einen zunächst spröde ab mit der Dornenhecke großstädtischen Verkehrs und gleichförmiger Hochhäuser an den engen Straßenschluchten. Dahinter, von nahem nicht sichtbar, aber aus der Ferne durchaus erahnbar, liegt die Altstadt, liegen die engen Gässchen, die Treppen und weiß gekalkten Häuschen, die Torbögen aus arabischer Zeit, schlichte Kirchen im gotischen Stil an der Stelle ehemaliger Moscheen und manche Stadtpaläste, die von Ruhm und Reichtum zeugen. In dieser ›oberen‹ Stadt darf man nichts Großes, Gewaltiges erwarten, aber den Zauber einer anderen Welt, eine plötzliche Stille, nicht weit entfernt vom Brausen der ›unteren‹ Stadt. Flatternde Wäsche verbindet die Häuserwände miteinander. Esel transportieren Schutt und Steine durch die schmalen, gepflasterten Gassen, Nachbarn unterhalten sich von Wohnung zu Wohnung.

Die Altstadt ist nur zu Fuß begehbar, eng und steil klettert sie den Berg hinauf bis zu der oberhalb Jaéns gelegenen Umgehungsstraße. Diese führt in Richtung Córdoba oder aber hinauf zur Burg von Jaén auf dem Cerro de Santa Catalina, die man allerdings bequemer mit einem Fahrzeug erreicht. Buchstäblich unterworfen ist ihr die Stadt. Von hier oben bietet sich das Bild der weißen Schar der Häuser mit ihren rötlich-braunen Dächern und der prunkvollen, sie alle überragenden Kathedrale mit ihren eleganten Türmen. Und hebt sich der Blick, dann kann das Auge kaum fassen, was es sieht: weithin ausgedehnte Landschaft ringsherum, in der Ferne graue Gebirge und über den sich hindehnenden Hügelketten das grüne Netz der Olivenbäume auf roter, gelber, brauner und weißer Erde – bis zum Horizont.

Heute leben in der 500 m hoch gelegenen Provinzhauptstadt 100 000 Menschen. Ihre Gründung liegt weit zurück. Schon die Karthager hatten hier Silber gefunden und eine Befestigung geschaffen, die den Namen Aurigi trug. Unter den Römern wurde sie unter dem Namen Flavia in den Rang einer Stadt erhoben. Die Glanzzeit des Ortes fiel in die Jahrhunderte arabischer Herrschaft, aber sie waren zugleich kriegerische Zeiten. Eine Eroberung folgte der anderen. Nicht nur Christen und Mauren fochten um Jaén, auch von maurischen Rebellen wurde es besetzt, die dem Emir von Córdoba und späteren Kalifen des Westens trotzten. Nach dem Zerfall des Kalifats war Jaén im 11. Jh. Hauptstadt eines kleinen maurischen Königreiches, eines der vielen *taifas,* in die Andalusien zerfallen war. 1246 eroberten die Christen unter Ferdinand III. Jaén. Unter ihm wuchs die Stadt, und die arabischen Be-

Gasse in Jaén

festigungsanlagen wurden verbessert. Den wiederholten Angriffen der Mauren konnte sie lange Zeit standhalten und erwarb sich aus diesem Grunde den Ehrentitel ›Wache und Verteidigung der kastilischen Königreiche‹. Von hier aus zogen die Katholischen Könige Ferdinand und Isabella Ende des 15. Jh. zum letzten Kampf gegen das moslemisch gebliebene Königreich Granada.

Unbedingt sehenswert sind die Kathedrale von Jaén in der Innenstadt, die arabischen Bäder in der Altstadt und die Burganlage hoch oben auf dem Berg, der schon wegen der grandiosen Aussicht bestiegen werden sollte. Einen Besuch lohnen auch die Iglesia de la Magdalena, die älteste Kirche Jaéns, und die

Map labels:

Bahnhof · Madrid

Magdalena Baja

Iglesia de la Magdalena

Plaza de las Batallas

Parque de la Victoria

Kloster **3**
Santo Domingo

Plaza de la Magdalena

Plaza Huérfanos

Córdoba

Santo Domingo

2 Arabische Bäder

Paseo de la Estación

Avda. de Madrid

Arquitecto Berges

Millán de Priego

Castilla

[i]

Llana de San Juan

Iglesia de San Andrés

Carretera

Martínez Molina

Bartolomé

Higueras

Post

Plaza de los Jardinillos

C. Mesones

Prado y Palacio

de

Circunvalación

4
Castillo de Santa Catalina

Iglesia de San Bartolomé

Plaza de la Constitución

Iglesia de San Ildefonso

Parrilla

Aguilar

Coches

González

Pescadería

Bernabé Soriano

Hurtado

C. Muñoz Garnica

Plaza de San Francisco

Almendros

Montero Moya

Maestra

Campanas

Ramón y Cajal

Plaza de la Merced

Plaza de Santa María

1 Kathedrale

Jaén

Iglesia de San Bartolomé mit schöner Decke im *mudéjar*-Stil. Neben dem Bahnhof in der Neustadt liegt das Provinzmuseum mit interessanten Funden aus römischer und maurischer Zeit sowie dem berühmten iberischen Stier aus Porcuna. Wenn man von Madrid mit dem Auto kommt, gelangt man über die Avenida de Madrid bis zur Plaza de la Constitución, dem Verkehrszentrum des modernen Jaén. Nur wenige hundert Meter weiter geradeaus befindet sich an der Plaza de San Francisco die Kathedrale von Jaén. Wer mit der Eisenbahn anreist, geht den Paseo de la Estación entlang, vorbei an der Plaza de las Batallas, an die sich ein Park anschließt. Am Platz befindet sich ein Monument, das an die beiden bedeutenden Schlachten erinnert, die auf dem Boden der Provinz ausgefochten wurden: 1212 schlugen die vereinigten Christenheere bei Navas de Tolosa in der Sierra Morena die Mauren und leiteten den Beginn der Wiedereroberung Andalusiens ein; 1809 besiegte ein spanisches Heer, ein von Pfaffen geführter Bauernhaufen, wie Napoleon schimpfte, bei Bailén die Franzosen. Diese erste bedeutende Niederlage bildete den Anfang vom Ende des My-

Blick auf Jaén mit der Kathedrale

thos Bonaparte. Auch der Paseo de la Estación führt zur Plaza de la Constitución.

Von hier aus gelangt man nicht nur zur Kathedrale, durch die Straße Prado y Palacio kommen wir z. B. auch zur schönen Plaza de los Jardinillos mit Blumenbeeten und Sitzbänken. Halten wir uns hier links, betreten wir die Altstadt. Aber ein schönerer Ausgangspunkt ist die Kathedrale von Jaén, weil man von hier aus die ganze Altstadt durchwandern kann. Und warum nicht beginnen mit dem architektonischen Herzstück der Stadt?

Eine Perle der Renaissance: Die Kathedrale

Die Kathedrale **1** von Jaén gilt mit Recht als die schönste Renaissancekirche Andalusiens. Von wo man sie auch betrachtet, von der Burg aus, von der hoch gelegenen Altstadt oder vor ihr stehend von der Plaza de Santa María, sie ist eindrucksvoll von nahem und aus der Ferne. Im Ganzen ein wuchtiger, kantiger Bau, besticht er dennoch durch Ausgewogenheit in der Aufteilung der Baumasse und eine dem Auge wohltuende Balance zwischen kantiger Hori-

zontale und den rhythmisierenden rund-
lichen Vertikalen der korinthischen Säulen sowie zweier an den Seiten aufragender Kuppeltürme. Die Hauptfassade
bietet barocken Figurenschmuck, aber
nicht überbordend, sondern eingefügt
in den Klang des vornehm und zurück-
haltend bewegten Körpers.

Hier stand vormals eine Moschee, danach eine gotische Kathedrale, die aber
Ende des 15. Jh. aus bautechnischen
Gründen wieder abgerissen werden
musste. Auf Teilen der alten Kirche
wurde dann nach Plänen des bedeutenden andalusischen Architekten Andrés
de Vandelvira ab 1538 die heutige Kathedrale errichtet, die schließlich 1688
nach 150 Jahren vollendet war. Dem
rechteckigen Gebäude sind Ende des
18. Jh. die Sakristei und ein Sakraments-
häuschen angefügt worden. Bemerkenswert ist, dass trotz wechselnden
Stilempfindens während der langen
Bauzeit am Geist der Grundkonzeption
festgehalten wurde und uns heute die
harmonische Gesamtwirkung beeindruckt. Wir haben keine gewaltige,
monströse, üppige Kathedrale vor uns,
sondern ein klar durchgebildetes Gotteshaus, das alle Häuser der Umgebung
überragt, aber von den gleichen rötlich-
braunen Ziegeln wie sie bedeckt ist. Die
Kathedrale hat bei aller Rationalität auch
etwas Bergendes, Mütterliches und trotz
ihrer Vornehmheit und ihres formalen
Adels nichts Abweisendes. Die barocken Aufsätze der Figuren und die fia-
lenartigen Ziertürmchen durchbrechen
die massige Strenge der Hauptfassade.
Die weißlich-gelbe Farbe des Gesteins
hält einen Mittelton zwischen Kühle und
Wärme und steht somit in Einklang mit
Maß und Form des gesamten Baukörpers.

Im Zentrum der Eingangsfront nimmt
inmitten der Figuren von Heiligen und
Kirchenvätern Ferdinand III., der Heilige
genannt, mit Schwert und Reichsapfel in
den Händen als der Eroberer Jaéns die
wichtigste Position ein. Das Innere der
Kathedrale ist mit Kuppeln und Halbkup-
peln überwölbt. Eine architektonische
Meisterleistung ist die Vierungskuppel
zwischen Hauptaltar und Chor, die aus
zwei Aufsätzen mit jeweils acht Fenstern
besteht. Die Bögen werden von gebün-
delten korinthischen Säulen getragen.
Reliefs in den Zwickeln stellen die Heiligen Michael, Jakob, Eufrasio und Katharina dar. Berühmt sind die Reliefschnit-
zereien des Chorgestühls, die Szenen
aus dem Alten und Neuen Testament
nachbilden. Der Hauptaltar zeigt eine
›Tröstung Marias‹. Dahinter, am Ende
des Mittelschiffs, wird der Überlieferung
nach in einem goldenen Schrein eines
der drei Schweißtücher der Veronika mit
dem Antlitz Christi verwahrt. Das Ka-
thedralmuseum zeigt etwa 100 Gemälde. Zu erwähnen seien ›St. Mat-
thäus‹ und ›St. Jakobus‹ von Ribera
sowie ein ›Haupt des Täufers‹ von
Valdés Leal, beides bedeutende andalusische Maler des *siglo de oro*.

Die arabischen Bäder

Von der Kathedrale aus kann man geradewegs in die Altstadt gelangen, indem
man die Calle Maestra entlanggeht und
dann die Calle Aguilar oder parallel dazu
die Calle Martínez Molina. Wir befinden
uns im ursprünglich arabischen Teil der
Stadt und kommen zur Plaza Luisa Ma-
rillac, wo man 1913 unter dem Palast
des Grafen von Villadompardo ein arabisches Bad entdeckte. 1936 begann
man mit Restaurierungsarbeiten, die
durch den Spanischen Bürgerkrieg unterbrochen wurden. Erst 1970 setzte
man die Ausgrabungen fort. Seit 1984
sind die **Bäder** 2 der Öffentlichkeit zu-

gänglich, und sie sind wirklich sehenswert. Mit 470 m² Fläche sind sie die bedeutendsten in ganz Spanien.

Über den Bädern aus dem 11. Jh. baute man im 16. Jh. einen Adelspalast, der heute ein Museum enthält. Führer leiten die Besucher in die untere Etage, wo sich die großzügig angelegten Bäder des maurischen Königs Ali befinden, der hier der Legende nach ermordet wurde. Es existierte eine unterirdische Verbindung zum Gebäudekomplex des **Klosters Santo Domingo** 3, dessen wunderschönen Säulenhof (Patio) man besichtigen kann. An seiner Stelle stand ehemals der maurische Königspalast.

Das arabische Bad besteht aus einer Reihe von Räumen. Zunächst betritt man die von einem Tonnengewölbe aus Ziegeln überspannte Vorhalle. In ihr befinden sich Kleiderkammern für die abgelegte Wäsche und zwei Ruhebänke. Die Hufeisenbögen fußen auf Säulen aus Kalkstein und Kapitellen aus weißem Marmor. Vom Vorraum gelangen wir in das Caldarium, das Dampfbad. Zwei kleinere seitliche Dependancen dienten als Eintauchbecken, die mit warmem Wasser gefüllt waren. Die Erwärmung des Bades erfolgte durch Heißwasserkanäle unter dem Fußboden, so dass das verspritzte Nass verdampfte.

Arabisches Bad aus dem 11. Jahrhunder

Die Türken übernahmen später dieses System – daher auch die uns geläufige Bezeichnung ›Türkisches Bad‹. In die Gewölbekuppeln sind sternenförmige Öffnungen eingelassen, die für Licht und Luft sorgen. Vom mehrschiffigen Zentralraum, erkennbar an der über ihm thronenden, von Säulen und Hufeisenbögen gestützten Kuppel, gelangt man in einen Seitenraum. Ein Becken in dessen Mitte stammt aus nacharabischer Zeit. Nach dem Wärmebad im Zentralraum fand die Zeremonie hier durch eine kalte Dusche mittels bereitgestellter Tonkrüge ihren Abschluss.

Die Burg Santa Catalina

Das Castillo de Santa Catalina **4** liegt hoch über der Stadt. Eine Straße schlängelt sich serpentinenförmig über eine Strecke von 4 km den Hang hinauf. Oberhalb der Altstadt gelangt man auf die Carretera de Circunvalación, die nach links in den Weg zur Burg übergeht. Falls man mit dem Auto unterwegs ist, bietet es sich an, den Wagen auf der erwähnten Straße abzustellen und zu Fuß hinunter in die Altstadt zu gehen. In der Innenstadt zu parken ist jedenfalls schwieriger.

Der Burgberg *(cerro)* hat den gleichen Namen wie die Burg selbst: Santa Catalina. Denn am Tag der heiligen Katharina wurde Jaén im Jahre 1246 von den Heerscharen Ferdinand III. erobert. Die Karthager hatten an dieser Stelle den ersten Turm erbaut. Hannibal hielt sich hier lange Zeit auf und fand in der Nähe Jaéns auch seine Ehefrau. Teile des *castillo viejo* aus der arabischen Zeit sind noch erhalten, so der nach Mekka gerichtete Turm Albarrama. Nach der Eroberung Jaéns erneuerten die Christen die Burg grundlegend und schützten sie mit einer gewaltigen Steinmauer, so

dass sie uneinnehmbar wurde. Von der abgeflachten Spitze des Berges konnte man die gesamte Umgebung kontrollieren. Den besten Blick auf Stadt und Kathedrale haben wir vom östlichen Ende des Bergrückens an einem über dem Abgrund aufgerichteten steinernen Kreuz.

Castillo de Santa Catalina

Zentrum des Burgkomplexes ist der große Waffenhof. Direkt an die Burganlage herangebaut ist der **Parador von Jaén,** ein staatliches Hotel. Es ist auch innen im Stil einer alten Ritterburg gehalten, allerdings versüßt mit all den Annehmlichkeiten unserer modernen Zeit. Wenn man dort nicht übernachten möchte, sollte man zumindest im großen Esssaal im Stil einer ritterlichen Tafelrunde die Mahlzeit einnehmen. Das wechselnde Licht über der weiten Landschaft, dessen Dramaturg die auf- oder untergehende Sonne ist, bietet von der Burg aus ein fesselndes Schauspiel.

Ausflüge in die Umgebung von Jaén

Karten: S. 62/63, S. 67 (Stadtplan Úbeda), S. 69 (Stadtplan Baeza)
Tipps & Adressen: Úbeda S. 355, Baeza S. 326, Cazorla S. 330.

Sierra Morena – Land der Vogelfreien

Die Sierra Morena ist die Scheidegrenze zwischen Andalusien und dem übrigen Spanien. Das weitgehend unberührte und unbewohnte Gebiet war Zufluchtsort von Banditen und Eremiten, wie uns nicht nur ›Don Quijote‹ von Cervantes berichtet. Die inzwischen sehr gut ausgebaute Straße führt über den Pass Despeñaperros, was so viel bedeutet wie ›herabstürzende Hunde‹. Ob wohl die Mauren gemeint sind? Jedenfalls wurden hier, beim Ort Las Navas de Tolosa, die Mauren im Jahre 1212 entscheidend von den vereinigten Christenheeren geschlagen. Sie hatten an dieser Stelle erstmalig das Grenzgebiet der Sierra Morena überschritten und konnten nun nicht mehr lange aufgehalten werden.

Der Ort **La Carolina** ∎1, an dem die Straße vorbeiführt, ist nach dem spanischen Bourbonenkönig Karl III. benannt, der hier im Jahre 1786 Schweizer und deutsche Handwerker ansiedeln ließ, um dem Banditentum ein ordentliches Gewerbe entgegenzusetzen. Er, der Urheber dieser Idee, wurde später von den hiesigen Mönchen angezeigt; die Inquisition sperrte ihn ein und beschlagnahmte sein Vermögen. Die Mönche hatten nämlich durch die neuen Kolonisten ihre Einnahmen verloren – mit den Banditen hatten sie brüderlich geteilt. Wenn wir von Kastilien-La Mancha kommen, zweigt kurz nach dem Eintritt in die Region Andalusien hinter Las Correderas eine kleine Straße ab, die durchs Gebirge führt. Folgen wir ihr einige Kilometer, so treffen wir in der Nähe des Ortes **Aldeaquemada** ∎2 auf den Wasserfall von La Cimbarra. Der Fluss hat eine Reihe von Stufen in den weißen Felsen geformt und fällt schließlich eindrucksvoll, allerdings nicht in der Trockenzeit, aus einer Höhe von 30 m ins Flussbecken. Die Landschaft ist wild, unberührt.

Von La Carolina gelangt man über eine Straße in westlicher Richtung in die Naturschutzgebiete von **Contadero** ∎3 und **Lugar Nuevo** ∎4 Wer einsame Landschaften sucht und Tiere beobachten möchte, dem sei diese Strecke empfohlen. Es gibt Rastplätze, Wasserquellen und Möglichkeiten zum Kampieren, aber es kann geschehen, dass man auf einer Strecke von nahezu 70 km keine Menschenseele trifft. Bei Andújar am Guadalquivir kommt man auf die Hauptstraße zurück. Von dieser Route kann man einen Abstecher zum **Santuario Nuestra Señora de la Cabeza** aus dem 13. Jh. unternehmen, über eine bis zum Gipfel (686 m) ansteigende Straße. Jeden letzten Aprilsonntag führt eine Wallfahrt hinauf.

Zwischen La Carolina und Bailén, einige Kilometer von der Hauptstraße entfernt, liegt **Baños de la Encina.** Man sieht die gewaltige Burganlage dieser Stadt schon aus der Ferne. Es handelt sich um eine im 10. Jh. erbaute, bis heute gut erhaltene Befestigung. Sie ist eines der besten Beispiele für Verteidigungsbauwerke aus der Zeit des Kalifats.

Maurische Burgen

Ein lohnender Tagesausflug verläuft von Jaén nach Alcalá la Real. Man nimmt zunächst die Straße nach Córdoba (N 321) bis Torredonjimeno und biegt dort Richtung Alcaudete ab. Wir befinden uns im sanft anschwellenden Hügelland der Provinz Jaén, übersät von Olivenbäumen. Die kurvenreiche Strecke belohnt mit immer wieder neuen Perspektiven. Ein imposantes Bild bietet der Ort **Martos** 5 mit den Ruinen einer Burg hoch oben auf einem nackten Felsen. Inmitten der Stadt stehen auf dem felsigen Grund einer bewaldeten Anhöhe Reste einer weiteren Wehranlage und einer Kirche. Die Kirche Sana María de la Villa im isabellinischen Stil geht auf einen Bau aus dem 13. Jh. zurück. Unterhalb dieser steinernen Monumente schmiegt sich die gesicherte und beschützte Stadt an die Erde, weiß wie die meisten andalusischen Dörfer, die Häuser bedeckt von rötlich-braunen Ziegeln.

Alcaudete macht keinen besonderen Eindruck, wenn man von Martos kommt. Leicht übersieht man die Burg, die erst eindrucksvoll in den Blick gerät, wenn man den Ort aus der Gegenrichtung ansteuert oder noch besser von Cordoba. Von Alcaudete aus nehmen wir die gut ausgebaute N 432 Richtung Granada. Die Landschaft wechselt ihren Charakter, sie wird schroffer. Hat man den Punto del Castillo (940 m) erreicht, sieht man in der Ferne schon die Festung von **Alcalá la Real** 6, die Fortaleza de la Mota. Mächtig thront sie auf einem Hügel und beherrscht die vor ihr ausgebreitete flache Landschaft.

Umgebung von Jaén

Karthager und Römer haben hier bereits gesiedelt. Den Bau des Kastells auf dem Hügel gab ein granadischer Maurenkönig im 11. Jh. in Auftrag. 1213 fand die erste Eroberung durch die Christen statt, aber erst nach vielem Hin und Her wurde sie 1341 endgültig wiedergewonnen und erhielt den Titel ›Real‹, die Königliche. Sie blieb eine umkämpfte Fes-

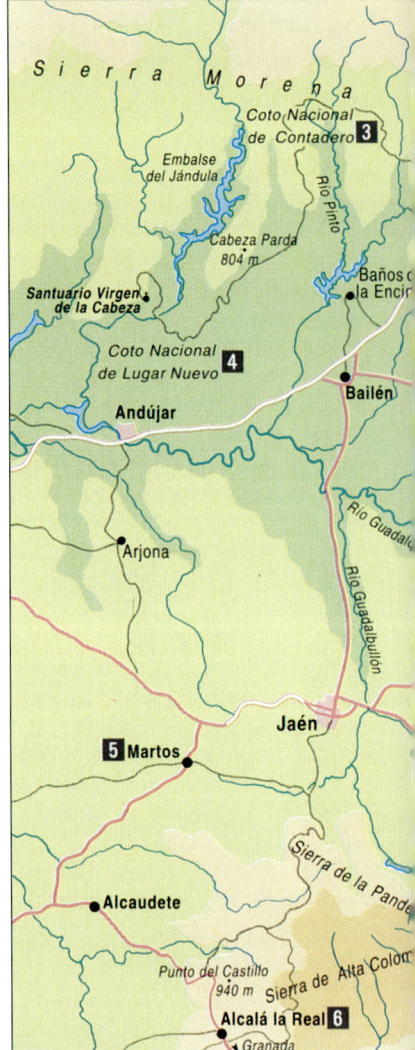

tung, grenznah zum Königreich Granada, aus dem Flüchtige hier Schutz suchten.

Die Reste der Burg sind zu besichtigen. Von dort oben wirken sie weit weniger mächtig als aus der Ferne. Auf dem Hügel wird weiter ausgegraben: Man hat Kammern und Bäder gefunden, Reste der arabischen Stadtanlage.

Durch die Mauern der Abteikirche Santa María aus dem 16. Jh., die sich neben den Türmen der Burg so eindrucksvoll aus der Ferne behauptet hatte, pfeift der Wind. Die Soldaten Napoleons hatten sie in Brand gesetzt und sie wird erst jetzt wieder restauriert. Über die Hügelketten bis nach Grenada verteilt standen Türme, die wichtige Nachrichten mit

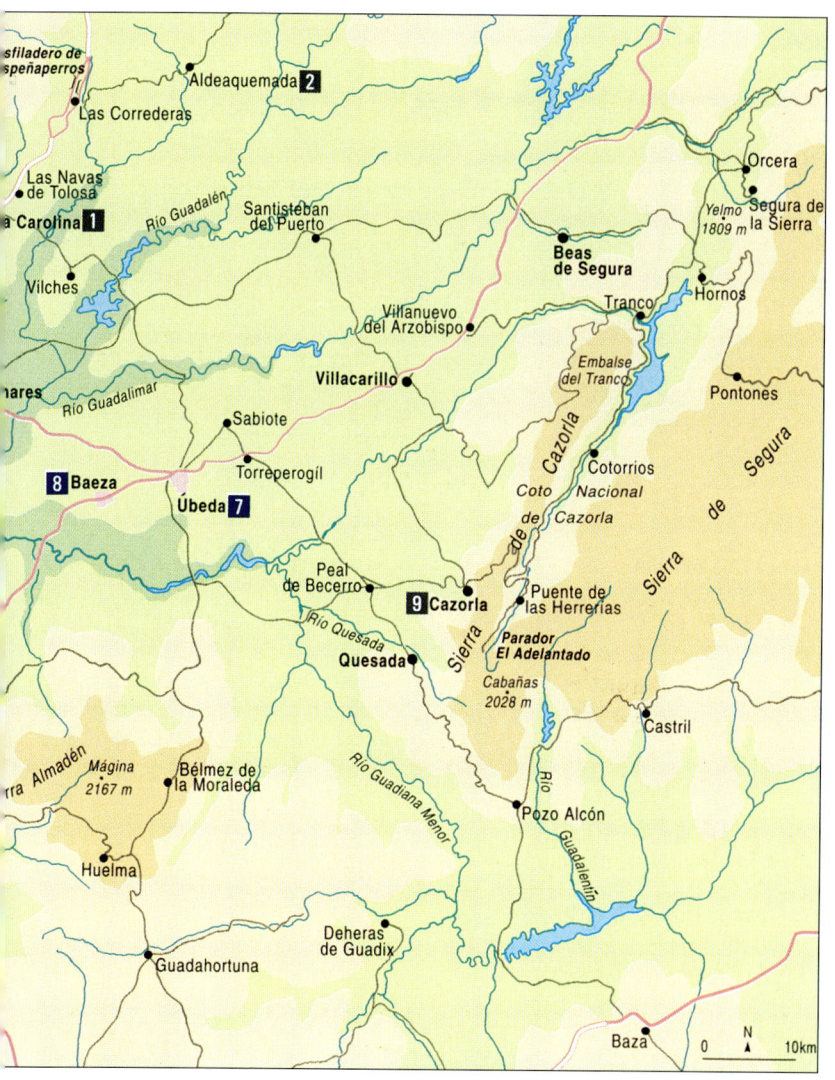

Niederlage für Napoleon!
Die Schlacht von Bailén

Bailén lohnt keinen Aufenthalt; die Erinnerung an den hier erfochtenen spanischen Sieg über die französische Armee im Jahre 1809 mag genügen. Wenige Jahre zuvor war Spanien noch Napoleons Bündnispartner gegen die Engländer: Die spanisch-französische Flotte wurde 1805 am Cabo de Trafalgar, unweit von Cádiz, von den Engländern unter Admiral Nelson vernichtend geschlagen. Als Napoleon den spanischen König entführen ließ und Spanien zum Durchmarschgebiet für seine Truppen erklärte, die in Portugal die Kontinentalsperre gegen England aufrechterhalten sollten, reichte es den Spaniern. Ihr Stolz war verletzt, ihr Gefühl für Würde missachtet worden. Am 2. Mai 1808 brach der Aufstand in Madrid los, Auftakt eines jahrelangen Guerillakampfes. Es ist neben dem Grauen die Sinnlosigkeit des Krieges, die uns Francisco Goyas Gemälde und Zeichnungen übermitteln.

Der liberale Bruder Napoleons, der 1808 als Regierungschef eingesetzte Joseph Bonaparte, konnte sich mit seinen Reformplänen nicht durchsetzen, denn er war ein Fremder, ein Okkupant. Die aufgeklärten Geister Spaniens empfanden die Tragik des Geschehens. Denn mit Napoleon marschierte nicht nur französische Willkür, sondern auch die Aussicht auf bürgerliche Rechte, auf Feuern übermittelten: durch Flammen in der Nacht und mit Rauchzeichen bei Tag. In einem der Türme ist ein kleines archäologisches Museum eingerichtet mit Grabsteinen aus dem 9. Jh. und Keramik aus der Zeit der Nasriden (13./14. Jh.).

Heimat der Ritter:
Úbeda und Baeza

Die Städte Úbeda und Baeza liegen nahe beieinander, etwa 50 km nordöstlich von Jaén, und haben außerdem eine ähnliche Geschichte und architektonische Ausprägung. Die zahlreichen herrschaftlichen Adelshäuser, die verschwiegenen Plätze und die kleinstädtisch-geruhsame Atmosphäre lohnen einen längeren Aufenthalt. In beiden Orten gibt es viel zu entdecken.

Úbeda und Baeza wurden im frühen 13. Jh. von den Christen erobert und bildeten fortan wichtige Grenzfesten gegenüber dem Königreich Granada. Eine ganze Reihe von literarisch überlieferten Romanzen zwischen christlichen Rittern und schönen Frauen anderen Glaubens oder von edlen Mauren und sie betörenden Christinnen erzählen von den Menschen, die hier lebten, von Reibung und Verführung. Dem stillen Zauber von Stadt und Landschaft war im vergangenen Jahrhundert auch der Poet Antonio Machado erlegen, der

die Ablösung feudaler und absolutistischer Verhältnisse.

Ähnlich wie in Deutschland der Kampf gegen Napoleon von einer Woge nationaler Empfindungen getragen wurde, schuf auch der spanische Widerstand die Hoffnung auf Erneuerung der gesamten Nation. Die Verfassunggebende Versammlung tagte in Cádiz und formulierte liberale Grundsätze, die für ganz Europa vorbildlich wurden. Aber es siegten die Grundherren, es siegte die autoritäre Monarchie. Die Spanier vergossen ihr Blut gegen Napoleons Truppen – um zu erleben, dass die alte Herrschaft sich neu einrichtete und der Masse des Volkes nichts bot als die gewohnten Verhältnisse: soziales Elend und politische Unterdrückung. Die Wortführer der liberalen Verfassung von Cádiz wurden auf Anordnung des wortbrüchigen spanischen Königs Ferdinand VII., Sohn und Nachfolger Karls IV., gehängt.

Jedenfalls glaubte Napoleon leichtes Spiel mit den spanischen Aufständischen zu haben, die schließlich keine ausgebildeten Soldaten waren. Um die restlichen Schiffe seiner bei Trafalgar vernichteten Flotte im Hafen von Cádiz zu sichern, schickte er eine Armee von 23 000 Soldaten unter General Dupont nach Andalusien. Die Schiffe waren indes schon längst in spanischer Hand. Empfangen wurden die Franzosen bei Bailén von einem Heer andalusischer Bauern unter der Führung von General Castaños. Der Ausgang ist bekannt. Geschickt nutzte der spanische General einen strategischen Fehler der Franzosen aus, der seine Armee geteilt hatte. Castaños ließ Bailén stürmen, das sich etwa in der Mitte zwischen den beiden Divisionen der französischen Armee befand, und hielt so einen Teil der Franzosen in Schach, während er die Hauptmacht angriff. Dupont kapitulierte; 18 000 seiner Männer gerieten in Gefangenschaft. Und Bailén wurde zum Namen der Hoffnung für die unterworfenen Völker Europas (vgl. S. 56).

einen Teil seines Lebens in Baeza verbrachte.

Während und vor allem nach der Eroberung Granadas setzten sich hier die großen Adelsfamilien fest, die an der *reconquista* mitgewirkt hatten. Aus dem 16. Jh. stammen die meisten herrschaftlichen Adelshäuser, die das Gesicht der Städte prägen.

Die zwei Renaissance-Städte sind in ihrer Art einmalig, weil sie stärker als jeder andere spanische Ort den italienischen Baustil der beginnenden Neuzeit zur Geltung bringen. Trotz der ästhetischen Eigenart der stolzen Adelspaläste, die einen wirkungsvollen Kontrast zu den immer noch überwiegend weißen Häusern aus maurisch-arabischer Vergangenheit bilden, fügen sie sich dennoch harmonisch in das Gesamtbild ein. Die Kühle mancher Konzeption wird aufgewogen durch die platereske Ornamentierungslust spezifisch spanischer Tradition und den warmen gelb-braun leuchtenden Stein, der das Material der repräsentativen Gebäude bildet. Ihre hellen und großzügig geschnittenen Innenhöfe werden von eleganten Renaissancebögen gesäumt.

Welche Stadt man zuerst besucht, kann man der Route überlassen. Kommt man von der Sierra Morena, führt der Weg über Linares zunächst nach Úbeda, während Baeza näher an Jaén liegt. Für einen längeren Aufenthalt beziehungsweise eine Übernachtung empfiehlt sich

Olivenhaine prägen das Landschaftsbild in der Umgebung von Jaén

Úbeda, das den vielleicht schönsten andalusischen Parador besitzt.

Úbeda

Der Verkehrsknotenpunkt Úbedas **7** ist die Plaza de Andalucía. Von hier aus nehme man die schmale Calle Real. Sie führt bis zur Plaza del Ayuntamiento, dem Rathausplatz, an dem sich ein **Touristeninformationsbüro** befindet. Seitlich am Rathaus vorbei gelangt man zur Plaza de Vázquez Molina. Von hier aus sind alle Sehenswürdigkeiten gut zu Fuß erreichbar, denn die Altstadt ist klein. Es ist der schönste und repräsentativste Platz des ganzen Ortes.

Die Plaza de Vázquez Molina bietet bereits eine Vielzahl interessanter Bauwerke. Der Platz ist nach einem der Hauptmäzene der Stadt benannt, nach Vázquez Molina, dem Sekretär Philipps II. Sein Vorgänger, der wegen seiner Habgier berüchtigte Sekretär Karls V., war der Gründer der **Sacra Capilla del Salvador.** Die Kirche, deren Frontseite den Platz beherrscht, diente ursprünglich als Privatkapelle dieses durch das Gold der amerikanischen Kolonien reich gewordenen Mannes. Sein ehemaliger Palast neben der Kirche wurde durch einen Brand zerstört; nur das Portal steht noch.

Hervorragende Architekten arbeiteten an der Capilla del Salvador, nämlich die großen andalusischen Baumeister des 16. Jh. Diego de Siloé und Andrés de Vandelvira. Beide waren Söhne flämischer Einwanderer. Von Vandelvira, der die Kathedrale von Jaén entwarf, stammen eine ganze Reihe von Palästen in Úbeda wie in Baeza. Die Kirche beeindruckt durch die vielgestaltige Fassade im Renaissancestil, die durch Säulen gegliedert und plateresk bearbeitet ist; zwei runde, niedrige Türme flankieren den überaus reich gestalteten Bau.

Gleich daneben, an der Längsseite des Platzes, steht der durch ästhetische Strenge auffallende **Parador Nacional**

del Condestable Dávalos. In ihm zu wohnen ist schon deshalb angeraten, weil wir auf diese Weise einen jener ortstypischen Adelspaläste von innen erleben, musterhaft renoviert, großzügig und komfortabel eingerichtet, mit einem kühl-eleganten Patio. Ein paar Schritte sind es nur bis zu den Resten der arabischen Stadtbefestigung. Von hier schauen wir auf die von Olivenbäumen geometrisch gemusterte auf- und abschwellende Hügellandschaft, unterbrochen von den großen Vierecken der Getreidefelder. Am Horizont ist das mächtig aufragende Cazorla-Gebirge zu sehen, das den Quell des andalusischen Lebensstromes birgt, das Guadalquivir

(arab.: großer Fluss). Er macht auch die Landschaft am Úbeda und Baeza fruchtbar.

Am anderen Ende des Platzes befindet sich ein weiteres ausgewogenes Werk von Vandelvira. Der **Palast Las Cadenas** (die Ketten) war die Residenz des schon erwähnten königlichen Sekretärs Molina und gilt mit Recht als einer der schönsten Renaissance-Paläste Spaniens. Heute ist in dem dreigeschossigen Bau das Rathaus der Stadt untergebracht. Die maßvolle vertikale Durchgliederung der dominierenden Horizontale verläuft dreistufig, im unteren Teil durch korinthische Säulen, im mittleren durch ionische, im oberen Geschoss

Úbeda

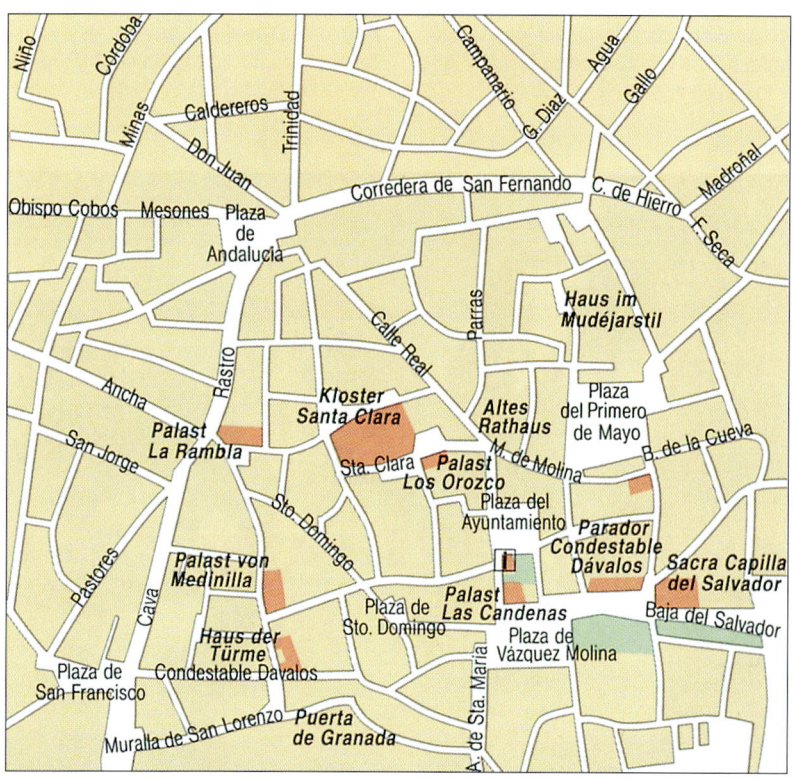

durch Säulenfiguren. Den hübschen Innenhof kann man besichtigen.

Empfehlenswert ist ein **Spaziergang** zum Stadttor Puerta da Granada, dann am Haus der Türme vorbei zu den Palästen Medinilla und La Rambla, von hier am Kloster Santa Clara und am Palast Los Orozco entlang zum Alten Rathaus an der Plaza del Primero de Mayo. Schließlich sollte man das einzige noch erhaltene Haus aus arabischer Zeit besuchen, in dem sich ein kleines Museum befindet. Eine Reihe weiterer Adelspaläste lässt sich beim Durchschlendern der Altstadt von Úbeda entdecken.

Baeza

Baeza 8 ist etwas kleiner als Úbeda, ein noch ruhigeres Landstädtchen. Die sehenswerten Paläste liegen nahe beieinander. Ausgangspunkt ist der Alte Marktplatz, heute immer noch Mittelpunkt der Stadt mit Cafés, Bars und Restaurants. Zu sehen ist in der Mitte einer Längsseite die alte **Getreidemarkthalle.**

Unmittelbar an der Stirnseite befindet sich der schönste Platz Baezas, die Plaza del Pópulo mit einem **Löwenbrunnen** in der Mitte. Auf einer Säule des Brunnens, erbaut aus den Ruinen der römischen, ehemals kathargischen Stadt Cástulo, steht eine iberisch-römische Frauenfigur – angeblich Imilce, die Ehefrau Hannibals. Der prachtvolle Renaissancebau mit einer Galerie im ersten Stockwerk und einem gewaltigen königlichen Wappen Karls V. an der Frontseite beherbergte einstmals die **Alte Fleischerei,** heute das Stadtarchiv. Die platteresk verzierte, vor allem mit Balustraden und Blendgiebeln über den Fenstern geschmückte **Casa del Pópulo**

Die Kirche Sacra Capilla la Mayor in Úbeda

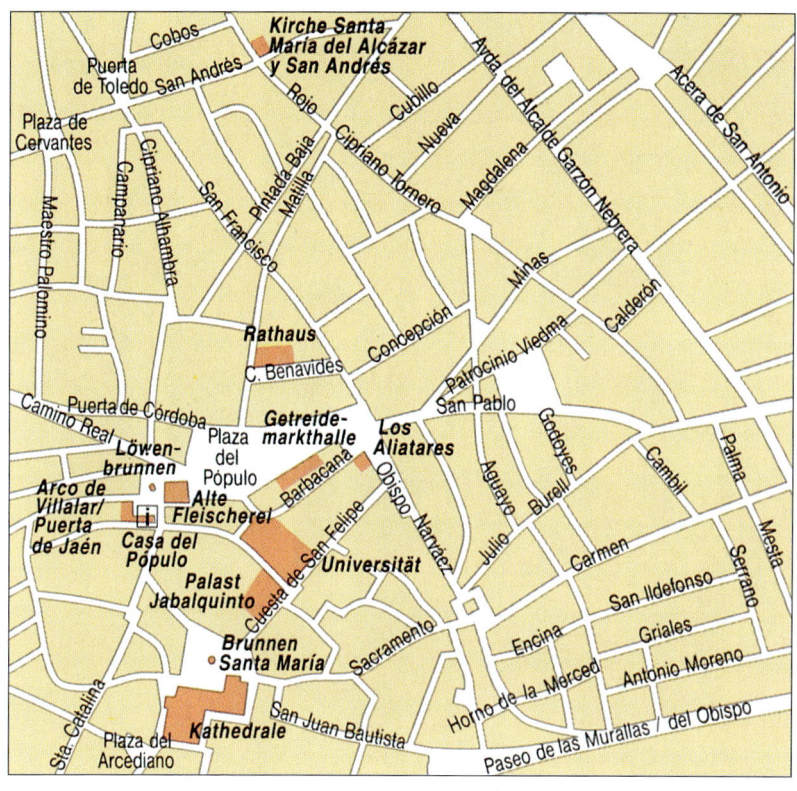

Baeza

diente ehemals als Zivilgericht und Kanzleigebäude. Sie beherbergt heute unter anderem das Tourismusbüro. Das Stadttor Puerta de Jaén gehört zum alten Mauerbezirk; das daneben stehende Tor **Arco de Villalar** wurde 1521 zur Erinnerung an den Sieg über die aufständischen *comuneros* errichtet, an dem viele Adelige der Stadt beteiligt waren.

Eine Treppe führt in den Kern der Altstadt. Wir kommen an einem weiteren Stadttor vorbei und an der alten **Universität** von Baeza, die 1542 gegründet und 1875 in ein Gymnasium umgewandelt wurde. Hier arbeitete der Lyriker Antonio Machado sieben Jahre lang als Lehrer. Den Hof der ehemaligen Universität kann man besichtigen; dort steht auch ein einfaches Denkmal für den berühmten Poeten. Gleich um die Ecke liegt das spektakulärste Gebäude von Baeza: der **Palacio del Marqués de Jabalquinto** mit seiner merkwürdig verspielten Fassade im ›isabellinischen‹ Renaissancestil, der Anleihen bei gotischer Linienführung und maurischer Ornamentierungslust macht. Die Steine prunken mit so genannten ›Diamantenspitzen‹. Seit 1720 gehört das Gebäude der Kirche.

Wir gehen nur ein kleines Stück weiter und gelangen an einen großzügig angelegten Platz. Störche nisten auf den

Dächern der Häuser, von Menschen keine Spur. Besonders mittags erinnert dieser Ort mit einem monumentalen Brunnen in der Mitte an die Schreckensruhe der Stunde des Gottes Pan oder die Magie der Architekturmalerei des Italieners Giorgio de Chirico. Der verwitterte, säulenbestückte, dreigeschossige **Brunnen Santa María** bildet eine Art Triumphbogen: Wappen- und emblemgeschmückte Wände tragen gemeinsam mit Säulen und Figuren das Dach eines Tempels.

Die **Kathedrale**, teilweise auf den Mauern der alten Moschee erbaut, ist nur von außen eindrucksvoll. Sie nimmt fast eine ganze Seite des Platzes ein. Seltsame Leere befällt einen an diesem Ort der grauen und gelb-braunen Wände – ein in Stein geschriebenes Bild der Verlassenheit. Man sollte hier Platz nehmen, zum Beispiel auf dem Treppenabsatz der Kathedrale. Man wird den Alltag vergessen und nicht wissen, ob man träumt. Geht jemand über den Platz, könnte es der Großinquisitor aus Dostojewskijs Erzählung sein oder eine Figur aus den frühen Filmen Buñuels.

Ein paar Schritte weiter, und man verirrt sich im Geflecht kleiner Gassen und zugemauerter maurischer Torbögen. Vom nahen Paseo de las Murallas bietet sich ein Blick auf das Tal des Guadalquivir, Quell des landwirtschaftlichen Reichtums von Baeza.

Allein in Baeza befinden sich etwa fünfzig Paläste, zumeist aus dem 16. Jh. Einige von ihnen sind um die Calle San Pablo gruppiert. Weiter entfernt, an der Puerta de Toledo und der Calle de San Andrés, stehen sehenswerte Kirchen, Klostergebäude und Paläste. In der Kirche **Santa María del Alcázar y San**

Fassade des Palacio de Jabalquinto in Baeza

Andrés rief Ferdinand III. eine militärische Bruderschaft ins Leben. Sie bestand aus den Adeligen Baezas, die alle in der Umgebung wohnen mussten und deren Waffentaten während der *reconquista* legendär wurden. Baeza erhielt den Ehrentitel ›Nest von Sperbern‹. Unter dem Stadtwappen steht der Spruch: »Ich bin Baeza, genannt königliches Nest von Sperbern. Meine tapferen Hauptleute färben ihre Schwerter im Blut der Mauren von Granada.«

Vor der Rückkehr zum Alten Marktplatz sollte man noch das ehemalige Gerichts- und Gefängnisgebäude in einer nahe gelegenen Parallelstraße betrachten. Heute ist dieser lang gestreckte und plateresk geschmückte Bau das **Rathaus** der Stadt. Das linke Tor diente ehemals als Eingang in den Kerker. Zwischen den Balkonen sind die Wappen Philipps II., des Stadtrichters und der Stadt selbst angebracht.

Man könnte die Stadtbesichtigung mit einem *café con leche* in einer der Bars beschließen, die sich am Alten Marktplatz befinden, und dabei draußen in der Sonne sitzen. Der **Turm Los Aliatares** mit der Stadtuhr gibt uns, ohne aufdringlich zu sein, die Zeit des Tages an. Aber ist es wirklich unsere Zeit? Im Gefängnis residiert der Bürgermeister, in der Fleischerei das Stadtarchiv und in der alten Kanzlei das Tourismusbüro. Die Ritter sind müde geworden. Die steingewordene Erinnerung der stolzen Renaissance hält die alte Zeit fest. Die neue verläuft in ihren Mauern gemächlich. Wer Bilder der Melancholie sucht, städtische Ruhe, getränkt von vergangenem Stolz und Streit, oder einer traumhaften Einsamkeit nachspürt, die aus dem Gefühl verlangsamt fließender Zeit rührt – er wird sie in Baeza finden.

Sehenswert ist auch der Ort **Sabiote**, 8 km von Úbeda entfernt. Die Burg entstand im 16. Jh., das platereske Portal wird Andrés de Vandelvira zugeschrieben. Türme und Mauerreste stammen aus maurischer Zeit.

Naturparadies Sierra de Cazorla

Die Sierra de Cazorla gehört zu den Geheimtipps, die sich herumzusprechen beginnen. Fernab der Hauptreiserouten liegt dieses Gebirge. Die Andalusier schätzen es, weil es im Sommer Kühle verspricht. Hier fallen auch in der trockenen Jahreszeit beachtliche Niederschläge, weil die Feuchtigkeit, die von Atlantik und Mittelmeer heranzieht, von den bis zu 2000 m hohen Bergen abgefangen wird. Nicht selten treffen im Sommer Warm- und Kaltluftmassen über der Sierra de Cazorla zusammen, und es kommt zu Gewittern und starken Regengüssen. Der Wasserreichtum ist verantwortlich für die große Pflanzenvielfalt des Gebirges, die Botaniker anlockt. Mehr als 1100 Arten kann man hier finden. Einige tragen den Zunamen dieser Sierra, weil sie nur hier vorkommen.

Aber nicht nur seltene Orchideen und seit dem Tertiär überlebende Pflanzengattungen bietet das Naturschutzgebiet, das 1983 von der UNESCO zum Biosphärenreservat erhoben wurde, auch die Tierwelt der Sierra ist außergewöhnlich. Mit etwas Glück lassen sich Hirsche, Steinböcke und Wildschweine beobachten. Einfacher ist es, die über den Tälern schwebenden Greifvögel zu entdecken: Adler, Milane, Sperber, Falken, Gänsegeier und den äußerst seltenen Bartgeier. Im September und Oktober kann man das Schauspiel der *herrea* erleben, wenn sich die Hirsche ihr Territorium sichern und um die Gunst der Hirschkühe buhlen, indem sie heraus-

fordernd gegen ihre Konkurrenten auftreten.

Es gibt zwei Möglichkeiten, in die Sierra de Cazorla und die sich anschließende Sierra de Segura zu gelangen. Der erste Weg führt über die Stadt **Cazorla.** Man muss zunächst bis auf 1290 m Höhe fahren, um dann wieder 600 m herabzusteigen. Die zweite Route geht von Úbeda nach Nordosten bis Villanueva und hier entlang des Guadalquivir zum Ort Tranco. Es ist empfehlenswert, die Hinfahrt über Cazorla zu wählen und über Tranco zurückzukehren.

Cazorla 9 liegt pittoresk am Hang der nach ihm benannten gewaltigen Sierra. Uneinnehmbar ragt die Burg La Yedra im Hintergrund hervor. Ein Aufenthalt in dem kleinen, lebendigen Städtchen ist lohnend. Abends sollte man die Plaza de la Corredera aufsuchen, an der sich das Rathaus befindet. Hier gibt es zwei Lokale, die zu den Getränken exquisite *tapas* servieren oder – auf Bestellung – eine Vielzahl schmackhafter *raciones*.

Um ins Gebirge weiterzufahren, biegt man vor der Plaza de la Constitución scharf nach links ab. An der Straße in die Sierra liegen – kurz hinter Cazorla – einige empfehlenswerte Hotels. Vor allem die Sicht ist großartig: Über Serpentinen fahren wir bis auf den Kamm und schauen von hier aus hinunter in das Haupttal mit dem noch jungen Guadalquivir. Auch in der Sierra de Cazorla selbst gibt es Übernachtungsmöglichkeiten in einfachen Hotels oder im Parador Nacional el Adelantado, der einsam mitten im Gebirge liegt; außerdem ist eine Reihe schön gelegener Zeltplätze ausgewiesen. Man kann in der Nähe des Informationszentrums der Sierra de Ca-

Am Río Borosa in der Sierra de Cazorla

zorla Pferde mieten oder mit dem Land-
rover eine Erkundungsfahrt unternehmen, die das ICONA-Büro in Cazorla organisiert. Eine beschwerliche Autofahrt
oder – wozu eher anzuraten ist – ein län-
gerer Fußmarsch bringt uns an die
Quelle des Guadalquivir. Gehen wir am
Fluss entlang, der viele Zuläufe hat,
kommen wir an den Stausee **Embalse
del Tranco.** In ihm befindet sich eine
Insel; hier lassen sich Tiere besonders
gut beobachten. Nahe dem Ort
Cotorríos kann man in einem künstlichen See schwimmen. Auf der Strecke
gibt es ein **Informationszentrum** mit
einem kleinen Museum, wo man auch
Lagepläne bekommen und Ausflüge buchen kann. Außer kleinen Wanderungen
am Fluss entlang lassen sich größere in
die Bergwelt unternehmen. Im Sommer
wird es trotz Regens und Höhenlage
auch in der Sierra de Cazorla heiß, obwohl es kühler ist als auf den ausgebrannten Ebenen. Außerdem scheuen
die meisten der hier lebenden Tiere die
hohen Temperaturen und lassen sich
nur in der Dunkelheit blicken oder
hören. Frühjahr und Herbst sind daher
zum Zwecke der Naturerkundung emp-
fehlenswerter: Im Winter ist der Pass
häufig gesperrt; man nehme dann den
Weg über Tranco.

Von hier aus empfiehlt sich zu jeder
Jahreszeit ein Ausflug in den nahen Ort
Segura de la Sierra. Er liegt inmitten
schroffer Berglandschaft oberhalb meh-
rerer Flüsse und von ihnen befruchteter
Täler. Über den stillen, weißen Gassen
thront ein renoviertes maurisches Kastell.

Iberische Steinböcke

Granada und Umgebung

GRANADA

»… so komm und schau:
Die Stadt ist eine Dame, ist eines Berges Frau.
Gürtelgleich umspannt ein Fluss ihres Leibes Schimmern:
Blumenhaft an ihrem Halse die Juwelen flimmern.«

(Ibn Zamrak, 14. Jh.)

Stadtplan: S. 86/87
Tipps & Adressen: S. 336

■ Granada ist ein Höhepunkt jeder Andalusienreise. Weil man dies vorher weiß, ist der erste Eindruck meistens enttäuschend. In den Außenbezirken der Stadt bietet sich der übliche Empfang: zersiedelte Gebiete, Wohnsilos, das am Rande zerfasernde, gleichförmige Gesicht einer modernen Großstadt. Eine jüngst fertiggestellte Umgehungsstraße hat den Verkehr in der Innenstadt von Lärm undAuspuffdämpfen entlastet und die gesamte Altstadt damit wieder attraktiver gemacht.

Granada hat ca. 270 000 Einwohner und besitzt nicht nur die wichtigste Universität Andalusiens, sondern gilt auch als eines der drei, vier intellektuellen Zentren von ganz Spanien. Die zahlreichen Gebäude der Universität befinden sich mitten in der Stadt. Die Hauptattraktion ist die Alhambra (arab.: ›Die Rote‹), in der sich der maurische Königspalast befindet. Die steingewordenen Paradiesträume sind eine der großen kulturgeschichtlichen Sehenswürdigkeiten unserer Erde. Mehr als für die anderen sehenswerten Orte Andalusiens muss man für Granada Geduld mitbringen. Die Stadt erschließt sich nicht wie das auf den ersten Blick großzügig-elegante Sevilla. Granada verbirgt seine Reize, obwohl manche offensichtlich sind.

Außerordentlich reizvoll ist die Lage Granadas durch das Zusammenspiel von Ebene, der in die Stadt hineingreifenden Hügellandschaft und dem aufsteigenden Hochgebirge im Hintergrund. Und von zahlreichen Blickwinkeln im Ort lassen sich die Stadtviertel mit den sie umgebenden Hügeln und den die meiste Zeit des Jahres schneebedeckten Gipfeln der Sierra Nevada in einem Bilde zusammenfassen. Der Wechsel der Jahreszeiten und des Sonnenstandes am Tage lassen die Stadt immer wieder in einem anderen Licht erscheinen und ermöglichen so verschiedene Färbungen von Himmel und Landschaft, dass allein dies Grund genug wäre, nach Granada zu reisen.

Der manchmal von unten sichtbare Alhambra-Hügel ragt weit über die Häuser der unteren Stadt hinaus und lässt die Möglichkeit erahnen, hier der Hast der Bürgerstadt die Ruhe der königlichen Residenz entgegensetzen zu können. Doch auch in einigen Vierteln, deren weiße Häuser sich den Hügel hinaufziehen und sich vorteilhaft vom abgasgrauen unteren Betrieb absetzen, können wir den Ausdünstungen der Autogesellschaft entkommen.

Granada ist zwischen zwei Hügeln angesiedelt, und zwei Flüsse durchlaufen die Stadt – streckenweise unterirdisch. Auf dem nördlichen Hügelrücken befindet sich der alte arabische Stadtteil

Albaicín, auf dem südlichen die Alhambra. Zwischen beiden fließt der Río Darro. Die ausgedehnteste Besiedlung beginnt unterhalb der Hügel und erstreckt sich bis tief in die so genannte *vega* hinein, eine fruchtbare Ebene, durch die sich der zweite Fluss Granadas hindurchzieht, der mittlerweile mit dem Río Darro vereinte Río Genil.

Die Stadt liegt zwischen 600 und 780 m hoch über dem Meeresspiegel. Die Winter sind kalt; die Pflanzen blühen im Frühjahr sehr viel später als etwa am Mittelmeer. Ein mildes Klima zeichnet den Herbst von September bis November aus. Aber hier im Süden macht Kühle jene vom arabischen Dichter Ibn Zamrak bewunderte ›Dame‹ nur noch anziehender. Frühjahr und Herbst sind für Granada die schönsten Jahreszeiten. Dennoch ist auch der Sommer wegen der Höhenlage und zahlreicher Ausflugsmöglichkeiten in die höhere Bergwelt empfehlenswert, anders als etwa für Córdoba oder Sevilla. Im Juni lockt das Musik- und Ballettfestival. Der Winter bietet in Granada ein ungewöhnlich klares Licht. Und wenn man sich warm anzieht, kann man es genießen: Granada ohne Touristen.

Die Gasse der Teehäuser

Die letzte Enklave der Mauren

Anders als die meisten Städte Andalusiens hat Granada nicht die typische Abfolge von karthagischer, römischer und westgotischer Herrschaft erlebt. Es war keine bedeutende antike Gründung und begann als Stadt erst mit den Mauren zu existieren, die ab 711 n. Chr. die bevorzugte Lage ausnutzten. Granada war Zufluchtsort für die Bewohner Elviras geworden, eines Ortes in der Nähe, der heute nicht mehr existiert. Angeblich standen damals die Häuser ihrer Siedlung so dicht beieinander wie die Kerne des Granatapfels und wurden danach benannt: Granata. Der maurische Emir von Granada war dem Kalifen von Córdoba untertan, später herrschten die Almoraviden und Almohaden aus dem heutigen Marokko über den Ort.

Als Ferdinand der Heilige 1227 Baeza eroberte, wurden die moslemischen Flüchtlinge in Granada aufgenommen. Sie siedelten auf dem heutigen Albaicín-Hügel, dessen Name noch an die Herkunft der Bewohner erinnert. (Nach einer anderen Version bedeutet der Name ›Stadt der Falkner‹.)

Eine ähnliche Geschichte hat der ›arabische‹ Stadtteil Antequeruela, südlich des Alhambra-Hügels, ein wenig besuchtes, sehr reizvoll am Hang gelegenes Viertel, wo vertriebene Moslems eine Zuflucht fanden, nachdem die Stadt Antequera 1410 von den Christen erobert worden war.

Mit der fortschreitenden Eroberung Südspaniens durch die Christen seit dem 13. Jh. wurde Granada zur mächtigen Hauptstadt eines eigenen islamischen Königreichs und Heimstatt der aus dem Christenland fliehenden Moslems. Erst mit dem Siegeszug der Christen, die nach und nach das in kleine *taifa*-Reiche zersplitterte maurische Andalusien für sich gewannen, begann Granada also zu wachsen und zu blühen.

Mohammed ibn Ahmar aus dem Geschlecht der Beni Nasr legte den Grundstein für die Herrschaft der Nasriden, die von 1238 bis 1492 dauerte und Andalusien die letzte Blüte maurischer Kultur auf europäischem Boden bescherte. Mohammed ibn Ahmar, erster König von Granada und Begründer der Alhambra, wurde von den Königen Jaime I. von Aragón und Ferdinand III. von Kastilien bedroht. Kurzerhand stellte er sich unter den Schutz des kastilischen Königs, der ihn zu seinem Vasallen machte. Der Herrscher von Granada musste nun nicht nur Tribut zahlen, sondern dem christlichen König bei der Eroberung Sevillas im Jahre 1248 auch mit seinen besten Reitern Waffenhilfe leisten. Er kämpfte mit den Christen gegen seine eigenen Glaubensbrüder. Sevilla fiel. Der siegreiche Maure kehrte in seine Heimatstadt zurück. Man empfing ihn mit Jubel und Sieg-Rufen. Mohammed ibn Ahmar antwortete, wenig von sich überzeugt, aber glaubensstark: »Es gibt keinen Sieger außer Allah!« Dies wurde der Wahlspruch der Nasriden; er zieht sich vielhundertfach wiederholt über die Wände des Königspalastes.

Nicht nur die Flüchtlinge aus den von Christen eroberten Städten machten Granada reich. Ein ausgefeiltes Bewässerungssystem sorgte für das fruchtbare Gedeihen der Landwirtschaft. Zu-

◁ *Die Alhambra mit der schneebedeckten Sierra Nevada im Hintergrund*

ckerrohr, Feigen, Mandeln und Orangen wurden exportiert. Bergwerke förderten Gold, Silber und Kupfer. Kostbare Seide wurde produziert. Der Handel blühte. Die Stadtmauern dehnten sich auf 15 km Länge aus, und die Bevölkerungszahl wuchs rasch bis auf 400 000 Menschen.

Zahlreiche Schulen und Hospitäler wurden gegründet; eine Münze entstand und eine Universität. Es war, als würde die maurische Kultur in Spanien noch einmal ihre ganzen Kräfte sammeln und an diesem Ort konzentrieren. Während sich die Stadt ausdehnte, wurde auch an der Königsburg gebaut.

Als erstes errichtete man die Alcazaba, die eigentliche Burganlage, und erst im 14. Jh. den Palast. Auf dem Alhambra-Hügel entstand so nach und nach eine regelrechte Königsstadt mit eigenen Straßen und Läden.

Die Nasriden herrschten unangefochten. Aber sie waren vielfach unter sich zerstritten, eine intrigante Machtclique wie andere auch. Dennoch, es gab nicht nur ihren klugen Begründer, der die Alcazaba bauen ließ, sondern auch feinsinnige Geister wie Yusef Abul Hagig, den Vollender der Alhambra, den man zugleich für den besten Dichter seiner Zeit hielt. Insgesamt war das Königreich

Arabische Bäder im ehemaligen Harem der Alhambra

Eroberung Granadas durch die Christen. Boabdil übergibt die Stadtschlüssel an die Katholischen Könige Isabella und Ferdinand (kolorierter Holzstich)

Granada ein gut verwaltetes, blühendes Gemeinwesen mit einem funktionierenden Steuersystem, mit Krankenfürsorge, Schulen und Universitäten, mit schwunghaftem Handel, prosperierendem Handwerk und ertragreicher Landwirtschaft.

Das Verhältnis zu den Christen gestaltete sich im Laufe der Zeit immer schwieriger. Zwischen den Kampfhandlungen gab es Jahre des Waffenstillstands. Dem anfänglichen Arrangement mit Kastilien folgte später die engere Zusammenarbeit mit den islamischen Dynastien Nordafrikas, da sich die Drohungen der Christenmacht verstärkten. Kleinkriege an den Grenzen waren keine Ausnahme. Auf erneute Tributforderungen reagierte der König von Granada 1478 mit steifer Ablehnung. Der Marquéz von Cádiz überfiel eine granadinische Garnison. Daraufhin stürmten die Mauren 1481 den Grenzort Zahara.

Für die Katholischen Könige Ferdinand und Isabella, die seit 1479 das christliche Spanien regierten, war dies Anlass für ihren mehr als zehn Jahre während Kriegszug. Sie wollten endgültig den Rest maurischer Herrschaft auf iberischem Boden vernichten. Eine Stadt nach der anderen nahmen sie im Wechselspiel von Waffengewalt, Erpressung und Verrat ein. Am Ende dieses Kampfes für ein christliches und zugleich politisch geeintes Spanien stand der Fall der Königsstadt Granada (1492).

Der letzte König von Granada, Boabdil genannt (›der Unansehnliche‹), spielt dabei eine wenig rühmliche Rolle. Er war als Thronfolger in die Gefangenschaft der Katholischen Könige geraten. In dieser Zeit hatte sein Onkel die Macht in Granada ergriffen. Boabdil versuchte, sie ihm wieder abzujagen. Während der Maurenkönig im offenen Kampf mit den Christen in den Bergen Málagas stand, nutzte Boabdil dessen Abwesenheit, um in die Alhambra einzuziehen. Danach ließ er den Onkel in eine Falle der christlichen Gegner laufen. Málaga musste sich ergeben, seine Bevölkerung wurde in die Sklaverei verkauft. Der vom Neffen verratene König von Granada floh nach Nordafrika. Boabdil wurde nun endlich selbst Herrscher, aber das verbliebene Maurenreich war derart geschwächt, dass nach einer langen Belagerung Granadas durch das christliche Heer nichts anderes übrig blieb, als die überfüllte Stadt mit ihren hungernden Bewohnern zu übergeben. 1491 wurden in geheimen Verhandlungen vertragliche Zusicherungen gemacht, die Sicherheit und Glaubensfreiheit der Bevölkerung zu garantieren.

Am 2. Januar 1492 zogen die Christen feierlich in Granada ein. Boabdil übergab die Stadtschlüssel und ritt mit seinen Getreuen in die Alpujarras, ein südliches Vorgebirge der Sierra Nevada, wo ihm eine kleine selbstständige Herrschaft zugesichert worden war. Das Tor, durch das er Granada verließ, wurde auf seinen Wunsch zugemauert. Überliefert sind Boabdils Tränen durch die kolportierte Bemerkung seiner ehrgeizigen Mutter: »Beweine nicht wie ein Weib, was du nicht wie ein Mann hast verteidigen können.« Auch sein letzter Blick auf die verlorene Stadt ist offenbar seinerzeit beobachtet worden. Noch heute heißt eine Anhöhe 15 km südlich von Granada in Anspielung darauf *Puerto del Suspiro del Moro,* ›Paß des Seufzers des Mauren‹. Boabdil hielt es nicht lange in den Alpujarras. Er zog weiter nach Nordafrika, wo sich seine Spur verliert. Angeblich ist er dort im Jahre 1527 im Kampf umgekommen.

Ferdinand und Isabella hatten nun ihr lang gehegtes Ziel erreicht. Spanien war politisch geeint, und es war katholisch.

Die Alhambra erschien auch ihnen als paradiesisches Pfand. Lediglich die Moschee und andere umliegende Gebäude wurden abgerissen, um einer Kirche und einem Kloster Platz zu machen. Der Königspalast selbst blieb stehen. Die beiden Könige verfügten im Jahre 1504, dass sie nicht – wie vorgesehen – in Toledo zu Grabe gebracht würden, sondern am Ort ihres größten Triumphs, in Granada. Man begann mit dem Bau der Kathedrale und des Mausoleums, der Königlichen Kapelle, in der unteren Stadt.

Schon 1492 hatten Isabella und Ferdinand dem Drängen des Großinquisitors Torquemada nachgegeben und alle Juden aus Spanien vertrieben. 1499 befahl Kardinal Cisneros die Verbrennung aller arabischen Bücher religiösen Inhalts. In Granada kam es zu einem Aufstand. Man antwortete mit dem Bruch der Übergabevereinbarungen, die Glaubensfreiheit garantiert hatten. Die Muslime wurden nun vor die Wahl gestellt, entweder Spanien zu verlassen oder zum Christentum überzutreten. Wenn sie dies allerdings taten, waren sie nicht sicher vor der misstrauischen Inquisition, die 1480 in Sevilla eingesetzt worden war und immer mächtiger wurde.

Die meisten Mauren verließen das Land. Die Zurückgebliebenen empörten sich und setzten sich zur Wehr, vor allem in den Alpujarras, der letzten Zuflucht der Morisken. So nannte man die Mauren, die zum Christentum übergetreten waren, viele natürlich nur zum Schein, um im Lande bleiben zu können. Im 16. Jh. gab es noch zahlreiche Moriskenaufstände, die allesamt blutig niedergeschlagen wurden. Endgültig wurden die Morisken, die immerhin noch 5 % der damaligen Bevölkerung ausmachten, erst 1609 vertrieben.

Stadtbesichtigung

Ein Raum des Todes:
Die Königliche Kapelle

1 Die Katholischen Könige, *los reyes católicos,* sind in Granada immer noch gegenwärtig. Eine der Hauptgeschäftsstraßen ist nach ihnen benannt. Sie liegt im alten Zentrum der Stadt und führt bis zur Plaza de Isabel la Católica. Hier beginnt die andere große Straße Granadas, die Gran Vía de Colón. Auf dem Platz selbst befindet sich ein Denkmal aus dem 19. Jh. mit der sitzenden Königin Isabella und dem vor ihr stehenden Kolumbus, auf spanisch Colón genannt. Begegnungen zwischen den beiden haben tatsächlich häufig stattgefunden. Isabella war die große Förderin des Kolumbus und bevor dieser nach jahrelangem Warten endlich lossegeln durfte, um als Entdecker Amerikas in die Geschichte einzugehen, trafen sie sich ein letztes Mal in Santa Fé, etwa 12 km von Granada entfernt, zur Zeit der Belagerung Granadas durch das christliche Heer. Aus dem ehemaligen Lagerplatz wurde später die noch heute existierende Stadt.

Isabella starb 1504, Ferdinand 1516. Sie verfügten den Bau der Kathedrale auf dem Platz der großen Moschee, und unmittelbar daneben sollte ihre eigene Grabstätte entstehen. Beide erlebten die Fertigstellung nicht mehr. 1521 wurden die königlichen Särge vom Franziskanerkloster auf dem Alhambra-Hügel herabgebracht und an jener Stelle aufbewahrt, die wir heute als **Capilla Real, Königliche Kapelle** **1**, kennen.

Sie steht in dem immer noch lebendigsten Teil der Stadt. Der alte Seiden-

Granada

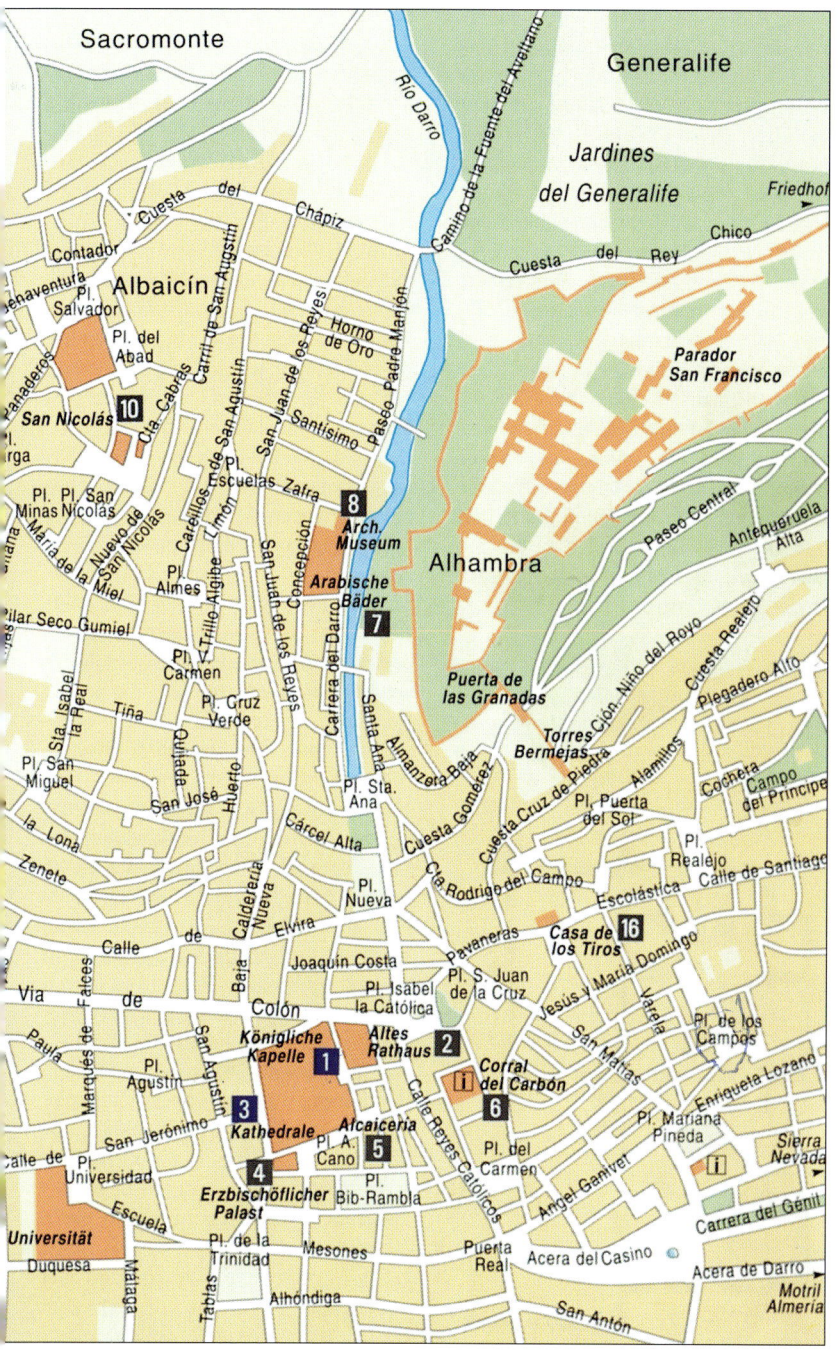

Sacromonte

Generalife

Jardines
del Generalife

Friedhof

Río Darro

Camino de la Fuente-del-Avellano

Cuesta   del   Chápiz

Cuesta   del   Rey   Chico

Contador

Benaventura

Pl.
Salvador

Albaicín

Pl. del
Abad

Panaderos

San Nicolás **10**

Horno
de Oro

Parador
San Francisco

Carril de San Agustín

Cta. Cabras

Carretes de San Agustín

Limón

San Juan de los Reyes

Paseo Padre Manjón

Santísimo

Pl.
Escuelas Zafra

Arch.
Museum **8**

Pl. Pl. San
Minas Nicolás

Nuevo de
San Nicolás

María de la Miel

Pl.
Almes

Concepción

San Juan de los Reyes

Arabische
Bäder **7**

Alhambra

Paseo Central

Antequeruela
Alta

Pilar Seco Gumiel

Pl. V.
Carmen

Trillo Algibe

Pl. Cruz
Verde

Puerta de
las Granadas

Cuesta Realejo

Plegadero Alfo

Sta. Isabel
la Real

Tiña

Quilaa

Huerto

Carrera del Darro

Santa Ana

Almanzora Baja

Torres
Bermejas

Cción. Niño-del Royo

Alamillos

Cocheca

Campo
del Príncipe

Pl. San
Miguel

San José

Pl.
Nueva

Cuesta Gomérez

Cuesta Cruz de Piedra

Pl. Puerta
del Sol

Pl.
Realejo

la Lona

Zenete

Cárcel Alta

Pl. Sta.
Ana

Cta. Rodrigo del Campo

Escolástica

Calle de Santiago

Calle   de   Elvira

Caldería
Nueva

Baja

Pavaneras

Casa de
los Tiros **16**

Vía

Calle   de

Joaquín Costa

Colón

Pl. Isabel
la Católica

Pl. S. Juan
de la Cruz

Jesús y María Domingo

Pl. de los
Campos

Paula

Marqués de   Falces

Königliche
Kapelle **1**

Altes
Rathaus **2**

San Matías

Varela

Enriqueta Lozano

Pl.
Agustín

San Agustín

3

Kathedrale

Corral
del Carbón **6**

Pl. Mariana
Pineda

Sierra
Nevada

Calle de   Pl.
Universidad

San Jerónimo

4

Erzbischöflicher
Palast

Alcaicería **5**

Pl. A.
Cano

Pl. del
Carmen

Calle Reyes Católicos

Ángel Ganivet

Carrera del Genil

Universität

Duquesa

Escuela

Málaga

Tablas

Pl. de la
Trinidad

Mesones

Pl.
Bib-Rambla

Puerta
Real

Acera del Casino

Acera de Darro

Alhóndiga

San Antón

Motril
Almería

markt liegt in der Nähe. Heute befinden sich hier die Fußgängerpassagen und zentralen Plätze. Das Eingangsgebäude zur Königlichen Kapelle diente übrigens in früherer Zeit als **Börse.** Das **Alte Rathaus 2** Granadas schräg gegenüber mit einer Fassade aus dem 17. Jh. ist heute Sitz des Historischen Instituts der Universität und kommt so der ursprünglichen Funktion sehr nahe: Hier befand sich die alte arabische Universität aus dem 14. Jh. Im Innern kann man eine restaurierte Moschee besichtigen.

Die Königliche Kapelle (Bauzeit 1506–1521) sollte auf Wunsch Isabellas schlicht sein. Wir sehen außen die Pfeile- und Joch-Embleme und die Buchstaben F (für Ferdinand) und Y (für Ysabella) sowie jene mit dem Namen Isabellas verbundene Dekorationskunst,

Königliche Kapelle *1 Eingang 2 ehemalige Börse 3 Reja (schmiedeeisernes Gitter) 4 Grabmal der Katholischen Könige 5 Grabmal von Johanna der Wahnsinnigen und Philipp dem Schönen 6 Krypta 7 Hochaltar 8 Museum u. Schatzkammer*

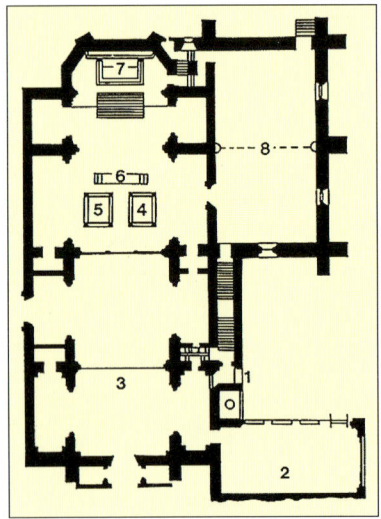

die gotische Elemente und das maßvolle Streben der Renaissance mit maurischen Impulsen vereint. Im Innern beeindruckt ein im Sinne der Renaissance gearbeitetes schmiedeeisernes **Gitter** aus dem Jahre 1520, das den Raum teilt. Diese *reja* des Meisters Bartolomé gilt mit Recht als eine der schönsten in ganz Spanien. Doppelt gegossen, zeigt sie von beiden Seiten eine Vielzahl von Relieffiguren, fein ausgestaltete Szenen aus der Passion Christi. Dunkel glänzen die Vergoldungen. Die bewegten Figuren und der filigrane Blumenschmuck nehmen ihr alle Strenge und Starrheit. Nicht abschließend und trennend wirkt sie, sondern wie ein ausgewogen durchgegliedertes schwarz-goldenes Muster, das den nachfolgenden Raum schmückt.

Hinter dem Gitter stehen in der Mitte des Raums zwei imposante **Mausoleen** aus Marmor, die Kenotaphe der Katholischen Könige sowie Johannas der Wahnsinnigen und Philipps des Schönen. Darunter befindet sich die **Krypta** mit den schmucklosen bleiernen Särgen, zu denen eine Treppe hinabführt.

Das Grabmal der Katholischen Könige auf der Rechten schuf der Italiener Fancelli 1517, ein Meisterwerk neuzeitlicher Bildhauerkunst. Er fertigte es im toskanischen Ort Carrara an, woher er auch den Marmor bezog. Links davon befindet sich das ebenfalls aus Marmor gearbeitete, etwas höhere Grabmal für Johanna die Wahnsinnige und Philipp den Schönen. Der spanische Bildhauer Ordóñez hat es 1520 geschaffen, lange vor dem Tod Johannas. Er war ursprünglich für einen anderen Ort vorgesehen. Erst 1603 legte man beide Grabmäler zusammen.

Die Bildhauer haben ihre ganze Kunst auf die Gestaltung der gut sichtbaren Schrägseiten verwendet. Eine Vielzahl

Die Grabmale der Katholischen Könige (rechts) sowie Johannas der Wahnsinnigen und Philipps des Schönen

von Figuren und Emblemen ist am Grabmal der Katholischen Könige zu sehen. An den unteren Seiten – in Nischen eingebracht – stehen die zwölf Apostel. Aus den vier Kanten erwachsen fantastische Greife, wohl als Bewacher des Grabes oder aber als Allegorien des heidnischen Bösen gedacht. Über ihnen stehen die Väter der Kirche als deren Bezwinger: Augustin, Hieronymus, Ambrosius und Gregorius. Zwei Löwen an den Füßen der Könige symbolisieren das Königtum. Der aufgebrochene Granatapfel meint das besiegte Granada, der Löwe im Wappen steht für das Königreich León, das Kastell für Kastilien. Wir finden auch hier wieder das Pfeilebündel und das Ochsenjoch. Die Köpfe der Könige sind unterschiedlich tief in ihre marmornen Kissen eingesunken. Isabellas Kopf liegt tiefer. Der spanische Volksmund hat eine Erklärung zur Hand: Isabella sei die Klügere gewesen, der gewichtigere Kopf eben. Beim zweiten steinernen Ehepaar wird ebenfalls eine zarte Abweichung vom starren Gleichmaß der Figuren registriert: Das Mitgefühl gilt der leidenden Johanna, die ihr Gesicht vom schönen, aber treulosen Philipp abwendet.

Der prachtvolle Marmor und die lichten Traumgestalten der Verstorbenen täuschen nicht darüber hinweg, dass hier der Tod zu Hause war. Nicht nur die bleierne Präsenz der Särge unter der marmornen Pracht erinnert an diesen Riss durch die Wirklichkeit.

Der Tod mag Frieden und Freiheit bringen, das Sterben jedoch ist grässlich. Solche Gedanken mögen einem bei der Betrachtung des **Altars** von Felipe Vigarny aus Burgund kommen. Die naturalistisch dargestellten Folterszenen, blutigen Körperstümpfe und gesiedeten Märtyrer sind aus Holz geschnitzt und in

Platz vor der Königlichen Kapelle ▷

CAPILLA REAL

Die Katholischen Könige
und die Habsburger

Isabella war Königin von Kastilien, Ferdinand König von Aragón. Beide herrschten nach ihrer Heirat gemeinsam über das christliche Spanien. Isabella galt als die Tatkräftigere von beiden und wird bis heute verehrt. Das galt vor allem, aber nicht nur für das nationale Spanien. So übernahm die *Falange*-Bewegung das Emblem Isabellas, ein Pfeilebündel.

Wir finden es an den Außenwänden der Königlichen Kapelle von Granada neben dem Emblem des Ochsenjochs, das für Isabellas Gemahl Ferdinand stand. Außerdem sehen wir relieffartig die Buchstaben F und Y im Wechsel am Sims hervortreten. F und Y bedeuten Ferdinand und Ysabella, und die jeweiligen Embleme sind nach den Anfangsbuchstaben F und Y ausgewählt: Pfeile heißen auf spanisch *flechas* und Ochsenjoch heißt *yugo*. Jenes Emblem, das den eigenen Anfangsbuchstaben trug, wurde als Zeichen des anderen genommen. Keiner sollte mächtiger als der andere sein, jeder den anderen stützen.

Tatsächlich herrschten die beiden in Personalunion über ihre Königreiche, und gemeinsam verfolgten sie das Ziel, den Islam von der Halbinsel zu verbannen. Isabella war eine starke Persönlichkeit, neben der ihr Gatte zu verblassen scheint. Aber es gibt auch Stimmen, die den Ruhm Ferdinands verkünden. Für den italienischen Politik-Theoretiker Machiavelli war Ferdinand von Aragón das Muster seines berühmten ›Principe‹, des ›Fürsten‹. Er galt als blendendes zeitgenössisches Beispiel für geschicktes politisches Handeln ohne Moral, für Skrupellosigkeit und Verschlagenheit und als Meister der Machtgewinnung und Machterhaltung, somit – im Sinne Machiavellis – als Vorbild des neuzeitlichen Politikers.

Häufig waren Isabella und Ferdinand voneinander getrennt, unterschiedlichen Heeresteilen vorstehend. Zwischen den Feldzügen gebar Isabella ihre Kinder. Der Prinz starb, die Prinzessinnen wurden günstig verheiratet. Die zweite Tochter hieß Johanna. Ihr von den Eltern erwählter Gatte galt als gute Partie. Er war der Sohn des deutschen Kaisers Maximilian und offenbar auch nicht unansehnlich: Johanna entflammte für den Habsburger Philipp den Schönen. Dieser erwiderte die Leidenschaft jedoch nur anfänglich. Ab-lehnend reagierte er dagegen auf die rasende Eifersucht, von der Johanna erfaßt wurde. Als der geliebte Mann in frühen Jahren an einem Fieber starb, wollte sie nicht einmal den Leichnam hergeben. Aus der erregbaren und empfindsamen Johanna war ›la loca‹ geworden: Johanna die Wahnsinnige. Sie wurde in ein Kloster gesperrt und lebte fast so lange wie ihr Sohn, der statt ihrer nach Isabellas und Ferdinands Tod die Macht übernahm: der Habsburger Karl V., deutscher Kaiser und als Carlos I. König von Spanien.

Bildkästchen eingeteilt. Es handelt sich um eines der ersten plastischen Meisterwerke im Stil der spanischen Renaissance, entstanden zwischen 1520 und 1522. Gewidmet ist es Johannes dem Evangelisten und Johannes dem Täufer – den Schutzpatronen Isabellas und Ferdinands. Auf der unteren Seite wird links die Übernahme Granadas dargestellt und rechts die Zwangstaufe der Mauren, gut an der Kleidung zu erkennen: Die Frauen halten ihre Gewänder hoch, um ihr Gesicht und ein Auge zu verdecken. Rechts und links vom Hauptaltar zeigen plastische Porträts Isabella und Ferdinand nicht als triumphierende Könige, sondern als Gläubige.

Ein Nebenraum, die Sakristei, ist heute **Museum** und **Schatzkammer**. In der Mitte befinden sich die silberne Krone, Zepter und Schatztruhe Isabellas sowie das Schwert Ferdinands. Bemerkenswert ist die kleine, aber hervorragende Gemäldesammlung aus dem Besitz der Königin. Eine Reihe flämischer Meisterwerke aus dem 15. Jh. von Rogier van der Weyden, Dierk Bouts und Hans Memling, außerdem Gemälde von Perugino und Botticelli, breitet sich vor den Besuchern aus.

Zeichen des Sieges: Die Kathedrale

Ausdruck des Triumphs des militanten Katholizismus konnte und sollte die Grabstätte der Katholischen Könige nicht sein, sehr wohl aber das den christlichen Glauben auch nach außen repräsentierende Haus Gottes. Die Kathedrale **3** von Granada ist gewaltig, und doch muss man sie suchen. Ihr Platz war vorgegeben: Hier stand einst die große Moschee, und hier befand sich das geistige und kommerzielle Zentrum der Stadt. Hier war einfach wenig Platz. Die Größe des Baus lässt sich dennoch auch von außen wahrnehmen. Vom Albaicín oder von der Burg auf dem Alhambra-Hügel schauen wir auf die Dächer der unteren Stadt und auf die darin unübersehbar eingeflochtene und alles überragende Kathedrale neben der ehemaligen Börse und der Königlichen Kapelle. Nur der Hauptfassade ist ein Platz zum Abstandnehmen vorgelagert, von wo man, einige Schritte zurücktretend, die eindrucksvolle Größe der Konzeption auf sich wirken lassen kann. Hier befindet sich auch der selten geöffnete Haupteingang.

Ursprünglich im gotischen Stil konzipiert und begonnen, entschied man sich 1528, fünf Jahre nach Baubeginn, für eine Änderung und die Übernahme des

Kathedrale *1 Hauptportal (Alonso Cano) 2 Hauptkapelle 3 Sakristei 4 Altar de Santiago 5 Tor zur Königlichen Kapelle 6 Altar de Jesus de Nazareno 7 Capilla de la Trinidad 8 Capilla de la Antigua 9 Capilla de Santa Lucía 10 Capilla Santa Ana 11 Capilla Real (Königliche Kapelle) 12 Puerta del Pardón (Diego de Siloé)*

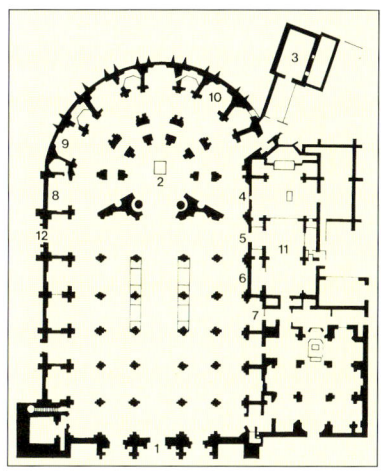

Fassade der Kathedrale

Stils der neuen Zeit. Inzwischen ließ Karl V. oben auf dem Alhambra-Hügel direkt neben den maurischen Königspalast seinen eigenen bauen – natürlich im damaligen Stil des fortschrittlichen Europa.

Diego de Siloé übernahm es, die Kathedrale völlig in seinem Sinne umzugestalten. Er hatte von den italienischen Baumeistern Brunelleschi und Alberti gelernt und legte die Grundlagen für diese erste spanische Kathedrale im Renaissancestil. Endgültig fertig gestellt wurde sie erst im Jahre 1704. Siloés Nachfolger war im 17. Jh. einer der großen bildenden Künstler des *siglo de oro,* der vor allem durch seine Vielseitigkeit hervorstach. Der Maler, Bildhauer und

Architekt Alonso Cano war ein berühmter Sohn Granadas. Canos Freund Diego Velázquez holte ihn sogar eine Zeitlang an den Madrider Hof. Ein Standbild zeigt Cano auf dem der Kathedrale vorgelagerten Platz, der seinen Namen trägt.

Cano war wegen seines Temperaments verrufen. Schlägereien und anderes grobes Verhalten wurden ihm angehängt, sogar ein Mord. Seine Kunst zeigt jedoch eine andere Seite dieses Temperaments: Großzügigkeit, kühl-eleganten Schwung und eine Innigkeit, die aus Zurückhaltung erwächst. Beispiele finden sich in der Kathedrale für alle drei Bereiche, in denen Cano tätig war.

Vom Architekten Cano stammt die monumentale **Hauptfassade** mit ihren lang gestreckten und imposanten Triumphbögen über den Eingängen. Sie ist noch ganz dem Geist der Renaissance verhaftet, übernimmt deren Elemente und Strukturen, wagt aber – wenn auch sehr gemäßigt – die Übersteigerung ins Barocke. Die großen schwungvollen Linien wollen die Schwere des Materials vergessen machen und nicht nur ausbalancieren wie die Renaissance. Spannungen werden nicht ausgeglichen, sondern zum Ausdrucksmoment erhoben. Dazu gehört auch die Dramatik der Schattenwirkung, die durch vorspringende Gebäudeteile erreicht wird. Ein ungewöhnlicher, eigenwilliger Entwurf, der ganz für sich steht und dennoch gut zur Gesamtkonzeption der Kathedrale passt. Der Einsatz von Medaillons statt Kapitellen über den Säulen ist eine Eigenart Canos, die seine vielen Schüler von ihm übernahmen.

Im Innern der Kathedrale können wir den Maler Cano bewundern. Von ihm stammen die großen Werke der **Hauptkapelle** – Szenen aus dem Leben Marias, der die Kathedrale geweiht ist. Es ist der Gestus des Innehaltens, der allen Bildern gemeinsam ist und der vor allem im Mittelbild der ›Verkündigung‹ meisterhaft gelang. Er hat nichts von Bedächtigkeit, sondern Leichtigkeit, Feinheit und Kühle.

Das dritte Beispiel ist eine winzige Marienplastik, eine von Canos Hand bemalte Holzskulptur. Man findet sie in der **Sakristei** der Kathedrale. Sie bildet von den Ausmaßen her geradezu einen Kontrapunkt zur gewaltigen Fassade. Cano liebte offenbar nicht nur die Extreme, er wollte sich auch in ihnen beweisen. Und tatsächlich gelangen ihm sowohl der große architektonische Entwurf wie die bildhauerische Feinarbeit. So klein diese ›grüne Unbefleckte‹ auch ist, sie strahlt eine Lebendigkeit und

Spannung aus, die zugleich Ruhe ist. Dass Cano zur Reinheit und Unbewegtheit von Gesicht und Händen einen überaus reichen und vielförmigen Faltenentwurf der Kleider setzte, war sicherlich ein wirkungsvoller Kunstgriff.

Die Kathedrale insgesamt hinterlässt einen zwiespältigen Eindruck. Wir gewahren ihre Monumentalität, ihre gewaltige Höhe. Die weißen Wände verstärken noch, was der Bau im Innern ausströmt: Kühle und Strenge. Trotz der palastartigen Ausführung im Stil der Renaissance mit römischen Säulen und korinthischen Kapitellen bleibt die gotische Grundstruktur offensichtlich – mit fünf Schiffen und einem Halbkreis um den Hauptaltar herum.

Die Hauptkapelle Capilla Mayor sollte ursprünglich Sitz des königlichen Grabmals sein; daher rührt die Tempelform. Ungewöhnlich hoch sind die Wölbung ihrer Kuppel (45 m) und die lichtspendenden Fenster. An den zwölf Säulen des unteren Teils stehen die Apostel. In der Mitte ist auf den Gemälden Alonso Canos das Leben Marias Thema, und den Abschluss bilden die farbigen Fenster, die die Passion Christi zeigen und zwischen 1554 und 1561 von flämischen Meistern geschaffen wurden.

Einige Seitenkapellen der Kathedrale sind interessant. Gleich neben der Hauptkapelle bemerken wir beim Eintreten in das Seitenschiff einen Reiter mit geschwungenem Schwert. Es ist der Heilige Jakobus, im Volksmund auch *matamoros* genannt, der ›Maurentöter‹. Als Santiago ist er der erste Heilige Spaniens mit einem eigenen, seit dem Mittelalter berühmten Wallfahrtsort im Nordwesten der Halbinsel: Santiago de Compostela. Hier sehen wir den Apostel in Aktion. Unter den Hufen des Pferdes krümmt sich sein geschundenes Opfer – ein merkwürdiges Verständnis von

Christentum. Zu Beginn des 9. Jh. fand man das angebliche Grab des Apostels. Nur wenige Jahre später erschien er den christlichen Rittern nicht nur inmitten der Schlacht von Clavijo im Norden Spaniens, sondern er sprang ihnen sogar gegen die Mauren zur Seite. 1640 wurde der Altar von Alonso de Mena geschaffen, und so tötet dieser Heilige vor unseren Augen immer noch. Er passt zur kalten Pracht der marmornen und goldglänzenden Barockaltäre ringsum.

Neben dem frommen Reiter befindet sich ein Verbindungstor zur Königlichen Kapelle, das als Muster des isabellinischen Stils erscheint: Wir sehen das Maß und den Bogen der Renaissance, die gotischen Linien und Fialen und die am maurischen Dekor orientierte platereske Schmückung der Flächen.

Es folgt der **Altar Jesús de Nazareno** mit Bildern des bedeutenden spanischen Malers José de Ribera. Er lebte und wirkte in der ersten Hälfte des 17. Jh. in Neapel, damals Sitz des spanischen Vizekönigs, und wurde ›El Españoleto‹, der ›kleine Spanier‹, genannt; außerdem zwei Bilder von Alonso Cano und ein schlichtes Franziskus-Bild eines Kreters, der zu einem der bedeutendsten Maler Spaniens wurde: El Greco.

Für eine Pause nach diesen Besichtigungen bietet sich die Plaza de Bib-Rambla mit ihrem Blumenmarkt an. Am **Erzbischöflichen Palast** 4 und der alten Universität von Granada vorbei gelangen wir auf den Platz, einen ruhigen Flecken im hektischen Getriebe des Zentrums. Ringsum führen die Gassen zu den Geschäftsstraßen. Cafés bieten mitten auf dem Platz Tisch und Stuhl an; für Getränke muss man allerdings mit überhöhten Preisen rechnen. In der Mitte steht ein Neptun-Brunnen. Bänke laden zum Sitzen ein, die Seiten des Platzes sind mit Bäumen bepflanzt. Früher diente er als Stierkampfarena und als Platz für Stadtfeste auch makabrer Art: Kardinal Cisneros ließ hier 80 000 wertvolle arabische Manuskripte verbrennen.

Ein Spaziergang durch Granada

Besuchen wir zunächst die nahe der Kathedrale gelegene **Alcaicería** 5, den ehemaligen Seidenmarkt Granadas aus arabischer Zeit. Im 19. Jh. hat ein Brand allerdings die Gebäude zerstört. Die jetzigen Häuser im arabischen Stil sind neueren Datums. Hier werden allerlei Schmuck und Kunsthandwerk angeboten. Blicken wir von hier aus durch die schmale Gasse über die quer laufenden Straßen hinweg, können wir am Ende ein arabisches Tor entdecken. Wir müssen die stark befahrene Calle de los Reyes Católicos überqueren, um mitten in der Großstadt in einer Seitengasse auf das einzige vollständige Beispiel einer Karawanserei in Spanien zu stoßen, der **Corral del Carbón** 6. Sehr schön erhalten ist der maurische Torbogen, der schon von der Alcaicería aus zu sehen war. Den Eingang überspannt ein Hufeisenbogen, darüber ein rechteckiges Schmuckband. Wir sehen das typische Zwillingsfenster mit einer Säule in der Mitte *(ajimez)* und jene herabfallenden Hohlformen, die *muquarnas* genannt werden. Sie wurden in der islamischen Kunst sehr variantenreich eingesetzt, besonders wirkungsvoll in den Gewölben als Stalaktitendekoration. Zum architektonischen Zierrat gehört außerdem ein Schriftband mit kufischen Lettern: »Gott ist einzig, Gott ist allein. Er wurde nicht gezeugt noch zeugte er noch hat er einen Gefährten.«

Tor und Gebäude wurden 1330 erbaut. Es war eine Art Warenhaus mit Unterkunftsmöglichkeiten. Der alte Brunnen in der Mitte des Platzes diente als Tränke für Reisende und ihre Tiere. Man sieht am abgeschabten Steinrand noch die vom Seilzug hinterlassenen Spuren der Benutzung. Nach der Eroberung Granadas zogen die Holzkohlenbrenner ein, und aus dieser Zeit rührt der heutige Name: Corral del Carbón (Haus der Kohle). Im 16. Jh. installierte man hier ein Theater, später eine Mietskaserne. Anfang des 20. Jh. wurde das Haus renoviert. In den letzten Jahren wechselte die Nutzung ständig.

Wir gehen zurück zur Hauptstraße und über die verkehrsreiche Plaza de Isabel la Católica hinweg bis zur Plaza Nueva, die zum Verweilen einlädt. Direkt an der Ecke liegt ein kleines Café mit leckeren Kuchen. Wir befinden uns nun unterhalb des **Albaicín-Viertels,** eines der schönsten Stadtteile von ganz Andalusien. Hier finden wir die Atmosphäre des maurischen Granada. Einst Viertel der Armen, Tagelöhner und Studenten entwickelt sich der Albaicín immer mehr zum bevorzugten Wohngebiet wohlhabender Leute. Man sollte sich einen halben Tag Zeit nehmen, um die Gassen zu durchschlendern, die Hausgärten (*cármenes*) zu bewundern und die Ausblicke auf die Dächer, die Alhambra und die Sierra Nevada zu genießen. Der Albaicín unterliegt übrigens als Kulturdenkmal dem Schutz der UNESCO. Geht man zunächst noch über die Plaza Nueva hinaus, ein Stück weiter am Río Darro entlang, kommt man zu einem Gebäude, in dem sich **arabische Bäder** 7 befinden (vgl. Abb. S. 83), die man besichtigen kann. Außerdem liegt das **Archäologische Museum** 8 in der Nähe, das phönizischen Schmuck, iberische Gebrauchsgegenstände, römische

In der Alcaicería

Amphoren und maurische Keramik zeigt. Es bietet sich an, von hier aus hügelaufwärts zu spazieren.

Das Areal ist zwar weitläufig, aber man muss keine Angst haben, sich zu verirren: Geht man abwärts, kommt man immer wieder zur unteren Stadt zurück, aufwärts gelangt man zu einer großen Straße (Carreterra de Murcia), die nach links in das Zentrum zurückführt. Oberhalb dieser Straße befindet sich das traditionelle *gitano*-Viertel auf dem **Sacromonte.** Es besteht zum großen Teil aus Höhlen, die wohnlich eingerichtet sind und teilweise für Flamenco-Shows genutzt werden.

Mitten im Albaicín-Viertel, dem ältesten Teil Granadas, treffen wir auf Reste der **arabischen Stadtmauern** 9 und die dazugehörigen Stadttore aus dem 11. Jh. Eine zweite, weiter außerhalb liegende Stadtmauer stammt aus dem 14. Jh. Den schönsten Ausblick haben wir vom terrassenförmigen Vorplatz der Kirche **San Nicolás** 10: Die alte arabische Stadt, der Alhambra-Komplex und im Hintergrund die Höhen der Sierra Nevada setzen sich zu einem atemberau-

benden Bild zusammen, einer einmaligen Kultur- und Landschaftskomposition. Licht und Farben sind am späten Nachmittag oder frühen Abend am schönsten, wenn nicht nur die Bergkette weiß gegen den blauen Himmel leuchtet, sondern auch die ›rote‹ Alhambra.

Wenn wir nun die Cuesta de la Alhacaba abwärts gehen, gelangen wir zur **Puerta Elvira** 11, einem arabischen Stadttor aus dem 11. Jh. Wir haben den Albaicín verlassen. Nahebei steht das alte, von Isabella der Katholischen gestiftete **Königliche Hospital** 12, das

*Im Albaicín,
dem alten
arabischen
Viertel Granadas*

Straßenkünstler in Granada

seit einiger Zeit Universitätsgebäude ist. Einen Kilometer weiter (kein reizvoller Fußweg mehr) gelangen wir zum **Kartäuserkloster** (Cartuja) **13**, 1504 vom Heerführer der Katholischen Könige, dem ›Gran Capitán‹ Gonzalo Fernández aus Córdoba gegründet. Die Anhänger des heiligen Bruno (aus Köln) lebten hier in ihren Einzelzellen bis 1824. Im Speisesaal hängen Gemälde, die Hinrichtungs- und Folterszenen zeigen (aus der Zeit, als die Katholiken in Großbritannien verfolgt wurden). Aber das Ziel des Besuchs ist die Sakristei des Klosters, ein Höhepunkt des spanischen Barock. 1727 begann man mit den Arbeiten. 37 Jahre dauerte es, bis der Marmoraltar, die Intarsienarbeit der Schränke und der churiguereske Wanddekor aus weißem Stuck vollendet waren. Die beiden kleinen Figuren auf dem Altar – Jungfrau und heiliger Bruno – stammen von Alonso Cano.

Wir gehen den Weg zurück, am Hospital vorbei, von dort aus die Gran Vía de Colón entlang, die wieder zu dem inzwischen bekannten Denkmal von Isabella und Kolumbus führt. Bemerkenswert sind manche Fassaden im Jugendstil.

Ein anderer, etwas weiterer Weg führt zunächst von der Calle del Hospital geradeaus in die Calle San Juan de Dios. Wir gehen an der **Kirche San Juan de Dios 14** und am gleichnamigen Hospital vorbei, in dessen großräumigem Innenbereich mit mehreren Patios man sich umsehen kann, und stoßen dann auf die **Klosterkirche San Jerónimo 15**, die wie die Kathedrale von Diego de Siloé im Stil der Renaissance umgestaltet wurde. Wir befinden uns nun auf der Calle del Gran Capitán. Diesem Gran Capitán zu Ehren, dem Heerführer unter Isabella der Katholischen und späteren Vizekönig von Neapel, wurde die Kirche erbaut, in der er begraben liegt. Wenn wir in die Calle de San Jerónimo einbiegen oder in die Calle de la Duquesa, befinden wir uns nach ein paar Schritten im zentralen Universitätsviertel. Geradeaus führt dann der Weg weiter zum Ausgangspunkt unseres Rundgangs, dem Kathedralenviertel mit seinen Plätzen, Geschäften und Restaurants.

Die Alhambra – Das steinerne Gedicht

Hinweis

Vor einer geplanten Besichtigung der Alhambra sollte man folgende Anmerkungen zu den Eintrittsmodalitäten berücksichtigen. Wegen des enormen Besucherandrangs und um eine Überfüllung zu vermeiden, werden die Eintrittskarten nur für einen bestimmten Tag und speziell für den Königspalast nur für eine bestimmte Uhrzeit ausgegeben. Jeder muss mindestens eine Woche vor oder am Tag der Alhambra-Besichtigung die Eintrittskarte am hinteren Eingang zwischen Alhambragelände und Parkplatz lösen (Vorbestellung: Tel. 9 58 22 09 12). Während an diesem Tag Alcazaba, Generalife und alles andere jederzeit zugänglich ist, darf der Königspalast nur ab der Uhrzeit bzw. der ihr folgenden halben Stunde besichtigt werden, die auf dem Billet aufgedruckt ist; wobei kleine Verspätungen toleriert werden. (Preisreduzierung bei Reisenden ab 65 bei Vorlage des Ausweises.) Die Zeiten am frühen Morgen (ab 9 Uhr) oder am späten Nachmittag (gegen 16 Uhr) sind besonders günstig, weil die unzähligen Tagesausflügler von der Mittelmeerküste entweder noch nicht eingetroffen oder bereits wieder abgefahren sind. Sehr empfehlenswert: ein Besuch in der Nacht (s. S. 337).

Von weitem haben wir die Alhambra nun schon einige Male gesehen – trutzig und fast enttäuschend schlicht. Es gibt drei Wege, zu ihr zu gelangen. Biegt man von der Plaza Nueva rechts in die schmale Cuesta de Gomérez ein, so kann man zwischendrin den Handwerkern und Gitarrenbauern in ihren kleinen Geschäften zuschauen. Hier lassen sich die für Granada typischen farbigen Holzeinlegearbeiten, wie Kästchen, Schachspiele und Ähnliches, günstig erwerben; und natürlich spanische Gitarren, direkt von der Werkbank. Wir durchqueren ein Renaissance-Tor und gehen durch ein Ulmenwäldchen. Seit dem 17. Jh. ist dieser Bereich, der in maurischer Zeit aus Gründen militärischer Übersicht kahl war, mit Bäumen bepflanzt. Links und rechts der Straße fließen Bäche und Hügel hinunter. Wenn wir uns links halten, gelangen wir zum Eingangsbereich der Alhambra. Geht man am Río Darro entlang und überquert ihn auf einer Brücke, führt die Cuesta del Rey Chico den Fußgänger direkt zur Alhambra hinauf.

Ein dritter, nur zu Fuß zu benutzender Weg hat den Vorteil, einen weiteren reizvollen Teil Granadas kennen lernen zu können. Ausgangspunkt ist die Plaza de Isabel la Católica. Hier zweigt die Calle de Pavaneras ab. Linker Hand stoßen wir auf diesem Weg auf den Palast eines spanischen Edelmannes. **Casa de los Tiros** 16 (s. Stadtplan S. 86/87) heißt das Gebäude, weil Musketenmündungen aus den Mauerzacken blitzen. Wir gehen die Straße weiter, bis sie einen scharfen Knick nach links macht. In dieser Richtung müssen wir den Hügel aufwärts wandern. Aus der Fahrbahn wird schon bald eine Treppe. Rechts liegt der besonders abends reizvolle Platz Campo del Príncipe, ein Treffpunkt der Bewohner des Stadtteils Realejo. Der steile Aufstieg lässt sich nun nicht mehr vermeiden. Oben angekommen, halten wir uns rechts und sehen ein wuchtiges Gebäude im arabischen Stil, ein Hotel, in dem zumeist amerikanische Touristen

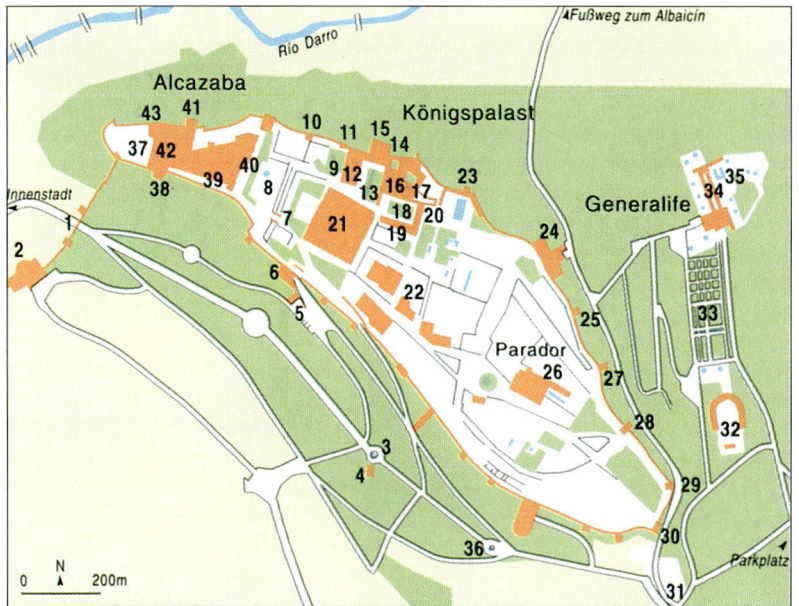

Übersichtsplan der Alhambra: *1 Puerta de las Granadas   2 Torres Bermejas (Rote Türme)
3 Fuente del Tomate (Tomatenbrunnen)   4 Monumento a Ganivet (Denkmal für den Schriftsteller Ganivet)   5 Pilar de Carlos V. (Säule Carlos V.)   6 Puerta de la Justicia (Tor der Ge-
rechtigkeit)   7 Weintor (Puerta del Vino)   8 Plaza de los Aljibes (Platz der Zisternen)
9 Patio de Machuca   10 Torre de las Gallinas (Hühnerturm)   11 Torre de los Puñales (Turm
der Dolche)   12 Mexuar   13 Patio de los Arrayanes (Myrtenhof)   14 Sala de Embajadores
(Saal der Botschafter)   15 Torre de Comares   16 Gemächer Karls V.   17 Sala de las dos
Hermanas (Saal der zwei Schwestern)   18 Patio de los Leones (Löwenhof)   19 Sala de los
Abencerrajes (Saal der Abencerrajen)   20 Sala de los Reyes (Saal der Könige)   21 Palast
Karls V.   22 Bäder   23 Torre de las Damas   24 Torre de los Picos (Turm der Zinnen)
25 Torre del Cadí   26 Parador de San Francisco   27 Torre de la Cautiva (Turm der Gefangenen)   28 Torre de las Infantas (Turm der Infantinnen)   29 Torre de la Carrera (Turm am
Ende der Rennbahn)   30 Torre del Agua (Wasserturm)   31 Eingang zum Generalife
32 Theater   33 Jardines Nuevos (Neue Gärten)   34 Patio de la Acequia (Wasserbeckenhof)
35 Patio de la Sultana (Hof der Sultanin)   36 Fuente del Pimiento (Paprikabrunnen)   37 Ba-
luarte (Vorwerk)   38 Torre de la Pólvora (Pulverturm)   39 Jardines de los Adarves (Wehr-
ganggärten)   40 Torre Quebrada (Zerbrochener Turm)   41 Torre de las Armas (Waffen-
turm)   42 Torre de la Vela (Wachtturm)   43 Torre de los Hidalgos (Turm der Edelleute)*

gastieren. Unter Bäumen gehen wir wenige hundert Meter bis zum Eingangstor
der Alhambra, der **Puerta de la Justicia.** Dieses Tor ist typisch für islamische
Wehrportale: Eingang und Ausgang liegen nicht in gerader Linie hintereinander, sondern im Torbereich knickt der
Weg ab, um dann zu dem versetzt liegenden Ausgang zu führen.

Die Alhambra war eine Art Königsstadt, zu der eine Wehrburg und der Palast, außerdem ausgedehnte Gärten

und eine Straße mit Läden gehörten. Von der alten Anlage sind noch die Wehrmauern erhalten sowie – umrisshaft – die Burg (Alcazaba) und als eigentliches Prunkstück der alte Königspalast. Dennoch hat sich auf dem Hügel viel verändert. Im 16. Jh. ließ Karl V., der von der Alhambra sehr angetan war, einige Räume hinzubauen, um sie als Residenz nutzen zu können. Außerdem gab er einen eigenen Palast in Auftrag, der direkt an den maurischen angrenzt und heute zumindest nach außen das Bild bestimmt. Karl V. wohnte hier nie, er sah dieses Gebäude nicht einmal – und es wurde auch nicht vollendet. Heute befindet sich darin ein Museum. An jeder anderen Stelle würde der Bau Bewunderung erregen, denn er erinnert an Albertis Palazzo Strozzi in Florenz. Der Palast Karls V. ist ein wuchtiges und geradezu klassisches Bauwerk der Renaissance im Sinne Bramantes. Antikes Vorbild für die quadratische Anlage um einen kreisrunden Innenhof war wahrscheinlich die römische Villa Kaiser Hadrians. Außerdem wurden auf dem Alhambra-Hügel ein Franziskanerkloster, heute Sitz des Paradors von Granada, und eine christliche Kirche an der Stelle einer Moschee errichtet.

Wie soll man beginnen? Man kann sich natürlich zuerst die Burg als den ältesten Teil anschauen, dann den Königspalast und die Gärten und zum Schluss den Palast Karls V. Dies mag sich für eine Jahreszeit empfehlen, in der die Touristenströme noch nicht fließen. Bei großem Besucherandrang – und das ist hier meistens der Fall – sollte man möglichst ganz früh morgens kommen und als erstes in den **Königspalast** gehen. Auch dort stehen dann schon Gruppen mit ihren Führern. Man lasse daher die beiden ersten Räume mitsamt ihren Besuchern hinter sich, um für ein paar Minuten die schönsten Höfe und Räume der Alhambra ganz oder zumindest fast für sich allein zu haben. Denn sie bergen einen großen Zauber, der nur schwer durch das Menschengewühl und die mit ihm einhergehende Geräuschkulisse dringt. Sobald die ersten Besichtigungsgruppen nachgefolgt und ihre klickenden Apparate zu hören sind, kann man zurückgehen und sich nun von Beginn an die gesamten Räume vor Augen führen, wobei man sich Zeit nehmen sollte, um die Feinheiten des Ensembles entdecken zu können. Dennoch kann es passieren, dass die Aufseher den Besucher am Vormittag nicht wieder zurücklassen. Am sichersten ist der Besuch während der Mittagszeit ab 14 Uhr oder auch am späten Nachmittag. Dann ist es normalerweise kein Problem mehr, sich hin- und herzubewegen. Beachten Sie jedoch unbedingt auch die Hinweise im Kasten (S. 100)!

Grob gliedert sich die Alhambra in drei Bereiche, einen öffentlichen, einen halb-öffentlichen und einen privaten – in dieser Reihenfolge. Der private Bereich ist der Harem, im Sinne der Araber ein unantastbarer heiliger Bezirk.

Der Eingang führt zunächst in die ehemalige **Audienzhalle,** wo auch Recht gesprochen wurde. Die genaue Anordnung lässt sich nicht mehr rekonstruieren. Früher lag der Eingang mit Sicherheit an einer anderen Stelle. Wahrscheinlich war der Saal zur linken Seite hin ganz geöffnet. 1840 hat man zudem ein zweites Stockwerk eingebaut. Die Fliesen stammen aus dem 16. Jh., auf einigen sind die beiden Herkules-Säulen Karls V. zu sehen. Hier ist also viel verändert worden. Am Ende des Raumes befindet sich eine Gebetsnische *(mihrab)*

Blick über die Alhambra

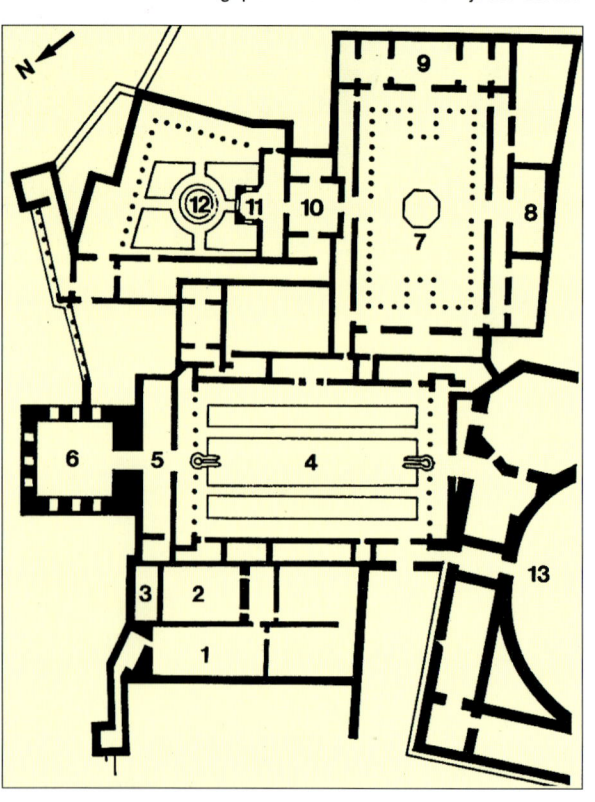

in Richtung Mekka. Wir verlassen den Raum durch einen der für die Alhambra typischen niedrigen Durchgänge. Man kann sie leicht übersehen. Sie demonstrieren nicht ihre Bedeutung als Tor in einen nächsthöheren Bereich. Auch bilden sie keinen optischen Fluchtpunkt, kein Zentrum, keine Mitte. Sie erscheinen eher wie versteckte Fluchtwege. In der Alhambra ist weder eine dynamische Abfolge der Räume, noch Formen visueller Ankündigung bzw. dramatischer Steigerung zu erkennen. Jede Einheit steht für sich. Und die nächste hat zur vorigen etwa das Verhältnis einer Baumfrucht zu einer anderen, mit dem entscheidenden Unterschied, dass alle verschieden sind. Es gibt kein eigentliches Zentrum. Der Königspalast ist zwar ein weltliches Gebäude, aber auch seine Konstruktion ist vom Gottesbegriff des Islam bestimmt. Die Unendlichkeit des Ornaments, das sich uns entzieht, wenn wir es fixieren wollen, das sich auflöst, wenn wir es als Ganzes einzurahmen gedenken, ist das Lob Allahs. Es ist Ausdruck seiner Unendlichkeit. Nicht die Endlichkeit der griechischen Polis, sondern die Grenzenlosigkeit der Wüste hat zu diesem Gottesbild gefunden. Und nicht die geschlossenen Figuren griechischer Geometrie sind hier bestimmend, sondern die Infinitesimalrechnung, die die Araber erfanden. Und es ist das Lob desjenigen, dem der Thron gebühren würde, der aber auf keinen Thron gehört: Allah ist überall, und zu preisen ist er an jeder Stelle.

Alhambra

1 Audienzsaal
2 Goldener Hof (Patio del Mexuar)
3 Goldener Saal
4 Myrtenhof
5 Barken-Saal (Sala de la Barca)
6 Comares-Turm/Thronsaal (Sala de Embajadores)
7 Löwenhof
8 Saal der Abencerrajes
9 Königssaal (Sala de los Reyes)
10 Saal der zwei Schwestern
11 Aljimeces-Saal/Mirador
12 Lindaraja-Gärten (Patio de Daraxa)
13 Palast Karls V.

*Filigranes
Stuckwerk in
der Alhambra*

Das unvermittelte Woanderssein, die Überraschung angesichts einer nicht angekündigten Räumlichkeit, eine so reizvoll wie die andere – mag sein, dass dieser nüchterne Rausch eines Wandelns in immer wieder neuen sich plötzlich öffnenden Räumen den Traum vom Paradies zum Vorbild hat. Da diese Räume sich nicht ankündigen und wir auf sie optisch nicht vorbereitet werden, erscheinen sie auch nicht als Gelände bestimmter herrschaftlicher Zurichtung und Kontrolle: Sie bilden jeweils eigene Reiche. Gepriesen wird in dieser Architektur nicht die subjektive Besitzergreifung. Indem sich die Gemächer in beiläufiger Weise öffnen, weisen sie sich

als Geschenk aus. Niemand triumphiert. Wir gelangen zum kleinen **Patio del Mexuar** mit einer Fontäne in der Mitte. Er wird ›Goldener Hof‹ genannt, vielleicht nicht nur wegen der ocker leuchtenden Farbe seiner fein gestalteten Fassade, sondern weil er zwar eng, aber besonders prachtvoll ist. Wir blicken links von einer Galerie auf den weiß leuchtenden Albaicín. Rechts betreten wir als nächstes den halb-öffentlichen Bezirk des Palastes. Der Eingang ist bemerkenswert. Die gesamte Fläche der Wand ist mit feinem Stuckwerk und *azulejos* geschmückt. Links und rechts befinden sich zwei rechteckige Tore, umsäumt von Kacheln, die auch den gesamten

unteren Bereich bedecken. Die arabische Schrift kommt hier nicht nur als Dekoration zur Geltung: An erster Stelle schmücken Verse aus dem Koran (Thron-Vers II/256) die Wand; darüber ein Gedicht, das dieses Tor als Wegscheide beschreibt, an dem der Osten den Westen beneidet. Zwischen den beiden Toren befindet sich ein Schmuckmuster *(alfiz)*, im oberen Stockwerk sind *ajimez*-Fenster und oberhalb davon, Wandfassade und Dach verbindend, ein *muquarnas*-Fries zu sehen.

Nur das linke Tor führt uns weiter. Das rechte wirft uns geradewegs wieder dort hinaus, wo wir hergekommen sind. Das Wegesystem ist von außen nicht durchschaubar. Es gibt Finten wie diese, betonte Verkleinerungen und Zick-Zack-Kurse. Wir halten uns also links und gelangen in den groß angelegten **Myrtenhof** *(Patio de los Arrayanes)*. In ihm befindet sich ein lang gestrecktes stilles Wasserbecken, das längsseitig von dichten Myrtensträuchern umwachsen ist. Die Längsseiten des Hofes sind wenig bemerkenswert, die Schmalseiten um so mehr. Das reflektierende Wasser trägt dazu bei, in dem sich die feine Gliederung der Bögen, die durchbrochene Stuckdekoration, Fenster und Galerien sowie das Ziegelwerk des Daches widerspiegeln. Von jeder Seite aus ist dies eine beeindruckende Komposition. Sie besticht durch die Schlichtheit ihrer Elemente, die zugleich kunstvoll-lebendig Raum für unbeschwerte Gefühle schaffen. Gerade dies ist das Geheimnis des Palastes: seine Schwerelosigkeit, die Harmonie der Verknüpfungen, der Verzicht auf überbordenden Glanz und lähmende Üppigkeit.

Nicht Kraft und Größe bestimmen das Bild des Reichtums. Wir erleben eine friedvolle gegenseitige Inspiration und Steigerung der Elemente, die gemeinsam eben diesen Raum bilden, der die Menschen frei atmen lässt – denn hier ist nichts erdrückend Monumentales. Die Proportionen sind auf Menschenmaß abgestimmt. Die architektonische Komposition setzt sich nicht triumphierend über andere Elemente hinweg, sondern bezieht sie zwanglos ein: Licht, das die Schattenwirkung hervorbringt; Wasser, das die Fassaden widerspiegelt; Myrten im dunkelgrünen Pflanzenkontrast zu den hellen Seitenmauern; den von ihnen ausströmenden würzigen Duft in der ansonsten klaren Luft, selbst der blaue Himmel scheint an diesem Punkt der Erde nicht nur jenseitig zu sein, sondern leuchtender Schirm eines irdischen Paradieses.

Hier wollten sich die Könige mit ihren Bauwerken nicht für die Ewigkeit eintragen. Vollkommenheit wird nicht an der Dauer gemessen, sondern an der Füllung des Augenblicks. Und so erscheinen diese Räume mit ihren zierlichen Säulen und Bögen wie ein Traumgespinst, das sich in einer Welt fester Verankerungen nur für Momente halten kann.

Blickt man auf die Südfassade, so sieht man den mächtigen Palast Karls V. über das Ziegeldach ragen – eine grobe Einmischung. Die Nordfassade bietet hingegen ein besonders fesselndes Bild: Über der feinen Bodengliederung mit durchbrochener Stuckatur in den Zwischenräumen ein Dachstreifen, darüber ein zinnenbewehrter Aufsatz mit zwei Türmen an den Seiten, und in der Mitte ragt quaderförmig der mächtigste Turm des Palastes hervor, in dem sich der Sala de Embajadores (Thronsaal) befindet. Die **Torre de Comares** zeigt von außen eine grobe, kantige Gestalt. Aber wer ihr Inneres besucht, wird in eine Märchenlandschaft aus 1001 Nacht treten, die sich schon von außen erahnen lässt, denn hinter dem mittleren, erhöh-

ten Arkadenbogen sieht man einen weiteren, an den Rändern kunstvoll abgestuften Eingangsbogen. Er erinnert trotz seiner perlenden Kostbarkeit an die Öffnung eines Beduinenzeltes. Gehen wir hinein, betreten wir zunächst eine Art Wartesaal, der nach der riesigen gewölbten Holzdecke, die wie ein umgedrehtes Boot aussieht, den Namen **Sala de la Barca** trägt. Wozu die kleinen Nischen an den Seitenwänden dienten, ist nicht sicher – für Blumen und Weihrauchgefäße, zum Ablegen der Schuhe? Jedenfalls mussten hier die Besucher warten, bevor sie den Thronsaal betreten durften.

Wie der gesamte Alhambra-Palast enthält der Thronsaal weder Möbel noch andere Hinweise auf die Art der Nutzung. Es gibt darüber nur wenig gesicherte Kenntnisse. Teppiche sollen auf den marmornen Fußböden gelegen haben. Die uns gerade in ihrer farblichen Zurückhaltung so beeindruckende Stuckatur war bemalt und wirkte viel lebhafter als heute. Besonders in den Innenräumen sieht man noch Spuren der Farben, die im Laufe der Zeit ausgeblichen sind, vor allem Grün, die Farbe des Propheten, und Blau, die Farbe des Himmels. Auch die kühlenden Kacheln, die *azulejos,* tragen häufig eine blaue Farbe. Bei zerstörten, ruinenhaften Gebäuden, ist das Nachdenken über ihre ursprüngliche Nutzung und ihr Aussehen selbstverständlich. Aber die Alhambra ist weitgehend unzerstört, und man ist daher geneigt, sie als ganze, so wie sie uns vor Augen steht, in die Zeiten Mohammeds V. zurückzuversetzen. Zu bedenken bleibt, dass die Räume vermutlich wechselnde Funktionen erfüllten, denn der Palast entstand langsam, nicht in einem einzigen Wurf. Der jüngste Bereich ist der Löwenhof aus der Mitte des 14. Jh. Der Myrtenhof mit dem Botschaf-

tersaal ist älter. Seine Funktion als Empfangssaal ist aber erst seit der Zeit Mohammeds V., des Erbauers des Löwenhofs, gesichert. Alles in allem, wir müssen unsere Fantasie bemühen.

Wir treten ein zur Audienz. In der **Sala de Embajadores** empfing der König von Granada seine Gäste. In allen drei Außenseiten des Turms sind Alkoven mit Fenstern eingerichtet, die den Blick auf die Stadt und das Tal gestatten. 20 m hoch ist der Raum, und alle Wände sind bis an die Decke mit reichstem Stuckwerk verziert. Die Holzdecke selbst konkurriert mit dem Sternenhimmel. Sieben Himmelskreise, wie sie der Koran beschreibt, schweben über dem Eintretenden. Der Thron stand gegenüber dem Eingang, die Fenster waren häufig verhängt. Der Besucher musste sich also erst an das Dunkel gewöhnen, während der Monarch schon Gelegenheit hatte, seinen Gast einzuschätzen. Die Sala de Embajadores ist der prachtvollste Innenraum der Alhambra.

Ein kleines Tor auf der linken Seite des Myrtenhofs führt uns nun zum heiligen Bezirk des privaten Lebens, dem Harem, zugänglich nur dem König und seinen Frauen. War der Myrtenhof schon eindrucksvoll, der **Löwenhof** *(Patio de los Leones)* steigert alles bislang Gesehene. Die einzelnen Elemente scheinen ineinander verwoben zu sein. Nicht der Kontrast von innen und außen ist bestimmend, von Hof und angrenzenden Räumen, sondern die Entgrenzung dieses Gegensatzes, das Spiel mit ihm. Die Gemächer links und rechts der Längsseiten haben flimmernde Stalaktitengewölbe. Das Innere der an die Schmalseiten grenzenden Räume scheint dagegen in den offenen Hof zu ragen. Die Ornamente sind nicht nur von äußerster Feinheit und Vielgestaltigkeit, sondern zwischen den Säulen auch durchbro-

Der Löwenhof (Patio de los Leones) in der Alhambra

chen wie kostbare Vorhänge. Säulen bilden kleine Wäldchen. Die strenge Linie ist aufgelöst, aber dennoch wirkt alles klar, durchsichtig und schwerelos. Nur das Zentrum des Patio ist unbewegt: Die stilisierten archaischen Löwen bilden mit der Brunnenschale, die auf ihnen lastet, ein festes Rund, um das alles kreist. Die Herkunft der zwölf Löwen ist unbekannt. Sicher ist nur, dass sie einige hundert Jahre älter sind als der Hof, den sie schmücken. Angeblich stammen sie aus dem Palast eines jüdischen Wesirs, der sie aus Kleinasien in den Westen gebracht hatte. Sie wirken merkwürdig plump und ungestalt. Théophile Gautier, der die Beine der Löwen mit unbearbeiteten Pflöcken verglich und ihre Mäuler mit denen von Nilpferden, empfahl, sie als Fabelwesen zu betrachten. Dann erst werde die Feinsin-

nigkeit der gesamten Komposition offenbar. Den Rand der Brunnenschale verzieren Gedichtzeilen jenes großen Poeten Ibn Zamrak, der zugleich Wesir Mohammeds V. war und den gesamten Königspalast zur steinernen Ausgabe seiner Gedichtsammlung machen konnte. Das Brunnengedicht preist die Schönheit dieses Gartens als Sinnbild der Größe seines Erbauers.

Die Alabastersäulen haben mehr schmückende als tragende Funktion. Nur im Bereich der Sala de los Reyes quetschten die aufgelegten Gewichte auch die Bleischeiben heraus, die die maurischen Handwerker zwischen Säule und Kapitell gelegt hatten, um den Bau für den Fall eines Erdbebens flexibel zu halten. Die fantasievollen Handwerker brachten die Vielzahl der Ornamente mit Hilfe von Schablonen an den

Wänden an. Ein Geheimnis bleibt, ob und inwieweit sie dabei einem mathematisch ausgeklügelten Plan folgten. Das Material wurde aus einer Mischung von Kalk und Marmorstaub angerührt.

Sämtliche Räume, die vom Löwenhof betreten werden, sind besonders sehenswert: rechts die **Sala de los Abencerrajes** (Saal der Abencerrajen), links die **Sala de las dos Hermanas** (Saal der zwei Schwestern) und an der Schmalseite die **Sala de los Reyes** (Königssaal). Der erste Raum ist nach der mächtigen Familie der Abencerrajen benannt, deren Mitglieder hier angeblich geköpft wurden. Washington Irving berichtet in seinen ›Erzählungen von der Alhambra‹ davon. Chateaubriand hat aus dieser Geschichte einen Roman gemacht. Man zeigt im Brunnen noch die roten Flecken, die wohl eher von Rost als von Blut rühren. Der zweite Raum heißt nach den beiden großen Marmorplatten auf dem Fußboden ›Saal der zwei Schwestern‹. Beide Gemächer beeindrucken durch das Wabenwerk ihrer Gewölbe, die riesenhaft erscheinen. Doch eine Draufsicht würde uns darüber belehren, wie klein die Türmchen sind und mit welcher Kunstfertigkeit hier die Illusionswirkung des Unendlichen herbeigezaubert wurde. Vom Saal der zwei Schwestern gelangt man zur **Sala de los Ajimeces,** so genannt nach den Zwillingsfenstern. Hier befindet sich der **Mirador de Lindaraja,** ein Aussichtspunkt, von dem man in ein Gärtchen und auf einen weiteren Gebäudetrakt schaut. Es handelt sich um die Anbauten Karls V. Ursprünglich war ein freier Blick auf Hügel und Berge gegeben. Die Wände sind mit Gedichtzeilen bedeckt. Eine erklärt den Namen ›Lindaraja‹, eine lautmalerische Übernahme aus dem Arabischen. »Ich bin ein Auge in diesem Garten voller Glückseligkeit.«

Die Sala de los Reyes mit ihren wallenden Bögen zeigt eine verblüffende Eigenart: In drei Alkoven sind auf Leder angefertigte Gemälde an die Gewölbe geheftet. Nach so viel Ornamentik, die aus religiösen Motiven auf Figurendarstellungen verzichtet, überrascht es, hier Jagdszenen und Gelage vorgeführt zu bekommen, die unzweideutig maurische Damen und Herren zeigen – wenn auch versteckt. Sehr streng scheint man seinerzeit die Verbote nicht befolgt zu haben – europäischer Einfluss macht sich bemerkbar.

Wir verlassen den Königspalast, halten uns links und gelangen in den kleinen Garten **Patio de Daraxa** (von ›dar Aischa‹; Aischa hieß die Frau des Propheten, und alle Lieblingsfrauen der Sultane wurden nach ihr benannt), in den wir schon von oben schauen konnten. Dort befindet sich der Eingangsbereich zu den unterhalb des Löwenhofes gelegenen **Bädern,** die stark restauriert worden sind. Sie waren mit ihren Ruheräumen und den Angeboten sinnlicher Entspannung ein häufig benutzter Aufenthaltsort. Hier traten auch Tänzerinnen auf, und wenn dazu Musik dargeboten wurde, dann von blinden Musikern. Die körperliche Reinigung wurde ausgiebig und genußvoll zelebriert. Man kultivierte im maurischen Spanien überhaupt alles, was mit Wasser zusammenhing –, für das arabische Wüstenvolk Inbegriff des Lebens. Das Paradies war ohne einen murmelnden Quell in der Nähe nicht vorstellbar – und die Alhambra zeugt davon. Reinigung war zudem nicht nur eine Frage des Genusses, sondern auch religiöses Gebot, während die Christen damals den Schutz geradezu in den Geruch der Hei-

In den Gärten des Generalife

ligkeit erhoben. Toiletten mit Wasserspülung gab es in aller Schlichtheit: Schlitze im Fußboden, durch die alles Ausgeschiedene in die kanalisierte Strömung unterhalb des Palastes übergeben und dann fortgespült wurde.

Hinter dem Königspalast liegt ein lang gestrecktes Areal, auf dem sich in maurischer Zeit die Paläste der Hofbeamten befanden. Auch die Türme waren schmuckreich eingerichtete Wohnsitze. Teilweise kann man sie besichtigen. Als erstes sehen wir hiervon die **Torre de las Damas** mit einem großen Portal, dem ein Teich vorgelagert ist. Die steinernen Löwenpaare an den äußeren Ecken zierten früher einmal das maurische Haus für Geisteskranke. Die Araber besaßen ein reiches medizinisches Wissen, sie betrieben sozusagen eine ganzheitliche Medizin. Gesundheit war für sie ein anderer Ausdruck für Balance der Kräfte und Säfte, Krankheit entsprechend Ausdruck für ein falsches Verhältnis nicht nur der körperlichen Funktionen zueinander, sondern auch des Körpers zur Seele. Die einfachen körperlichen Funktionen wie das Atmen wurden als Austausch mit dem Universum begriffen. Fehlende Balance galt es entsprechend vorsichtig und unter Berücksichtigung der gesamten Energien zu einem neuen Gleichgewicht zu bewegen, indem die zu starke Seite gedämpft und die schwache gestärkt wurde, bis zum gesunden Ausgleich. Zur Therapie psychischer Störungen nutzte man beispielsweise auch die harmonischen Wirkungen der Musik.

Gleich neben dem Teich befindet sich ein sehr kleines Gebäude, an dessen eigenwilliger Ausrichtung wir schon erkennen, um was es sich möglicherweise handelt: Es ist eine kleine **Moschee** mit der Gebetsnische in Richtung Mekka, die vor kurzem restauriert worden ist.

Von hier aus geht es zum Garten der Alhambra, dem **Generalife,** was ›Garten des Architekten‹ bedeutet. Der Weg dorthin führt durch eine Anfang des 20. Jh. geschaffene blühende Anlage. Wenn wir eng genug an den Türmen und Mauern der Alhambra vorbeischlendern, hören wir auch das Rauschen des Wassers, das durch verborgene Kanäle zum Königspalast fließt. Von dort gelangt es zur Burg, in die untere Stadt und schließlich in die *vega* zur Bewässerung der Felder.

Wir durchschreiten ein Tor und gehen über eine Brücke, verlassen also den Festungsbereich. Rechts sehen wir parallel zur Brücke ein Aquädukt. Hinter der Brücke halten wir uns links und kommen an einem modernen Freilichttheater vorbei, das im Sommer für Theater- und Ballettaufführungen genutzt wird. Wir befinden uns wiederum in einem Gartengelände voller Blumen, kunstvoll geschnittener Oleander- und Zypressenhecken und rauschender Wasserspiele.

Aber den arabischen Garten finden wir erst innerhalb einer höher gelegenen Befestigung, auf die wir nach einigen hundert Metern stoßen. Wir durchschreiten ein Tor und überqueren einen Platz. Dann folgen wir der Treppe und gelangen in einen wasserrauschenden Patio. Der Generalife war intimer Rückzugsort des Maurenkönigs und seiner Frauen. Zugleich ist hier ein Aussichtspunkt, von dem aus die gesamte westliche Alhambra-Seite mitsamt dem Königspalast in den Blick gerät.

Es ist vorstellbar, dass dieser Rahmen auch eine erotisierende Wirkung hatte. Im höher gelegenen zweiten Blumenhof stehen die Reste einer uralten Zypresse mit einem Schlitz im Stamm. Hier soll sich König Boabdil versteckt und das Liebesgeflüster eines eingedrungenen männlichen Konkurrenten belauscht haben, das einer seiner Frauen, womöglich der Lieblingsfrau, galt. Das Ende dieser Geschichte kennen wir schon. Boabdil zog offenbar der raschen, zornigen Entladung die eiskalte Vernichtung vor. Er ließ die Familie des jungen Mannes aus dem Geschlecht der Abencerrajen die besondere Gunst einer Audienz im Harem zukommen, wo er sie einen nach dem anderen köpfen ließ.

Es empfiehlt sich, weiter hochzusteigen, um dann eine in ihrer Art einmalige Treppe hinunterzugehen. Auf dem Geländer links und rechts fließt köstliches Gebirgswasser. Die Treppe selbst ist von Blättern und Zweigen überdacht und von Plattformen unterbrochen. Wenn man verschwitzt hinuntersteigt, während die Hand im druckvollen kühlenden Nass des tönernen Geländers badet, beginnt ein rauschendes Konzert.

Wir gehen oberhalb des gekommenen Weges durch eine Allee zurück. Nachdem wir wieder die Brücke überquert haben, die uns in den ummauerten Alhambra-Bereich zurückführt, halten wir uns links. Auf dem Weg sind aus-gegrabene Fundamente jener Läden und Häuser zu sehen, die zur Maurenzeit an der Straße lagen, die von einem Eingangstor an der Nordostseite bis zur Burg im Südwesten geführt hatte. Links stehen Festungsmauern und teilweise restaurierte Türme, die die Franzosen Anfang des 19. Jh. beim Abzug ihrer Truppen sprengten. Einen noch größeren Schaden verhinderte ein mutiger Spanier, der sich auf die schon brennende Zündschnur warf und dadurch die Alhambra rettete. Auf gänzlich andere Weise trug ein amerikanischer Schriftsteller, Historiker und Diplomat namens Washington Irving zum Erhalt der Anlagen bei. Er hielt sich Anfang des 19. Jh. zu Studienzwecken in den Räumen des Königspalastes auf, schrieb die dort erzählten Legenden auf, erforschte die Geschichte des Nasridenreichs und gab mit seinen ›Erzählungen von der Alhambra‹ ein gutes Beispiel für die mögliche Wirkung von Literatur: Seit Erscheinen seines Buches pilgerten besonders die französischen Romantiker des 19. Jh. zu diesem orientalischen

Am Palast Karls V.

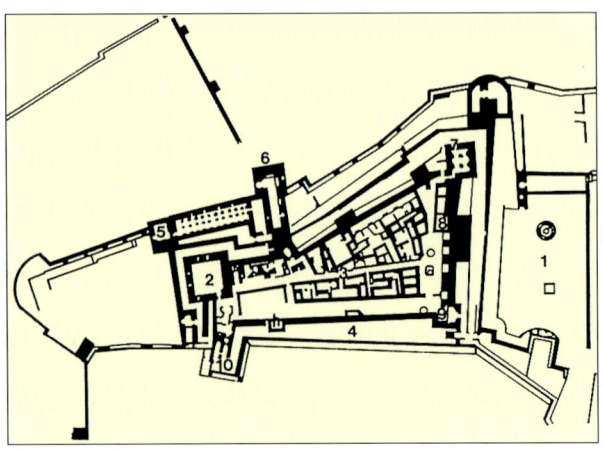

Alcazaba
1 Plaza de Aljibes
2 Torre de la Vela
3 Reste der Kaserne
4 Adarves-Garten
5 Torre de los Hidalgos
6 Torre de las Armas
7 Torre del Homenaje
8 Torre Quebrada
9 Torre del Adarguero
10 Torre de Pólvora

Zaubergarten inmitten des Abendlandes. Die Aufmerksamkeit der Weltöffentlichkeit war geweckt und bewahrte die Alhambra seither vor dem Verfall.

Wir kommen am **Parador** vorbei. Um unter dieser Edeladresse während der Hauptsaison eine Unterkunft zu bekommen, muss man Jahre im Voraus buchen. Dies ist verständlich, denn es gibt nur wenige Räume, und das Haus ist einmalig, ein umgebautes und umfunktioniertes Franziskaner-Kloster, das sich wiederum in einem großzügigen maurischen Palastgebäude heimisch gemacht hatte. Nicht weit entfernt steht eine christliche Kirche auf dem Platz der einstigen Moschee.

Nach dem maurischen Königspalast erscheint der **Palast Karls V.,** der sich nun wuchtig vor uns breit macht, plump und nichtssagend. Dennoch sollte man an den mächtigen Außenfassaden nicht vorbeigehen, ohne einen Blick in das schlichte innere Rund mit seiner von dorischen und ionischen Säulen getragenen Galerie zu werfen. Der Architekt Pedro Machuca aus Toledo hatte bei Bramante und Michelangelo in Italien gelernt. Er begann den Bau 1526, aber noch in den 1960er Jahren wurde daran

gearbeitet! Ein majestätisches Pleiteprojekt und zugleich eines der großen Werke der Renaissance in Spanien.

Bleibt noch die **Alcazaba,** der älteste, wuchtigste und äußerlich hervorstechendste Teil der Alhambra, der von der unteren Stadt zu sehen ist. Vom mächtigen Hauptturm, der **Torre de la Vela,** haben wir einen großartigen Blick in alle Richtungen: auf die Sierra Nevada, zu den Gärten des Generalife und auf die Dächer des Königspalastes, auf das Albaicín-Viertel und die untere Stadt mit der Kathedrale. Die gesamte Ebene von Granada konnte von der Torre de la Vela kontrolliert werden. Die läutende Glocke auf dem Turm gab das Signal für den Beginn der *vega*-Bewässerung. Im Innenbereich der Festung erblickt man von hier die Grundmauern der Kasernengebäude. Auffällig sind runde Öffnungen im Boden. Schaut man hinein, sieht man riesige Gewölbe. Hier darbten in maurischer Zeit die christlichen Gefangenen. Als Zeichen der Einnahme Granadas und damit zugleich der nach 780 Jahren vollendeten *reconquista* wurde an dieser Stelle am 2. Januar 1492 die Fahne der Katholischen Könige gehisst. Jedes Jahr feiert Granada diesen Tag.

Land der Poeten

D er hohe Rang der Dichtung ist in Andalusien nicht nur den versgeschmückten Wänden der Alhambra abzulesen. Das treffende Wort, ein vergleichendes Bild oder eine gedankliche Zuspitzung zu formulieren war in maurischer Zeit ein Gesellschaftsspiel. Lyrik wurde nicht nur an steinernen Wänden festgehalten, sondern auch im Gespräch improvisiert.

Überliefert sind Geschichten von mächtigen maurischen Fürsten, die ihre Lieblingsfrauen dadurch fanden, dass diese einen begonnenen Vers mit einer mutigen, passenden und überraschenden Wendung vollendeten. Ein gelungener Vers wurde als eine große Tat gefeiert. Und es war nicht entscheidend, ob ein Mann oder eine Frau ihn gefunden hatte. Zur Liebeskunst gehörte der

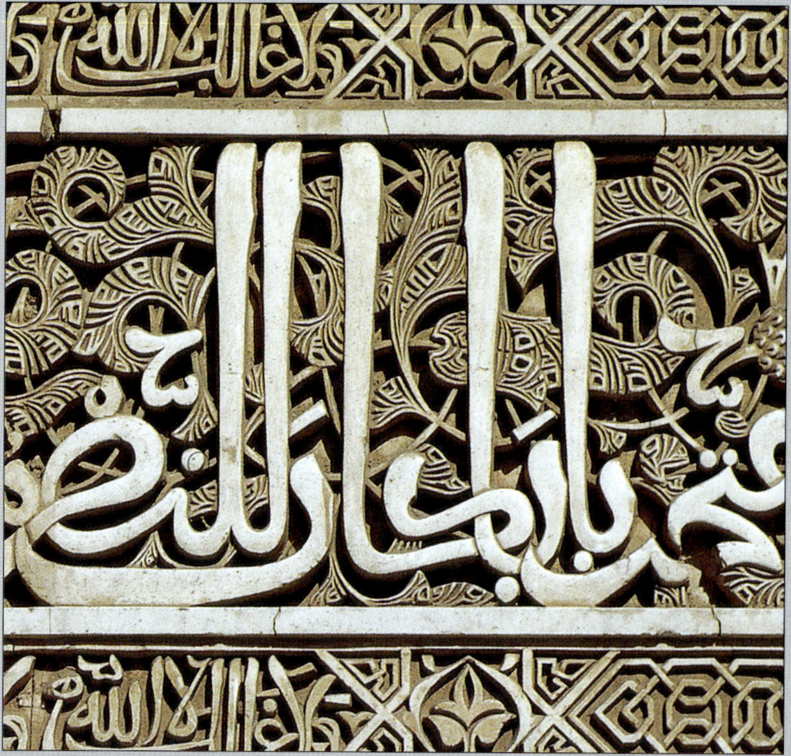

Für zwei Menschen, die sich liebevoll umfassen.
Ist ein Nadelöhr geräumig wie ein Haus.
Aber für zwei Menschen, die sich hassen.
Reicht die ganze Welt nicht aus.
                              (Ibn Scharaf, 11. Jh.)

Ich sitz am Fuße eines Baums in reicher Laube.
Der Nordwind neckt den Baum. Der neckt ihn
spielend wieder:
Denn er ist trunken vom Gesang der Taube
und schlürft die Wolke aus. Sie beugt sich nieder.

Der Stern des reinen Weines steigt empor.
Der junge Tag bereitet sich Vergnügen,
Und da die Vögel singen rings im Chor,
Lässt er die morgenroten Fahnen fliegen.

Der Garten zeigt ein leuchtendes Gesicht:
Die Schatten bilden seine schwarzen Haare.
Sein schöner Mund ist dort, wo sich das klare
Gewässer lächelnd in die Gräser flicht.

Und bis zum Abend klingt das Lied der Taube
Und alle Zweige tanzen her und hin –
Ich freu mich über sie. Und über mich freut sich die Laube.
Weil ich in meinem Garten glücklich bin.
                              (Ibn Chafadscha, 11. Jh.)

Ich denk an diese Nacht zurück mit Sorgen.
Weil sie nicht wiederkehrt. Die Herrin mein
Goss nur den Wein ins Glas vom Abend bis zum Morgen
Mit ihrer schlanken Hand aus Elfenbein.

Sie bog sich wie ein Zweig, wenn ich mich ihr gesellte.
Und war noch schöner als der runde Mond.
Alle Genüsse bauten um uns ihre Zelte.
Und gnädig hat das Unglück uns verschont.

Wollt ihr die Lippen süß mit Küssen füllen?
Der Laute lauschen mit verzücktem Ohr?
Wenn wir auch tausendfach die Wünsche stillen:
Sie tauchen nur mit neuer Kraft empor.
                              (Ibn Labbun, 11. Jh.)

poetische Dialog, die Anbetung des oder der Geliebten im Wohlklang und Bildreichtum der Sprache. Ihren Höhepunkt erlebte die feinsinnige maurische Dichtkunst im 11. Jh., nach dem Ende des Kalifats. Die vielen kleinen *taifas* waren der Poesie gewogen und buhlten um die besten Dichter an ihrem Hof. Dabei war alles wert, poetisch aufgegriffen und besungen zu werden, vor allem aber die Liebe zwischen Mann und Frau und die Schönheit der in den Gärten kultivierten Natur. Die offene Sprache über die Freude an sinnlichen Genüssen hat nicht nur Jahrhunderte später Goethe begeistert, sie drang auch schon zu ihrer Zeit in die sich erneuernde Lebenswelt des christlichen Europas ein. Gepriesen wurde in der arabischen Poesie die Schöpfung, Leidenschaft gab dem Lob die Stimme. Frauen wurden als göttliche Geschöpfe besungen, denen sich Männer in ihrer Liebe zu ergeben haben.

Den arabischen Endreim übernahmen nicht nur die französischen Troubadoure, sondern insbesondere die Erneuerer italienischer Poesie – von Franz von Assisi bis zu Dante. Aus arabischen Formen entwickelte sich das Sonett. Für Goethe waren die arabischen Einflüsse auf die spanische und damit auch auf die große europäische Dichtung offenbar. Er ließ sich von ihren Motiven und Rhythmen inspirieren und feierte sie enthusiastisch in seinem großen Dichtungswerk ›West-östlicher Divan‹, wo es heißt: »Herrlich ist der Orient übers Mittelmeer gedrungen: Nur wer Hafis liebt und kennt, weiß was Calderón gesungen.«

Andalusien ist ein Land der Poeten geblieben. Im ›goldenen Jahrhundert‹ spanischer Kultur waren es der Sevillaner Fernando Herrera und der Córdobese Luis de Góngora, die Ende des 16. Jh. die klassische Lyrik in kastilischer Sprache schufen. Im so genannten ›Silbernen Zeitalter‹, dem ersten Drittel des 20. Jh., einer Blütezeit der modernen Poesie in Spanien, kamen ebenfalls deren bedeutendste Protagonisten aus Andalusien. Der neben den Literaturnobelpreisträgern Juan Ramón Jiménez (1956) und Vincente Aleixandre (1977) berühmteste stammte aus Granada, wo er 1936 von Falangisten erschossen wurde: Federico García Lorca. Wie kein anderer verband er die in der dichterischen Volkskunst verankerten Traditionen seines Landes mit den Erfahrungen und kunstvollen Brechungen der Moderne.

Ausflüge in die Umgebung von Granada

Karte: S. 122
Tipps & Adressen: Trevéles S. 355, Guadix S. 340

Sierra Nevada – Ewiger Schnee

Granada liegt landschaftlich besonders reizvoll vor der Kulisse des Hochgebirges der Sierra Nevada. Der ›ewige Schnee‹ gab ihr den Namen: ›Schneebedecktes Gebirge‹.

Von der Innenstadt bis auf den Pico Veleta sind es 46 km. Mit 3398 m ist dieser Berg nach dem Mulhacén, dem mit 3482 m höchsten Festlandsberg Spaniens, der zweithöchste der Sierra Nevada. Eine befahrbare Straße (GR 420), die höchste Passstraße Europas, führt buchstäblich bis zum Gipfel. Sie ist allerdings wegen des inzwischen eingerichteten Nationalparks ab der Höhe von 2715 m für private Fahrzeuge gesperrt. Für den weiteren Aufstieg zum Gipfel dieser »erhabenen«, grau und schwarz glitzernden Landschaft aus Schiefergestein muss man 3–4 Stunden rechnen; wetterfeste Kleidung und Bergschuhe werden empfohlen. Man kann dort noch im Juli Schneeballschlachten veranstalten. Von August bis Ende September ist der Pico Veleta meist schneefrei, so dass die Auffahrt mit dem Auto bis zum höchsten Punkt möglich ist.

Die Höhe ist eindrucksvoll und wenn klare Sicht herrscht, bietet sich ein unvergleichliches Panorama. Man befindet sich auf dem höchsten Aussichtspunkt ganz Spaniens und kann sich wie aus einem Flugzeug einen Eindruck vom Gebirgsland Andalusien verschaffen und sogar bis zum Mittelmeer schauen. Mit guter Sicht darf man natürlich nicht unbedingt rechnen. Häufig ist es diesig

Der Gipfel des Pico Veleta

oder wolkig und auf der Spitze dazu äußerst windig.

Wie so oft, erweist sich auch hier von nahem als spröde und abweisend, was aus der Ferne so verführerisch leuchtete. Die Höhen der Sierra Nevada kennen keine alpine Dramatik stolz aufragender Gipfel vor grünen, tiefen Tälern. Und hier oben hat auch der Wintersport Spuren hinterlassen. Der Ort **Sierra Nevada** (auch Solynieve genannt) auf der Höhe von 2000 m ist ein einziges städtebauliches Verbrechen. Bis hier fahren die öffentlichen Busse. In 2500 m Höhe befindet sich der höchstgelegene **Parador** Spaniens, vor allem für Wintersportler ein angenehmer Aufenthaltsort. Für sie gibt es in der weißen Landschaft alles,

Blühender Ginster

was sie brauchen – gute Pisten und bequeme Seilbahnen. Die Saison ist lang, und der Kontrast reizvoll: Man kann innerhalb weniger Stunden nach einer Skiabfahrt ein Bad im Mittelmeer nehmen.

Wie viele Landschaften Andalusiens ist auch die Sierra Nevada vom Raubbau bedroht. Die Pflanzenvielfalt ist aufgrund der Mittelmeernähe zwar groß, aber der Baumbestand ist gering. So wirkt das Gebirge an vielen Stellen öde. Es gibt allerdings ein Gebiet, das noch nicht blinder Abholzung und Brandstiftung zum Opfer gefallen ist und vor allem im Sommer üppigen Blumenreichtum bietet. Doch es ist nicht einfach, von Granada aus die Straße nach **La Zubla** zu finden. Man muss in Granada zunächst Richtung Motril fahren und kommt durch Neubauviertel, wo man den Abzweig von dieser Straße leicht verpassen kann. Man folge zunächst dem Hinweisschild zum Campingplatz ›Reina Isabel‹. Der Ort liegt 7 km südlich von Granada.

In La Zubia hält man sich links Richtung **Cumbres Verdes.** Von nun an beginnt unaufhaltsam die Steigung. Bis Cumbres Verdes ist die Straße gut, danach wird ihr Zustand schlechter, bis sie schließlich keine Pflasterung mehr aufweist. Der Weg wird steinig, bleibt aber befahrbar. In Cumbres Verdes, wo es ein Gartenlokal gibt, beginnt ein Weg durch eine Schlucht jenseits der Zivilisation. Man sollte sie zu Fuß durchwandern und sich dafür den ganzen Tag Zeit nehmen. Nach etwa 7 km erreicht man ein Forsthaus. Frisches Wasser ist an dieser Stelle am Weg für jedermann zugänglich. Und vom Forsthaus führen kleine steile Pfade durch eine – im Sommer – grüne und von Blumen bunte Sierra Ne-

Bergdörfer in den Alpujarras

vada, so dass man hier stundenlang wandern kann, bevor man den Weg nach Cumbres Verdes zurücknimmt.

Vergessenes Land – Die Alpujarras

Ein Ausflug in die Alpujarras südlich der Sierra Nevada beansprucht mindestens einen ganzen Tag. Man nimmt von Granada aus die N 323 Richtung Motril. Nach 40 km biegt man links ab zum Kurort **Lanjarón** (C 333). Von hier stammt das köstliche Mineralwasser, das jede Mahlzeit in Andalusien begleiten sollte. Man kommt in ein Tal und kann zwischen zwei Fahrstrecken wählen, der hochgelegenen GR 421 und der C 332,

die das Tal durchmisst. Die Bergdörfer und die beliebten Luftkurorte Capileira, Pampaneira und Bubión liegen ausgesprochen reizvoll. Wer einen Spaziergang durch die Landschaft unternehmen möchte, dem sei ein etwa halbstündiger Fußweg von Bubión nach Pampaneira empfohlen. Der Weg beginnt an der Dorfkirche; links von der Kirche führt eine Treppe zum Wanderweg. Der mit 1480 m höchstgelegene Ort ist Feinschmeckern bekannt: Aus **Trevélez**  stammen nämlich die berühmten luftgetrockneten Schinken *(jamón serrano)*, die einen hervorragenden Platz auf der andalusischen Speisetafel einnehmen.

Die Landschaft wird häufig als wild und großartig beschrieben. Man darf sich das nicht allzu sehr ausmalen. Es gibt – vor allem in den Dörfern – reizvolle Gärtchen, aber die baumlose Landschaft wirkt im Ganzen karg. Nur manchmal wandelt sie sich ins Großartige, wenn die weißen Dörfer sichtbar werden, die wie eine Reihe kleiner Nester am gewaltigen Massiv der Sierra Nevada kleben. In diesem abgelegenen Gebiet lebten noch lange nach der Eroberung Granadas vertriebene Mauren, die Terrassen anlegten und durch eine klug ausgeführte Bewässerung dem Boden reiche Ernten an Trauben, Zitronen, Feigen und Orangen abgewannen. Sie sind immer noch zu bewundern und führten dazu, dass die Bewohner der Alpujarras bis heute überleben konnten. Honig und Mandeldessert, Wein und Käse sowie der berühmte luftgetrocknete Schinken der Region werden in den weißen Dörfern heute auch dem Reisenden angeboten. Hier flackerten die Morisken-Aufstände des 16. Jh. auf, die von

Umgebung von Granada

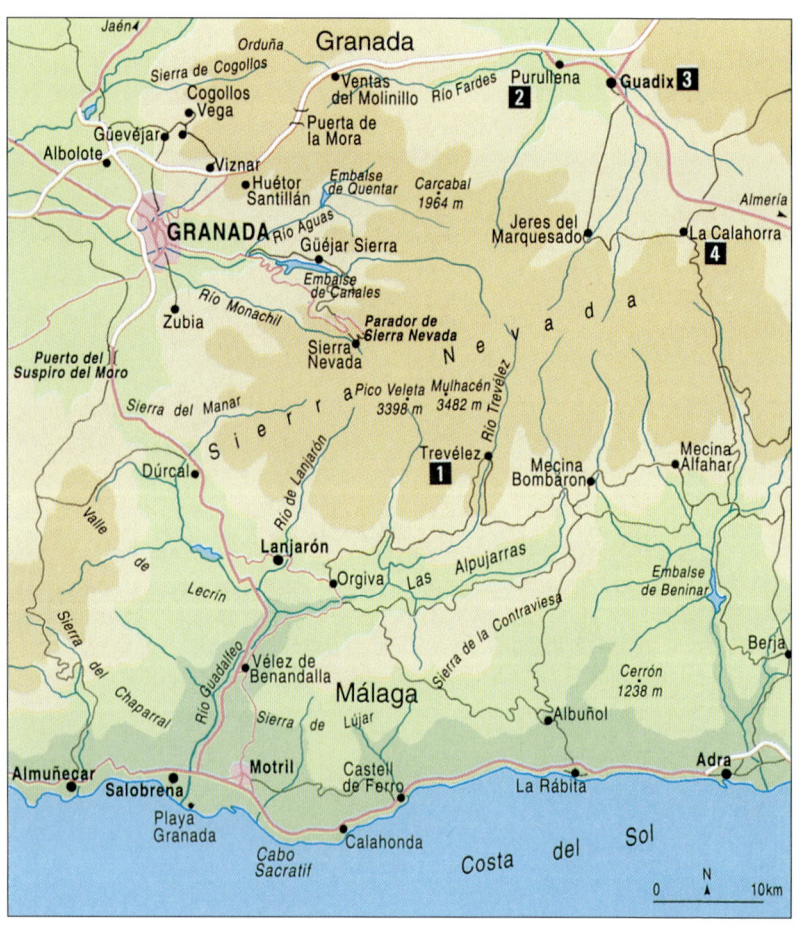

In Andalusien kommen auch Wanderer auf ihre Kosten

den Soldaten Philipps II. blutig niedergeschlagen wurden. Noch in den letzten Jahren ist diese Gegend als ein Tal am Ende der Welt mit rätselhaften Bewohnern beschrieben worden. Trauern sie der maurischen Blütezeit nach? Oder fürchten sie die Rückkehr der Mauren, die endlich ihre hier vergrabenen Schätze heben wollen? Ein Schatten der Melancholie liegt über diesem vergessenen Land. Die Menschen sind anders als im übrigen Andalusien, als fürchteten sie die Fremden oder als seien sie selbst Fremde geblieben. Ihre Bewegungen sind langsam, man schweigt ausgiebig, und die Mienen bleiben verschlossen, als sollte ein Geheimnis bewahrt werden.

Die kurvigen Straßen nehmen viel Zeit in Anspruch. Für einen Ausflug in die Alpujarras sei deshalb empfohlen, ihn als Fahrstrecke nach Almería zu nutzen oder aber in der Gegend zu nächtigen. Allerdings gibt es nicht viele Unterkunftsmöglichkeiten, einmal abgesehen von Trevélez und Lanjarón, der größten hiesigen Ortschaft.

Eine Wanderung in La Alfaguara

In der Sierra Nevada gibt es 14 Gipfel mit über 3000 m Höhe. Ihnen sind Bergketten vorgelagert, die bis zu 2000 m erreichen. Aus nördlicher Richtung sieht man von weitem im Dunst die blauen Wellen der Vorgebirge und hinter ihnen weiß und klar die Sierra Nevada. Allein um dieses Blickes willen lohnt sich die vorgeschlagene Wanderung. Der Waldreichtum schafft schattige Wege, und die mittlere Gebirgshöhe erlaubt den Pflanzen stellenweise ein üppiges Wachstum. Im Frühjahr blüht hier der Ginster; aufmerksame Orchideenfreunde werden nicht enttäuscht.

Man nehme die Straße nordöstlich aus Granada heraus in Richtung Viznar (an der medizinischen Fakultät der Universität und an der Cartuja vorbei). Wir durchfahren das Dorf Alfacar. An der nächsten großen Straßenkreuzung jenseits des Ortes biegen wir links ab. In La Alfaguara befinden sich ein Forsthaus und Sportanlagen. Man steige links den Hang hoch, bis man auf einen schmalen Sandweg stößt. Wir umrunden das Tal auf der mittleren Höhe des Hanges, bis der Weg – nun eher ein steiniges Flussbett – steil links den Berg hinaufführt. Oben angekommen, blicken wir ins ausgedehnte, bewaldete Tal hinab, auf die flimmernden Vorgebirge und den hohen Kamm der Sierra Nevada. Hier oben, in etwa 1500 m Höhe, befinden sich die **Ruine** eines Turms und eine **Felsengrotte** (La Cueva del agua). Wir steigen nahe der Grotte auf die Felsen und gelangen auf den Gebirgskamm, wo man auf einen Pfad stößt und schließlich auf eine kleine Allee, bis rechter Hand wieder ein schmaler Pfad sichtbar wird, dem wir abwärts nach rechts folgen. An einer Wegkreuzung halten wir uns wiederum rechts. Am Schluss geht es durch Buschwerk relativ steil hinab zu den Sportanlagen von La Alfaguara.

Zu den Höhlenbewohnern nach Guadix

Fährt man über die Hauptstraße N 342 von Granada in Richtung Murcia, so gelangt man in ein Gebiet mit weichem Lössgestein. Hier leben die Menschen seit Jahrhunderten recht bequem in Höhlenwohnungen. Aus braunen Hügeln ragen Fernsehantennen und Schornsteine hervor. Der Eingangsbereich ist zumeist weiß bemalt. Der erste größere Ort, in dem es sich lohnt, auszusteigen und links und rechts der Straße einen Erkundungsspaziergang zu unter-

Blick auf Guadix mit seinen Höhlenwohnungen

nehmen, ist **Purullena** 2. Die Bewohner sind zumeist sehr freundlich, und man findet leicht eine sowohl stolze wie gastfreundliche Hausfrau, die einem ihre gemütliche in den Felsen gegrabene Wohnung zeigt und jedes Erstaunen mit Wohlwollen zur Kenntnis nimmt. Im Winter spendet der Stein wohltuende Wärme, im Sommer geht angenehme Kühle von ihm aus. Leer stehende Höhlen gibt es daher kaum. Touristen sind her gern gesehen. An der Hauptstraße werden nämlich Keramik, Schmiedearbeiten und geflochtene Korbwaren angeboten.

Nur einige Kilometer weiter (53 km von Granada entfernt) liegt **Guadix** 3. Auch dieser Ort besitzt einen Stadtteil, den Barrio Santiago, der aus Höhlenwohnungen besteht. 5000 Menschen, immerhin ein Sechstel der städtischen Bevölkerung, leben darin. Berichte aus der Antike bezeugen bereits diese Wohnform; wahrscheinlich stammen manche der Höhlen sogar aus prähistorischer Zeit. Architektonisch ist hier die Zeit wirklich stehen geblieben – seit Jahrtausenden. Wurde die Familie größer, kratzte man ein zusätzliches Zimmer aus dem Gestein. Warum sollte man die Wohnhöhlen gegen eine beengte, hellhörige Neubauwohnung eintauschen? Außerdem sind in Guadix die ursprünglich aus dem 9. Jh. stammende **maurische Burg** auf dem Hügel und die eindrucksvolle **Kathedrale,** ein Renaissance-Schmuckstück mit barocken Zügen, sehenswert. Guadix gilt als die Wiege des spanischen Christentums. An Stelle der westgotischen Kirche wurde eine Moschee gebaut und dortselbst die jetzige Kathedrale aus dem 16. Jh. Das wenig reizvolle Innere wurde im 18. Jh. erneuert.

Es lohnt sich, von Guadix 15 km Richtung Almería bis zur Burg **La Calahorra**

4 zu fahren. Sie ist vollkommen erhalten und bietet vor dem Hintergrund der sehr nahen Gebirgszüge der Sierra Nevada ein stolzes Bild. Das Renaissance-Bauwerk mit runden Ecktürmen entstand Anfang des 16. Jh. in spanisch-italienischer Zusammenarbeit. Den italienischen Einfluss entdecken wir sofort, wenn wir das Innere betreten: einen ›florentinischen‹ Innenhof mit einer Galerie und schwungvollen Arkadenbögen. Die Burg ist Privatbesitz. Man muss unten im Ort nach dem Verwalter fragen, der sie aufsperren kann, falls der Hausherr nicht da ist.

Von hier aus führt auch eine Straße (C 331) über die hohen Berge der Sierra Nevada. Reizvolle Ausblicke bieten sich. Der Pass liegt auf 2000 m Höhe. Man kann die Strecke als östlichen Weg in die Alpujarras nehmen oder als höhepunktreiches Vorspiel zur Begegnung mit dem Mittelmeer, das man bei **Adra** erreicht, einem wenig ansprechenden Ort.

Will man direkt und möglichst schnell von Granada aus ans Mittelmeer gelangen, und zwar zur Playa Granada, dem Strand der Granadiner, nimmt man am besten die inzwischen gut ausgebaute N 323. Hat man es dagegen nicht eilig, gibt es eine Variante. An jenem Ort, wo der arme Boabdil seinen letzten Seufzer vernehmen ließ, dem **Puerto del Suspiro del Moro,** von dem auch wir einen letzten Blick auf Granada werfen sollten, kann man eine rechts abbiegende kleinere Straße wählen. Sie führt einen zunächst zwar längere Zeit durch eine triste wüstenähnliche Gegend, dann aber auf ein Plateau von 1200 m Höhe und von dort aus durch die grandiose Gebirgslandschaft der **Sierra de Chaparral** in das fruchtbare Tal des Río Verde, an dessen Ende der reizvolle Badeort **Almuñécar** liegt.

Die andalusische Mittelmeer- küste

Der wüstenhafte Südosten

Karten: S. 128/129, S. 130 (Stadtplan Almería)
Tipps & Adressen: Almería S. 322, San José S. 350, Mojácar S. 346, Vélez-Blanco S. 356, Vélez-Rubio S. 356

Von wo wir auch kommen, von Granada aus dem Norden, entlang der Mittelmeerküste von Westen oder auch aus östlicher Richtung, wir fühlen uns in afrikanische Landschaften versetzt. Das Hinterland Almerías ist häufig buchstäbliches Ödland. Die Sierra de Gádor birgt die einzige natürliche Wüste Europas. Die hohen Berge der Sierra Nevada haben jahrtausendelang den Regen abgefangen, und der Boden trocknete aus.

Gegen eine unwirtliche Erde wird kompromisslos Modernität gesetzt, als wollte man den Mond besiedeln. Das Meer erscheint hier als die große verbündete Macht gegen die Zumutung trostloser Dürre. Dennoch ist die Umgebung von Almería nicht im Ganzen unfruchtbar, denn in den Flussniederungen und durch künstliche Bewässerung und Treibhauskulturen auch an der Küste werden üppige Obst- und Gemüseernten erzielt. Ganze Landstriche sind inzwischen unter Plastikfolien verborgen, die die schnell wachsenden Früchte vor Austrocknung schützen sollen.

Über den Flughafen Almerías (8 km von der Stadt entfernt) kommen vor allem Touristen in die Badeorte, die hier erst in den letzten Jahrzehnten entstanden sind. Der luxuriöse Jetset kontrastiert mit der Armut einer vernachlässigten Region. So gibt es in der Umgebung von Almería internationale Vergnügungszentren wie den in den 60er Jahren geschaffenen Urlaubsort Agua-

Die andalusische Mittelmeerküste

dulce, aber auch (noch) traditionelle, verschlafene Fischerorte wie Cabo de Gata. Das Meer ist hier mit Recht die größte Attraktion. Und das außergewöhnlich stabile warme Wetter lockt die Gäste aus dem europäischen Norden.

Almería – Spiegel des Meeres

Die Provinzhauptstadt Almeria  bietet verhältnismäßig wenige Attraktionen und wirkt vernachlässigt, aber lebendig. Der erste Eindruck einer erst jüngst erfolgten Kolonisierung täuscht: Almería ist eine der ältesten Städte Europas. Hier, an der Mündung des Río Andarax, gab es schon in prähistorischer Zeit eine Siedlung. Grabfunde aus der Jungsteinzeit haben bewiesen, dass diese Gegend ein Zentrum der Megalithkultur war. 26 km nördlich von Almería, 5 km hinter Gádor, liegt das Ausgrabungsgebiet von **Los Millares** auf einem Hügel oberhalb des Río Andarax. Die befestigte Siedlung ist mehr als 4000 Jahre alt; von dort

stammen die berühmten Glockenbecher, die einer ganzen Kulturepoche ihren Namen gegeben haben. In der Bronzezeit gewann Almería große Bedeutung durch seine Minen, aus denen Erze gewonnen wurden (El-Argar-Kultur). Außerdem förderte die Lage des Ortes seit jeher den Handel und Verkehr per See. Phönizier und Griechen siedelten hier. Ein Hafen entstand, den die Römer erweiterten und ›Portus Magnus‹ (Großer Hafen) nannten. Damals begann die massive Abholzung der Wälder für den Schiffbau, von der sich die Landschaft nie wieder erholt hat.

Unter dem ersten Kalifen des Westens, Abd ar-Rahman III., der im 10. Jh. in Córdoba residierte, erreichte der inzwischen vergessene Ort neuen Glanz und bekam seinen heutigen Namen: Almería, ›Spiegel des Meeres‹. Später war er Sitz eines der mächtigsten *taifa*-Reiche Andalusiens, wurde aber von den marokkanischen Almoraviden erobert und klein gehalten. Er diente fortan als Rückzugspunkt für Seeräuber. Für kurze Zeit waren

hier auch die Christen erfolgreich. Schließlich gehörte der Ort unter den Nasriden über 200 Jahre lang zum Königreich Granada. 1489 ergab sich Almería den Katholischen Königen.

Im 16. und 17. Jh. zerstörten starke Erdbeben die Stadt. Die maurische Festung, die **Alcazaba,** blieb erhalten: 1567 rannten die aufständischen *moriscos* aus den Alpujarras vergeblich gegen sie an; 1810 konnte sie gegen die Franzosen gehalten werden. Die Alcazaba ist eine der größten und eindrucksvollsten Andalusiens. Vom ersten Kalifen gegründet und im 11. Jh. erweitert und verstärkt, ist sie heute die wichtige Sehenswürdigkeit Almerías. Sie liegt fast 100 m hoch über der Stadt, ein gewaltiger Komplex auf über 35 000 qm Fläche. 20 000 Menschen sollen in ihren Mauern Platz gefunden haben.

Die Alcazaba besteht aus einem dreifachen mächtigen Mauerring, der mit Wehrtürmen bestückt ist. Hinter dem ersten Ring befinden sich heute Grünanlagen. Sie bilden in den letzten August-wochen jeden Jahres den Schauplatz der sommerlichen Musikfestspiele. In der kriegerischen Vergangenheit sammelte sich hier die Besatzung vor Angriffen, und Flüchtlinge suchten hier Schutz. Innerhalb des zweiten Mauerrings lagen die Palastbauten, von denen nur noch Ruinen zu sehen sind. Der innerste Bezirk, von einer Mauer mit Rundtürmen geschützt, ist ein Werk der Katholischen Könige und Karls V. An der Stelle der Moschee ließen sie im *mudéjar*-Stil eine Kapelle errichten. Von hier aus sieht man auch die Reste der großen Stadtmauer, die sich durch ein Tal und einen Hang hinauf bis zu vier mächtigen runden Türmen zieht. Sie gehören zum Kastell San Cristóbal, im 12. Jh. vom Orden der Templer erbaut. Kapitelle und Keramiken aus der Alcazaba bewahrt das **Archäologische Museum** von Almería auf.

Das Erdbeben im Jahre 1522 zerstörte das maurische Almería weitgehend. In der Nähe des Burgbergs befindet sich die Altstadt, die noch am ehesten Erinne-

Almería

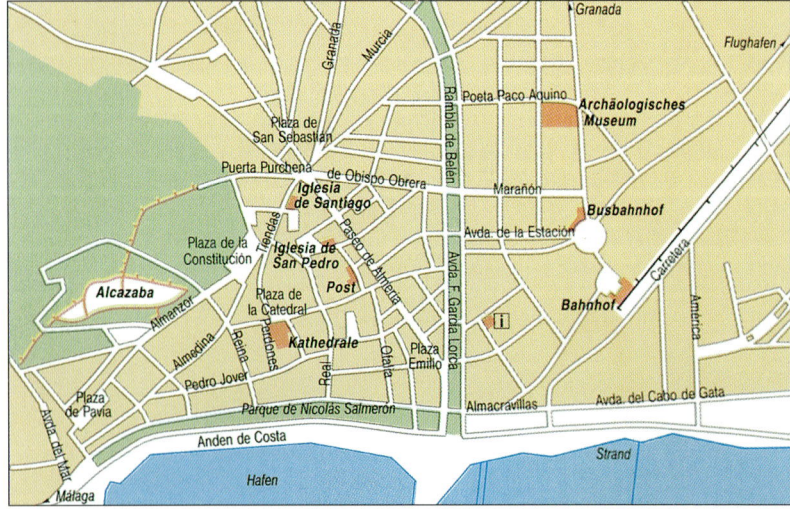

Eine maurische Festung thront hoch über Almería: die Alcazaba

rungen an die maurische Vergangenheit weckt. **La Chanca** (arab.: ›Thun-fischnetz‹) heißt das bunte und verwinkelte Viertel zwischen Burg und Fischereihafen. Auch die Hauptmoschee mit ihren 800 Säulen fiel dem Erdbeben zum Opfer. An ihre Stelle baute man die **Kathedrale.** (Die meisten Kirchen Almerías stehen auf den Plätzen ehemaliger Moscheen.) Entworfen wurde sie vom Planer der Kathedrale von Granada, von Diego de Siloé. Der 1524 begonnene Bau sollte vor Piratenüberfällen Schutz bieten und erhielt daher Festungscharakter. Selbst der Glockenturm aus dem Jahre 1605 wirkt wie ein Burgturm. Die dreischiffige Anlage mit ihrem Kreuzrippengewölbe ist – ähnlich wie die Kathedrale von Granada – im gotischen Stil entworfen. Den Stil der Renaissance zeigen dagegen die schmuckreichen Portale von Juan de Orea, der ab Mitte des 16. Jh. die Bauarbeiten fortsetzte, und ein Kreuzgang, den man vom linken Seitenschiff betreten kann. Sehenswert ist auch das von Juan de Orea geschnitzte Chorgestühl aus Walnussholz.

In die Wüste und ans Meer

Almería ist für den Reisenden normalerweise nur eine Durchgangsstation. Auf der Suche nach einsamen Küsten am Mittelmeer ist er hier auf dem richtigen Weg. Noch gibt es in der Gegend zumindest einige Kilometer Küstenstreifen, die noch nicht zugebaut oder auf andere Weise verschandelt worden sind. Man findet sie östlich von Almería. Von der Stadt aus sollte man bei der Ausfahrt in Hafennähe bleiben und eine kleine Straße in der Nähe des Strandes entlangfahren. Hier, nahe dem Stadtzentrum, gibt es recht gute Badegelegenheiten. Strandbars bieten Erfrischungen an. Vor dem Flughafen knickt die Straße links ab und trifft auf die N 332, die man nach einigen Kilometern wieder in südli-

Wüstenlandschaft im Südosten Andalusiens

cher Richtung verlässt, um zum Fischerdorf **Cabo de Gata** 2 zu gelangen. Am Strand liegen die Boote. Fischer flicken dort ihre Netze. Einige Restaurants servieren nur wenige Meter davon entfernt gegrillten frischen Fisch. Man mache vorsichtshalber den Preis vor dem Essen aus! Die große Karawane des Tourismus hat um diesen Ort zwar bislang einen Bogen gemacht, aber man weiß natürlich, dass es sie gibt, zumal ausländische Besucher eine allgemein anerkannte Einnahmequelle darstellen. In den bescheidenen Häusern gibt es nur sehr einfache, dafür preiswerte Un

terkünfte. Cabo de Gata ist eine Alternative zur Disco-Welt von Aguadulce westlich von Almería.

Das nächste Ziel ist der **Leuchtturm** an der ins Meer ragenden Landspitze der Sierra de Cabo de Gata. Die rauhen, wüstenhaften Ausläufer der Sierra stoßen in leichter Neigung auf ein sanftes, stilles Meer – ein archaisches Bild, das keine Geschichte zu kennen scheint. Wüste und Meer – hier haben wir beides beisammen. Bis zum Leuchtturm ist die Straße asphaltiert. Nun wird es wild und ungepflastert. Die Straße durch das Naturschutzgebiet ist auf einer Strecke von

ca. 3 km für den Autoverkehr gesperrt. Auf dem weiteren Weg entlang der Küste stoßen wir auf schöne Strände, die zum Baden einladen.

Am Ende des Ausflugs liegt der Ort **San José** ■3, eine futuristisch anmutende Dorfschöpfung mit schlechten Straßen und kubistischen, sputnikartigen Wohnkugeln und Hauswürfeln. Falls wir sie lange entbehren mussten: Hier gibt es endlich wieder einen *café solo* oder eine kühlende *cerveza*. Das wüste Land erstreckt sich zwar noch viel weiter nordöstlich, aber es gibt keine befahrbaren Wege mehr, die ans Meer führen. Dieses Gebiet harrt noch seiner Entdecker und Eroberer.

Weiter nördlich gelegene Badeorte erreichen wir nur, indem wir das struppige Land wieder durchqueren und in einem Bogen zur Küste zurückkehren. Der erste Abzweig führt uns zu reizvollen kleinen Fischersiedlungen wie **La Isleta** und **Las Negras,** beide mit schönen Stränden und klarem Wasser. Vor La Isleta liegen die bizarren Buchten von **Los Escullos.**

Will man zu den weiter nördlich gelegenen Seebädern fahren, lohnt ein Abstecher von der N 344/E 15 nach **Níjar,** ein 356 m hoch gelegenes hübsches weißes Dorf am Fuß des Huebro. Die berühmte ›weiße Erde‹ der Umgebung bildete seit Jahrhunderten das Material für

In den Wilden Westen

Um in den »Wilden Westen« zu gelangen, müssen wir uns von Mojácar westwärts wenden, über die N 340 Richtung Almería. Zwischen Sorbas und Tabernas durchfahren wir reine Wüste. Hier wird mit der Gewinnung von Solarenergie experimentiert. **Tabernas** zeigt eine weithin sichtbare maurische Burg und lockt mit einem öffentlichen Schwimmbad. Kurz dahinter aber erblicken wir unterhalb der Berge im Hitzeflimmern ein mexikanisches Dorf, wie einem Django-Film entsprungen. Aus der Nähe betrachtet, erweist sich unsere Einbildung als realistisch. Es ist ein Dorf, ein Filmdorf mit echten Häusern und wilder natürlicher Bergkulisse zur Produktion europäischer Western. Gleich neben dem mexikanischen Pueblo ein texanisches Dodge City mit Saloon, staubigen Straßen und einsamen Galgen.

Einige Kilometer weiter befindet sich nahe der Hauptstraße ein weiteres ›Mini-Hollywood‹. Hier ist der Eintritt relativ hoch, dafür gibt es geduldige Pferde zu mieten und zu festgesetzten Zeiten im geräumigen Saloon eine handfest inszenierte Schlägerei, eben wie im Wilden Westen. Aktionstheater ahmt den Film nach, und endlich hat man Kino in Wirklichkeit gesehen. Vor allem die größeren Kinder sind begeistert.

die Keramikarbeiten, die hier noch heute entstehen und verkauft werden.

Der Ort **Carboneras** ist als Urlaubsziel nicht empfehlenswert, obwohl er einen ausgedehnten Strand besitzt. Zu sehr bestimmt die in unmittelbarer Nähe direkt am Meer angesiedelte Industrie das Bild der Umgebung. Annehmbar dagegen ist südlich von Carboneras die kleine, im Wachsen begriffene Siedlung **Agua Amarga.** Hier kann man sich gut eine Weile aufhalten. Die Bucht ist abgelegen und geschützt. Wenn es einem am Stand zu voll wird, kann man zu Fuß auf kleine Buchten in der Nähe ausweichen. Es gibt die Möglichkeit, im Ort Apartments oder Zimmer zu mieten. Restaurants mit freundlicher Bedienung und fantasievoller Küche befinden sich direkt hinter dem gelben Sandstrand. Eine Post und ein Telefon sind vorhanden – fast ein richtiges Dorfleben.

Weiter nördlich liegt **Mojácar** 4, ehemals ein Geheimtipp und malerischer Rückzugsort für mittel- und nordeuropäische Freunde des unverfälschten Südens, heute ein quirliger internationaler Treffpunkt. Die weiße Stadt, hoch über dem Meer am Berg klebend, bietet allerdings immer noch kleinstädtischen andalusischen Reiz – und weite Ausblicke. Der Strand dagegen ist inzwischen von Hotelburgen nahezu abgeriegelt.

Windmühle in der Sierra de Gata

Abstecher nach Vélez-Blanco

Falls wir tiefer ins Landesinnere vorstoßen wollen oder aber eine ganz andere Route befahren, etwa vom Cazorla-Gebirge aus Almería ansteuern – wie auch immer, lohnend ist ein Ausflug nach Velez-Blanco (von der N 342 Abfahrt bei Vélez-Rubio). Hier befindet sich die neben La Calahorra (vgl. S. 125) zweite großartige Renaissanceburg Andalusiens von Anfang des 16. Jh. Sie wurde von einem Italiener entworfen und ist in ihrer geradezu verspielten mehreckigen Form und mit ihrer Rampe, die einzelne Burgteile verbindet, ein ästhetisches Gegenstück zur kompakten La Calahorra-Burg wie zur wuchtigen Festung in Almería. Das Innere ist leider ausgeräumt. Teilweise kann man es im Metropolitan Museum in New York besichtigen. Ein französischer Händler hatte 1913 Säulen, Treppen und Geländer vom Besitzer erworben und dem Präsidenten eines New Yorker Museums verkauft, der den Patio zunächst in seinem Privathaus wiedererrichten ließ und später seinem Museum vermachte. Von der außergewöhnlich konstruierten Burganlage bietet sich ein schöner Blick auf die Umgebung, in der Mandel- und Olivenbäume gedeihen.

Entlang der Costa del Sol

Karte: S. 128/129, S. 140/141 (Stadtplan Málaga)
Tipps & Adressen: Cuevas de Nerja S. 347, Málaga S. 343, Fuengirola S. 336, Torremolinos S. 354, Mijas S. 345, Marbella S. 344, Estepona S. 335

Von Almería nach Málaga

Die Gesamtstrecke von 200 km führt überwiegend direkt an der Küste entlang. Die Hauptstraße ist gut ausgebaut, man kommt zügig voran. Und das ist gut so. Denn trotz Meeresnähe bekommt man das Meer kaum zu Gesicht. Hotels, Restaurants, Geschäfte haben sich davorgestellt. In **Aguadulce** kann man alles bekommen, was man von zu Hause kennt, einschließlich verschiedener Brotsorten und internationaler Tageszeitungen. Die Hochhauskulisse mit den Geschäftspassagen erinnert an heimatliche Vorstädte. Fremd und merkwürdig dagegen erscheint der Kontrast zwischen der herben und unerbittlich wirkenden Erde, die hier nur als rotbraune Wüste in Erscheinung tritt und den schroff dagegengesetzten Aufwendungen technischer Erfindungsgabe, die mit ihren Hotelkomplexen und Straßentunneln durchaus triumphierend wirken. Das aus dem Boden gestampfte Aguadulce signalisierte Mitte der 1960er Jahre den touristischen Aufbruch der Region und das nahe **Roquetas de Mar** prägte mit den immer weiter ausgreifenden Siedlungskomplexen die Sonnenurlaubswelt der zweiten Jahrtausendwende.

Dass die hiesige Erde auch anderes als Unfruchtbarkeit zu bieten hat, zeigt die gesamte weitere Strecke von Aguadulce bis nach Motril. Sie ist geprägt von der Agrarindustrie. Die Landschaft ist dadurch nicht schöner geworden, sondern weitgehend unter Plastikdächern verschwunden. Was die verdeckte Erde an Geschmackvollem verbirgt, sehen und genießen die verwöhnten Mitteleuropäer als Tomaten und Gurken auf ihrem heimatlichen Küchentisch. Viele andalusische Bauern sind dadurch wohlhabend geworden und lassen für einen Hungerlohn marrokanische Einwanderer die schwere Arbeit bei bis zu 50° C unter den Plastikplanen verrichten. Erste fremdenfeindliche Ausschreitungen in Spanien haben vor zwei Jahren in den Dörfern der Umgebung ihren Ausgang genommen.

Zwischen Adra und Motril liegt eine Vielzahl kleinerer Orte direkt in Strandnähe, manche – wie beispielsweise der alte Fischerort **La Rábita** – auch mit angenehmer dörflicher Atmosphäre. Die Strände sind hier zumeist steinig, der Tourismus ist ›spanisch‹ und bescheiden.

Der erste Ort auf dieser Strecke, der zum längeren Verweilen einlädt, ist das schön gelegene **Salobreña** 5 (Provinz Granada). Kurz hinter der Industriestadt Mortril liegt dieses verwinkelte ehemalige Fischerdorf, dessen weiße Häuser den Berg emporgewachsen sind. Salobreña hat viele Liebhaber, vor allem aus Granada, aber es fehlen die Auswüchse des Massentourismus. Die steilen Hänge sind nicht bequem zu bewältigen. Aber wir sollten es wagen hochzusteigen. Die Luft ist hier frisch, selbst im Sommer, der Blick kann von den Mauern der alten Burg über die gesamte Küste gleiten sowie ins bergige Hinterland. Zum Strand ist es nicht weit. Salobreña ist ein idealer Ruhe- und Ausgangspunkt für den auf eigene Faust

Reisenden. Zwischen Salobreña und Nerja treffen wir auf die schönste Strecke der hier sehr steilen andalusischen Mittelmeerküste.

Noch vor dreißig, vierzig Jahren gab es auf diesen hunderten von Kilometern der Costa del Sol, die von Almería bis Algeciras reicht, nichts als ein paar armselige Fischerdörfer. Nun hat die ›weiße‹ Industrie des Tourismus insgesamt von ihr Besitz ergriffen, aber eben doch auf verschiedene Weise und mit unterschiedlichen Resultaten. An diesem Küstenabschnitt jedenfalls, nicht länger als 40 km, kann man recht gut eine Vorstellung davon gewinnen, wie schön er einmal gewesen sein muss. Wir sehen die noch nicht verblühte Schönheit in den grünen, früchtetragenden Tälern, den ins blaue Meer auslaufenden sandigen Landzungen und den roten und braunen zerklüfteten Felsen, aus denen einladende Badebuchten heraus geschnitten sind.

Gemessen an den Touristensilos westlich von Málaga sind **Almuñécar**

und das wenige Kilometer entfernte **La Herradura** durchaus Ortschaften mit Atmosphäre, wenn auch nicht mit andalusischer, sondern internationaler. Die üppige Schönheit der Natur blitzt noch hinter Glas und Beton hervor. Das gilt auch für die Umgebung von **Nerja,** einem schön gelegenen Badeort mit eleganter Terrasse über dem Meer, die ›Balkon Europas‹ genannt wird. Wenn man diese Gegend bereist, ist Nerja ein idealer Aufenthalts- und Erholungsort. Der moderne Parador im Ort bietet nicht nur großzügige Grünanlagen direkt an der Steilküste, sondern auch bequeme Wege zum gepflegten Sandstrand.

Nerja, das bereits zur Provinz Málaga gehört, ist zudem ein guter Ausgangspunkt für Ausflüge in das östliche Hinterland dieser Provinz. Berühmt sind die **Cuevas de Nerja** 6, pittoreske Tropfsteinhöhlen, einige Kilometer von der Stadt entfernt. (Bei Maro muss man die N 340 verlassen, nach 2 km kommt man zu den Höhlen.) Im Innern sind befestigte Wege angelegt, so dass man ohne

offizielle Begleitung die Rundwanderung durch dieses bizarre Märchenland unternehmen kann. Man hat der Wirkung mit farbigen Beleuchtungen etwas nachhelfen wollen, unnötigerweise. Die tropfenden Steine, die im Laufe von Millionen von Jahren zu Kathedralbauten, zu Kaskaden und tief herabhängenden Schmuckzapfen kristallisierten, geben der Fantasie auch bei einfachem Licht und ohne musikalische Untermalung reichlich Nahrung. Der größte Höhlenbezirk wird im Sommer als Konzertsaal genutzt. Auf jeden Fall sollte man sich warm anziehen. Entdeckt wurde die Höhle im Jahre 1913. Inzwischen ist sie die bekannteste und meistbesuchte Andalusiens.

Weitere Ausflüge empfehlen sich in das nahe Bergdorf **Frigiliana** (10 km von Nerja) und in das 25 km entfernte, ebenfalls hochgelegene **Vélez-Málaga**, beides kleine weiße Orte mit weitgehend erhaltenem Eigenleben und mehr als 2000-jähriger Geschichte. Von Vélez-Málaga aus lohnt es sich, der C 335 weiter in nördliche Richtung zu folgen, bis an die Hänge der Sierra de Tejeda, eines Naturschutzgebietes. Der Blick reicht bis zur 60 km entfernten Sierra Nevada. **Alhama de Granada** ist ein ehemaliger maurischer Kurort, berühmt wegen seiner Heißluftbäder. Sie gaben der Stadt ihren Namen. Reste von ihnen sind nahe dem Río Alhama zu sehen, der unterhalb der Stadt entlangfließt.

Mit den Hochhauskomplexen von **Torre del Mar** beginnt jener Küstenstreifen, der zum negativen Modell verantwortungsloser Bauwut und Landschaftszerstörung wurde. Die touristischen Hochburgen folgen einander nun Schlag auf Schlag auf einer Strecke von 150 km. Allerdings betrifft dies ausschließlich den schmalen Küstenstreifen. Hauptstadt der Region ist eine der ältesten Städte Spaniens und Europas.

Málaga – Drehscheibe des Südens

7 Man muss Málaga nicht gesehen haben, wenn man nach Andalusien reist. Aber man wird kaum darum herumkommen. Es gibt zwar inzwischen auch internationale Flugverbindungen nach Sevilla und Almería, doch die Metropole der Costa del Sol bleibt Verkehrsknotenpunkt und ökonomisches Zentrum der Region.

Málaga ist eine moderne, hektische Großstadt mit 560 000 Einwohnern, nach Sevilla die zweitgrößte Andalusiens. Der Lokalpatriotismus ihrer Bewohner steht dem anderer andalusischer Städte in nichts nach. Die brodelnde Lebendigkeit und Internationalität der ›weltempfangenden‹ Hafenstadt wird stolz als Ausdruck andalusischer Lebensbejahung gefeiert. Man spricht in Málaga schnell und lacht viel, man ist umtriebig, gewandt im Umgang mit den vielen Fremden, weltstädtisch eben, die ökonomische Speerspitze der Modernität im zurückgebliebenen Land – und dennoch andalusisch: aufbrausend und gelassen. Das milde Seeklima Málagas ist berühmt. Selbst im Winter gibt es hier viele warme Tage. Schnee ist ein Jahrhundertereignis. Die Berge im Norden schützen vor Wind, Regen und Kälte.

So lohnt Málaga denn doch einen kurzen Aufenthalt, um in einem Restaurant in Hafennähe oder in der Altstadt zu speisen, auf der prächtigen Allee Paseo del Parque mit ihren Palmen, Platanen, Blumen und Bänken zu flanieren, eine Kutschfahrt zu unternehmen und danach einiges von dem zu besichtigen, worin das alte Málaga sichtbar wird. Mit

In den Cuevas de Nerja

Ausnahme des **Gibralfaro** (arab.: Hügel des Leuchtturms) ist alles Interessante gut zu Fuß erreichbar. Er ragt zwar mitten in der Stadt auf, fordert aber einen etwas längeren Anstieg beziehungsweise eine kurze Anfahrt. Belohnt wird man mit einem Blick über die gesamte Stadt, den Hafen, das Meer und die angrenzenden Berge. Nur wenige Meter unterhalb des Eingangs zur Zitadelle liegt der **Parador.** Einen ruhigeren und luftigeren Platz für eine Kaffee- oder Mittagspause wird man in Málaga schwerlich finden.

Die maurische Zitadelle, deren Mauerwerk wir besteigen können, zieht sich vom Fuß des grünen Hügels mit der Alcazaba bis an die hohe Spitze mit seiner großartigen Sicht. Mit ihren 650 Jahren ist sie die jüngste der Festungsanlagen: Vorher standen an derselben Stelle nicht nur eine westgotische und römische

Burg, sondern auch eine griechische und noch früher eine phönizische. Málaga war eben schon immer eine bedeutende Hafenstadt. Ihre glanzvollste Epoche fiel in die Zeit der Nasridenherrschaft, als Málaga neben Almería die wichtigste Verbindung des Königreichs Granada zu den nordafrikanischen Verbündeten war. Málaga, dessen Name noch aus phönizischer Zeit stammt und soviel wie ›gesalzener Fisch‹ *(malaca)*

Málaga

bedeutet, wurde von den Arabern als ›irdisches Paradies‹ bezeichnet. Dazu trug wohl auch die wegen ihrer Schönheit berühmte **Alcazaba** bei, der Königspalast, der hier im Stil der Alhambra im 14. Jh. unter den Nasriden als befestigte Königsstadt erbaut worden war. Die wenigen Reste hat man zu restaurieren versucht. Man kann sich zumindest von der Lage einen Eindruck verschaffen, wenn man den Gibralfaro wieder hinuntersteigt und unten am Hügel einen Spaziergang in den Bezirk der Alcazaba beginnt. Das meiste ist zwar unwiederbringlich verfallen, aber man lasse die Fantasie arbeiten und sich durch das **Archäologische Museum** anregen, das am Ende des Garten- und Gebäudekomplexes nicht nur Keramik aus der hiesigen Alcazaba ausstellt, sondern auch interessante Funde aus vorgeschichtlicher, griechischer und westgotischer Zeit. Nahe dem Ausgang kann man Reste eines **römischen Theaters** aus dem 1. Jh. n. Chr. entdecken. Bis zur Kathedrale im Zentrum der Stadt sind es von hier nur ein paar Schritte.

1487 fiel Málaga an die Katholischen Könige, nachdem der ›machiavellistische‹ Ferdinand versprochen hatte, die Bewohner bei Aufgabe der Stadt und gegen einen entsprechenden Preis zu schonen. Sie zahlten mit der Preisgabe ihrer Schätze. Als die Stadt übergeben war, forderte Ferdinand mehr, sonst könne er ihnen die versprochene Freiheit nicht gewähren. Sie gaben ihm den Rest. Ferdinand forderte abermals – angeblich war die vereinbarte Summe nicht vollständig bezahlt worden –, und er forderte mehr, als die ausgebrannten Bürger nun geben konnten. So verkaufte der Katholische König die Betro-

genen als Sklaven. Er hatte die verborgenen Schätze erhalten und war die Menschen, also auch die potentiellen Rächer, nicht nur losgeworden, sondern verdiente an ihnen noch ein drittes Mal. Nicht blinder Zerstörungsdrang kennzeichnet diese Vorgehensweise, sondern ein durchaus modernes, rationales Verständnis von Macht und ein Erwerbskalkül, das nicht einfachen Gewinn, sondern doppelten Nutzen veranschlagte, ohne dabei selbst irgendetwas riskieren zu müssen. Allerdings, wenn Ferdinand auch hoch geachtet war, ein spanischer Held wurde er nie. Die trotzig-ausdauernde Isabella galt in Spanien als vorbildhaft, der geschmeidige Ferdinand war dies nur für den Italiener Machiavelli.

1528 begann man die **Kathedrale** dort zu errichten, wo zuvor die große Moschee Málagas abgerissen worden war. Die Kathedrale von Málaga gehört zwar neben denen von Granada, Jaén und Cádiz zu den vier größten Renaissance-Kirchen Andalusiens, doch wollte das Werk nicht recht gelingen. Siloé entwarf das Gotteshaus, aber es fehlte im Laufe der Jahre an Geld und Einigkeit unter den beteiligten Architekten, darunter Andres de Vandelvira. Besonders eindrucksvoll ist die Raumwirkung vom Chor aus, gegenüber vom Hauptaltar, der von einem hohen Säulenumgang umschlossen wird. Bögen, Halbrunde und Kreise bestimmen den Eindruck harmonischer Geschlossenheit der drei 48 m hohen Schiffe. Korinthische Kapitelle, denen ein Abakus aufliegt, gliedern die Säulenvorlagen bereits in mittlerer Höhe. Die lange Bauzeit und die wechselnden Konzeptionen haben ver-

Blick vom Gibralfaro, der maurischen Zitadelle in Málaga

schiedene Stilformen am Baukörper hinterlassen. Erst 1783 brach man die Arbeiten ab. Der südliche Turm ist ein Torso geblieben, ›La Manquita‹ genannt (›die Fehlende‹). Sehenswert ist der Chor mit seinen 40 geschnitzten Heiligenfiguren, Mitte des 17. Jh. von Pedro de Mena geschaffen, dem berühmtesten Schüler Alonso Canos.

Gegenüber dem Haupteingang der Kathedrale befindet sich der Erzbischöfliche Palast. Westlich des Gotteshauses spazieren wir in der Altstadt mit ihren kleinen Gassen, den Fußgänger- und Einkaufspassagen. Als Ziel empfiehlt sich der städtische **Markt**. Faszinierend ist das turbulente Leben rund um die angebotenen duftenden Blumen, Früchte,

Fische, Meerestiere und Gemüse. Lautstark werden die Waren gepriesen. Riesenhafte Thunfische zerteilt man vor den Augen der Käufer. Alles wirkt hier frisch, blumig, geruchsintensiv und geräuschvoll. Wer so etwas wie den Inbegriff des farbigen Südens sucht – hier ist er.

Den Südeingang des Marktgebäudes, in dem sich die Verkaufsstände aneinanderreihen, markiert ein großes maurisches Portal. Es stammt aus dem 13. Jh. und gehörte zum Arsenal, einer Schiffswerft des nasridischen Königreichs, die an dieser Stelle stand. Das Meer war damals einige hundert Meter näher als heute. Der Markt, um den herum sich eine Reihe von Cafés, Bars und Restaurants befinden, liegt in der Nähe des

meist wasserlosen Río Guadalmedina. Jenseits des Flusses blickt man auf die Neubaubezirke der Stadt.

Wir setzen unseren Spaziergang fort, indem wir in Richtung Kathedrale zurückgehen (oder zum Verkehrsknotenpunkt Plaza de la Marina bzw. zum Paseo del Parque). Nördlich der Kathedrale, in der Calle San Agustín 15, befindet sich seit 2002 das **Picasso-Museum** (vormals *Museum der Schönen Künste*). Hier sind Arbeiten des ganz jungen Picasso zu sehen sowie zahlreiche Lithografien und Tauromaquia-Studien. Schön ist zudem der Renaissance-Palast, der all dies beherbergt. In seinen Patios wird man sich entspannen können. Auf dem Weg zu **Picassos Ge-**

burtshaus an der Plaza de la Merced, dessen restaurierte Innenräume man seit neuestem besichtigen kann, durchstreifen wir das stimmungsvollste Altstadtviertel von Malaga. Hier lebte das Künstler-Genie des 20. Jh., geboren 1881, die ersten 15 Jahre seines Lebens als Schüler seines Vaters, bevor er die Kunstschule in Barcelona besuchte.

Die Costa del Sol zwischen Málaga und Marbella – eine Ferien-Internationale

Südwestlich von Málaga ist die Mittelmeerküste während des Sommers weder spanisch noch andalusisch, eher englisch oder deutsch, in den Luxusregionen mehr und mehr arabisch und zunehmend auch japanisch. Auch außerhalb der Hauptsaison im Sommer bleibt der Küstenstreifen lebendig und trotz brutaler architektonischer Einförmigkeit in der Gegend von Torremolinos ein Gebiet spielerischer Attraktionen und diverser Ablenkungen, die eine professionell betriebene Freizeit-Welt fast das ganze Jahr über bereithält. Für die einen die Hölle, für die andern das Paradies. In Torremolinos und **Fuengirola** 8 ist die Küste vollkommen zubetoniert. Man darf sich in ähnlichen Betonburgen einrichten, wie man sie aus der Heimat kennt. Immerhin gibt es neben deutschen Bierkneipen und englischen Pubs auch noch spanische Bars, neben Hamburgern, Curry-Wurst und *fish and chips* auch noch solide spanische Küche, vom schlichten Imbiss bis zu allerfeinsten Schöpfungen der Kochkunst. Allein **Tor-**

Gasse in Mijas

Der Yachthafen von Puerto Banús ▷

remolinos 9, 7 km vom Flughafen Málaga entfernt, verfügt über etwa 100 Hotels, 5000 Apartments und Pensionen mit insgesamt 50 000 Betten – die Campingplätze nicht mitgezählt. Vor 50 Jahren gab es hier neben einigen Fischerhäusern nur einen Wachtturm und einige Mühlen, die dem Ort den Namen gaben. Das Meer sieht einladend aus, muss aber mit Vorsicht genossen werden. Für die vielen tausend Menschen ist die Kanalisation nicht ausgelegt. Gewaltige Investitionen zur Reinhaltung des Wassers wurden inzwischen von der Regionalregierung beschlossen; sie sollen den lädierten Ruf etwas aufpolieren. In den vornehmeren Orten Richtung Marbella sind Swimmingpools direkt am schmalen graufarbenen Strand angelegt. So kann man bequem am Mittelmeer lagern, ohne in dessen zivilisationsdurchtränktem Nass baden zu müssen. Torremolinos wartet mit einem Wasserpark gleich neben der Hauptstraße auf, wo man auf langen Rutschen ins Wasser plumpsen kann.

Banken, Casinos, Diskotheken, ganzjährig nutzbare Tennis- und Golfplätze sowie Spezialkliniken bereichern das Ferienland, dessen Attraktion in erster Linie aus strahlender Sonne und dem milden Klima zu bestehen scheint.

Nur einige hundert Meter vom exklusiven internationalen Küstenstreifen entfernt beginnt ein anderes Land und eine andere Zeit, ein weites Land – rau, still, erfüllt von den Geräuschen des Windes. Ab und zu begegnen wir einem weiß gestrichenen Gehöft, einer kleinen Ortschaft, einem Bauern, der auf einem Esel den Bergpfad entlangreitet. Natürlich gibt es auch hier touristische Vorzeigedörfer wie **Mijas** 10, das trotz seines Werbekatalog-Charmes einen Besuch lohnt. Man sehe sich im Ort die aus Ton zusammengeklebte winzige Stierkampf-

arena an, genieße den Ausblick auf die Küste und schlendere durch die Innenstadt der ›saubersten Ortschaft‹ der Provinz Málaga.

Fährt man über die MA 485 Richtung Coín durch die **Sierra de Mijas,** so lernt man das waldreiche, einsame Bergland von Málaga kennen. Von Coín aus könnte man die C 337 zurück zur Küste nehmen (28 km) oder in das Erholungs- und Jagdgebiet innerhalb des Naturschutzareals der **Sierra Blanca** weiterfahren, das zu Spaziergängen und Wanderungen oder gar zu einem Aufenthalt im schattig gelegenen Refugio de Juanar einlädt. Es bietet eine gute Küche mit Wildgerichten. An der Küste südlich von Coín stoßen wir auf den zentralen Ort dieser Region: **Marbella** 11.

Isabella die Katholische soll hier beim Anblick des Meeres ausgerufen haben: »Que mar bella!« (»Welch schönes Meer«). Der königliche Ausruf gab dem Ort der Legende nach seinen Namen, den er durchaus verdient hat. Er liegt in einer lang gedehnten Bucht. Die über 1200 m hohen Berge im Hintergrund sind eine großartige Kulisse und schützen vor den Nordwinden. Marbellas von Hochhäusern versteckte Altstadt ist entdeckenswert. Unübersehbar sind auch hier die Auswüchse des Massentourismus, die die Innenstadt wie ein Gürtel umgeben. Aber man findet dennoch Winkel und Ecken mit viel Atmosphäre und nicht nur Hotelschachteln, sondern auch Hostales und Pensionen in den kleinen Häusern des alten Kerns – für die Costa del Sol eine Ausnahme. Die belebte Durchgangsstraße Málaga – Algeciras führt am Rande der Altstadt vorbei. Nur wenige Meter landeinwärts, hinter den modernen Häuserfronten, beginnt das blumengeschmückte, weiße Marbella mit schattigen, ruhigen Gassen. Teile der Stadtmauer sind noch erhalten: zwei zinnenbewehrte Türme und (restaurierte) Reste der maurischen Burg aus dem 10. Jh., die auf römischen Fundamenten errichtet wurde. In der Mitte der Altstadt liegt die duftende, mit Orangenbäumen bepflanzte Plaza de los Naranjos. Ein achteckiger Marmorbrunnen aus dem Jahre 1504 schmückt die Südseite des Platzes. Im gegenüber liegenden Rathaus aus dem 16. Jh. sind erst jüngst wiederentdeckte Fresken zu besichtigen.

Der internationale Jet-set, Illustriertenberichte über die Prominenten, die ihre Clubs besuchen, ihre Jachten besteigen und ihre Liebschaften pflegen, prägen den Ruf Marbellas seit seiner Entdeckung durch den Tourismus in den 50er Jahren. Nirgendwo in Spanien findet sich eine vergleichbare Konzentration von Luxushotels. Marbella bietet etwas anderes als die plumpe ›Massenware‹ von Torremolinos – es ist schließlich die gut zahlende, internationale High Society, die hier ihresgleichen zu treffen hofft und nicht die Aussicht durch Hochhäuser versperrt haben möchte. Daher zeigen Marbella und Umgebung zu den einförmigen Legebatterien von Torremolinos das fantasievollere Gesicht der Costa del Sol westlich von Málaga. Die natürliche Schönheit der Landschaft kommt hier trotz des Betriebs noch zur Geltung.

Rund um Marbella lebt man gediegener, teurer, exklusiver und luxuriöser als in anderen Orten der Costa del Sol; nicht gerade eine finanzschwache Klientel sind die Abkömmlinge arabischer Scheichs und Emire, die saisonweise in das Herrschaftsgebiet ihrer Ahnen eingeflogen kommen. Einige Kilometer hinter der Stadt befindet sich nahe der Hauptstadt, unweit der Residenz des Königs von Saudi-Arabien, eine neu erbaute Moschee. Dieses Siedlungsge-

biet, in dem die Villen dezent hinter Pinien, Palmen und Zypressen verschwinden, heißt *Nueva Andalucía.*

Zwischen Marbella und San Pedro de Alcántara liegt auf halber Strecke **Puerto Banús,** der zusätzliche Jachthafen Marbellas mit einer internationalen Restaurantstraße am Kai. In Puerto Banús bekommt man die Gaumenspezialitäten aller Länder offeriert, und die Informationshungrigen können sich mit aktueller internationaler Presse versorgen.

Das nur 10 km entfernte **San Pedro de Alcántara** 12 gehört noch zum Einzugsbereich Marbellas. In einem Eukalyptushain in Strandnähe befinen sich Reste einer frühchristlichen Basilika (Basílica Vega del Mar), die aus dem 4. Jh. n. Chr. stammt. Nachdem sie von einer Flutwelle zerstört worden war, diente sie seit dem 6. Jh. als Grabstätte. Die Gräber liegen in der Nähe des Altars, an dem die Reliquien der Heiligen aufbewahrt wurden. Taufbecken sind erhalten, ein kreuzförmiges für Erwachsene und ein kleineres für Kinder sowie die zwei Apsiden.

Die Küstenstrecke (N 340) führt weiter über **Estepona** 13, eine traditionsreiche antike Siedlung, deren Profil vom Tourismus gänzlich umgewandelt worden ist. Am Yachthafen kann man bequem ein englisches oder deutsches Frühstück einnehmen. Ein neuerdings eingerichteter Naturpark mit freiem Wildgehege (Parque de Naturaleza integral Selwo), in dem Tiere aus fünf Kontinenten ausgesetzt sind, ist mit einer Zugverbindung von hier aus gut zu erreichen. Zusätzliche Darbietungen, Filme und Vorträge im Parkgelände mit Unterkunftsmöglichkeit sollen insbesondere Kindern die exotische Pflanzen- und Tierwelt nahe bringen.

Blick auf Ronda ▷

Ronda und Umgebung Zur Südspitze Europas

Ronda – Stadt der Toreros und Poeten

*»Die ganze Stadt, so weit euer Blick
auch reicht, nach allen Seiten, ist nichts als ein
romantischer Theaterprospekt.«*
(Ernest Hemingway)

Stadtplan: S. 153
Tipps & Adressen: S. 349

■ Ronda ist eine Legende. Hier wurde der spanische Stierkampf erfunden. Schmugglerbanden machten die Umgebung jahrhundertelang unsicher. Und feine Poeten waren berührt von diesem Ort, der sich seit Urzeiten wie ein vom rauen Schmiedegott gespaltener Amboss über einem grünen Hochplateau erhebt und wie ein Göttersitz von den Riesen der ringsum aufragenden grauen Berge bewacht wird.

Die C 339 von San Pedro de Alcántara nach Ronda wurde erst vor wenigen Jahren ausgebaut, begradigt und verbreitert. Trotzdem ist sie kurvenreich geblieben. Stetig steigend durchfährt man die grüne Sierra Bermeja. Nach 10 km auf dem 410 m hoch gelegenen Puerto de Alíjar sollte man einen Blick zurück auf die Küste werfen. In mehr als 50 km Entfernung sieht man bei gutem Wetter im Dunst des Südens eine Säule des Herkules, den Felsen von Gibraltar, aus dem Spiegel des Meeres ragen – manchmal mit der Silhouette der afrikanischen Gebirge im Hintergrund.

Für die Straßenarbeiten ist hier viel Stein aus dem Weg geräumt worden. Der Pass führt auf eine Höhe von über 1000 m, dann senkt sich die Straße wieder. Wir durchfahren karges Bergland. Nach knapp 50 km, von der Küste aus gerechnet, haben wir das 780 m hoch gelegene Ronda erreicht.

Es überrascht nicht, dass diese Stadt ein verborgenes Dasein führt, dass die Winter hier grausam kalt und die Wege häufig gefroren und verschneit sind. Es überrascht nicht, dass der andalusische Adel diesen kühlen, hochgelegenen Aufenthaltsort im Sommer bevorzugt. Die rauen Gebirge und unbewohnten Weiten bilden einen herben Kontrast zum schmeichelnden, quirligen Küstenstreifen. In diesen menschenleeren Gegenden ist ein Ort weniger eine Zumutung als eine Zuflucht. Und nach der Schwindel erregenden Anfahrt, auf der man kaum einer menschlichen Behausung begegnete, ist es angenehm, in die bergende Stadt zu gelangen.

Zunächst treten wir ein in die ehrwürdige Enge der Altstadt, durch den ehemals einzigen Zugang von Land aus. Er wurde entsprechend durch Mauern und Türme gesichert. An den Seiten ist es unüberwindlich steil. Und am Ende der ›alten‹ Stadt liegt ein Schrecken erregender Abgrund. Ein 160 m tiefer Spalt trennt die beiden Teile des Bergrückens voneinander, die ›alte‹ von der gegenüberliegenden ›neuen‹ Stadt, doch eine Brücke aus dem 18. Jh. verbindet sie.

Seit vorgeschichtlichen Zeiten, als eine Erdbewegung den hochgewölbten Felsen aufriss und ein Fluss sich Bahn brach, war Ronda nahezu uneinnehmbar. Auch die Soldaten der Katholischen Könige berannten und beschossen diese Festung des Nasridenreiches eine Woche lang vergeblich. Mit Feuer versuchte man das feindliche Nest auszuräumen, wobei ein Großteil des maurischen Ronda zerstört wurde. Verrat öffnete den Christen schließlich im Jahre 1485 das Tor.

Besiedelt wurde Ronda schon von den Phöniziern vor nahezu 3000 Jahren. Die Römer machten daraus den Ort Arunda. 770 Jahre lang war Ronda eine maurische Festung. Das maurische Eingangstor, die **Puerta del Almocávar**

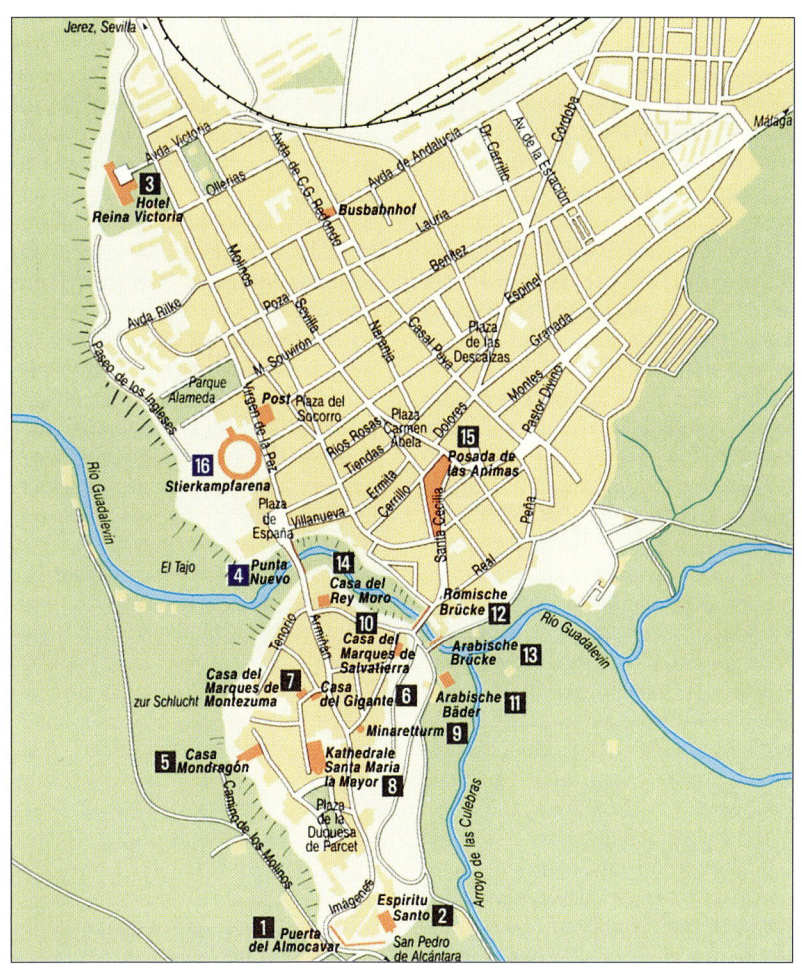

1 aus dem 13. Jh., steht heute noch. Zwischen zwei Rundtürmen öffnet ein Hufeisenbogen den Zugang zur Stadt. Dicht daneben steht ein später hinzugebautes Tor mit dem Wappen Karls V. Noch vor dem Innenbezirk der Stadt trifft man auf die von den Katholischen Königen gestiftete trutzig-schlichte **Kirche Espíritu Santu** (Heiliger Geist) **2**.

Ronda lohnt sich immer für einen Tagesausflug, falls man ein Quartier am

Ronda

Mittelmeer hat. Aber die Lage und die vielen Kostbarkeiten dieser Stadt verdienen auch einen längeren Aufenthalt. Zu empfehlen ist das im englischen Landhaus-Stil erbaute **Hotel Reina Victoria** **3** mit schönem Garten und unvergleichlicher Aussicht. Man sollte den Park auch dann betreten, wenn man kein Zimmer nehmen will. Nahe der Brüstung erinnert eine Statue an Rainer Maria Rilke, der hier vom November 1912 bis Februar 1913 zu Gast war. Sein schmales, dunkles Zimmer, in dem er unter anderem die sechste ›Duineser Elegie‹ vollendete, ist zur Besichtigung frei gehalten.

Die Plaza de España nahe der **Puente Nuevo** (Neue Brücke) **4** ist ein guter Ausgangspunkt für einen Rundgang. Der begabte Erbauer dieser bemerkenswerten nur 70 m langen, aber über 150 m hohen Brücke aus dem 18. Jh. soll angesichts seines Meisterwerks in Trübsal oder in ein lebensgefährliches Hochgefühl verfallen sein. Jedenfalls beschloss er sein nun als vollendet betrachtetes Leben, dem er nichts Entsprechendes mehr hinzuzufügen sich traute, durch einen Sprung in die Tiefe. Wie auch immer, die Sicht von der Brücke weckt Schaudern. Schwarze Vögel kreisen über dem Abgrund. Das schmale Band des Flusses Guadalevín verliert sich im ewigen Schatten. Direkt unterhalb der Brücke befanden sich in früherer Zeit Gefängniszellen. Auf dieser Höhe kann man heute bequem auf der Terrasse eines Restaurants sitzen und sich das schmackhaft zubereitete Wild der Gebirgsregion servieren lassen, während der Blick in gähnende Tiefe gleitet.

Die Brücke führt über den *Tajo,* womit nicht etwa jener große Fluss in Kastilien gemeint ist, der um Toledo herumfließt und später in Portugal als Tejo in den Atlantik mündet. *Tajo* heißt hier lediglich

›Einschnitt‹ und meint die Schlucht. Wenn wir uns kurz hinter der **Puente Nuevo** rechts halten, verlassen wir die stark befahrene Straße, die mitten durch die Altstadt führt. Links und rechts der Hauptstraße liegen die vornehm-zurückhaltenden Sommerresidenzen andalusischen Adels. Die gitterverzierten Fenster sind mit Blumen geschmückt. An einem Aussichtspunkt angelangt, wo der Felsen steil abfällt und den Blick auf die Brücke und die Neustadt erlaubt, biegen wir links ab.

Wir treffen auf die erst vor kurzem renovierte **Casa Mondragón** **5**, die an die Adelspaläste in Úbeda und Baeza erinnert. Über dem Dachgesims des Renaissance-Baus sind zwei arabische Zwillingsfenster zu sehen. Man kann die schönen Innenhöfe besichtigen und eine Terrasse besteigen. Hier gastierten sowohl die maurischen Herrscher aus Granada wie auch die Katholischen Könige. Weitere Paläste in diesem Bezirk sind die **Casa del Gigante** **6** mit einer Vielzahl arabischer Bauelemente, wie Hufeisenbogen, Stuckdekoration und geschmückter Holzdecke *(artesonado),* sowie die **Casa del Marqués de Montezuma** **7**, benannt nach dem letzten aztekischen Sonnenkönig von Mexiko, aber ohne näheren Bezug zu ihm. 1810 befand sich hier das Quartier des von Napoleon installierten Regenten Spaniens, seines Bruders Joseph Bonaparte.

Die Kathedrale von Ronda liegt am großen Rathausplatz. Ein merkwürdig gedrungener, spitz zulaufender Nadelbaum steht einsam inmitten des Platzes. Er gehört zu den seltenen Exemplaren der *Abies pinsapo* (Spanische Tanne),

Blick in den Tajo, im Vordergrund die Terrasse des Restaurants Don Miguel

eines nur noch in der Gegend von Ronda überlebenden Baumes aus dem Quartär. Die **Kathedrale Santa María la Mayor** 8 überrascht durch ihre Unauffälligkeit. Die Vorderfront wird von einer Arkadenreihe aus dem 16. Jh. geschmückt, hinter der sich die Wohnung des Küsters befindet. Deutlich als Kirche

Blick auf die Neustadt

erkennbar ist der Bau von außen nur durch einen Glockenturm. Ein achteckiger Renaissance-Aufsatz steht auf dem ehemaligen Minarett. Links daneben befindet sich ein winziges Turmhäuschen mit Hufeisenbogen über dem Fenster. Durch das ehemalige Minarett geht es rechts in einen schmalen Vorraum. Von

hier aus sieht man den erst vor einigen Jahrzehnten entdeckten Mihrab, die Gebetsnische der Moschee mit einem Hufeisenbogen und Stuckarabesken. Die Kathedrale, die kurz nach der Eroberung Rondas erbaut wurde, verbirgt ihr Äußeres, zeigt aber dafür innen gleich zwei Gesichter: einen im gotischen Stil erbauten Teil mit einem goldstrotzenden barocken Altar und modernen Wandbildern und eine sich anschließende Hälfte, die dem Renaissance-Bau der Kathedrale von Granada nachempfunden ist.

Geht man ein kleines Stück an der östlichen Außenmauer der Kathedrale entlang und dann in eine kleine Gasse, die bis zur Hauptstraße führt, so erblickt man auf der gegenüberliegenden Seite bald das zweite noch erhaltene **Minarett** 9 des maurischen Ronda. Daneben stand ehemals eine Moschee, dann eine christliche Kirche. Geblieben ist der Turm, der beiden gedient hat. Über die schmale Straße hügelabwärts stößt man auf die erst 1786 erbaute **Casa del Marqués de Salvatierra** 10. Den geräumigen Palast kann man besichtigen. Auffällig sind die nackten Indio-Figuren am Portal, die daran erinnern, welche zutiefst verheerende und zugleich tiefgründig gestaltende Rolle die Spanier im mittleren und südlichen Amerika gespielt haben. Manche der Konquistadoren, die dorthin seit Beginn des 16. Jh. ausgezogen sind, kamen erst später zurück. Nach Amerika brachten sie ihre Religion, ihre Spache und ihren Baustil; umgekehrt nahmen sie nur wenig ›Indianisches‹ auf, das sie nach Europa brachten, aber einiges eben doch. Jene trophäenartig ausgestellten indianischen Trägersklaven erscheinen nicht geduckt und gedemütigt, sondern frech, aufrührerisch, unbekümmert – eine Widersprüchlichkeit, die zum Nachdenken über die spanischen Kolonisatoren anregt. Denn es gab nicht ausschließlich die weitverbreitete verächtliche Haltung gegenüber den ›unzivilisierten Ungläubigen‹, die man zur Arbeit in die Bergwerke trieb, beraubte, erschlug oder bekehrte und sich dienstbar machte. Schon seit Mitte des 16. Jh. hielten vor allem von Erasmus beeinflusste franziskanische Priester dem verdorbenen und brutal agierenden europäischen Kolonisten den natürlichen Adel des ›guten Wilden‹ entgegen. Viele Jesuiten glaubten, die Utopie einer wirklichen christlichen Gemeinde überhaupt nur mit den unbelasteten, würdevollen und sanftmütigen Indios verwirklichen zu können – und handelten auch danach. Es waren nicht nur fromme, sondern auch tatkräftige Mitglieder der katholischen Kirche Spaniens, die die vollständige Ausrottung der Indios durch die beutegierigen spanischen und portugiesischen Kolonisten des eigenen Glaubens verhinderten.

Steigen wir die abschüssige Gasse noch tiefer, blicken wir auf die Kuppeln von **arabischen Bädern** 11, die sich unterhalb des Ortes in der Nähe des Flusses befinden. Außerdem lassen sich zwei Seitenzugänge zur Stadt entdecken: eine fälschlich ›römisch‹ genannte **Brücke** 12, die aus arabischer Zeit stammt, und eine höher gelegene ›arabisch‹ genannte **Brücke** 13, die erst 1616 fertig gestellt wurde. Die Gasse rechts vom Eingang des Salvatierra-Palastes führt an einem zweiten, großzügigen Palast aus dem 11. Jh. vorüber, der sich **Casa del Rey Moro (Haus des Maurenkönigs)** 14 nennt. Ehemals war dieses Gebäude eines der ersten Häuser am Ort. Angeblich herrschte in der *taifa*-Zeit von hier aus ein maurischer Kleinkönig, der wegen seines Größenwahnsinns und seiner Grausamkeit berüchtigt war. Ein

aus Kacheln zusammengesetztes Porträt hängt über der Tür. Von diesem Palast führt eine verborgene Treppe bis zum Río Guadalevín am Fuße der Schlucht. Sie ist in maurischer Zeit von christlichen Sklaven in den Felsen hineingeschlagen worden. Vom Staubecken trugen sie das begehrte Wasser 365 hohe Treppenstufen hinauf – eine mörderische Arbeit. In Spanien ist daher das Sprichwort verbreitet: »Gott behüte mich vor den Wasserkrügen von Ronda!« Als die Katholischen Könige 1485 die Sklaven befreit hatten, schickten sie als Zeichen des Triumphs deren Ketten in die damalige Hauptstadt Toledo, wo sie noch heute in der Klosterkirche San Juan de los Reyes hängen.

Auch Rondas Neustadt lädt zu längeren Spaziergängen ein. Am Rande des *Tajo* befinden sich bequem begehbare Treppen und Terrassen, die den Blick in den Abgrund und auf die gegenüberliegende Altstadt gestatten. Es gibt Fußgängerpassagen und belebte Geschäftsviertel, den Park Alameda mit der Statue des berühmten Stierkämpfers Pedro Romero sowie das ehemalige Gasthaus **Posada de las Ánimas** 15, das schon Cervantes beherbergte, als er in seiner Funktion als königlicher Steuereintreiber unterwegs und noch keineswegs der berühmte Autor des ›Don Quijote‹ war, aber ein aufmerksamer Beobachter und Zuhörer.

Von der Altstadt führen Spazierwege den Berg westlich hinab. Vom Tal fällt der Blick auf das eindrucksvoll in der Höhe thronende Ronda. Man kann von hier aus auch dem Fluss Guadalevín ein Stück weit folgen, indem man ihn überquert und sich dann links bzw. auf der rechten Seite des Flusses hält. Aber dieser Pfad sei nur Abenteurern empfohlen, die Dickicht und Abgründe nicht scheuen.

Die Schule von Ronda und der spanische Stierkampf

Kurz hinter der *Plaza España* liegt die Stierkampfarena **16** von Ronda, eine der ältesten Spaniens. Der Ritus des Stierkampfs ist ein Erbe ältester mittelmeerischer Kulturen. Im frühesten Epos der Weltliteratur, dem sumerischen ›Gilgamesch‹, kämpfen die beiden Helden gegen einen Himmelstier. Erste Abbildungen auf Wänden und Vasen stammen aus der minoischen Kultur Kretas und sind über 3000 Jahre alt. Hier wird nicht nur die Opferung des Stiers dargestellt, sondern auch schon ein spielerisches Zeremoniell – das Hinwegspringen und Ausweichen vor ihm.

Der phönizische Gott Baal wurde sowohl in Stier- wie in Menschengestalt verehrt. Zeus persönlich hatte sich in einen Stier verwandelt, um Europa zu entführen, mit der er den König Minos zeugte. Als dieser einen von Poseidon geschickten Stier nicht opfern wollte, bestraften ihn die Götter mit der Leidenschaft seiner Gattin für eben diesen. Der geniale Erfinder Dädalus konstruierte eine künstliche Kuh, in der sich die verliebte Königin Pasiphaë verbarg und von einem Stier begatten ließ, der nicht Zeus, aber schön war. Minotaurus hieß das Wesen, halb Mensch, halb Stier, das sie gebar und das die Fantasie nicht nur Picassos beschäftigte. Dädalus baute auf Wunsch von Minos ein Labyrinth, das den Minotaurus gefangen hielt und in dem er auf die jungen Menschenopfer aus Athen warten musste, die ihm jährlich vorgeworfen wurden.

Der Kampf mit dem Stier ist eine Opferzeremonie, ein archaisches Ritual. Doch bei aller historischen Kontinuität und jahrtausendalter Faszination muss die Interpretation der Bedeutung des Stierkampfes vieldeutig bleiben. Der Stier ist die unbezähmte, wilde, animalische Natur; der Mensch besiegt sie durch Mut und Geschicklichkeit. Aber der Stier ist nicht irgendein Tier, sondern als antike Gestalt eines Gottes das Inbild von Potenz. Er verkörpert eine gewaltige Kraft, die Menschen bewundern, der sie nacheifern – und zugleich die bedrohliche Natur: unmenschlich, gewalttätig, roh. Hat man ihn besiegt, mag seine Kraft in den Sieger übergehen. Unterliegt man ihm, findet man den Tod. Indem man dem Stier ausweicht, erhält man das Leben. Indem man ihn tötet, gewinnt man es. Noch heute wirkt diese Opferlogik und bestimmt das ambivalente Bild vom Stier in der *corrida,* dem Rennen, dem rituellen Kampf. In den gelingenden Momenten ist es ein Spiel und ein ›Tanz‹, eine für Momente aufscheinende Einheit von Mensch und Stier, Kämpfer und mitgerissenem Publikum, die den Tod vergessen lässt – wenige Minuten, bevor der *matador* den Stier in einer letzten das eigene Leben aufs Spiel setzenden Aktion tötet.

Archaisch ist die Beschwörung der Fruchtbarkeit durch Opfergaben. Der

Stier ist auf der Iberischen Halbinsel ein Symbol der Fruchbarkeit. Uralte Hochzeitsriten mögen die späteren Formen des Stierkampfes inspiriert haben. So mussten sich die Männer dem Stier vor der Hochzeit bis auf Tuchfühlung nähern, um durch mutige Berührung Zeugungskraft übertragen zu bekommen dem den Anspruch auf den Ruhm, den modernen spanischen Stierkampf erfunden zu haben. Francisco Romero war der Begründer der berühmtesten Stierkämpferdynastie Spaniens. Sohn und Enkel setzten im 18. Jh. sein Reformwerk fort. Sie schufen den Stierkampf, wie er bis heute in Spanien aus-

Blumen für den Matador

und Mannbarkeit zu beweisen. Die Bräute warfen aus dem Fenster kleine Speere auf den Stier, so dass er zu bluten begann.

Stierkämpfe gab es schon in der Antike, allerdings noch nicht in der heutigen Form. Karl V. tötete 1527 in Valladolid vom Pferd aus einen Stier; mit Lanzen bewaffnete berittene Adelsleute stellten sich dem Stier noch im 17. Jh. auf den Plätzen der spanischen Städte entgegen. Aber auf königlichen Erlass wurde diese Art Kampf zu Beginn des 18. Jh. verboten. Daraufhin initiierte Francisco Romero aus Ronda den Stierkampf zu Fuß, mit dem roten Tuch bewaffnet. Die Stadt Ronda erhebt seit-

geübt wird. Seit dem legendären Enkel Pedro Romero, der über 5000 Stiere tötete und zuletzt als Achtzigjähriger in der Arena stand, ist der nüchtern-klassische Stil der ›Schule von Ronda‹ berühmt. Sie steht in Konkurrenz zur zweiten großen andalusischen ›Schule von Sevilla‹, die spielerischere und farbigere Varianten bevorzugt.

Die Romeros aus Ronda hatten dem Adel den Stierkampf aus der Hand genommen. Fortan war er Sache des Fußvolks. Ein erfolgreicher *torero* zu werden ist bis heute der Traum der Armen geblieben, während die Großgrundbesitzer darum wetteifern, die besten Stiere zu züchten. Auf den Plakaten

prangen die Namen der Kämpfer wie der Züchter. In den Arenen begegnen sich die Welten, nicht nur auf den Zuschauerrängen, sondern auch im Kampf, der stellvertretend stattfindet. Die Hochachtung für den Züchter ist umso größer, je kämpferischer der Stier. Mit ihm kann der *torero* seine Fähigkeiten beweisen, aber auch, ehe er den Tod geben kann, selbst den Tod finden. In diesem Risiko liegt sein Stolz begründet. Der Tod des *matadors* ist nicht beabsichtigt, doch die Anzahl derer, die ihn in der Arena gefunden haben, ist groß. Den Züchter trifft allerhöchstens die Schande angesichts eines müden Kampfstieres.

In die Geheimnisse des Stierkampfs vermag nur ein *aficionado* einzudringen, denn um die Besonderheiten und Schwierigkeiten zu durchschauen, bedarf es intimer Kenntnis der Tradition. Aber so viel sei gesagt: Kleidung, zeremonielle Abfolge der Kampfabschnitte und die Stellungen des *toreros,* während er dem Stier mit dem Tuch begegnet, ihn passieren lässt und dabei würdig, ruhig und fest stehen bleibt, sind die Charakteristika des Stierkampfes, wie er in Ronda vor mehr als 200 Jahren geboren wurde.

Die Zeremonie beginnt pünktlich und festlich mit dem Einmarsch der *toreros* und ihres Gefolges. *Toreros* heißen alle, die am Kampf gegen den Stier in der Arena beteiligt sind. Voran zwei berittene Gerichtsdiener. Vor der Präsidentenloge machen sie halt. Der Präsident ordnet im Verlauf der Kämpfe die Trompetensignale mittels eines weißen Taschentuchs an, das er über die Brüstung legt. Er achtet auf die Dauer der einzelnen Kampfabschnitte. Und er

Stierkampf, ein tödliches Ritual

wird entscheiden, welche Ehrung dem *matador* (= Töter) zukommt. Während der Veranstaltung wird jeder der drei *matadores* zwei Stiere töten – sechs Stiere in sechs mal zwanzig Minuten.

Dann das Musiksignal. Für den Stier, der aus dem beengten Dunkel in die lichtvolle und lautstarke Arena stürmt, beginnen die grausamen letzten zwanzig Minuten seines Lebens, für die er fünf Jahre lang in Freiheit leben durfte. Ohne diese Freiheit wäre er kein Kämpfer geworden. Ein Stier, der dennoch nicht kampflustig ist, wird vom Publikum ausgepfiffen, bis der Präsident entscheidet, dass er die Arena zu verlassen habe. Zu diesem Zweck treibt man Kühe hinein und wieder hinaus. Dem Ewigweiblichen hinterdrein folgt der Stier willig. Aber noch im Verschlag trifft ihn der Tod wie normales Schlachtvieh. Nur äußerst selten werden Stiere verschont, und dies nur dann, wenn sie ungewöhnlich gut und ausdauernd gekämpft und das Publikum begeistert und erschöpft haben. Es ist kein Spiel. Es gibt keine Fairnis. Es ist ein Tötungsritual.

Der Stier rennt gegen die Tuchschwenker an, die noch jungen, namenlosen *toreros* beweisen ihren Mut und ihre Geschicklichkeit. Der bebende Stier wirkt stark und überlegen. Alles, was folgt, das Reizen und Rennen, dient seiner Erschöpfung. Das farbenblinde Tier reagiert auf jede Bewegung. Es ist in seinem Leben noch nie einem tuchschwenkenden *torero* begegnet. Sonst wäre es für den Kampf verdorben. Es wüsste zu viel. Zwanzig Minuten hingegen sind zu kurz, um diese Lektion zu lernen. Der Stier stößt nach dem Tuch. Er rennt über den Sand, knickt ein, wenn er die Kurve nicht kriegt und weil das gewaltige Gewicht seiner mächtigen Muskeln im vorderen Teil seines Körpers ihn in die Knie gehen lässt. Aber er hat seine

Kraft noch längst nicht verloren. Ein plumper, gepanzerter Berittener, der *picador,* beendet das schnelle Spiel. Der blutige Ernst beginnt. Heute schützt man die Pferde, denen die Augen verbunden sind, mit Matten. In früheren Zeiten waren die Pferde die ersten blutigen Opfer des Rituals, weil der Stier ihnen die Hörner in den Bauch rammte. Während er sich nun in die geschützte Längsseite des Pferdes verrennt und es auf die Hörner zu nehmen scheint, stößt der *picador* zweimal mit einer Lanze 3 cm tief in den Nacken des Tiers. Blut strömt heraus. Die Muskeln sollen ermüden. Denn der Nacken muss sich senken für den, der dem Stier am Ende des Kampfes über seinen Schädel hinweg mit einem einzigen tiefen Stich das Leben nehmen soll. Aber noch ist es nicht so weit. Das zweite Drittel beginnt. Drei flinke *banderilleros* laufen dem Stier von vorn entgegen und platzieren je zwei geschmückte, mit Widerhaken versehene Spieße von oben in den Nacken. Danach erst tritt der auf den Plakaten angekündigte *matador* auf. Man reicht ihm ein kleines, rotes Tuch, die *muleta* und einen Holzdegen. Das ›letzte Drittel des Todes‹, zugleich der Höhepunkt des Kampfes kann beginnen.

Die Größe des *matadors* zeigt sich in seiner Ruhe und würdevollen Gelassenheit. Wenn es ihm gelingt, den Stier zu einer Reihe von *pases* zu bewegen, bei denen der *matador* seinen Mut, seine Überlegenheit und seine formvollendete Haltung zeigen kann, findet er den Beifall des kritischen Publikums. Ist der Stier schwer atmend und erschöpft zum Stehen gekommen, so lässt der *matador* sich einen stählernen Degen reichen, den er über den Kopf des Tieres hinweg mit einem kraftvollen Stoß bis zum Knauf in seinen Nacken versenkt. Jene Stelle, die allein den Degen im Körper

verschwinden und Herz und Lunge in einem Stoß durchbohren lässt, ist winzig und nicht leicht zu treffen. All der bislang gewonnene Beifall kann noch einmal umschlagen in gellenden Unmut des immer undankbaren Publikums, falls dies nicht beim ersten Versuch gelingt. Wenn aber das tödliche Eindringen in einem Zug verläuft, ist dem *matador* ein begeistertes Publikum sicher. Er macht eine Ehrenrunde. Man feiert ihn, bewirft ihn mit Blumen und Geschenken. War der Gesamtverlauf elegant und meisterhaft, steht ihm ein Ohr des Stieres zu, in Ausnahmefällen zwei.

1784 wurde die Stierkampfarena von Ronda eingeweiht. Von hier aus strahlte die Faszination der neuen Form der *corrida* auf ganz Spanien aus. Jeder größere Ort bekam seither seinen Kampfplatz. Die Fläche der Arena von Ronda ist besonders groß, die Anzahl der Sitzplätze aber verhältnismäßig gering. Nur zweimal im Jahr finden hier Kämpfe statt, aus Kostengründen nicht mehr. Das Besondere der Aufführungen wird durch die historischen Kostüme unterstrichen, die zu diesem Anlass getragen werden. Über die Geschichte des Stierkampfes informiert das angegliederte Museum. Prächtige Kostüme, Plakate und ausgestopfte Schädel berühmter Stiere werden hier aufbewahrt, Fotos von Kämpfen und von wichtigen Gästen. Im 20. Jh. gab es in Ronda noch einmal eine berühmte Stierkämpfer-Dynastie. Eines Mannes aus diesem Geschlecht wird hier besonders gedacht: Antonio Ordóñez. Er war ein enger Freund des amerikanischen Schriftstellers Ernest Hemingway, der natürlich auch Ronda besucht hatte, fasziniert vom Stierkampf und von Spanien: »Das einzige Land, dessen Nationalschauspiel der Tod ist« (Federico García Lorca).

Ausflüge von Ronda

Karte: S. 166/167
Tipps & Adressen: Grazalema S. 340,
Antequera S. 324, Arcos de la Frontera
S. 325, Castellar de la Frontera S. 330,
Gibraltar S. 336, Algeciras S.322, Tarifa
S. 354

In der Umgebung von Ronda

Eine schöne Fahrstrecke führt von
Ronda nach Coín über hohe Pässe. Nur
wenige Kilometer von Ronda entfernt
stehen nahe der Straße Reste eines römischen Äquadukts.

Empfehlenswert ist der Besuch der
nahe gelegenen **Cueva de la Pileta** 1.
Diese Höhle wurde 1906 entdeckt und
liegt 25 km von Ronda entfernt. Am besten nimmt man die Hauptstrecke nach
Jerez (C 339) und biegt nach einigen Kilometern links Richtung Montejaque ab.
Der Weg zur *cueva* ist beschildert. Inmitten kahler, grauer Berge treffen wir auf
Spuren menschlichen Lebens aus vorgeschichtlicher Zeit. Die lange Höhle beeindruckt durch ihre in Millionen von
Jahren gewonnene Gestalt: Man muss
schmale Durchgänge passieren, dann
öffnet sich plötzlich ein riesenhafter
Raum voller Statuen, Kuppeln, Pfeiler
und Türme. Stalaktiten schweben
herab. Stalakmiten wölben sich ihnen
entgegen. In der Alt- und Jungsteinzeit
wurde die Cueva de Pileta von Menschen bewohnt. Man findet vereinzelt an
den Wänden abstrakte Strichzeichnun-
gen, die wie primitive Additionen aussehen und seltsame Figuren, Umrisse von
Gestalten. 20 000 Jahre haben sie hier
im Dunkel überstanden. Eindrucksvoll
sind die naturalistischen Darstellungen

Reste eines römischen Theaters in Ronda la Vieja

eines dicken Fisches, eines schwangeren Pferdes und eines ›träumenden‹ Steinbocks.

Man durchwandert den Höhlenkomplex in Gruppen bis zu 25 Personen. Ein Bauer unten im Tal muss unter Umständen durch Rufe darüber benachrichtigt werden, dass Besucher gekommen sind. Unter seiner Führung leuchtet man mit Gaslampen den Weg aus, der tief in die Erde bis zu einem See führt, in die Dunkelheit und unfassbare Räume vergangener Zeit. Warme Kleidung und festes Schuhwerk sind angebracht.

Ronda la Vieja 2 liegt knapp 20 km von der Stadt entfernt. Man nimmt die C 339 Richtung Jerez und zweigt nach wenigen Kilometern rechts in die MA 449 ab. In 1000 m Höhe befand sich im fälschlich so genannten ›Alten Ronda‹ der bedeutende römische Ort Acinipio,

von dem in den geografischen Werken von Plinius und Ptolemaios berichtet wird. Von der einst bedeutenden Bezirksverwaltungsstadt sind nur noch Steinhaufen übrig geblieben. 429 n. Chr. machten die durchziehenden Vandalen ihrem schlimmen Ruf alle Ehre und schlugen alles kurz und klein. Dennoch lohnt der Besuch. Eine mächtige Innenmauer des römischen Theaters im griechischen Stil ist stehen geblieben; Ausgrabungen haben Galerie, Orchester und Bühne freigelegt. Von hier aus blickt man wie von einer Rampe kilometerweit über das karge Bergland ringsum.

Etwa 30 km von Ronda entfernt befindet sich **Grazalema** 3 (C 339 Richtung Jerez, nach 17 km in die C 344). Das alte Dorf ist ein idealer Ausgangspunkt für botanische oder ornithologische Exkursionen in den gleichnamigen Park, in dem viele Gänsegeier leben. Die häufigen Niederschläge in dieser Region sorgen für eine üppige Pflanzenvielfalt. Wenn Wolken vom Atlantik herüberwehen, werden sie hier abgefangen. Zu jeder Jahreszeit kann es regnen. Die seltene *Abies pinsapo,* die Spanische Tanne, die die letzte Eiszeit überlebt hat, ist in diesem Naturpark in größerer Anzahl anzutreffen, allerdings nur in über 1000 m Höhe. Zwischen Grazalema und dem Aussichtspunkt Puerto del Boyar (C 344) beginnt eine Wanderstrecke zum Spanischen Tannenwald an den Hängen des Pinar (1654 m). Doch kann man sie nur mit Erlaubnis des Fremdenverkehrsbüros der Provinzhauptstadt Cádiz betreten, da die Umweltbehörde Andalusiens den Zugang kontrollieren und das Gebiet schützen möchte. Wanderrouten gibt es ebenfalls von der Straße aus, die von Grazalema nach Za-

Stierfest in Grazalema

El Coronil

Las Cabezas
de San Juan

Puerto
Serrano

Rio Guadalete

Sierra de Líjar

Olvera

Setenil

Villamartín

Zahara de
la Sierra

Ronda
la Vieja **2** *Grazalema*

9 Arcos de
la Frontera

Sierra Margarita

Pinar

Benamahoma

de

Ronda *Acueducto*

Cádiz

El Bosque

3 Grazalema

Montejaque

Rio Guadalevin

*Jerez de
la Frontera*

*Embalse de
Guadalcacín*

*Embalse de
los Hurones*

Pto. del Boyar

Sierra

Benaócaz

Cueva de
la Pileta **1**

Rio

de

*Embalse de
Guadalcacín*

Rio Majaceite

Ubrique

Sierra Ubrique

Alajate

Rio Guadiaro

Serranía

Ronda

Cádiz

*Reserva Nacional
de Cortes
de la Frontera*

Aljibe

Gaucín

Sierra Bermeja

*Puerto
de Alíjar*

Medina
Sidonia

Alcalá de
los Gazules

La Tienera
Vieja

San Pedro
de Alcántara

*Embalse
de Barbate*

Jimena
de la Frontera

Estepona

Rio Barbate

10

*Embalse del
Guadarranque*

Castellar de
la Frontera

Punta
Europa

Cádiz

Vejer de la
Frontera

Nuevo
Castellar

12

Barbate

Rio Almodóvar

Sierra Blanquilla

San Roque

La Línea de la
Concepción

C o s t

Zahara de
los Atunes

Bolonia

13
Algeciras

Gibraltar **11**

Sierra de Ojén

*Bahía
de
Algeciras*

El Chaparral

Costa de la Luz

14 Tarifa

Straße von Gibraltar

hara führt (CA 531). Ab Zahara geht auch eine Reitstrecke in die nahe gelegene Sierra Margarita. Das Tourismusbüro in Ronda informiert über Rundwanderungen durch den Naturpark auf gemieteten Pferden.

Für die folgenden Ausflüge sollte man sich mindestens einen ganzen Tag Zeit nehmen. Wenn man über die C 341 in nordöstlicher Richtung fährt (Richtung Campillos), trifft man nach rund 50 km auf einen Stausee, den Embalse del Guadalteba-Guadalhorce. Man biege kurz davor in die MA 442, dann nach weiteren 18 km in die MA 444 ein. Wir fahren einen Berg hinauf, auf dem wie ein Adlerhorst das sagenumwobene **Bobastro** lag. Hier herrschte Ende des 9., Anfang des 10. Jh. ein Rebellenführer aus westgotischem Geschlecht, dessen Vorfahren zum Islam übergetreten waren. Er selbst blieb diesem Glauben nur ein halbes Leben lang treu, dann konvertierte er zum Christentum. Als Samuel I., der auch über Mijas herrschte, versuchte er, Bündnisse mit nordspanischen Herrschern zu schließen, und reizte den mächtigen Emir von Córdoba. Er ist nur einer jener legendären Rebellen und Räuberfiguren, an denen Andalusien seit Römerzeiten reich ist. Ein halbes Jahrhundert hielt seine Unberechenbarkeit die Menschen dieser Gegend in Atem. Erst nach seinem Tod und nachdem seine Leiche an den Schandpfahl von Córdoba genagelt worden war, begann die unumschränkte Herrschaft des Kalifats in Andalusien. Von der mächtigen Befestigung sind nurmehr klägliche Reste zu sehen. Dennoch lohnt die Auffahrt auf den zerzausten Herrschersitz, von dem aus der Blick über ein Meer von Bergen und Tälern

Umgebung von Ronda

Noch gibt es keine gesicherten Wege durch die Schlucht Garganta del Chorro

schweifen kann. Am Weg steht eine der seltenen mozarabischen Kapellen, von Christen erbaut, die unter dem Islam lebten.

Nahe bei Bobastro liegt die Schlucht **Garganta del Chorro** 4 . Die Eisenbahnlinie Málaga–Córdoba führt durch den Berg. Für Wanderer ist ein Pfad durch die tief eingeschnittene Schlucht vorgesehen. Auf halber Höhe sind Holzplanken in die steile Felswand eingehängt. An diesem Schwindelpfad fehlt indes vielfach das Geländer, Stege sind durchbrochen. Vorsicht, nur unter Lebensgefahr ist auf diesem Weg ein Durchkommen. Rund um den ausgedehnten **Embalse del Guadalteba-Guadalhorce,** den wir besser erreichen, indem wir den Berg umfahren, gibt es verschiedene Bade- und Rastmöglichkeiten.

Nördlich davon befindet sich der größte See Andalusiens, **Fuente de Piedra** 5. Der gleichnamige Ort besitzt auch eine Eisenbahnstation und liegt nur 20 km von Antequera entfernt.

Fuente de Piedra ist der einzige Binnensee Europas, an dem Flamingos brüten, und steht inzwischen unter Naturschutz. Vom Weg aus kann man das turbulente Treiben auf der im Frühjahr dicht besiedelten Vogelinsel beobachten.

Antequera – Ausflug in die Vorgeschichte

Antequera 6 ist von El Chorro aus auf einer schönen Strecke durch das Bergland der Provinz Málaga zu erreichen oder von der Stadt Málaga aus über die Schnellstraße. In Antequera sind Reste der sich über der Stadt erhebenden arabischen Burg zu sehen, hinter deren Mauern ein Park angelegt wurde. Das Archäologische Museum lockt mit dem ›Epheben von Antequera‹, der Skulptur eines schönen römischen Jünglings aus dem 1. Jh. n. Chr. Zahlreiche Tore und Kirchen aus Renaissance und Barock geben der weißen Stadt ein wechselvolles und historisch prägnantes Gesicht, das die Geschichte Andalusiens widerspiegelt. Antequera übt keine besondere Faszination aus, aber die Stadt mit 40 000 Einwohnern liegt günstig für viele reizvolle Ausflüge – über die Schnellstraßen sind in relativ kurzer Zeit Málaga, Córdoba, Granada und Sevilla zu erreichen. Ein Parador am Rande des Ortes sorgt für eine großzügig-komfortable Unterkunft. Und man erlebt eine normale, mittelgroße anda-

lusische Stadt ohne Touristen. Nördlich erstreckt sich die Ebene des Río Guadalhorce, im Süden erheben sich die Berge Málagas.

Antequeras Geschichte verliert sich im Dunkel der Vorzeit. Hier siedelten schon vor mehr als 4000 Jahren Menschen. An der Straße, die in Richtung Granada aus der Stadt hinausführt, stoßen wir auf einen künstlich aufgeschütteten Hügel, in dem die berühmten **Dolmen von Antequera** 7 zu besichtigen sind. Dies sind megalithische Ganggräber. Die eindrucksvollste, angeblich die majestätischste und besterhaltene der ganzen prähistorischen Welt ist die **Cueva de Menga.** In ihr können sich bequem 40 Personen versammeln. Das Ganggrab ist insgesamt 25 m lang und 2,70 m hoch und misst an der breitesten Stelle im hinteren Teil 6,5 m. In der Mitte des Gangs stützen drei mächtige Steinpfeiler die Deckplatten aus Kalkstein. Die größte von ihnen am Ende der Höhle wiegt 180 t. Sie wurden vor 4500 Jahren aus 1 km Entfernung an diesen Ort transportiert. Leider ist uns über die meisterhaften Bauingenieure nichts bekannt. Vergleichbares findet man nur in der Bretagne und auf den Britischen Inseln.

Das zweite Ganggrab, die **Cueva de Viera,** ist wesentlich kleiner. Am Ende des Gangs muss man durch einen so genannten Fensterstein schlüpfen, um in eine enge Kammer zu gelangen. Zu sehen ist eine weitere Öffnung, durch die sich angeblich Grabräuber von der anderen Seite aus Zugang verschafft haben. Dennoch fand man hier noch Mitte des 19. Jh. Grabbeigaben. Sie sind im Archäologischen Museum von Málaga ausgestellt.

Märchen aus Stein –
Torcal de Antequera

Zehn km von Antequera entfernt stoßen wir auf ein Gelände mit fantastischen steinernen Gebilden, deren Baumeister Wind, Sonne und Regen waren: Torcal de Antequera 8. Eine schmale Straße führt von der C 331 (beschildert) auf eine Höhe von über 1000 m bis zu einem Plateau.

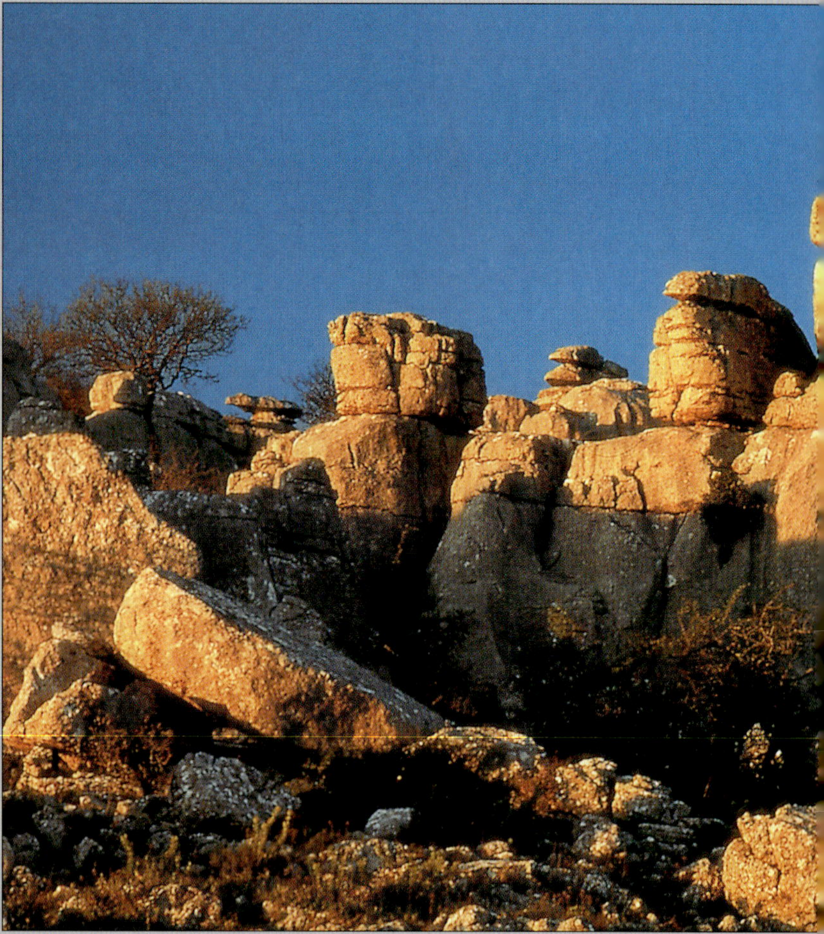

Nicht nur der imposante Ausblick fasziniert, sondern vor allem die steingewordenen Kulissen eines Märchenlandes, in denen wir umhergehen können. Immer neue Assoziationen stellen sich zwanglos ein. Der poröse Kalkstein wurde abgerundet, ausgehöhlt und zu derartigen Variationen steinerner Figurenschöpfung getrieben, dass wir glauben, sehenden Auges zu träumen: von aufgeschichteten Pfannkuchen und unbekannten Pilzen, vom Tellerhaufen einer Riesenfamilie, grotesken Zwergen und furchterregenden Greifen.

Der Wanderpfad durch das Felsenlabyrinth ist durch gemalte Pfeile gut gekennzeichnet. Die Pfade sind schmal, manchmal rutschig, aber ohne größere Schwierigkeiten zu bewältigen. Hier oben hört man – wenn nicht gerade eine Schulklasse ausgeführt wird – nur den Wind und die Vögel. Der Rundgang dauert etwa eine Stunde.

Fantasieland aus Stein

Malerisch zu Füßen der Sierra Margarita gelegen: das Städtchen Zahara

Auf der ›Route der weißen Dörfer‹ zum südlichsten Punkt Europas

Zum Atlantik

Als ›Route der weißen Dörfer‹ bieten sich mindestens drei Strecken an und sind alle schön. Die schnellste Verbindung zum Atlantik führt über Zahara, Villamartín und **Arcos de la Frontera** 9 (s. S. 220) nach Jerez und Cádiz. An der Kreuzung, wo die C 339 von Ronda auf die N 342 stößt, sollte man einen Blick auf das wunderschön gelegene Städtchen **Zahara** werfen, das sich weiß und stolz mit dem Fingerzeig seines maurischen Burgturms von der dunklen Wand der Sierra Margarita abhebt. Die Landschaftsbilder auf dieser Strecke sind am Spätnachmittag oder am frühen Abend am schönsten, wenn das Licht nicht nur auf die perlweiß strahlenden Städtchen fällt, sondern auch die sonnenbeschienene kalkweiße und rote Erde eindrucksvoll vor dem Hintergrund der Bergwände leuchtet, die zu zartgrauen Vorhängen geworden sind.

Wesentlich mehr Zeit nimmt die Strecke quer durchs waldreiche Gebirge in Anspruch. Hier treffen wir auf ein verborgenes, unwegsames Land, nahezu menschenleer und von wilder natürlicher Schönheit. Von der C 339 müssen wir in Richtung **Ubrique** abbiegen (C 344, dann C 3331). Die Straßen sind schmal, die Anstiege kurvig. Man achte auf entgegenkommende Fahrzeuge, die häufig nicht mit raumgreifendem Gegenverkehr rechnen. Das letzte Drittel

Hochsitz der Aussteiger

Etwas abseits des Weges von Ronda Richtung Algeciras haben sich mitten auf einem Berg in einer alten verlassenen Stadt Zivilisationsflüchtlinge und Freunde des einfachen Lebens ein Refugium geschaffen – mit Blick auf den Felsen von Gibraltar und das Mittelmeer. In unmittelbarer Nähe liegt ein Stausee. 10 km vor der Küste muss man von der C 3331 abbiegen, um dorthin zu gelangen. 7 km lang führt eine schmale Straße durch Korkeichen- und Eukalyptuspflanzungen bergauf in eine felsige Landschaft, die auf ihrer höchsten Erhebung durch einen Mauerring gekrönt wird. In dessen Schutz befindet sich **Castellar de la Frontera** 10.

Die ursprünglichen Bewohner haben den Ort verlassen und leben inzwischen unten im Tal in Nuevo Castellar, wo es Neubauten, elektrisches Licht und bequem zu bewältigende Wege gibt. Hier oben hat sich eine bunt gemischte internationale Gemeinschaft von Aussteigern gebildet und häuslich eingerichtet. Ein Spaziergang durch die Gassen im ummauerten Stadtbezirk ist äußerst reizvoll. Neben pittoresken Zeugnissen des Verfalls stehen liebevoll renovierte Wohngebäude, geschmückt mit üppiger Blumenpracht.

der Strecke führt durch das sanfte Hügelland Andalusiens. Für die Strecke über Alcalá de los Gazules und Medina Sidonia bis nach Vejer de la Frontera (s. S. 189) oder Chiclana de la Frontera rechne man einen halben Tag.

Zum Mittelmeer

Die dritte Route durchquert anfänglich das Bergland Rondas, bis die Straße zu einem fruchtbaren Flusstal abfällt, das sie bis zur Küste begleitet. In der Ferne sieht man zunächst die grüne Sierra Bermeja und entlang der Strecke in großen Abständen weiß blitzende Dörfer, die wie Perlen ins Grün gebettet sind. In den Niederungen des Flusstals wachsen Orangen und Limonen. Korkeichen säumen den Weg. Dies war die alte Schmugglerstraße: Vom Freihafen Gibraltars, der seit Beginn des 18. Jh. der englischen Krone unterstand, trugen die legendären Bergbewohner Rondas die überall begehrte Schmuggelware in ihre Unterschlupfe. Georges Bizets Oper Carmen gewinnt im 19. Jh. aus dieser Landessitte romantisches Kolorit und Dramatik für die Bühne.

An der Küste stoßen wir auf die Bucht von Algeciras. Von hier aus sind es noch 30 km bis nach Tarifa, wo das Mittelmeer auf den Atlantik trifft.

Stein des Anstoßes – Gibraltar

11 Direkt gegenüber von Algeciras liegt der mächtige Felsen von Gibraltar. Man muss an der Bucht entlangfahren, um bei La Línea an die Grenzstation Spanien–Großbritannien zu gelangen. Der Weg führt an der Stadt **San Roque** **12** vorbei. Um einen schönen Blick auf den wuchtigen Felsen von Gibraltar zu

haben, der 423 m aus dem Meer aufragt, empfiehlt es sich, bis zu einer Terrasse in die Stadt hinaufzufahren. San Roque wurde kurz nach 1704 von Flüchtlingen gegründet, die die Engländer von Gibraltar vertrieben hatten.

Die Säule des Herkules (vgl. S. 178), der Felsen von Gibraltar, war der erste Anlaufpunkt der maurischen Invasion im Jahre 711 n. Chr. In der Folgezeit diente er trotz Wassermangels als Festung, die Karl V. zum Schutz gegen Seeräuber ausbaute. Im Zusammenhang mit dem Spanischen Erbfolgekrieg besetzten die Engländer 1704 Gibraltar, das ihnen 1713 im Frieden von Utrecht zugesprochen wurde und bis heute ein Zankapfel zwischen Spanien und Großbritannien geblieben ist. Franco ließ 1969 den Grenzübergang schließen, der seit 1985 wieder geöffnet ist. Die britische Kronkolonie dient als Marine- und Luftwaffenstützpunkt.

Von Gibraltar aus kann das gesamte Mittelmeer an seinem Ausgang zum Atlantik militärisch kontrolliert werden. Solange Spanien nicht Mitglied der NATO war, gehörte die strategische Bedeutung des von Tunnelsystemen durchlöcherten Felsens, in dem verschiedenste Geschützsysteme installiert sind, zur Argumentationslinie der Briten, die Gibraltar nicht aufgeben wollen – es ist ein stolzer, wenn auch winziger Rest ihres ehemaligen Imperiums. Inzwischen hat sich die Weltlage verändert: Spanien drängt, Großbritannien will, aber die Bevölkerung von Gibraltar fürchtet sich vor der Aufgabe ihres exklusiven Status.

Direkt hinter der Zollgrenze befindet sich der Flughafen, dessen Landebahn man überqueren muss, um in die Stadt und auf den Felsen zu gelangen. Man kann sich zu Fuß auf den Weg machen oder aber eines der geräumigen Taxis

*An klaren Tagen
reicht die Sicht über
die Straße von
Gibraltar bis nach
Afrika*

mieten, was besonders für kleine Gruppen von fünf bis sieben Personen lohnt,
Hauptattraktion des Ortes am Fuße des
Westabhangs des Felsens sind neben
einer typisch englischen Wachablösung
vor dem Gouverneurspalast die vielen
Geschäfte, die neben englischem Pfund
auch spanische *pesetas* annehmen und
zum zollfreien Einkauf einladen. Über
schmale Bergstraßen bringen Taxifahrer
Besucher zu den legendären Affen von
Gibraltar, eine besondere Spezies, die
von den Engländern gehätschelt wird;
denn es heißt, solange die Affen dort
seien, müssten sich die Briten um ihren
Verbleib in Gibraltar nicht sorgen. Auch
mit einer Drahtseilbahn gelangt man zur
Affenkolonie und weiter hinauf auf den
Felsen.

Gibraltar ist in geradezu grotesker
Weise englisch geprägt, und das betrifft
nicht nur die Sprache und die Währung.
Während der Himmel über dem gesamten Umland klar und blau ist, wird die
Felsenspitze Gibraltars häufig von dichten Wolken eingehüllt, als sei dieser
Wattehut eine Exklave des Londoner
Nebels, den man aus Gründen der Tar-
nung in diese südlichen Gefilde dele-
giert hat. Der Regen ist für die 20 000 Bewohner lebensnotwendig. Große Teile
der Ostseite des 4500 m langen und
1300 m breiten Felsens sind betoniert
und dienen als Auffanganlagen für das
begehrte Nass, das vom Himmel fällt.
Der Rest wird durch die kostspielige
Umwandlung von Meerwasser in Trink-
wasser produziert.

Woher die Säulen des Herkules
ihre Namen haben

Für die antike Sagenwelt endete die Erde jenseits der Straße von Gibraltar. Herakles, mythischer Gründer vieler spanischer Städte, rückte hier Säulen zwischen Himmel und Erde ein: den Berg Moussa auf afrikanischer und den Felsen von Gibraltar auf europäischer Seite.

Um die arabische Invasion in Spanien haben sich verschiedene Legenden gebildet. Einer Version zufolge war der in Ceuta residierende Graf Julian ihr Drahtzieher, um Rache am westgotischen König Roderich zu nehmen. Dieser soll Julians Tochter Florinda entehrt haben, nachdem er sie nackt im Fluss Tajo baden gesehen hatte. Julian hatte sie an den Hof des westgotischen Königs in Toledo geschickt, damit sie dort eine gute Erziehung genösse. Nun wandte sich der empörte Vater an den arabischen Gouverneur in Tunis, dessen Name Musa war. Er soll dem auf Rache sinnenden Stadthalter von Ceuta 709 einen ersten Raubzug erlaubt haben. Es folgte ein zweiter, wiederum von Julian ausgerüsteter unter Führung des Berbers Tarif im Jahre 710 und dann 711 ein dritter, größerer, von Tarik geleitet, einem Offizier persischer Abstammung. Tarik schlug das westgotische Heer am Río Guadalete entscheidend. Nun erst setzte sich der vorsichtige und auf den erfolgreichen Tarik eifersüchtige Araber Musa mit der Hauptmacht selbst in Bewegung, nachdem er die Billigung des Kalifen von Damaskus erhalten hatte. Innerhalb weniger Jahre wurde die Iberische Halbinsel unter der gemeinsamen Führung der beiden Konkurrenten Tarik und Musa erobert. Tarik wurde von Musa nach Hause geschickt. Musa, dem man eine Neigung zur maßlosen Selbstbereicherung nachsagte, ließ der Kalif im Jahre 714 nach Damaskus zur Berichterstattung rufen. Er kehrte nicht mehr zurück. Nach Tarif wurde die Stadt Tarifa benannt, nach Tarik, der auf Gibraltar landete, eben dieser Berg: Djebal al-Tarik, Berg Tariks. Daraus entstand das heutige ›Gibraltar‹. Die auf afrikanischer Seite stehende zweite Säule des Herkules heißt nach dem dritten Eroberer Djebel Moussa.

Die Eroberer Andalusiens waren zwar im Islam vereint, aber die Stammeskonflikte schwelten weiter. Wer das Glück hatte, Ruhm und Reichtum zu erwerben, musste auf der Hut sein, beides nicht plötzlich wieder zu verlieren. So erging es den drei genannten Eroberern. Berge und Städte tragen ihren Namen, aber sie selbst wurden schon zu Lebzeiten verbannt und vergessen.

Küstenlandschaft bei Tarifa

Ein Sprung nach Afrika

Algeciras [13] lohnt keinen Aufenthalt. Die moderne Stadt ist Ziel der Reisekarawanen, die hier die Autofähren nach Tanger oder nach Ceuta besteigen, einer spanischen Enklave auf nordafrikanischem Boden. Für Tagesausflüge lohnt die kurze Schiffsreise nach Ceuta (eineinhalb Stunden), wenn man früh genug aufbricht und eine Busfahrt ins farbige marokkanische Tetouan mitbucht. Ebenso lässt sich ein Besuch Tangers, wohin die Fähre zwei Stunden benötigt, mit dem Ausflug nach Tetouan verbinden.

Obwohl sie auf afrikanischem Boden liegen, strahlen sowohl Ceuta als auch Tanger in ihrem Stadtbild eine europäische Atmosphäre aus. **Ceuta,** das die Portugiesen 1415 besetzten, kam im 16. Jh. in spanische Hand. Es gehört heute als ›Presidio‹ zur Provinz Cádiz und dient als spanischer Militärstützpunkt. **Tan-**

ger besaß zwischen 1912 und 1956 einen internationalen Status und entwickelte sich zum Anziehungspunkt für Schmuggler und Spione. Aber auch amerikanische und europäische Literaten verkehrten in der Hafenstadt, in der sich Orient und Okzident im Café begegneten. Lohnend ist der Besuch des orientalischen Marktes, auf dem man Teppiche und Schmuck erstehen kann. Allerdings darf hier nicht mit der aus Spanien gewohnten Zurückhaltung gerechnet werden. Man muss sich der Angebote erwehren und das ehrwürdige Spiel des Feilschens mitmachen, um die freundlichen, aber hartnäckigen Händler nicht zu kränken.

Von Algeciras bis Tarifa sind es nur 21 km Fahrstrecke durch grünes Gebirgsland. Hier wird mit deutscher Technik mit der Gewinnung von Windenergie experimentiert. 10 km vor Tarifa gibt es einen natürlichen Aussichtspunkt auf 340 m Höhe, von dem sich bei gutem

Wetter der schönste Blick auf das Rif-Gebirge in Marokko bietet.

Tarifa – Europas Nasenspitze

In Tarifa 14 befinden wir uns am südlichsten Punkt Spaniens und an der engsten Stelle der Straße von Gibraltar. 14 km sind es nur, die Afrika von Europa trennen – ein Katzensprung. Und keine große Hürde für die Araber und Berber, als sie erstmals 710 n. Chr. hier übersetzten und nach vielversprechenden Erfolgen ihrer Spähtrupps schließlich ihre Invasion begannen. Tarif hieß einer der ersten berberischen Erkunder.

Dennoch – ganz so einfach, wie es aussieht, war die Überfahrt sicherlich nicht. Die starken Strömungen und Strudel der Straße von Gibraltar bergen für Seefahrer ihre Tücken. Immerhin stoßen hier Atlantik und Mittelmeer aufeinander. Der antike Mythos vom Ende der Welt jenseits der Säulen des Herkules hatte seinen realistischen Kern in eben diesen gefährlichen mitreißenden und verschluckenden Wassern. Nach einer Lesart von Homers ›Odyssee‹ sitzen am Fuße der beiden Berge dieser Meerenge zwei grässliche Ungeheuer: die greifende Skylla und die schlürfende Charybdis (eine weitere Lesart siedelt die Monstren in der Meerenge von Messina – vor Sizilien – an).

Das Wetter kann auch heute noch Endzeitvorstellungen wecken. Nicht selten herrscht hier dichter Nebel. Regen und tiefhängende Wolken sind ebensowenig eine Ausnahme wie der strenge Wüstenwind, der von Afrika herüberweht und im Sommer die nackte Haut der Badegäste wie mit tausend Stecknadeln trifft. Bei aller klimatischen Unzuverlässigkeit hat die relative Gewiss-heit, hier mit einer steifen Brise rechnen zu können, Tarifa in den letzten Jahren zum Mekka der Windsurfer werden lassen.

Wir betreten den Ort durch das maurische Hufeisentor **Puerta de Jerez.** Auf einer efeuumrankten Tafel wird ›die sehr edle, sehr treue und sehr heldenhafte Stadt‹ gewürdigt, die 1292 unter König Sancho erobert worden war. Zwei Jahre später scheiterten die Mauren mit einem Rückeroberungsversuch. Oberster Verteidiger Tarifas war ein Ritter mit dem westgotischen Namen Guzmán. Als man seinen Sohn, der in die Hände der Feinde geraten war, vor die Mauern holte und ihn umzubringen drohte, wenn man die Stadt nicht übergebe, warf Guzmán sein Messer hinunter und wandte sich ab – eine ›spanische‹ Geste seither, die im Alcázar von Toledo während des Spanischen Bürgerkriegs eine berühmte Wiederholung fand.

Guzmán, der vorher in islamischen Diensten gestanden hatte, verteidigte das christliche Tarifa mit Erfolg. Als Anerkennung verlieh ihm König Sancho den Ehrentitel ›El Bueno‹, im Grunde eine spanische Wiederholung seines gotischen Namens: ›guter Mann‹. Das war nicht alles. Das Geschlecht dieses ehrenwerten Verteidigers von Tarifa wurde geadelt und mit reichen Gütern beschenkt. Die Stadt Sanlúcar de Barrameda gelangte in seinen Besitz, später die Herzogswürde von Medina Sidonia. Bis heute zählt die Familie der Guzmáns zu den mächtigsten Spaniens. Die von ihrem Ahnherren verteidigte **Burg** in der Nähe des Hafens kann man besichtigen (gute Aussicht auf den Hafen und über die Straße von Gibraltar). Davor

Die Atlantikküste bei Tarifa ist ein Mekka für Windsurfer

hat man jüngst eine Skulptur des Königs Sancho aufgestellt. Gegenüber befindet sich das wenig anziehende Standbild des Helden von Tarifa am Kopfende eines Platzes.

Vom Stadttor aus gelangt man in das nordafrikanisch anmutende Gassengewirr Tarifas, das hügelabwärts führt. Im Osten des Ortes kann man die maurischen Stadtmauern betrachten. An Burg

und Kaserne vorbei führt der Weg zum Hafen, dem Ankerplatz einer ansehnlichen Fischereiflotte. An Ort und Stelle werden die frischen Fische in einer kleinen, an den Seiten geöffneten Halle versteigert. Zur gegenüberliegenden marokkanischen Hafenstadt Tanger besteht von hier aus die kürzeste Schiffsverbindung, so dass sich ein Tagesausflug anbietet.

Reizvoll ist der Kontrast zwischen der weißen, geschlossenen Altstadt mit ihren schmalen Gassen und winzigen Läden und der Offenheit der Hafenstadt mit einem jungen internationalen Publikum. Aber die milden Gestade des Mittelmeers sind hier eindeutig zu Ende. Raue, beständige Winde und dunkle, horizontverdeckende Wolken sorgen für ein merkwürdiges Lebensgefühl. An der

Südspitze Andalusiens scheint es, als stünde man mit einem Bein schon auf afrikanischem, mit dem anderen aber auf schottischem oder irischem Boden. Auch die grasbewachsene Landschaft im Rücken der Siedlung gibt dieser Assoziation Nahrung, trotz der Palmen. Tarifa ist die Stadt des Wechsels, des Übergangs. Das Wetter, der Wind sind ein ständiges Gesprächsthema. Nicht selten ist Tarifa am Vormittag noch ein feuchter und zugiger Ort ›am Ende der Welt‹, um am Nachmittag als exponiertes, weiß blinkendes Städtchen zu erscheinen, das einen atemberaubenden Blick auf Afrika erlaubt. Hinter dem tiefblauen Streifen der Straße von Gibraltar sind dann die mächtigen Berge Marokkos zu sehen. Zur alten Festungsstadt Tarifa gehört bis heute an dieser strategisch wichtigen Stelle ein Wachtturm, zur Hafenstadt ein weit hinausgesetzter Leuchtturm für die still gleitenden Schiffe, die zwischen den Kontinenten die Meere wechseln.

In Tarifa endet die Costa del Sol und beginnt die Atlantikküste, die bis zur portugiesischen Grenze Costa de la Luz heißt – Küste des Lichts. Ihre langen Sandstrände hat der schroffe Atlantik feingerieben. Man hat die Wahl, im Atlantik oder im Mittelmeer zu baden. Für einen Aufenthalt eignet sich Tarifa also bestens.

Blick auf Tarifa und das afrikanische Festland

Entlang der Atlantikküste und ins Land edler Trauben

Von Tarifa nach Cádiz

Karte: S. 187, 204 (Stadtplan Cádiz)
Tipps & Adressen: Zahara de los Atunes S. 357, Vejer de la Frontera S. 356, Conil de la Frontera S. 331, Cádiz S. 327

Dieser südliche Teil der andalusischen Atlantikküste ist etwa 100 km lang. Man findet hier feinste Sandstrände, Steilküsten und im Hinterland Hügel und Berge. Die Bewohner der Orte leben vom Fischfang. Es gibt nur wenige große Hotels, aber viele, großenteils schön gelegene Campingplätze und in den Dörfern und Städtchen auch kleinere, einfache Unterkünfte. Die Straße N 340 führt von Tarifa 10 km an der Küste entlang und dann einige Kilometer landeinwärts durch eine meist hügelige Landschaft. Nur durch kleine Stichstraßen erreicht man das Meer; die Küstenorte sind oft nicht direkt miteinander verbunden.

Hinter Tarifa befindet sich zwischen Strand und Hauptstraße ein schattiges Erholungsareal mit Bänken und Tischen. Besonders am Wochenende kommen die Bewohner von Algeciras hierher, die in ihrer eigenen verschmutzten Bucht nicht mehr baden wollen. Die Zone nordwestlich des langen Strandes von Tarifa ist militärisches Sperrgebiet. In die nachfolgende Bucht gelangt man durch die Abfahrt von der N 340 in Richtung Bolonia. Rechter Hand offeriert ein Ferienhof Apartments und Reitmöglichkeiten. Die schöne **Bucht von Bolonia** 1 hat eine archäologische Besonderheit zu bieten. Direkt am Strand befinden sich ausgegrabene Reste einer römischen Siedlung, unter anderem Tröge, in denen vor 2000 Jahren Fisch (vor allem Thunfisch) gesalzen wurde. Man hat die seit Römerzeiten überdauernden Gräten gefunden.

Römische Ruinen in der Bucht von Bolonia

An der Atlantikküste und im Land edler Trauben

Auf dem Trümmerfeld der einstigen römischen Stadt Bolonia, heute Bella genannt, hat man einige Säulen wiederaufgerichtet. Ein Forum ist sichtbar und die Andeutung dreier Tempel auf einer Erhebung dahinter; etwas abgelegen die gut erhaltenen Reste eines griechischen Theaters. Vor allem französische Archäologen haben hier gearbeitet. Die meisten Ausgrabungsobjekte befinden sich in Paris. Eine große Statue des Kaisers Trajan gelangte in das Archäologische Museum von Cádiz.

In der Bucht von Bolonia kann man auf festem Sandstrand lange Spaziergänge in südlicher Richtung unternehmen. Im Norden werden Strand und Dünen von hohen Klippen begrenzt, die sich gut besteigen lassen. Von den macchiabewachsenen Felsen hat man bei klarem Wetter eine gute Sicht bis zum Leuchtturm von Tarifa und auf die afrikanische Küste. Reizvoll ist von hier aus auch der Blick zurück auf die Dünenlandschaft und das gut erkennbare braune Halbrund des im Grün versunkenen antiken Theaters. Der Spaziergang endet nach etwa 3 km an einem eingezäunten militärischen Sperrgebiet. In unmittelbarer Strandnähe befinden sich preiswerte Restaurants, man kann auch einfache Unterkünfte finden.

Um zur nächsten Station zu gelangen, müssen wir auf die Hauptstraße zurück und nach 10 km den Abzweig nach **Zahara de los Atunes** 2 nehmen. Der Ortsname sagt bereits aus, wovon die Menschen hier leben, nämlich vom Fischfang, vor allem vom Thunfisch. Cervantes bezeichnete den Ort in seiner Novelle ›Das großartige Aufwaschmädchen‹ scherzhaft als »Akademie der Thunfischer« als Treffpunkt von Vagabunden und Abenteurern. Die Tunfische werden wie in alten Zeiten mit Schleppnetzen zusammengetrieben und dann in einer durch die Boote abgeschotteten Enge auf See erschlagen und aufgespießt. Die Fischer von Zahara de los Atunes ziehen ihre kleinen Boote immer

noch an den Strand. Der Fischreichtum hat stark abgenommen und die Einheimischen beschweren sich darüber, dass ihr Fang en gros von den gut zahlenden Japanern gekauft wird und erst wieder als Konserve auf ihren Tisch kommt – was zum Glück nur zum Teil stimmt. Noch können die Menschen von ihrem Gewerbe leben, wenn auch immer schlechter. Die wenigen Touristen sind daher willkommen. Südlich von Zahara de los Atunes gibt es am Strand von **Atlanterra** einige nur im Sommer geöffnete Hotels.

Von Zahara de los Atunes besteht eine direkte Straßenverbindung nach **Barbate de Franco,** einem größeren, unansehnlichen Ort mit vielen Neubauten, aber auch Slums. Barbate, das einen ausgebauten Fischereihafen besitzt, erhielt seinen Namenszusatz, weil Franco hier 1936 mit seinen Truppen aus Marokko landete. Rechts der Hauptstraße N 340 nach Vejer de la Frontera befindet sich ein Gelände, auf dem Kampfstiere weiden und manchmal bis zum hohen Zaun komen. Gemächlich tragen sie ihre schwarzen Leiber im Schatten der Steineichen umher. **Vejer de la Frontera** 3, das schönste Städtchen der Atlantikküste, liegt weiß und glänzend am Hang eines 200 m hohen Hügels und lohnt unbedingt einen Besuch. Man sollte das Fahrzeug vor dem Eintritt in die enge Altstadt parken, um sie zu Fuß zu durchstreifen. Von Tarifa aus nehme man nicht die erste Abfahrt, die dazu zwingt, sich mit dem Auto durch die labyrinthische Innenstadt zu quälen, sondern die zweite, die kurz vor dem Altstadtbezirk auf dem Seitenstreifen Parkmöglichkeiten bietet. Das Stadtbild ist ungemein vielgliedrig. Im verschachtelten Häusergewirr auf dem hochgelegenen, hügeligen Gelände trifft man auf Burgteile, Tore, alte Stadtmauern und schattige Plätze mit gekachelten Springbrunnen. Besonders reizvoll sind die immer wieder neuen Einblicke in die blumenverzierten Innenhöfe der blendend weißen Häuser. Vom Rande der Stadt lässt sich die gesamte Umgebung überblicken. Man verläuft sich leicht, aber man findet rasch wieder die Orientierung.

Zum **Cabo de Trafalgar** besteht von Barbate de Franco eine küstennahe Ver-

Wilder Atlantik: Sturm im Hafen von Barbate

In Vejer de la Frontera

bindungsstraße, die durch einen Pinienwald führt. Wer von Vejer de la Frontera kommt, biegt kurz hinter dem Ort Richtung Caños de Meca ab. **Caños de Meca** entwickelte sich vor über 20 Jahren zum legendären Treffpunkt von jungen Freunden des entspannten, geruhsamen Lebens. Damals wurden sie ›Hippies‹ genannt. Es gibt sie bis heute in diesem Küstenpendant zum Bergdorf Castellar de la Frontera (vgl. S. 173). Für Besucher stehen kleine *hostales* und Mietwohnungen sowie ein Campingplatz in der Nähe des Ortes zur Verfügung. Autofahrer sollten bis ans Ende der Siedlung steuern; dort gibt es einen kleinen bewachten Parkplatz.

Fußwege führen zum Strand, wo üppige Pflanzen an den steilen Felsen hängen und Süßwasser herabtropft. Neben der natürlichen Schönheit bietet dieser Küstenstreifen den Vorteil, dass man hier baden und am Strand liegen kann,

ohne von den strengen Ostwinden behelligt zu werden, vor denen die Steilküste schützt. Wer in der Hoffnung auf eine menschenleere Bucht über die Klippen weiter östlich klettert, sollte bedenken, dass der Atlantik spürbare Gezeiten hat und die Rückkehr bei Flut ein lebensgefährliches Unterfangen wäre.

Zwischen Cabo de Trafalgar und dem nördlich liegenden Conil de la Frontera kann man ungestört auf dem rund 15 km langen, flachen Küstenstreifen entlangwandern. Eine kleine Straße führt zunächst landeinwärts durch Wiesen in dieselbe Richtung und erreicht nach 7 km den Standort **El Palmar,** wo es neben Wasser, Sand und würziger Luft auch Unterkünfte und Speisemöglichkeiten gibt.

Kurz vor Conil de la Frontera fließt der schmale Río Salado in den Atlantik. Bequem durchwaten lässt sich die Mündung am Strand nur bei Ebbe.

Conil de la Frontera

Nach Vejer de la Frontera gehört das 15 km entfernte **Conil de la Frontera** 4 zu den schönsten Städtchen dieser Region und es gibt wohl kaum einen empfehlenswerteren Badeort an der andalusischen Atlantikküste. Seine Bewohner leben vom Fischfang und zunehmend vom Tourismus. Seit einigen Jahren befindet sich der dazugehörige, nun geschützte Hafen 5 km nördlich in einer Bucht. Der breite, feste Sandstrand ist nach Norden und Süden kilometerweit begehbar. Weiter nördlich beginnt die Steilküste, auf der man von Fuente del Gallo bis zum Fischereihafen von Conil und dem Leuchtturm vom Cabo Roche auf Pfaden entlangspazieren kann – und sogar noch einige Kilometer weiter bis zur kleinen Siedlung von Roche. Doch es gilt, vorsichtig zu sein und nicht zu nah am steilen Abgrund zu gehen. Es gibt keinerlei Warnschilder, aber manchmal fallen vom ablaufenden Regenwasser unterhöhlte lehmige Erdmassen in die Tiefe. Kinder sollte man hier nicht unbeaufsichtigt laufen lassen. Abstiege von der Steilküste in reizvolle Buchten sind vielfach möglich.

Gasse in Conil de la Frontera

Grenzdörfer und Schlachtfelder

Der Zuname ›de la Frontera‹, den viele Ortschaften dieses südspanischen Landzipfels tragen, erinnert an die wechselnde Frontlage während der langen Zeit der *reconquista* von der Mitte des 13. Jh. bis Ende des 15. Jh. Aber auch vorher und nachher wurden hier schwere und folgenreiche Schlachten geschlagen. Am Río Barbate, unterhalb von Vejer de la Frontera, besiegten die Westgoten 429 n. Chr. die Vandalen, so dass diese nach Afrika weiterzogen. In der entscheidenden Schlacht der Mauren gegen die Westgoten am Fluss Guadalete in der Nähe von Jerez de la Frontera verrieten eigene Gefolgsleute 711 den westgotischen König Roderich. Die Brüder und Söhne des vorherigen Königs Witiza, eines Konkurrenten Ro-

derichs, stellten sich zwar an den Flügeln der Schlachtreihe auf, verweigerten aber mit ihren Truppen den Kampf. Roderich ging mit seinen Mannen im Sturm der berberischen Reiter unter. Die Anhänger Witizas wurden für ihren Verrat reich mit Gütern belohnt. Sie sind sozusagen die Ahnen des alteingesessenen andalusischen Adels.

Wenige Kilometer von Vejer de la Frontera entfernt liegt Cabo de Trafalgar, das durch den Sieg des hier tödlich verwundeten englischen Admirals Nelson über die spanisch-französische Flotte im Jahre 1805 berühmt wurde. Der Trafalgar Square in London erhielt seinen Namen nach dieser einsamen Landspitze, die nichts als einen weithin sichtbaren Leuchtturm trägt.

Im Hinterland befinden sich im Schatten von Pinienwäldchen Campingplätze, die von Conil de la Frontera gut erreichbar sind. Im Ort selbst gibt es bislang nur einige wenige kleine Hotels und Apartments zum Vermieten, dafür sind am Ortsrand (in Strandnähe) zwei Hotelanlagen entstanden. Wenn der breite Strand im Sommer von Karussels belegt ist, darf man nicht auf Stille hoffen. Und über den Ortsstrand rasen nicht selten motorradbewaffnete Jugendliche, die aus der Umgebung kommen. Es gibt

jedoch genügend Raum, um davor flüchten zu können. Das betriebsame Leben des Dorfes hat vor allem am Abend seinen eigenen Reiz. Viele kleine Bars und Restaurants, die als Familienbetriebe geführt werden, bieten *tapas* und *raciones* an, und am nördlichen Ortseingang, direkt am Strand Playa de Fontanilla, erhält man sehr gut zubereiteten frischen Fisch. Ein kleiner Gemüse- und Fischmarkt befindet sich nahe dem alten Stadttor.

Außerhalb der Hauptsaison ist das Leben in Conil de la Frontera keineswegs trostlos. Die Gassen und verschachtelten weißen Häuschen mit lufti-

◁ *Strand bei Conil de la Frontera*

gen Höfen haben nichts Museales und das Dorfleben funktioniert noch immer. Der Ansturm der Massen im Sommer wird wie ein bald zu Ende gehendes Gewitter ertragen. Danach ist es wieder ruhig, zeitweise so ruhig, dass sich manche Einheimische nach dem sommerlichen Trubel zu sehnen beginnen. Die Atmosphäre ist zuweilen fast familiär, Fremde werden nicht ausgeschlossen.

Wer in Andalusien außerhalb der Metropolen Granada, Málaga oder Sevilla einen Sprachkurs besuchen möchte, findet in Conil de la Frontera im angenehm temperierten Frühjahr und Herbst Kursangebote. Die Wochenanzahl wird nach Wunsch festgelegt, die Gruppen sind nach Vorkenntnissen gestaffelt, die Unterbringung erfolgt in den meisten Fällen in Wohngemeinschaften, die Lehrer stammen aus dem Ort. Vor allem viele junge Deutsche machen von dem Angebot Gebrauch. Die Anfahrt in Bussen wird von Deutschland aus organisiert. Ein Fahrradverleih im Dorf sorgt für die Beweglichkeit vor Ort.

Cádiz – Sirene des Ozeans

Und immer hab ich alles Glück
und Lichte, dem ich begegnete,
Cádiz genannt.

(Rafael Alberti)

5 Cádiz ist von vielen Dichtern besungen worden. »*Señorita del mar, novia del aire*«, »Meerfräulein, Geliebte der Luft« nannte man die Stadt. Als ›Silbertässchen‹ galt sie ihren Bewohnern. Für Lord Byron war sie die ›Sirene des Ozeans‹. Doch dieses Cádiz scheint zumindest auf den ersten Blick verschwunden. Ein großflächiges Gebiet im Südwesten der Stadt ist von Wassergräben durch-

zogen, auf deren Boden abgelagertes Meersalz geerntet wird (Salinen). Die ausgedehnte, flache Bucht von Cádiz wird von Kränen und einer langen Reihe von Hochhäusern gesäumt. Im Schlick arbeiten die Krebsfänger. Von Norden kommend, fahren wir an Werftanlagen vorbei und dann über eine lange Brücke bis zu den ersten Häusern der Stadt. Reisen wir von Süden an, sehen wir von Cádiz zunächst überhaupt nichts. Die Neubauten der im 18. Jh. gegründeten Stadt San Fernando sind davorgerückt. Die Straße führt über eine schmale Landzunge und geht in eine Straßenschlucht über, die den Eingang in die Stadt bildet. Das Zentrum liegt an der Nordspitze der Insel wie ein gerundeter Kopf am Ende einer Stecknadel. Hinter den Wehrmauern aus dem 18. Jh. beginnt das alte Cádiz, das Cádiz der Poeten – umspült vom aufgewühlten Atlantik.

Wir kommen am Hafen vorbei und umrunden die gesamte Stadt. Biegen wir in die schmalen Straßen des Zentrums ein, so hält uns gewiss der Zauber von Cádiz in Bann, und wir können den Poeten wieder Glauben schenken. Umgeben vom offenen Meer finden wir hier die intime Dichte der in sich abgeschlossenen und einheitlich wirkenden Stadt mit ihren symmetrisch angeordneten Straßenfluchten und barocken Häuserfassaden. Cádiz hat bessere Tage gesehen. Überall blättert der Putz und für manche Häuser besteht Einsturzgefahr. Charakteristisch für die Stadt sind das klare Licht und der frische, salzige Wind, aber auch eine hohe Feuchtigkeit, die in die Mauern dringt und für den Fäulnisgeruch in den Hinterhöfen verantwortlich ist. Cádiz erinnert an Hafenstädte wie Neapel, Palermo und Marseille. Dennoch spüren wir das Besondere dieser Stadt, der ältesten und stolzesten

Spaniens, am gewagtesten in die See hinausgeschoben, dem Wind und der aufgebrachten See trotzend.

Wie in anderen spanischen Hafenstädten wehte in Cádiz traditionell ein freiheitlicher Geist. Man lebte mit offenem Horizont und in Kontakt mit Fremden. Aber für Cádiz gilt dies stärker als für andere Städte. 1812 wurde hier der Geist der Liberalität in einer Verfassung verankert, die auf ganz Europa ausstrahlte. Seitdem entwickelte sich der Ausdruck ›liberal‹ zu einem festen Begriff der europäischen und amerikanischen Politik.

Gemeinsam mit der englischen Armee hatten die spanischen Guerillas die Franzosen aus dem Land getrieben und ihren eigenen König aus französischer Gefangenschaft befreit. Aber sie hatten für einen dreisten Despoten gekämpft, der die *Cortes* kalt beiseiteschob. Abschaffung der Inquisition, Presse- und Meinungsfreiheit, Gewaltenteilung – davon wollte Ferdinand VII. nichts wissen. Er schwor Meineide auf die Verfassung und setzte sie im nächsten Schritt außer Kraft. 1820 stellte ein Offizier namens Riego die Verfassungsmäßigkeit wieder her. Erneut marschierten die Franzosen, diesmal als Abordnung des restaurativen nachnapoleonischen Europa, das Angst vor dem Erfolg eines liberalen Spanien hatte. 1823 eroberten sie das Fort von Trocadero in der Nähe von Cádiz, in dem sich die Liberalen verschanzt hatten. ›Trocadero‹ wurden hernach gleich eine ganze Reihe von Gebäuden und Plätzen in Paris genannt. Die kurze Phase eines liberalen Spanien war beendet.

Die Stadt konnte sich nie erweitern. So sieht man wenige Spuren aus der langen und bewegten Geschichte. Die Altstadt stammt aus dem 17. und 18. Jh., der letzten Blütezeit von Cádiz.

›Fernstes Ende der Welt‹ hieß einstmals die phönizische Gründung. An dieser Stelle hatte der Zivilisationsheros Herakles eine seiner legendären Arbeiten verrichtet: Er stahl die berühmte Herde des Geryon, des Königs von Tartessos, die am südlichen Zipfel der fruchtbaren Insel geweidet hatte, auf der heute Cádiz liegt.

Man vermutete unweit von hier den Eingang zum Hades, das Tor zur Unterwelt, den Niedergang ins Chaos. In seiner ›Divina Comedia‹ vom Beginn des 14. Jh. lässt noch Dante Odysseus, den er (als Ungläubigen) im Inferno antrifft, erzählen: »Müde und alt warn ich und die Gefährten, als wir zu jenem engen Schlund gelangt, wo Herkules die Grenzen aufgerichtet, damit nicht weiter sich der Mensch begebe.« (26. Gesang). Odysseus reizt dennoch das Unerforschte, er und seine Gefährten segeln weiter, ein Wirbelsturm erfasst sie. An einem Läuterungsberg lässt Dante schließlich das Schiff der Wagemutigen zerschellen und im Meer versinken.

Mut gehörte dazu, sich an diesen wilden Gestaden aufzuhalten. Andererseits waren hier, am Rande der Welt, Reichtum und Lebenskraft legendär. Irgendwo »jenseits der Meerenge« hatte Platon im 5. vorchristlichen Jh. den Standort von Atlantis vermutet. Plinius hielt im 1. nachchristlichen Jh. Cádiz (lat.: Gades) für den einzig übriggebliebenen Teil der längst versunkenen Insel, von der jahrtausendelang in einer Weise geträumt worden ist, als habe es sich um das verlorene Paradies gehandelt.

Griechische Naturforscher pilgerten nach Cádiz, um die Gezeiten zu studieren. Die Stadt wurde noch in vorrömischer Zeit zur antiken Metropole nicht

Die neue Kathedrale von Cádiz

nur des Handels, sondern auch der Naturwissenschaft. Die Römer ließen hier Schiffe bauen und schenkten der Stadt ein Theater. Der erste nicht im Lande geborene Konsul Roms stammte aus Cádiz. Und als erste spanische Stadt nahm Cádiz lateinisches Recht und lateinische Sprache an. Die Reichtümer Iberiens wurden von hier aus nach Rom verschifft. Für gesalzenen Fisch besaß Cádiz das Handelsmonopol. Silber, Kupfer, Wein und Wolle wurden exportiert sowie Tänzerinnen, die den römischen Festen seit dem 1. nachchristlichen Jh. Glanz verliehen. Die Tänzerinnen aus Cádiz waren seinerzeit berühmt und als Sklavinnen begehrt. Ihre von römischen Schriftstellern beschriebenen Darbietungen erinnern an manche Eigenheiten der noch heute gebräuchlichen Tänze Andalusiens, vor allem an den Flamenco.

Zweimal wurde die Stadt zerstört, 844 durch normannische Seepiraten und 1596 durch die Truppen des englischen Grafen Essex. Man baute sie wieder auf und errichtete an der Seeseite die 4,5 km lange und bis zu 15 m hohe Stadtmauer. 1717 übernahm Cádiz von Sevilla das Monopol für den Handel mit Amerika, weil der Guadalquivir nicht mehr ausreichend schiffbar war. Eine neue Blütezeit der Stadt begann. Das heutige Straßensystem und Stadtbild gehen auf diese Zeit zurück. Nach dem Wegfall der amerikanischen Kolonien, die Anfang des 19. Jh. ihre Selbstständigkeit erkämpften, sank die Bedeutung von Cádiz als Handelsmetropole.

Die Besonderheit dieser Stadt heute? Spektakuläre Sehenswürdigkeiten besitzt sie nicht. Aber die Atmosphäre fasziniert in der belebten Innenstadt wie auf der ausgebauten Promenade, die um die Stadt herumführt. Die Badestrände erstrecken sich kilometerweit südlich der Altstadt. Eine Attraktion sind die zahlreichen *marisquerías*, Restaurants, die köstliche Gambas und andere Meerestiere oferieren, frisch und billig wie nirgendwo sonst. Einen Knotenpunkt der überaus lebendigen Hafenstadt, die eine eigene Universität besitzt,

Die Promenade von Cádiz

bildet das geschlossene **Marktgebäude** im Stil eines griechischen Tempels mit Säulengalerien. Es ist in mehrere Bezirke untergliedert: Der erste Ring ist den Fleischern zugeteilt. Man dringt dann weiter ins Heilige vor zu Obst und Gemüse. Im zentralen Bezirk aber erwarten uns in schattiger Kühle frisch gefangene Meerestiere und diverse ›Seeungeheuer‹. Sie werden mit besonderem Stolz angepriesen. In der Nähe des Marktes steht der **Torre Tavira,** ein Aussichtsturm aus dem 18. Jh., der sich zu besteigen lohnt.

Die Touristenströme ziehen normalerweise an Cádiz vorbei. Zu unbekannt ist die Tatsache, dass diese Großstadt mit 150 000 Einwohnern einen wunderschönen Strand zum Baden hat und die Luft nicht nur rein, sondern prickelnd ist. Allerdings ist Cádiz auch nicht auf große Besucherscharen eingestellt und besitzt kaum eine touristische Infrastruktur. Falls man ein Zimmer in einem der wenigen Hotels bekommt, kann man hier mit sicherlich wachsender Lust einige Tage verbringen. Für Autofahrer gibt es im Innenstadtbereich nahe der Kathedrale an der Atlantikpromenade Tiefgaragen.

Ein Spaziergang durch die Altstadt

Cádiz' enge Altstadt öffnet sich zu zahlreichen Plätzen. An der schmalsten Stelle, der Wespentaille der Stadt, befindet sich in der Mitte die Plaza de San Juan de Dios mit dem Rathaus an der Südseite: Nördlich liegt der Freihafen. Auf dem Platz kann man bequem in der Sonne oder im Schatten Platz nehmen; zu *tapas*, die hier in Cádiz aus Meeresfrüchten bestehen sollten, passt gut ein trockener Sherry, ein *fino,* der in Andalusien gern als Aperitif oder auch als einfacher Wein zwischendurch getrunken wird. Oder fragen Sie nach einem *manzanilla* mit dem männlichen Artikel ›un‹, nicht zu verwechseln mit der weiblichen *manzanilla,* einem magenschonenden Kamillentee. *Manzanilla* ist ein leichter, köstlicher Sherry-Wein, der häufig in der Provinz Cádiz getrunken, aber kaum exportiert wird.

Gehen wir nordwärts Richtung Hafen und dann links die verkehrsreiche Avenida Ramón de Carranza entlang, so stoßen wir auf die Plaza de España. In ihrer Mitte steht das riesige **Denkmal** für die Verfassunggebende Versammlung von Cádiz im Jahre 1812. Das Monument wurde 100 Jahre später begonnen und 1929 beendet. Spazieren wir von hier aus durch die Calle António López in Richtung Innenstadt weiter, kommen wir an der Akademie von Cádiz vorbei, in der sich das **Archäologische Museum** befindet. Gleich dahinter liegt die Plaza de Mina. Von hier sind es nur wenige Schritte bis zur traditionsreichen Plaza de San Antonio, auf der 1812 die berühmte Verfassung von Cadíz verkündet wurde. Der Platz dient oft als Schauplatz für die städtischen Feste, für Paraden und musikalische Darbietungen, vor allem während des berühmten, ausgelassenen Karnevals von Cádiz, der im Februar zehn Tage lang gefeiert wird.

Sitzungssaal der *Cortes* war die nahe Kirche **San Felipe Neri.** Am Hauptaltar ist ein Marienbildnis (›Unbefleckte Empfängnis‹) von Murillo zu sehen. Unmittelbar neben dem schlichten Gebäude mit Erinnerungstafeln an den Außenseiten befindet sich das **städtische Museum** mit einer Vielzahl von Gegenständen und Dokumenten aus der Geschichte der Stadt.

In der Altstadt von Cádiz ▷

Das Archäologie- und Kunst-museum in Cádiz

Hat man sich genug im Netz der Straßen verirrt, den Atlantik von verschiedenen Seiten begrüßt und die gute Luft eingesogen, dann sollte man das Archäologische Museum aufsuchen, das sehr sehenswerte Ausstellungsobjekte zeigt.

Prunkstücke sind zwei gewaltige phönizische Sarkophage aus dem 4. Jh. v. Chr., die in der Nähe von Cádiz gefunden wurden. Sie sind besonders kostbar, weil die Phönizier wenige plastische Arbeiten hinterließen, die in diesem Fall zudem vollkommen erhalten geblieben sind. Die Sarkophage sind dem menschlichen Körper nachgebildet. Die eingeritzten Gesichter zeigen orientalische Züge. Die bartlose der beiden Figuren hält ein Messer in der Hand, ein Arm des Bärtigen liegt über der Brust.

Vor mehr als 3000 Jahren waren die Phönizier das beherrschende Volk des Mittelmeeres, wagemutige Seefahrer, die mit Metall, Glas und Purpur handelten. Im gesamten Mittelmeerraum gründeten sie Kolonien. Sie selbst nannten sich Kanaaniter und bewohnten das Gelobte Land, in das vor 3000 Jahren die von Ägypten kommenden Stämme Israels einwanderten. ›Kanaan‹ heißt ›Land des roten Purpurs‹. ›Phönizien‹ geht auf die griechische Version für diese Bezeichnung zurück. Die Phönizier gewannen ihr kostbares Färbemittel aus der Purpurschnecke. Die Herrschenden jener Zeit bevorzugten es für ihre repräsentative Kleidung. Von den Persern übernahm Alexander der Große später diese Sitte, dann Cäsar; die staufischen deutschen Kaiser kleideten sich ebenso purpurfarben wie die katholischen Kardinäle.

Weitere Fundstücke des Museums, kleine Statuen und Öllämpchen, stammen aus der einstigen römischen Nekropole in Cádiz. Die große Statue des römischen Kaisers Trajan stand ehemals in Bolonia, 80 km südlich.

Im zweiten Stock des Gebäudes befindet sich das Museum der Schönen Künste. Es birgt neben Gemälden von Jan van Eyck, van der Weyden und Rubens einige Kostbarkeiten der spanischen Malerei aus dem ›Goldenen Jahrhundert‹. Gepaart mit Bildern von Murillo und Morales finden wir hier Meisterwerke von Francisco de Zurbarán, etwa einen Zyklus, den dieser spanische ›Maler der Mönche‹ 1638–39 für das Kartäuserkloster bei Jerez de la Frontera gemalt hatte.

Der 1598 in der Extremadura geborene Zurbarán lebte viele Jahre in Sevilla und Madrid und war ein vom König und vom Klerus hoch geschätzter Künstler. Sieht man seine Gemälde neben denen des sanften Koloristen Murillo, von dem wir große Werke im Sevillaner Museum der Schönen Künste betrachten können, so ist kaum ein stärkerer Gegensatz denkbar.

Prunkstücke des Archäologischen Museums von Cádiz sind zwei phönizische Sarkophage aus dem Jahre 541 v. Chr., die in der Nähe von Cádiz gefunden wurden

Zurbaráns Figuren sind streng. Und auch sein Stil ist es. Nichts schillert, nichts wird vergoldet und geschönt. Die Gesichter der Mönche drücken Entrücktsein aus, aber auch der Preis dieser Hingabe ist ihnen abzulesen. Zurbarán heroisiert nicht. Dennoch haben seine Bilder das Gewicht von Monumenten.

Zurbarán bevorzugt kühle, zeichenhaft klare Formen und einfache malerische Kontraste. Er ist ein Dramatiker der Kontemplation und ein Meister der Beschränkung, vom Pathos der Schlichtheit beseelt. Nicht Kälte strömt der distanzierte malerische Gestus aus, sondern Achtung. Zurbarán gelang es, die Mönche als Menschen darzustellen, sie zu preisen, ohne sie zu glorifizieren. Auffällig unter all den strengen Gottesmännern ist die Figur von Johannes dem Evangelisten, der als einziger unbeschwerte und feminine Züge trägt. Selbst im Prado von Madrid und im Museo de Bellas Artes von Sevilla finden wir keine eindrucksvolleren Bilder des Malers als diese.

Ein Stockwerk höher gelangt man in die dritte Abteilung des Archäologie- und Kunstmuseums, die den Volkskünsten gewidmet ist. Ausgestellt sind in diesem Bereich vor allem Puppen und Kulissen des andalusischen Marionettentheaters.

Cádiz

Halten wir von hier in westlicher Richtung auf den Atlantik zu, stoßen wir in unmittelbarer Meeresnähe auf den **Parque Genoves,** in dem unterschiedlichste exotische Baumarten wachsen. Kleine Plätze, die mit Springbrunnen und Bänken ausgestattet sind, laden zum Verweilen ein. Inmitten der Parkanlage hat man ein Freilichttheater geschaffen. (Zwischen Park und Befestigung am Meer gibt es einen bewachten Parkplatz.) Folgen wir der Uferstraße nach links, passieren wir das günstig gelegene Hotel Atlántico und kurz darauf ein Reiterstandbild, das den Befreier Lateinamerikas, Simón Bolívar, darstellt. An der Ostseite von Cádiz befinden sich zwei militärische Befestigungsanlagen, zwischen denen sich der städtische kleine Badestrand **La Caleta** ausbreitet. Im Norden wird er durch die **Burg Santa Catalina** vom Beginn des 17. Jh. begrenzt, die nun als Militärgefängnis dient, im Süden durch die Festungsinsel **San Sebastián**, die durch einen Damm mit der Stadt verbunden ist. Schon in maurischer Zeit stand hier ein Wachturm. Anfang des 18. Jh. wurde die jetzige Festung errichtet.

Am Ende des Spaziergangs, der uns am Atlantik entlang um die Stadt führt, steht die **Neue Kathedrale** von Cádiz. Mit ihren weithin sichtbaren Kuppeln wirkt sie wie ein an Land gezogenes versteinertes Schiff. Von der Plaza de la Catedral aus macht sie mit ihren Säulen, Türmen und Kuppeln trotz des Stilgemisches einen stolzen Eindruck. Vögel nisten in den Nischen. Die Neue Kathedrale scheint aus längst vergangenen Zeiten zu stammen. Der Bau wurde jedoch erst 1722 begonnen und 1855 beendet. Barock und Klassizismus halten sich die Waage. Der Innenraum beeindruckt mit den Ausmaßen von 85 m Länge, 60 m Breite und 52 m Höhe und den gewaltigen korinthischen Säulen aus Marmor, die die drei Schiffe und die mächtige Vierungskuppel über dem Hauptaltar tragen. Aber der Stein beginnt zu bröckeln. Man hat Netze unter die Gewölbe gehängt, damit die Partikel nicht auf die Häupter der Gläubigen fallen. Das reichverzierte Chorgestühl ist älter als die Kathedrale. Es wurde 1702 geschnitzt und später von seinem ursprünglichen Ort hierhergebracht.

Die Krypta liegt unterhalb des Meeresspiegels. Hier befindet sich das Grabmal des 1876 in Cádiz geborenen Komponisten Manuel de Falla. Er starb 1946 in Argentinien über seiner letzten Komposition, der Kantate ›L'Atlantida‹. Den nahen Atlantik kann man bei Sturm hier unten wüten hören. Die Krypta ist schlicht und sehr präzise gebaut. Die Steinquader passten ohne Mörtel aufeinander. Unter einer äußerst flachen Kuppel kann man ein ungewöhnliches Echo hören, das sich fünfzehnmal wiederholt.

Von außen betritt man durch einen schmalen Seiteneingang das Museum und die Schatzkammer der Kathedrale. Das Museum enthält Werke von drei Malern des ›Goldenen Zeitalters‹ der spanischen Kunst: von Zurbarán, Cano und Murillo. Aber sie machen wenig Eindruck in den düsteren Räumen und an den feuchten Wänden. In der Schatzkammer sind neben vielerlei Schmuckwerk drei aus Gold und Silber geschmiedete Monstranzen zu bewundern; eine davon ist die mit unzählbaren Edelsteinen geschmückte Custodia del Millón. An der mit 4 m Höhe angeblich größten Kustodie der Welt arbeitete der spanische Silberschmied Antonio de Suárez Mitte des 17. Jh. 16 Jahre lang. Die älteste der drei Kustodien zeigt gotischen Stil und stammt von Enrique de Arfe, dem Goldschmied Heinrich von Harff aus der Nähe von Köln. Er kam 1506 mit dem Habsburger Philipp dem Schönen nach Spanien, wo er in kunstvoller Feinarbeit das erste in Amerika geraubte Gold und Silber in flimmernde plastische Bildwerke umwandelte. Er bediente nicht nur Cádiz, sondern auch die Kathedralen von Sevilla, Córdoba und Toledo. Zu Fronleichnam werden die Monstranzen im festlichen Umzug durch die Straßen getragen.

Nordöstlich der Neuen Kathedrale liegt die **Alte Kathedrale,** die heutige Pfarrkirche Santa Cruz. Das schlichte Gewölbe und der Eingangsbogen stammen noch aus dem Jahre 1263, die Altäre sind Beispiele spanischen Barocks, die farbigen Christus- und Marienfiguren dagegen illustrieren den Geschmack des 19. Jh. Nahe der Kirche Santa Cruz stehen nicht nur Reste von Stadtmauern und Stadttore aus dem 13. Jh. Erst vor ein paar Jahren fand man in der Nähe des Atlantiks unter den verfallenden Häusern von Cádiz die Ruinen eines **römischen Theaters,** das man 1990 begonnen hat auszugraben.

Ausflüge in die Heimat des Sherry

Karte: S. 187, 218 (Stadtplan Jerez de la Frontera)
Tipps & Adressen: Puerto de Santa María S. 348, Sanlúcar de Barremeda S. 350, Jerez de la Frontera S. 342, Arcos de la Frontera S. 325

Direkt gegenüber dem Hafen von Cádiz liegt die Stadt Puerto de Santa María. Sie ist für einen Ausflug von Cádiz aus bequem mit einem Boot zu erreichen, das mehrmals am Tage fährt. Riesige Bodegas, Hallen, in denen der Sherry auf ebener Erde in Holzfässern lagert, finden sich in der Stadt. Der Lyriker Rafael Alberti, 1902 in Puerto de Santa María geboren, berichtet in seiner Autobiografie ›Der verlorene Hain‹ von der Anfangszeit jener Dynastien des Sherry, deren Namen heute jedem Supermarktkunden geläufig sind.

»Als die Weine von Jerez und Puerto international bekannt wurden, war mein Urgroßvater, Don Vincente Alberti, zugleich einer der ersten Könige und Botschafter der Reben von Cádiz im Norden Europas. Die Herrscher Schwedens, Norwegens und Dänemarks und die russischen Zaren ernannten ihn zum Hoflieferanten, und auch England fand Geschmack an den duftenden Weinen aus diesem Winkel der Provinz Cádiz. Skandinavier kamen aus ihren Fjorden wie die Enten, die über die Heiden Frankreichs und die Berge und Ebenen Spaniens fliegen, um in den warmen Marschen des Guadalquivir zu überwintern, zu den Kais von Cádiz und gründeten Niederlassungen für jene reichen, ungewöhnlichen Völker. Die Soleras, die Dessertweine, die Muskateller, die beinahe schwarzen, die hellen Weine von den jungen Weinbergen um Jerez und die Amontillados wurden bald in ganz Europa getrunken. Von Puerta Tierra bis Sanlúcar erklangen die Namen der Domecq aus Frankreich, der Burdon, Gordon, Osborne, ... Byass ... und später Terry, Ahupol und Grant. Die meisten von ihnen kamen, vom Duft des Weines angelockt, mit leerer Börse. Meine Mutter hörte ich immer sagen, der erste Osborne sei ein bettelarmer Engländer mit geflickten Hosen gewesen, der auf den Plätzen und Straßen von Puerto Heiligenbilder, Rosenkränze und anderen Devotalienkram verkaufte.«

Das Erbe der Familie Alberti war »bald vertan und es sammelten sich die Gläubiger, die nach und nach die feuchten Kellereien in ihre Hände brachten. Mit die wichtigsten unter ihnen waren die Osborne, die im Laufe der Jahre den ganzen Weinreichtum Puertos monopolisierten. Es waren ... die Osborne in Puerto und die Domecq in Jerez de la Frontera, die das Reich des Baccus an sich rissen und die kleineren Firmen ruinierten«.

Sie sind nicht die Einzigen gewesen. Und sie haben auch nicht sämtliche kleineren Produzenten geschluckt. Es gibt noch hunderte von ihnen. Aber die ausgedehnten Lagerhallen der González Byass, Sandemann, Osborne, Harvey, Terry und Domecq bestimmen heute das Bild von Jerez und von Puerto. Der kalkig-weiße Boden um Jerez de la Frontera ist der einzige, auf dem dieser in aller Welt berühmte Wein gedeiht. Die Engländer nannten ihn Sherry, angeblich weil sie *Jerez* nicht aussprechen konnten. Bei Jerez wurde schon in der frühen Antike Wein angebaut. Als ›ce-

Markenzeichen einer bekannten Sherry-Sorte: der Stier

rentenes‹ war er bei den Römern berühmt.

Sir Francis Drake ließ nach der Plünderung von Cádiz im Jahre 1594 auch 3000 Schläuche Wein auf seine Schiffe tragen. Er schmeckte den Gentlemen in der Heimat. Shakespeare lässt wenig später seinen Falstaff auf der Bühne einen Lobgesang anstimmen: »Ein guter Sherry hat eine zweifache Wirkung in sich. Er steigt Euch in das Gehirn, zerteilt da alle die albernen und rohen Dünste, die es umgeben, macht es sinnig, schnell und erfinderisch, voll von behenden, feurigen und ergötzlichen Bildern. … Die zweite Eigenschaft unseres vortrefflichen Sherrys ist die Erwärmung des Bluts … Wenn ich tausend Söhne hätte, der erste menschliche Grundsatz, den ich sie lehren wollte, sollte sein, dünnem Getränk abzuschwören und sich den Sherry (›Sack‹) zu ergeben.«

Die Nachfrage stieg, Exportfirmen wurden gegründet. Anfang des 18. Jh. entstanden die ersten der großen Bodegas, ›Kathedralen des Weins‹ genannt.

Schlichte Säulen und Bögen schmücken sie im Innern. In drei Reihen übereinander liegen hier tausende von schwarzen Fässern aus amerikanischer Eiche gestapelt. Der in ihnen reifende Wein wird angesaugt, so dass die Fässer nicht bewegt werden müssen. González y Byass ließen sich vom berühmten französischen Ingenieur Eiffel einen Pavillon einrichten. Unter den ältesten Gewölben ließen die Könige und Herrschenden der vergangenen zwei Jahrhunderte ihre privaten Fässer lagern. Sie werden heute wie Reliquien vorgeführt, ebenso jene noch zahlreicheren Fässer, auf denen Berühmtheiten aller Nationen ihre Namen hinterlassen haben.

Es stimmt: In diesen Hallen ist Andalusien ökonomisch ein Zentrum der Welt. Neben den einheimischen Sherry-Baronen sind Ausländer die Nutznießer, allen voran die Engländer, denen Profit und Sherry bis heute in besonders großen Mengen zufließen.

Die meisten großen Firmen sind auf neugierige Besucher eingerichtet. Nach

Weinland Andalusien

Klima, kalkiger Boden und jahrhundertealte Winzererfahrung fügen sich zusammen, um die unvergleichlichen Weine von Jerez zu gewinnen. Zu ›Jerez‹ und damit zum Sherry gehören auch die Weinorte Chiclana, Chipiona, Puerto Real, Rota und Trebujana. Im geografischen Dreieck zwischen Jerez, Puerto de Santa María und Sanlúcar de Barrameda befindet sich das Hauptanbaugebiet für die berühmten *finos* – die trockenen hellen Sherry-Weine. Während der Gärung entsteht auf der Oberfläche des Weines durch bakterielle Hefezüchtung ein natürlicher Film oder eine ›Blume‹. Manche *finos* nehmen, ohne dass man eine Erklärung dafür wüsste, während der Gärung Farbe an und reifen zum *vino amontillado* heran, einer weiteren Spezialität der Jerezaner Winzerkunst.

Die *manzanillas* aus Sanlúcar de Barrameda gehören zu der Familie der *finos;* die charakteristische besondere Note wird ihm während der Gärung durch die Meeresluft verliehen. Der Sherry aus der Gegend um Jerez ist natürlich der berühmteste Wein Südspaniens, aber das Weinland Andalusien hat noch andere Besonderheiten zu bieten. Manche Weine zählen nicht nur innerhalb Spaniens zu den Spitzenprodukten, sondern gelten im weltweiten Maßstab als herausragend. Dazu gehören vor allem die Likörweine aus Jerez, Málaga, Huelva und Montilla-Moriles sowie der berühmte, überall in Spanien

getrunkene *Brandy*, über dessen Qualität in Jerez ein eigenes Prüfungskartell wacht. Fast die Hälfte der spanischen Branntweine und Liköre stammt aus Andalusien.

Die Ausdehnung der Weinbaugebiete ist verhältnismäßig gering; der Reisende wird in Andalusien endlosen Landschaften mit Olivenbäumen, aber kaum von Weinreben dominierten Landschaftsbildern begegnen. Dennoch nimmt Andalusien in der Produktion gleich hinter dem riesigen Anbaugebiet von Kastilien-La Mancha die zweite Stelle ein. In der Qualität ohne Abstriche vergleichbar mit den Weinen aus der Gegend um Jerez sind vor allem jene aus dem Gebiet von Montilla-Moriles (Provinz Córdoba). Auch hier reicht die Palette vom trockenen *fino* bis zu hochklassigen schweren Süßweinen.

Weniger bekannt dagegen sind die Weine aus Huelva. Hier werden ebenfalls hervorragende Süßweine *(Condado Viejo)* und wohlschmeckende trockene Weißweine produziert, die die beste Begleitung zu Fisch und Meeresfrüchten bilden. Auf dem Weg nach El Rocío und in den Parque de Doñana sowie entlang des Río Tinto gibt es eine Reihe von Bodegas, die zugleich als Bars funktionieren. Die Einheimischen sitzen dort bei Wurst, Oliven und Brot neben riesigen Fässern auf Hockern und erfreuen sich ihres landeseigenen Weines. Ein spritziger, vor allem zu Fischgerichten passender leichter

Weißwein stammt aus Arcos de la Frontera *(tierra blanca)*. Málaga ist zwar eine insgesamt kleine, aber bedeutende Anbauregion, der von hier stammende süße und samtweiche Wein wird seit der Antike als Heil- und Genussmittel gerühmt. Auf kleinen, in der gesamten Region Málaga verstreuten Rebflächen reifen vor allem Moscatel- und Pedro Ximenez-Trauben. Den Weinstock der Pedro Ximenez-Traube soll ein Soldat Karls V. aus dem Rheinland mitgebracht haben. Aus Peter Siemens wurde Pedro Ximenez. Der Setzling aus deutschen Landen bildet übrigens nicht nur die Grundlage des Süßweins aus Málaga, sondern ist auch Bestandteil der verschiedenen Sherry-Sorten, ausschließlich des trockenen *fino*.

Abgelegen, ehemals berühmt und heute kaum noch bekannt ist das Weinbaugebiet nördlich von Córdoba in der Sierra Morena um Espiel und Villaviciosa de Córdoba. Das Produkt ist ein leichter und milder Wein, vergleichbar dem aus der Mancha-Gegend in Kastilien; dasselbe gilt für die Weine aus der Provinz Jaén (um Torreperogil, Baeza, Úbeda, Sabiote). Gute Rotweine mit ähnlichen Eigenschaften stammen aus Banos de la Encina. In Andújar, Arjona und Lopera (Provinz Jaén) erinnern die dort gekelterten Weine an jene aus Montilla-Moriles (Provinz Córdoba).

Ein begehrter, kaum im Handel und hauptsächlich in den regionalen Restaurants erhältlicher Rotwein kommt aus der schroffen Sierra de Contraviesa, zwischen der Sierra Nevada und der Mittelmeerküste in der Region Granada gelegen. Weinorte, deren Namen an ihren arabischen Ursprung erinnern, sind Albondon, Albuñol, Jorairátar und Turón.

telefonischer Anmeldung kann man vormittags unter kundiger Führung – häufig auch in deutscher Sprache – an den endlosen Reihen gestapelter Holzfässer vorbeiwandeln und sich über die Geheimnisse der Qualitätserzeugung und die spezifische Mischung der Weinsorten informieren. Am Ende des Rundgangs erwartet die Besucher normalerweise eine Kostprobe des Inhalts wohlbekannter Flaschen: Der trockene, helle *fino* wird als Aperitif-Wein getrunken, der aromatische, halbtrockene *amontillado* ist etwas für jede Gelegenheit, und der dunkle *oloroso* oder der dickflüssige, süße *dulce (cream)* werden als Dessertwein bevorzugt. Dass man hier außerdem wunderbar sanfte Brandys produziert, deren Qualität an die der besten französischen Cognacs heranreicht, ist ein offenes Geheimnis.

In den Bodegas herrscht sommers wie winters eine gleichbleibende mittlere Temperatur, die man durch Luftzirkulation und angefeuchteten Sandboden erzielt. Die Fässer sind halb gefüllt. Der junge Wein aus den oberen Fässern wird jeweils dem älteren aus den darunterliegenden beigemischt. Aus den untersten Fässern wird dann schließlich der inzwischen einige Jahre alte Sherry abgesaugt und zum Genuss freigegeben. So erzielt man ein gleichbleibendes Qualitätsniveau und keine Jahrgangsweine.

Nicht nur Fisch und Sherry – Puerto de Santa María

Der Cádiz am nächsten gelegene Sherry-Ort ist Puerto de Santa María **6**. Ein Besuch lohnt schon allein wegen der ausgezeichneten Fischrestaurants, die direkt gegenüber dem örtlichen Fischereihafen an der Mündung des Río Guadalete liegen.

Bodega in Jerez de la Frontera

Nur ein paar Schritte weiter, im Zentrum der Stadt, befindet sich die **Burg San Marcos**. Auf den Trümmern eines ehemaligen Römertempels bauten die Mauren diese trutzige Festung. Alfons der Weise eroberte sie 1260 und gab der Stadt ihren jetzigen Namen. Das Adelsgeschlecht der Medinaceli herrschte nahezu uneingeschränkt über die Stadt. Es residierte in der Festung von San Marcos, deren höchster Turm ein Minarett gewesen sein soll. Im Inneren finden wir eine Kapelle, die ehemalige Moschee.

Mehr noch als Cádiz war Puerto im 16. Jh. die Stadt der wagemutigen Seefahrer, die sich hier, angesteckt vom Entdeckerfieber der beginnenden Neuzeit, aufhielten, um Ausrüstung und seemännisches Handwerkszeug zu besorgen, so neben Kolumbus auch dessen Steuermann Juan de Cosa, der erste Kartograf der Neuen Welt. Im Innern der Stadt stehen noch zahlreiche **Adelshäuser** aus dem 17. und 18. Jh.

Außerhalb erstrecken sich Badestrände bis in die Gegend von **Rota** `7`. Amerikanisches Militär ist dort stationiert. Um nach Rota hineinzugelangen, muss man ein ausgedehntes Sperrgebiet umfahren. Die Strände sind hier überall gut. Bis zum 16 km entfernten **Chipiona** trifft man auf keinen größeren Ort.

Wacht am Guadalquivir – Sanlúcar de Barrameda

Bewegen wir uns nun in Richtung Sanlúcar de Barrameda `8`, nähern wir uns der Mündung des Guadalquivir. Durch diesen Strom fuhren im 15. und 16. Jh. die goldbeladenen Schiffe aus Amerika bis nach Sevilla. Und unmittelbar nördlich des Flussdeltas soll, jedenfalls den Vermutungen und Indizien-

sammlungen des Geschichtsforschers Adolf Schulten nach, das reiche Tartessos beziehungsweise das sagenumwobene Atlantis gelegen haben – seit Jahrtausenden im Sand des flachen Strandes versunken, unter den wandernden Dünen des jetzigen Naturschutzgebiets Parque Nacional de Doñana vergraben.

Sanlúcar hat sich ähnlich wie Puerto den rauen Reiz einer vom Fischfang lebenden Küstenstadt erhalten. Beide Orte liegen zudem an der Mündung von Flüssen in den Atlantik, der bei Ebbe dunkelbraunen Schlick hinterlässt. Dann wirkt der gesamte Strom traurig und verkommen. Und es passt natürlich zum Bild des Verfalls, wenn verrottete Boote umherliegen, die schmutzigen Anstriche der Häuser abblättern und krächzende Möwen in der Luft kreischen, herangelockt vom Gestank faulenden Fischs.

Hinter dem Ufer des Guadalquivir befindet sich die hochgelegene Altstadt, gekrönt von den Ruinen eines mächtigen Kastells. Nahebei liegt die **Kirche Nuestra Señora de la O**. Die Bedeutung ihres seltsamen Namens ist ungeklärt. Das Gotteshaus stammt aus dem Jahre 1360 und wird von einem reich verzierten *mudéjar*-Portal geschmückt. Im Innern bietet der Hauptaltar ein Beispiel des so genannten churrigueresken Stils, einer extremen Dynamisierung barocken Dekors, die die Arbeiten des spanischen Bildhauers Churriguera zum Vorbild hat.

Daneben steht der Palast ihrer Stifter, der Herzöge von Medina-Sidonia aus dem Geschlecht des Guzmán el Bueno (vgl. S. 180f.). Von der **Burg** aus überschaut man jenseits der ihr unterworfenen Stadt die gesamte Mündung des Guadalquivir und auf der anderen Uferseite des Flusses ist der heute geschützte menschenleere und tierreiche Coto de

Doñana zu sehen, das ehemalige Jagd-gebiet der Herzöge (s. S. 280ff.).

Kolumbus startete von Sanlúcar aus 1498 seine dritte Entdeckungsreise, die ihn bis an die Mündung des Orinoco im heutigen Venezuela führte, also direkt zum amerikanischen Kontinent, den er bis ans Ende seines Lebens für Indien halten sollte. Im Jahre 1519 segelte der portugiesische Seefahrer Magalhães (auch Magellan) aus dem Hafen von Sanlúcar de Barrameda. Er stand in spa-nischen Diensten und hatte den Auftrag, einen Westweg zu den Gewürzinseln zu erkunden. Nachdem er einen Seeweg um die Südspitze des amerikanischen Kontinents gefunden hatte (daher der Name Magellanstraße oder Magalhães-straße), fiel er 1521 im Kampf mit den Eingeborenen jener Inseln, die später nach dem spanischen König Philipp II. Philippinen genannt wurden. Der Erste Offizier und Nachfolger von Magalhães, Sebastián Elcano, umsegelte das Kap der Guten Hoffnung, kehrte 1522 nach Spanien zurück und vollendete damit die erste Erdumseglung.

Sanlúcar de Barrameda ist die Stadt des *Manzanilla*-Weins, der hier produ-ziert, gelagert und natürlich auch ge-trunken wird. Man sollte sich nicht scheuen, eine jener nicht gerade einla-dend aussehenden Spelunken in der Ha-fengegend zu besuchen, auf deren ärm-lichen Tresen die köstlichsten *gambas*, *langostinos* und Tintenfischarten ge-kocht oder gegrillt serviert werden. Dazu gehört natürlich ein Glas gekühlter *manzanilla*. Gaumen und Nase werden eine feste und gute Erinnerung an Sanlúcar de Barrameda bewahren.

Bodegas und Hohe Schule – Jerez de la Frontera

Fahren wir nun durchs Land in Richtung Jerez de la Frontera **9**, befinden wir uns im Kerngebiet des Sherry, einer sanften, flachen und baumlosen Hügelland-

Pferde- und Stierzüchter L. Domecq Rejenador

schaft mit weißlicher, reflektierender Erde. Jerez de la Frontera ist trotz größerer Einwohnerzahl als Cádiz zwar nicht Provinzkapitale; Hauptstadt ist es dennoch, nämlich unangefochten die des Sherry und der Pferdezucht.

Beide Städte konkurrieren miteinander. Ihre Bewohner pflegen wie überall in Andalusien den Lokalpatriotismus und lieben abschätzende Bemerkungen über die bedauernswerten Bewohner ihrer Nachbarstadt. Und auch für den Andalusien-Besucher stehen Cádiz und Jerez de la Frontera gewissermaßen als Konkurrenten da. Natürlich bietet sich Jerez ebenso wie Cádiz als urbaner Ausgangspunkt für die Entdeckung dieser Region an. Die Wahl fällt – je nach individueller Neigung – sicherlich leicht, denn die Unterschiede zwischen den Städten sind deutlich genug. Einen Besuch verdienen jedoch beide Orte.

In Cádiz beeindruckt nicht nur die Lage am Atlantik, sondern auch die atmosphärische Dichte der Stadt, die uns zumindest im Kern als Einheit erscheint, Jerez dagegen zeigt selbst im Zentrum Disparates. Es ist eine Stadt, die mehr als Cádiz mit einzelnen baulichen Zeugnissen ältester Geschichte aufwarten kann. Zugleich finden wir moderne und elegante Geschäftsviertel, wie sie in Cádiz nicht existieren, sondern allenfalls in größeren Städten Andalusiens. Weiterhin ist in Jerez unübersehbar das feudale Andalusien zu Hause, das einen starken Gegensatz zum weltbürgerlich-liberalen Cádiz darstellt.

Von der Umgebung durch gewaltige Eisentore und dicke Mauern abgetrennt, durchwachsen die Herrschaftsbereiche der Sherry-Barone einen Großteil der Stadt. Mit gepflegten Parks, englischem Rasen, französischen Eisenkonstruktionen, deutschem Wagenpark und internationalem Flair bilden sie eine Welt für

sich, die lokale und regionale Verbundenheit nur dann zeigt, wenn sie sich werbewirksam einsetzen lässt oder aber als einfacher Besitzstolz zutage tritt. Gemeinwohl ist in dieser Welt eine fremde Vokabel.

In den Randbezirken von Jerez haust dagegen die blanke trostlose Armut in einer ebenfalls abgetrennten, aber ganz anderen Welt. In Slums und verwahrlosten Hochhäusern wohnen tausende von Tagelöhnern mit ihren Familien. Sie ernten im September per Hand den Wein der Umgebung. Das ländliche Andalusien tiefster sozialer Gegensätze und überlebender feudaler Strukturen prägt das Leben dieser Stadt, in der sich der Reichtum des Landes konzentriert. Jerez de la Frontera ist die Stadt der Großgrundbesitzer, auf deren Boden der Wein wächst und edle Pferde Auslauf haben. So ist es kein Zufall, dass Jerez nicht nur für Weinfreunde, sondern auch für Pferdeliebhaber eine erste Adresse ist.

Der Reichtum von Jerez wird nicht schamlos versteckt, als sei er erst jüngst erworben worden. Er gilt in den traditionsreichen Familien als angestammt. Dies entspricht zwar meist nicht der Wahrheit, aber die Reichen werden hier nicht umsonst Barone genannt. Die Weihe angenommenen Adels gibt den Vermögenden nicht nur ein stolzes Selbstgefühl, sie müssen auch der ›Ehre‹ gerecht werden: Kampfstiere zu

Hohe Schule und Urlaub zu Pferde

Im 17. Jh. wurde erstmals auf der Plaza del Arenal in Jerez de la Frontera eine öffentliche Vorstellung zur Hohen Schule der Dressur von Pferden geboten. Die derzeitige Königliche Schule der Reitkunst knüpft sowohl an diese wie an die Tradition der Züchtung an, wie sie die Kartäusermönche nahe Jerez seit dem 14. Jh. erfolgreich betrieben hatten. 1973 zeichnete König Juan Carlos, damals noch Prinz, Alvaro Domecq Romero mit dem höchsten Orden für seine Verdienste in der Förderung der Reitkunst aus; dieser revanchierte sich mit der Premiere der Vorstellung von ›Wie die andalusischen Pferde tanzen‹. In den folgenden Jahren wurde eine Reitschule gegründet und die in Spanien einzigartige Sammlung historischer Karossen begonnen. Jeden Donnerstag besteht die Gelegenheit, die spektakuläre ›Sinfonie der Pferde‹ zu bewundern; außerdem kann man vormittags beim Training zuschauen (außer donnerstags).

Wer nicht nur Pferde betrachten, sondern auf deren Rücken Andalusien entdecken will, kann dies an verschiedenen Orten und in unterschiedlicher Weise tun. Das Angebot reicht von der Teilnahme an Reitkursen einschließlich der Besichtigung von Gestüten bis hin zum ausgedehnten Reiterurlaub. Man kann ihn auf Landgütern verbringen oder man durchquert in einer Gruppe von Reitern auf ausgesuchten Strecken die andalusische Landschaft. Speziell zu *ferias* und Wallfahrten können Pferde auch gemietet werden. (Adressen für Reiterferien s. ›Serviceteil‹.)

züchten mag Verschwendung weitläufigen, fruchtbaren Landes sein, das anders und besser genützt werden könnte, aber diese ökonomische Argumentation zählt nicht, wenn es um Anerkennung geht. Adel verpflichtet – zu anderem.

Auch die Zucht edler Pferde gehört dazu. Sie verbindet die Herren des Landes – seien sie alteingesessen oder nicht – mit dessen angestammten und nie vernachlässigten Traditionen. Die Araber hatten ihre schnellen Rösser nach Andalusien mitgebracht. Deren Blut bestimmt seither die besten Rassen. Das andalusische Reitpferd wurde weltberühmt. Jahrhundertelang beispielgebend für die Zucht waren die so genannten Kartäuserhengste aus dem Kloster La Cartuja, wenige Kilometer außerhalb von Jerez. Der lebendige Schatz des Konvents wurde von den abziehenden französischen Truppen Napoleons geplündert und in alle Winde zerstreut. Als hervorragende Könner im Umgang mit Pferden erwiesen sich übrigens die andalusischen *gitanos.* Das wichtigste staatliche Gestüt Spaniens befindet sich heute nahe dem großen Platz, auf dem alljährlich in der zweiten Maiwoche von Mittwoch bis Sonntag die berühmte *Feria del Caballo* stattfindet. Zu diesem Fest werden die schönsten und besten Pferde ganz Andalusiens präsentiert.

Der Inbegriff eines edlen spanischen Mannes ist immer noch ein *caballero,* ein Reiter. Das ist mehr als ein Mann. Das ist, erhöht durch das Pferd, fast eine andere Rasse. Lässige Ruhe strahlen die *caballeros* aus, während blumengeschmückte *senõras* und *señoritas* – ebenfalls vom Rücken der Pferde – ihre strahlende Anmut zeigen. Nicht nur das Reiten ist in Andalusien buchstäblich populär und Bestandteil von Volksfesten geblieben. Auch prachtvolle Kutschen verstauben nicht in Schuppen, sondern werden zu zahlreichen Gelegenheiten glanzvoll vorgefahren.

Zum edlen Pferd gehört die Hohe Schule der Dressur, wie sie in der **Escuela de Arte Ecuestre** gepflegt wird und besichtigt werden kann. Diese Reitschule befindet sich am Rande der Stadt, nahe der Ausfallstraße nach Sevilla. Das Programm der ›tanzenden andalusischen Pferde‹ hat vor allem während der Weltausstellung in Sevilla ein großes Publikum angelockt und begeistert. Jeden Donnerstag gibt es eine Aufführung. Am Flamenco interessierte Besucher sollten die **Fundación Andaluza de Flamenco** aufsuchen.

Stadtbesichtigung

Jerez ist wenig übersichtlich, erst recht aus der Perspektive des Autofahrers. Man sollte das Fahrzeug am Rande des Ortes stehen lassen. Die Sehenswürdigkeiten liegen nahe beieinander. Von Cádiz kommend, sieht man gleich am Rande der Innenstadt Reste der arabischen Stadtmauer; nur wenige hundert Meter entfernt erhebt sich der maurische **Alcázar** aus der Almohadenzeit (12. Jh.) auf einem Hügel nahe dem Eingang zum Sherry-Reich von González Byass. Tiefgaragen bieten günstige Parkmöglichkeiten. In der Burg befinden sich noch Reste der arabischen Bäder und eine sehr schlichte und eindrucksvolle Moschee.

Unterhalb des Alcázar-Hügels erhebt sich der bedeutendste christliche Bau der Stadt, die fünfschiffige **Kathedrale San Salvador** aus dem 13. Jh., die ihre heutige Gestalt im Wesentlichen im 17.

Ein Fest für Pferde und Pferdefreunde:
die Feria del Caballo in Jerez ▷

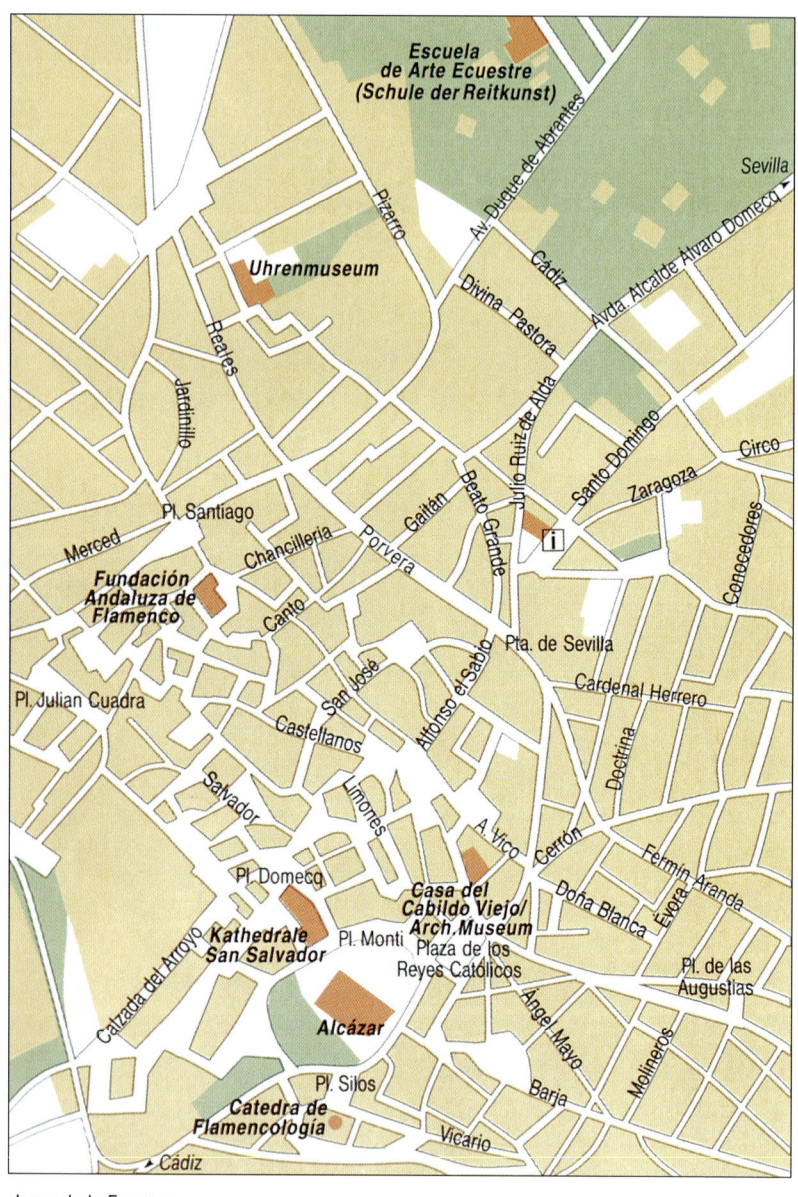

Jerez de la Frontera

und 18. Jh. erhielt. Eindrucksvoll sind die vorgelagerte Freitreppe und die wie Flügel ausschwingenden Strebepfeiler. Im separat stehenden Glockenturm er-

kennen wir deutlich das ehemalige Minarett. Weiter im Zentrum befindet sich das alte Rathaus, die **Casa del Cabildo Viejo.** Sie ist der schönste Renaissance-

Palast der Stadt. In einem Teil beherbergt sie das Archäologische Museum von Jerez. Der spektakulärste lokale Fund, der hier aufbewahrt wird, ist ein altgriechischer Helm aus dem 7. vorchristlichen Jh. Er dient als Beweisstück dafür, dass in der frühen Antike Griechen in Jerez siedelten. Jerez de la Frontera blickt wie Cádiz auf eine lange Geschichte zurück. Unter den Phöniziern hieß die Stadt Xera. Nach Griechen und Karthagern lebten hier die Römer. Das Archäologische Museum zeigt einen schönen römischen Mädchenkopf mit einer offenbar für die damalige Provinz Baetica typischen Frisur (man fand Ähnliches in Carmona). Das maurische Ceret wurde 1264 von Alfons X., dem Weisen erobert.

Gelingt es uns, von Jerez aus die C 440 zu finden, sind wir auf dem direkten Weg in das andalusische Hügelland, in Richtung Medina Sidonia. Nach 5 km liegt auf der rechten Seite die berühmte **Cartuja.** Zurbarán malte für das Kloster seine berühmten Mönchsbilder, die jetzt im Archäologischen Museum von Cádiz zu sehen sind. Die Cartuja war dereinst als Zuchtstätte der Kartäuserhengste berühmt. Das Kloster wurde 1463 gegründet. Das prunkvolle Eingangstor und die reiche Kirchenfassade aus dem 16. und 17. Jh. täuschen über das äußerst asketische Leben jener Anhänger des heiligen Bruno (aus Köln) hinweg, die hier ihr einsiedlerisches Leben führten und in den Nischen der Hauptfassade porträtiert sind. Sehr schön ist der 1477 angelegte Kreuzgang mit gotischen Pfeilern und Wasserspeiern.

Einen Kilometer weiter überqueren wir den Río Guadalete. Nahe der Brücke wurden 711 n. Chr. die Krieger des Westgotenkönigs Roderich von den schnellen Reitern des Tarik überrannt – und eine neue Epoche begann. Das Ross des Königs fand man am Ufer des Flusses. Er selbst blieb verschollen und gab als Verschwundener vielen Legenden Nahrung.

Ein Thron in den Hügeln – Medina Sidonia

🔟 Die Stadt liegt inmitten sanfter Hügel, von Cádiz und Jerez gleich weit entfernt (ca. 35 km). Die Fremdenverkehrswerbung hat aus dem Anfahrtsweg eine ›Route der Stiere‹ gemacht. Aber man darf nicht unbedingt damit rechnen, sie vor Augen zu bekommen; zu weitläufig sind die riesigen Weideflächen abgesperrt. Nur wenige Häuser liegen an der Straße. Von Jerez kommend, gibt es auf halber Strecke einen Rastplatz, wo man bequem draußen im Garten sitzen kann. Schon von weitem sieht man die hochgelegene Stadt mit dem klangvollen Namen, der an das arabische ›Medina‹ und das phönizische ›Sidon‹ erinnert.

Der Atlantik ist weit entfernt. Dennoch kann man ihn und die Kräne der Schiffswerft von Cádiz bei guten Sichtverhältnissen vom Rande der Stadt aus erkennen. Der Ort selbst aber strömt die Ruhe ländlicher Provinz aus. Der berühmte Herzog von Medina Sidonia ist eine nationale Größe, doch die Stadt ist nichts weiter als ein größeres Dorf. Und darin liegt der eigentliche Reiz eines Besuchs. Die Familien der Landarbeiter leben unter sich. Fremde sind hier selten anzutreffen.

Nach der Auffahrt, an Gärten und wilden Kakteen vorbei, stoßen wir auf ein maurisches Tor, zu dem eine Treppe führt. Ins Innere der Stadt gelangen wir, indem wir diesen **Arco de la Pastora** passieren. Durch schmale Gassen weiter hügelaufwärts erreichen wir Reste der Ummauerung, die die Burganlage schützen sollte. Von ihr selbst sind nur noch wenige Relikte zu sehen. Ein Turm, der als einziger stehen geblieben ist, diente als Gefängnis für eine Königin: Pedro I., ›el Cruel‹ (Peter der Grausame), im 14. Jh. König von Kastilien und León mit Residenz in Sevilla, verbannte seine ihm angetraute Ehefrau Blanca de Borbón nach Medina Sidonia, um sich ungestört seiner Geliebten widmen zu können. Deren Person hat die Fantasie der Andalusier jahrhundertelang beschäftigt. Ob durch Zaubertränke oder nicht, María de Padilla muss ein bezauberndes Wesen gewesen sein und so einflussreich, dass die *gitanos* sie zu ihrer angebeteten Königin machten, der sie zahlreiche beschwörende Lieder widmeten.

Hoch oben, nahe der ehemaligen Burg liegt auch die **Kirche Santa María,** die ähnlich wie die Kathedrale von Ronda teils gotisch, teils im isabellinischen Stil der Renaissance ausgeführt ist. Sehenswert sind die plastischen Schnitzwerke des Hochaltars und die Darstellung des Abendmahls. Auf den Bänken vor dem Chor – Insignien bezeugen es – tagten ehemals die Vertreter der Inquisition, die vom Orden der Dominikaner bestellt worden waren. Wenn einem aufgeschlossen wird, sollte man auch den Glockenturm besteigen. Von hier aus kann der Blick in alle Himmelsrichtungen über die schwellenden Hügel schweifen.

Zum Flug bereit – Arcos de la Frontera

11 Eine landschaftlich reizvolle Strecke führt über die CA 204 und die C 343 37 km nordwärts in eines der schönsten Städtchen Andalusiens. Arcos, bereit zum Flug – so erscheint es wirklich, wenn man um die letzten Hügel gebogen ist und nun vor sich das Tal des Río

Guadalete sieht, hinter dem von einer schroffen, 160 m hohen Felswand die Häuser und Türme von Arcos in den Himmel gehoben werden.

Man findet den Eingang in die Stadt von Osten oder von Westen. Die Straßen sind schmal, die strahlend weißen Häuser locken mit blumengeschmückten Patios. Über manchen Gassen sind Stützbögen angebracht. Die schönsten Einblicke kann hier nur der geruhsame Spaziergänger gewinnen. Da die überraschenden Reize so zahlreich sind und da die Atmosphäre lebendig und durch die luftige Höhe bei aller Enge nie bedrückend ist, lohnt in diesem Städtchen ein Aufenthalt. Zu diesem Zwecke kann man, ja muss man einen Parador empfehlen. Wer mit dem Auto unterwegs ist, sollte sich in diesem Fall ausnahmsweise motorisiert in die Innenstadt wagen. Man gelangt von Westen, den Schildern zum Parador folgend, durch teilweise sehr enge Gassen zum Rathausplatz, der **Plaza del Cabildo,** wo Gäste des Paradors das Auto auch über Nacht parken können. Von hier aus lassen sich reizvolle Rundgänge unternehmen. Zunächst aber sollte man den Platz selbst betrachten. Er ist zur Steilwand hin offen, nur durch ein Gitter geschützt. Die Aussicht ist berauschend. Vögel kreisen unterhalb der Stadt über dem Fluss. Meistens weht ein leichter, kühlender Wind. In der Ferne ist das Gebirge der Sierra Ubrique zu erkennen. In unmittelbarer Nähe sind jenseits des Flusses fruchtbare Gärten und Felder und auf den Hügeln Olivenbäume zu sehen.

Dreht man sich herum, trifft der Blick links auf die Zinnen einer **Burg,** die sich in Privatbesitz befindet. Daneben liegt das **Rathaus,** gegenüber die barocke Fassade der **Kirche Santa María de la Asunción.** Vor ihrem sehenswerten

Eines der schönsten weißen Dörfer in Andalusien: Arcos de la Frontera

Westeingang, vom Aussichtsplatz nicht sichtbar, zeigt sie ein anderes Gesicht. Wie zerfließendes Geschmeide hängt dort die halbverwitterte Pracht plateresker Renaissance-Dekoration an der Fassade. Im Innern der Kirche, die im 16. Jh. gebaut wurde, greifen die tragenden Pfeiler in das Gewölbe über. Diese schwungvoll-elegante Bauweise bezeichnet man treffend als Palmbaum-Gewölbe. Rechter Hand des Aussichtspunkts befindet sich ein schlichter Neubau mit Innenhof und Terrasse, der **Parador** von Arcos de la Frontera.

Neben Santa María bestimmt eine weitere Kirche aus dem 16. Jh. das Stadtbild – wie Standarten, um die sich die jeweiligen Anhänger gruppieren. Kirche und Gemeinde von **San Pedro** standen jedenfalls, so wird erzählt, seit Ende des 17. Jh. jahrzehntelang in heftiger Fehde mit den Gemeindemitgliedern des Gotteshauses von Santa María. Der christliche Friede ließ zu wünschen übrig. Die Heiligen waren zu Konkurrenten geworden. Gott sei Dank gab es den Papst, der hier 1764 mit Erfolg schlichten konnte.

Die Stadt ist überschaubar, vor allem der Altstadtbezirk oben auf dem Berg. Wer nicht mit dem Auto zum Rathausplatz fahren will, sollte den Fußweg an der Nordseite nehmen. Man muss einige Treppen und steile Wege hinaufsteigen. Aber der Blick auf die Stadt und die Landschaft mit der ausgedehnten Wasserfläche des gestauten Guadalete entschädigt für die kleine Mühe.

Flamenco

Seit dem 15. Jh. ließen sich die *gitanos* (Zigeuner) in Cádiz, Sevilla, Jerez de la Frontera und Granada nieder. Sie wurden diskriminiert und von der Inquisition verfolgt. Erst ein Erlass des Bourbonen-Königs Karls III. aus dem Jahre 1782 erlaubte ihnen schließlich offiziell ein ›menschenwürdiges Seßhaftsein‹. Seit jener Zeit konnten es die *gitanos* wagen, ihre tradierten Ausdrucksformen öffentlich vorzustellen. Ihre bislang nur im eigenen Kreis vorgetragene Musik wurde nun auch Außenstehenden bekannt gemacht und bekam einen Namen, dessen Herkunft bis heute niemand erklären kann.

Flamenco hieß fortan ihre Kunst. Der älteste Teil des Flamenco ist der Gesang *(cante),* danach erst traten Tanz *(baile)* und Gitarrenmusik *(toque)* hinzu. Themen des Gesangs sind zumeist Klagen über die Qualen des Lebens: Einsamkeit, Liebesleid, Unterdrückung.

Die musikalischen Wurzeln des Flamenco sind vielfältig. Die Tänzerinnen von Cádiz und ihre Musik wurden schon vom römischen Schriftsteller Juvenal beschrieben. Wegen Unsittlichkeit verbot sie der Kaiser Theodosius im 4. Jh. n. Chr. Sie haben sicherlich in der Region zumindest spurenweise überlebt.

Großen Einfluss auf die musikalische Entwicklung übte am Hof von Córdoba im 9. Jh. ein Sänger namens Ziryab aus Bagdad aus. Er richtete dort als hoch geachteter Mann eine Schule für Musik und Gesang ein, die persische Traditionen nach Europa brachte. Der Gebrauch der Laute (arab.: al-'ud), der Gitarre (arab.: qitara) und anderer Instrumente, wie etwa der Kastagnetten wurde erlernt, und man entwickelte eine Musik, die ausgeprägte Rhythmen sowie arabeskenhafte Verzierungen der Melodie kannte. Einen starken musikalischen Einfluss übten neben maurischen und mozarabischen Volksliedern die jüdischen Synagogenlieder aus, vor allem die Trauergesänge. Die *gitanos* selbst brachten möglicherweise aus ihrer indischen Heimat manche Elemente des Flamenco-Tanzes mit. Zumindest die Bewegungen von Armen und Händen erinnern an indische Tempeltänze.

Der Flamenco besitzt unübersehbar die Formen eines Rituals. Der Gesang beginnt häufig wie eine Anrede. Der Sänger legt die Hand auf die Schulter eines Freundes und während er sein Leid mit kehligen, rauen Tönen besingt, scheint er dämonische Kräfte zu beschwören, die von ihm Besitz ergreifen. Schreie und schmerzverzerrte Gesichter zeugen davon. Der Sänger ist besessen, inspiriert. Er ist das Medium, das den Geist in den Kreis holt. Und die Hand auf der Schulter des Freundes erweist sich als notwendige Stütze. Das Ritual bezieht auch alle Anwesenden ein. Die Gitarre rast. Die Zuhörer rufen, feuern an, unterstützen, klatschen, sie ›tragen‹ den, der sein Inneres herauskehrt – bis zum *duende* (Dämon), dem Moment

der Ekstase, dem ›Augenblick der Wahrheit‹, einem mystischen Vereinigungs-
moment, in dem »junge Mädchen zu
Mondsüchtigen, Greise zu Jünglingen
werden« (Manuel de Falla).

Welche musikalischen Traditionen
und Formen der Geisterbeschwörung
hier auch Eingang gefunden haben
mögen – die gitanos in Andalusien
schufen etwas unverwechselbar Eigenes. Sie entwickelten im Verlauf der
ersten Hälfte des 19. Jh. den klassischen Flamenco, der zwischen 1860
und 1910 seine Blütezeit erlebte. In den
Cafés de cante gab es nun fest ange-
stellte Künstler. Nicht alles wurde der

Improvisation und der Eingebung des
Augenblicks überlassen. Zum Gesang
kamen Tanz und Musikbegleitung
hinzu. Teilweise verschmolzen nun
auch Elemente der andalusischen Folklore mit den authentischen *gitano*-Tra-
ditionen. Außerdem begannen Nicht-
gitanos Flamenco zu singen und zu tanzen. Eine Vielzahl von Stilformen wurde
entwickelt, wobei wie beim Stierkampf
der ruhigen und richtigen Haltung des
Tänzers und der Tänzerin größte Bedeutung zukam. Dies gilt bis heute. Die
aufrechte Haltung, die rhythmisch
stampfenden Füße, die gespreizten
Arme und die Arabesken malenden

Echter Flamenco? Viele winken heute ab. Den gäbe es nicht mehr. Alles sei kommerzialisiert oder aber für Fremde nicht zugänglich. Tatsache ist, dass der Flamenco in den letzten Jahrzehnten eine faszinierende Renaissance erlebte und weltweite Beachtung erfuhr. Die bislang nur als Begleitung existierende Gitarrenmusik machte sich als Sologitarre selbstständig; man denke nur an die Musik des aus Algeciras stammenden Paco de Lucía. Der Flamenco berührte sich außerdem auf fruchtbare Weise mit einer anderen Musiktradition der Unterdrückten: dem Jazz. Das hatte Auswirkungen auf die Formen des Tanzes. Weltweit berühmt ist der Choreograf und Tänzer Antonio Gades geworden, der den Flamenco mit Formen des modernen Tanzes verbindet. Es scheint nicht so zu sein, dass der Flamenco seine Inspiration und Kraft für immer verloren hätte. Bei vielen Vorführungen bekommt man nur noch die Reste einer ehrwürdigen Tradition zu Gesicht; das gilt fast für die gesamte Mittelmeerküste. Aber manche *tablaos,* das sind einfache Bretterbühnen für Flamenco-Vorführungen, vor allem in den Hochburgen Sevilla, Jerez de la Frontera und Cádiz, zeigen Begnadete ihrer Zunft, deren Ausdrucksstärke jeden puristischen Vorbehalt hinwegfegt.

Es gibt nicht den Flamenco, da eine Vielzahl verschiedener Stilformen existiert. Es gibt große und kleine, schnelle und langsame, zumeist traurige, schmerzerfüllte, aber auch festliche, fröhliche Gesänge. Der Flamenco ist inzwischen eine Wissenschaft für sich. In Jerez de la Frontera wurde ein Lehrstuhl für *flamencología* eingerichtet. Ein reiches Archiv und viele Kurse und Veranstaltungen zeugen von der Geschichte und anhaltenden Lebendigkeit dieser Musik.

Hände und Finger – so vielfältig die Formensprache des Körpers und seiner Glieder auch ist, sparsame Gesten sind das Zeichen der Meisterschaft.

Vom Café wanderte der Flamenco seit etwa 1910 auf die Theaterbühne. Dort bediente man sich jedenfalls mancher seiner Elemente. Südamerikanische Musikelemente gingen ins Repertoire ein, die strengen Formen lösten sich auf. Das Ergebnis war vielfach ein vergleichsweise flaches Operettenwerk. Der Flamenco verlor an Würde und Stil. Zu Beginn der 20er Jahre versuchten Federico García Lorca und Manuel de Falla den ›echten‹ Flamenco zu rehabilitieren.

Sevilla –
Bühne
des Welt-
theaters

SEVILLA

Du bist nicht Stadt, sondern eine Welt;
In Dir kann man zusammen bewundern,
Was woanders verstreut,
Teil Spaniens, viel größer als das Ganze.
(Fernando Herrera, Sevilla 1534–1597)

Stadtplan: S. 238/239
Tipps & Adressen: S. 351

■ Wären wir in der wenig beneidenswerten Situation eines Paris und müssten darüber urteilen, welche der Göttinnen die schönste sei, wir würden entscheiden wie er: So schön auch die kluge Athene (Granada) und so reizvoll die großherzige Hera (Córdoba), den Apfel würde die bezaubernde Aphrodite Sevilla bekommen.

Sevilla ist elegant und offenherzig, eine Stadt mit versteckten Kostbarkeiten, die man aber nicht suchen muss. Der Reiz der Metropole ist unmittelbar zu spüren. Ein Besichtigungsprogramm ist nicht unbedingt notwendig, aber doch sinnvoll, um sich nicht in der Fülle der Sehenswürdigkeiten zu verlieren.

Verschwenderisch und großzügig wirkt diese Stadt, die alles hat, was man sich für einen Aufenthalt wünscht: prächtige Parkanlagen zum Spazierengehen, ein Flussufer mit Promenade und Bar-Terrassen, auf denen man sich treffen kann, Plätze, die zum Träumen einladen, und unvergessliche Paläste mit kühlen, luftigen Patios und reichem Dekor. Überall kontrastieren die Farben der Blumen mit dem Weiß und Ocker der Häuser. Das Auge, die Nase, die Haut – alle Sinne leben hier auf. Nicht zuletzt der Hörsinn: Musikalität liegt in dieser beschwingten Stadt der *sevillanas.* Gewiss ist es kein Zufall, dass Opernkomponisten diese Bühne der Neuzeit zur Inspirationsquelle ihrer Werke machten – von Wolfgang Amadeus Mozarts ›Figaro‹ und ›Don Giovanni‹ über Gioacchino Rossinis ›Barbier‹ bis hin zu Georges Bizets ›Carmen‹. Wohl nirgendwo wird das Leben überzeugender als Fest und Theater inszeniert als in Sevilla.

Sevilla ist Regierungssitz der Region Andalusien und mit mehr als 700 000 Einwohnern zugleich deren größte Stadt. In ihr sammeln sich die Vorzüge des Landes als städtischer Reiz – was nicht über viele Hauptstädte gesagt werden kann. Aber Sevilla ist mehr als das Zentrum der südspanischen Region: Die Fühlungnahme der Metropole mit der Welt hat eine lange Tradition. 1992 war Sevilla ein passender Ort der Weltausstellung, denn 500 Jahre zuvor begann mit der Entdeckung Amerikas eine neue Epoche der Weltgeschichte, in der Sevilla eine Hauptrolle spielte.

Die Stadt bildete 200 Jahre lang das ›Tor zur Neuen Welt‹ und erhielt das Handelsmonopol zugesprochen, bis Cádiz diese Rolle zu Beginn des 18. Jh. übernahm. Sämtliche Dokumente, die sich auf die Eroberung und Kolonisierung Lateinamerikas beziehen, sind im Archivo General de Indias von Sevilla gesammelt. Am hiesigen Ufer des Gudalquivir befand sich die zentrale Umschlagstelle zwischen Europa und Amerika.

Sevillas Feria de Abril ist das beschwingteste aller andalusischen Frühlingsfeste

Auf Größe und Reichtum war die Stadt aus. Deshalb erbaute man hier eine der gewaltigsten und schmuckreichsten Kirchen der Christenheit. Die Kathedrale von Sevilla ist die größte gotische Kirche der Welt. Die Schätze im Innern sind so zahlreich, dass sie den Besucher ermüden. Andalusische Malerei wurde im 16. und 17. Jh. zum künstlerischen Ereignis in Europa. Im Museum der Schönen Künste von Sevilla sind die nach den Sammlungen des Prado in Madrid bedeutendsten Werke der spanischen Malerei des *siglo de oro* untergebracht.

In ganz Andalusien feiert man mit Umzügen die Karwoche. Aber die *Semana Santa* von Sevilla ist seit dem 17. Jh. mit Recht als die eindrucksvollste weltberühmt. Ebenso die ausgelassene *feria* zwei Wochen nach Ostern. *Ferias* feiern zwar auch alle anderen andalusischen Städte, jede zu ihrem Zeitpunkt. Doch die *Feria de Abril* von Sevilla gilt seit dem 19. Jh., als dieses Fest ursprünglich als Abschluss eines Viehmarktes königliche Erlaubnis erhielt, landesweit als Hauptereignis. Ihm wollen auch die Bewohner der anderen Städte beiwohnen. Vielfach wird Sonderurlaub beantragt und genehmigt, Betriebsausflüge und Busfahrten für die Bewohner abgelegener Dörfer werden organisiert. Wenn man das Frühlingsfest feiert, will man in Sevilla dabei sein, der Hauptstadt der Andalusier.

Ein Blick in die Geschichte der Stadt

Vor zweieinhalbtausend Jahren, so ist sicher, gab es an diesem Ort schon eine Sephala genannte phönizische Siedlung. Das Delta des Guadalquivir war längst nicht so ausgedehnt wie heute, und das antike Sevilla muss nahe am Meer gelegen haben. Vielleicht war es sogar ein Teil des begrabenen Tartessos-Reiches. Jedenfalls ist Sevilla eine alte Stadt und die Geschichte bleibt würdig, auch wenn sie sich im Dunkel der Vorzeit verliert. Herkules soll sich in dieser Gegend aufgehalten haben. Er raubte das Vieh des Geryon und ließ sich von Atlas, für den er zeitweise das Himmelsgewölbe hielt, die Äpfel der Hesperiden besorgen. Er, der unermüdliche Arbeiter und Räuber, ist auch der mythische Gründer Sevillas. »Herkules erbaute mich, Julius Cäsar umgab mich mit Mauern und Türmen; und der Heilige König nahm mich ein.«, so heißt es auf einer Torinschrift in Sevilla. Cäsar focht in Andalusien gegen seinen Widersacher Pompejus, der Córdoba auf seiner Seite hatte. Cäsar blieb nichts anderes übrig, als den von ihm beherrschten Ort entsprechend zu schützen. Schon damals begann der Konkurrenzkampf um die Vorrangstellung zwischen den beiden Städten.

Unter den Westgoten besaß Sevilla zu Beginn des 7. Jh. mit dem heiligen Isidor einen bedeutenden Erzbischof, der das Wissen seiner Zeit enzyklopädisch zusammenfasste. Er bildete das Haupt der ›Schule von Sevilla‹. Hundert Jahre später rückten die Araber mit den weitaus überlegenen Schätzen ihrer Wissenschaften an.

Sevilla wurde im 9. nachchristlichen Jh. von den Wikingern zerstört. Der Emir von Córdoba, Beherrscher Andalusiens, konnte sie allerdings schnell wieder vertreiben. Ein kleiner Rest der blonden Blauäugigen durfte inmitten des Guadalquivir-Deltas, auf der heutigen Isla Menor an der linken Flussseite, Viehzucht betreiben. Der Käse, den sie produzierten, machte sie zu Freunden der Feinschmecker von Córdoba.

Drei Jahrhunderte lang war Córdoba die bei weitem glänzendere Stadt. Es war Sitz des Kalifats. Nachdem dieses zusammengebrochen war, wurde Sevilla Zentrum eines Kleinkönigreichs *(taifa)*. Als die bedrängten Mauren gegen die inzwischen hochgerüsteten Christenheere aus dem Norden ihre strengen Glaubensbrüder aus Marokko zu Hilfe holten, blieben diese einfach im Lande, übernahmen die Macht und schickten den König von Sevilla in die Verbannung. Sevilla wurde Hauptsitz der Almohaden in Andalusien. Die Stadt wuchs und wurde neu befestigt. Das stolze Minarett der Almohaden-Moschee ist heute Glockenturm der Kathedrale und Wahrzeichen Sevillas: die Giralda. Die Bevölkerung Andalusiens litt unter den strengen, wenig gebildeten Berbern. In Sevilla rebellierte man gegen diese neuen Herren, wehrte sich aber auch gegen die angreifenden Christen. Schließlich übergab man Ferdinand dem Heiligen nach harten Kämpfen 1248 die Stadt. Wie sein Sohn Alfons der Weise war er ein wahrhaft nobler Ritter, der die Tugend der Toleranz übte. Am Kampf um Sevilla musste auf christlicher Seite auch der moslemische König von Granada teilnehmen, ein Vasall Ferdinands (vgl. S. 82).

Christliches und Moslemisches fielen in Sevilla auch weiterhin nicht strikt auseinander. So ließ sich Peter der Grausame im 14. Jh. in Sevilla von den maurischen Handwerkern aus Granada seinen Alcázar errichten, in dem er als christlicher König residierte. Ähnlich wie sein russischer Namensvetter 400 Jahre später liebte es der Sevillaner Pedro, sich als Zivilist verkleidet unters Volk zu mischen. Zahlreiche Anekdoten kursieren über seine Leidenschaftlichkeit und seinen Gerechtigkeitssinn. Dass er seine Ehefrau zugunsten seiner Geliebten verstieß, wird ihm den Beinamen ›der Grausame‹ eingebracht haben. Seine misstrauisch betrachtete lebenslange Hingabe zu María de Padilla erbrachte da keine mildernden Umstände.

Mit Beginn des 16. Jh. wurde Sevilla zur internationalen Metropole, zum zentralen europäischen Verbindungsglied zwischen Alter und Neuer Welt. Der *Consejo Real Supremo de las Indias,* der für alle rechtlich-politischen Belange des kolonisierten Amerika zuständig war, hatte seinen Sitz in Sevilla. Während der gesamten Zeit der Habsburger-Herrschaft in Spanien war Sevilla eine Verwaltungszentrale der Weltmacht. Handelshäuser aus sämtlichen europäischen Zentren, auch die Fugger und Welser aus Süddeutschland, gründeten am Guadalquivir Niederlassungen. Die Monopolstellung für den Handelsverkehr mit Amerika musste Sevilla jedoch 1717 an Cádiz abgeben, weil die größeren Schiffe den versandeten Guadalquivir nicht mehr passieren konnten. Dennoch blieb Sevilla auch danach eine bedeutende Stadt des Handels und des verarbeitenden Gewerbes. Aus Kuba kamen jene Rohstoffe, die in einer der größten Fabrikanlagen des 18. Jh. zu Zigaretten verarbeitet wurden.

Die Tabakfabrik von Sevilla ist Schauplatz einer berühmten Novelle aus dem Jahre 1845. Die Hauptfigur der Erzählung wurde weltbekannt, Carmen ist ein Mythos. Aber nicht nur Carmen gehört zu unserem Bild von Sevilla, Sevilla bildet auch die Kulisse des Dramas um Don Juan.

Carmen und Don Juan

»Ich will nicht gequält,
schon gar nicht kommandiert werden.
Ich will frei sein und tun,
was mir gefällt.«

(Carmen, Prosper Mérimée)

Ob die Geschichte authentisch ist, die dem in Andalusien reisenden französischen Schriftsteller Mérimée 1840 in Granada erzählt wurde, ist nicht sicher, aber durchaus möglich. Die Tabakfabrik von Sevilla existierte tatsächlich; die legendären Zigarettendreherinnen, die Schmuggler von Ronda, den Stierkampf, die *gitanos* – all das gab es wirklich. Aber gab es Carmen? Als Zigeunerin ist sie zumindest eine ungewöhnliche Frau: sehr selbstständig und noch dazu untreu; und dann lässt sie sich ausgerechnet mit einem Nicht-Zigeuner ein! Aber niemand hat je behauptet, dass Carmen eine gewöhnliche Zigeunerin gewesen sei. Schon der Autor der Geschichte, Prosper Mérimée, bestritt dies. Im Übrigen ist unwichtig, ob sie eine Zigeunerin war. Carmen ist Andalusierin. Sie ist eine stolze Frau, eine reizvolle, Männer verführende Frau, die noch heute zu Sevilla passt, weil die Frauen sich hier im Bewusstsein ihrer Schönheit und ihrer Würde als weibliche Wesen bewegen. Sie bewegen sich deshalb nicht wie Männer. Sie kämen nicht auf die Idee, ihre herausfordernde, wenig scheue Weiblichkeit zu mildern, zu verstecken oder gar zu leugnen. Im Gegenteil – sie wird herausgehoben, zur Freude aller und zum Schmerz mancher verliebter Männer, die ihn ertragen müssen. Das gehört zum Bild der Männlichkeit: Todesmut und Zurückhaltung. Selbstbeherrschung ohne Verhärtung. In der starken Leidenschaft werden Männer schwach. Und sie dürfen sich schwach zeigen, aber nur in dieser Situation.

Carmen wählt ein Leben, das ihren Gefühlen gehorcht. Sie kämpft um ihre Unabhängigkeit. Sie unterwirft sich nicht. »Du willst mich töten, ich sehe es wohl, … aber zum Nachgeben bringst du mich nicht«. Sie wirbt um die Männer, fängt sie in ihren Netzen: »… sie hat stets gelogen. Ich weiß nicht, ob dieses Mädchen je im Leben ein wahres Wort gesagt hat, aber wenn sie sprach, glaubte ich ihr.« Ist es Kälte, die ihr Gefühl so schnell ändert, oder erträgt sie nur eine Liebe in Freiheit? Carmen bleibt rätselhaft. Und sie ist am Ende Opfer des Mannes, den sie zerstört hat, oder provoziert sie ihren Tod? Ist der Tod auch diesmal – wie beim Stierkampf – der Moment der Wahrheit im andalusischen Universum? Am Ende verschmäht sie erstmals die Lüge. Und sie weiß, dass dies ihren Tod bedeutet. Sie nimmt ihn in Kauf: »… aber Carmen wird immer frei sein«, sagt sie,

den Tod erwartend. Während der *torero*, der Carmens neuer Geliebter ist, in der Arena unter Beifall den Stier tötet, wird sie vom verzweifelten Don José erdolcht.

Die nicht zu bändigende Carmen ist zur mythischen Figur Sevillas geworden: in der Literatur, in der Oper, im Tanztheater und im Film. Sie triumphiert, sie lebt. Nicht dass sie Opfer wird, ist charakteristisch, sondern dass sie nicht aufgibt, dass sie sich nicht beugt.

Es ist gewiss kein Zufall, dass die Geschichte zur Oper geworden ist und Musik und Tanz den Mythos von Leidenschaft und Tod neu entzündet und lebendig gehalten haben. Andalusische Leichtigkeit und die Härte der tragischen Verstrickung wurden in Georges Bizets Oper ›Carmen‹ 1875 zur gefeierten Musik, die auch in Deutschland von manchen enthusiastisch als Gegenmodell zur blässlich-unsinnlichen Romantik begrüßt wurde. »Und wie uns der maurische Tanz beruhigend zuredet! Wie in seiner lasziven Schwermut selbst unsere Unersättlichkeit einmal Sattheit lernt! – Endlich die Liebe, die in die Natur zurückübersetzte Liebe! Nicht die Liebe einer ›höheren Jungfrau‹! Keine Senta-Sentimentalität! Sondern die Liebe als Fatum, als Fatalität, zynisch, unschuldig, grausam – und eben darin Natur! Die Liebe, die in ihren Mitteln der Krieg, in ihrem Grunde der Todhass der Geschlechter ist!« (Friedrich Nietzsche, in: ›Der Fall Wagner‹).

Don Juan ist ein Spanier:
ein Anarchist.

(Max Frisch)

Auch Don Juan, der sich über jedwede Moral und Sitte hinwegsetzt, der unersättliche Frauenverführer, wird am Ende in die Hölle herabgerissen. Aber Don Juan hat vor dieser Strafe keine Angst. Sein Schicksal mag anderen Angst einflößen, er selbst lässt sich nicht von ihm beeindrucken. Don Juan mag einsam sein, ein Flüchtender von Frau zu Frau, von Abenteuer zu Abenteuer, ein Eroberer nicht Amerikas, aber des weiblichen ›Kontinents‹, den er dann doch nie wirklich betritt. Die ersehnte ideale Frau findet er nie. Er ist ein Bezwinger, der das Bezwungene sogleich wieder verlässt, ein rücksichtsloser Mörder und ein charmanter Edelmann.

Ist dies alles: kalte Glut? Machtgelüst, das die echte Nähe zu einer Frau niemals zulässt? Don Juan ist der Prototyp des Frauenhelden, weil er nur die Eroberung lieben kann, den ständig neuen Versuch einer Annäherung an das andere Geschlecht, um bei Erfolg wieder von ihm abzulassen. Er ist ein Getriebener, der nicht Liebe sucht und findet, sondern nur Objekte seiner Herrschsucht. Vielleicht beneidet er das starke schwache Geschlecht, das er fortgesetzt der Ehre beraubt, um sich zu beweisen. Muss Don Juan das Gefühl seiner Minderwertigkeit mit der Anzahl seiner Eroberungen kompensieren? Liebt er nur die stolze Geste des Bezwingens? Diese Interpretation ist eine der vielen möglichen. Auch Don Juan, der zweite Mythos aus Sevilla, ist, wie jeder Mythos, vieldeutig und unauslotbar.

Ähnlich wie der deutsche leidenschaftlich nach Erkenntnis verlangende Doktor Faustus ist Don Juan eine Figur, die zunächst auf Marktplätzen vorgeführt wurde und die Menschen des 16. Jh. faszinierte, weil sie die Grenzen mittelalterlichen Lebens sprengte. Eine Figur, die bedenkenlos ›Ich‹ sagte. Beide – Doktor Faustus wie Don Juan – werden für ihr Verhalten vom Teufel geholt, aber ›Teufelskerle‹ bleiben sie doch, Heroen der Neuzeit, irritierende Leit- und Grenzfiguren im Zeitalter der Individuen.

Ins literarische Leben trat der Sünder Don Juan erstmals durch die Feder des spanischen Priesters und Dramatikers Tirso de Molina. Die Uraufführung seines ›Spötters von Sevilla‹ erfolgte 1624 in Madrid – der Autor blieb anonym. Der Franzose Molière gab der Sünderfigur Mut und kritischen Intellekt. Mozarts Oper charakterisiert ›Don Giovanni‹ genial in seiner strahlenden männlichen Schreckenslosigkeit und falschen Verführerzartheit, die der Däne Kierkegaard wiederum scharfsinnig interpretiert. Die Deutschen Hoffmann, Lenau und Grabbe, den Italiener Brancati und den Engländer Byron beschäftigte Don Juan, und in nahezu allen europäischen Ländern wurde er in seiner flimmernden Mannsgestalt neu und anders gesehen, nicht zuletzt vom Schweizer Max Frisch.

Don Juan ist einer der wenigen europäischen Mythen der Neuzeit, eine Figur Sevillas, die wie Carmen der Welt gehört. Fürwahr ein Verbrecher, aber gerade in seiner Ambivalenz Sinnbild des freien Individuums, das den kollektiven Mächten widersteht.

Don Juan und Carmen finden wir in Sevilla nicht auf der Straße. Dennoch fällt Europäern aus dem Norden auf, wie stark hier die Gegensätze der Geschlechter zur Geltung kommen. Ein schwaches Geschlecht gibt es nicht. Bei aller Dramatik des Kampfes scheint gerade darin auch ein lebendiger, lustvoller und wenig langweiliger Friede inmitten ausgetragener Geschlechterspannung möglich zu sein. Gegenseitige Bewunderung führt nicht zu immer stärker werdender Ähnlichkeit der Geschlechter, sondern betont deren Verschiedenheit. Die Konsequenz muss keineswegs in tragischer Verstrickung bestehen, an deren Ende sich die Beteiligten gegenseitig ins Jenseits befördern. Achtung und Respekt voreinander wachsen nicht nur mit angestrebter Angleichung. Ausgleich wird hier eher in den Unterschieden selbst gesucht, die man ohne Bedenken nicht nur als naturgegeben hinnimmt, sondern feiert, steigert und kultiviert.

Dass vielen Frauen in Andalusien die dominante Männlichkeit ihrer Väter und Brüder so wenig gefällt wie die traditionelle Häuslichkeit ihrer Mütter, ist durchaus kein Widerspruch. Noch jedenfalls geht beides zusammen. Die Befreiung aus der traditionellen Frauenrolle und dem Drama des Eingeschlossenseins, das Federico García Lorca zu Beginn des 20. Jh. eindrucksvoll auf die Bühne brachte, wird äußerlich dadurch sichtbar, dass immer mehr Frauen berufstätig werden und nicht nur dann aus dem Elternhaus gehen, wenn sie heiraten. Es sind die jungen Frauen, die seit Francos Tod am deutlichsten das Ende der alten spanischen Gesellschaft zum Ausdruck bringen.

Don-Juan-Statue auf der Plaza de Refinadores in Sevilla

Sie beschränken sich nicht mehr auf den häuslichen Raum, sondern nehmen ganz selbstverständlich am öffentlichen Leben teil, für das sie gleiche Rechte beanspruchen – ohne darauf zu verzichten, sich zu schmücken und sich so schön wie möglich zu zeigen. Sie zeigen ihre Gefühle ungeniert auch auf der Straße, stolz auf zweierlei: Frauen zu sein und einer neuen Generation anzugehören, die anders leben wird als die frühere.

Ein Spaziergang durch Sevilla

Im Zentrum der Stadt liegt die Plaza del Triunfo. Das Denkmal in der Mitte stammt von 1758 und soll an das große Erdbeben von 1755 erinnern, dem neben Lissabon viele weitere Städte der Iberischen Halbinsel zum Opfer fielen. Sevilla blieb verschont. Außer der Kathedrale grenzen der Alcázar, das Gebäude der Provinzregierung und die ehemalige Börse *(Casa Lonja)* an den Platz. Wir gehen an der Ostseite der Kathedrale vorbei und kommen zu einem weiteren eleganten Platz mit einem kandelaberartigen Brunnen in der Mitte, der Plaza Virgen de los Reyes.

Uns gegenüber steht der **Erzbischöfliche Palast** 1 vom Beginn des 18. Jh. mit einem prachtvollen barocken Eingangstor. Links erhebt sich stolz die **Giralda** 2, das Wahrzeichen der Stadt, ein eleganter Turm im strengen Almohaden-Stil, wie man ihn ähnlich auch in den marrokanischen Städten Rabat oder Marrakesch findet. Man kann ihn weit außerhalb der Stadt noch deutlich wahrnehmen. Er bestimmt das Weichbild Sevillas. Seine Gesamthöhe beträgt 97 m. Bis zur Höhe von 70 m kann man bequem auf einer stufenlosen Rampe im Innern hinaufsteigen und von oben auf die Stadt herabblicken. Das ehemalige Minarett der Almohaden-Moschee aus dem 12. Jh. hat 1568 einen dreiteiligen Renaissance-Aufsatz bekommen, in dem nun die Glocken der Kathedrale hängen. Auf seiner Spitze war als Wetterfahne eine sich drehende Figur befestigt, die den ›Triumph des Glaubens‹ darstellen sollte, mit Standarte und Palmenzweig in den Händen. *Girar* heißt im Spanischen ›drehen‹. Der Turm erhielt den Namen *Giralda* nach der jungen bronzenen Dame, die man als *Giraldillo* bezeichnet.

Hinter dem Glockenturm lassen sich weitere Reste des einstigen Moscheekomplexes entdecken: Die Hufeisenbögen des Orangenhofes sind inzwischen zugemauert, aber der Hof selbst existiert noch und kann von der Kathedrale aus betreten werden. Er war ein Teil der riesigen Almohaden-Moschee, an deren Stelle die Kathedrale erbaut worden ist. Der einst offene Hof mit Brunnen für rituelle Waschungen gehörte zum Grundmuster islamischen Bauens. Hier betete man nicht nur, man hielt auch Vorlesungen und Gericht, trieb Handel und gab ärztliche Auskunft.

Um den Orangenhof herum, an dessen Mauern Pferdedroschken auf ihre Kunden warten, kommen wir zur Hauptstraße Avenida de la Constitución. Rechts geht es zum **Rathaus** 3, das Mitte des 16. Jh., zur Zeit Karls V., erbaut wurde und außen zwei verschiedene Renaissance-Gesichter zeigt – zur Plaza Nueva hingewendet ein schlichtes, in italienischem Stil gehaltenes, zur gegenüberliegenden Plaza de San Francisco jedoch, wo auch die Prozessionen der *Semana Santa* vorbeiführen, ein plateresk geschmücktes (unvollendetes). Am anderen Ende des Platzes beginnt die Hauptgeschäftsstraße (Fußgängerpassage) **Calle Sierpes.**

Folgen wir der Avenida de la Constitución in der entgegengesetzten Richtung, kommen wir am Eingang des ehemaligen Börsengebäudes vorbei. Es wurde vom Escorial-Architekten Juan

Das Wahrzeichen Sevillas: die Giralda

Flughafen
Córdoba
Bahnhof Santa Justa
Carretera de Carmona
Avenida de la Cruz Roja
Ronda de Capuchinos
San Hermenegildo Trinidad
María Auxiliadora
Saturno
José
Gonzalo Bilbao
Amador de los Ríos
Juan Antonio
Laquillo
Recaredo
Maurische
Stadtmauer
San Juan
de Ribera
La Macarena
Andueza
Plaza
Santa Isabel
Plaza
San Marcos Bustos
San Luis
Plaza
San Román
Santiago
Navarros
San Esteban
Casa
de Pilatos
16
Plaza
Pilatos
Basílica de
la Macarena
Pura Pastora
Castellar
Gerona
Tavera
Ayuntes
Alhóndiga
Sa
Resolana
Feria
Morgado Calvestra
Regina
Imagen
Plaza
Alfalfa
P. Menchaca
Quevedo-Lepanto
Plaza de la
Encarnación
Plaza Jesús
de la Pasión
Alváre
Alameda de Hércules
Amor de Dios
Laraña
Cuna
17
Palacio
Lebrija
3
San F
Calatrava
Jesús del Gran Poder
Tarifa
Martín Villa
Sierpes
Tetuán
Rathaus
Luminaras
Conde de Barajas
Santa Clara
Velázquez
O'Donnell
Rioja
Alburda
Granada
Pla
Nu
Pasarela de
la Barqueta
Torneo
Guadalquivir
Montañés
Plaza Duque
de la Victoria
Campana
San Eloy
Murillo
San Pablo
Camberos
Julio César
Reyes C
Juan Rabadán
Baños
19
Museum der
Schönen Künste
Alfonso
Pedro del Toro
Torneo
Pasarela de
la Cartuja
Avda. del Cristo de la Explación
Busbahnhof
Expo-Gelände
La Cartuja
Itálica
Huelva
Mérida

0   200m   N

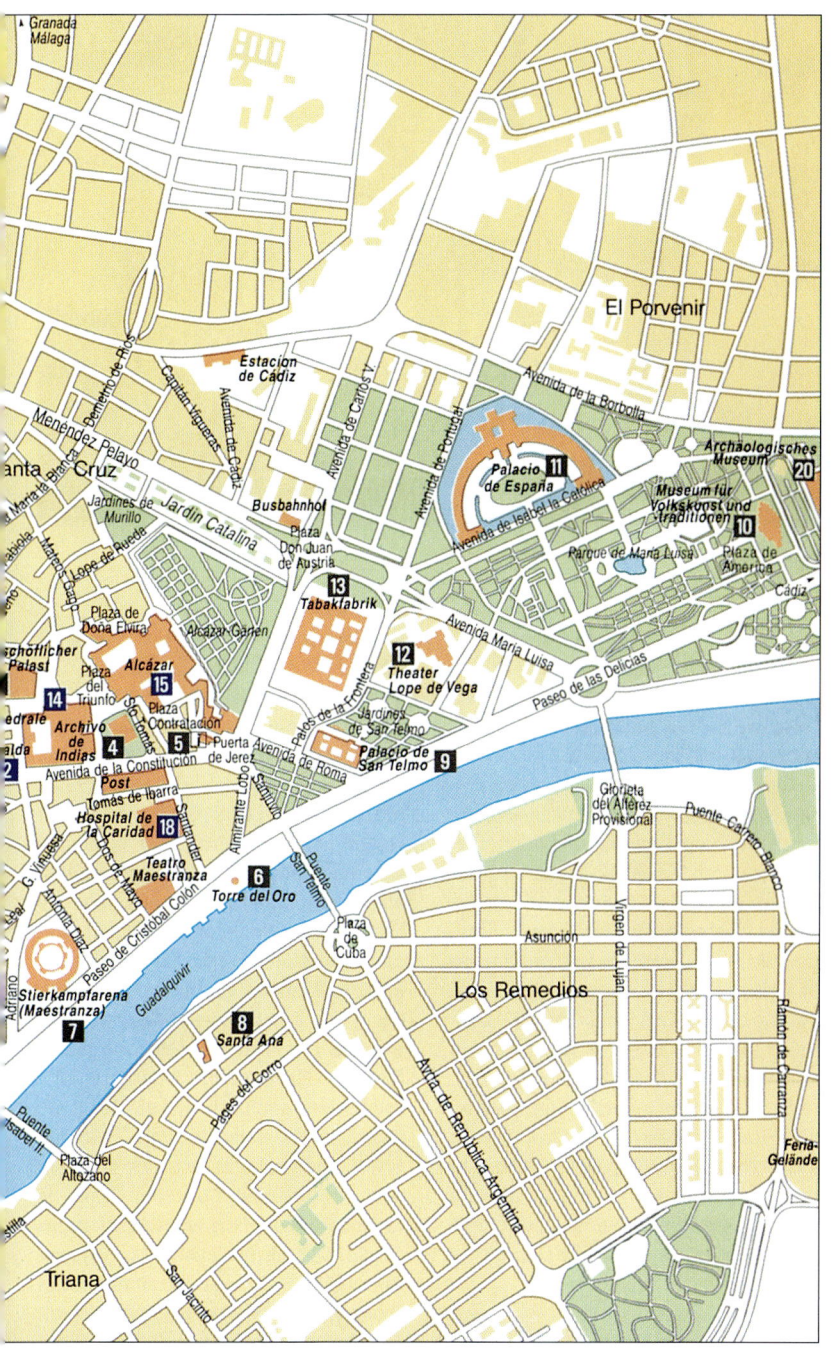

Granada
Málaga

El Porvenir

Estación
de Cádiz

Avenida de la Borbolla

Archäologisches
Museum

Menéndez Pelayo

Capitán Vigueras

Avenida de Cádiz

Avenida de Carlos V

Avenida de Portugal

Palacio
de España

20

anta Cruz

Jardines de
Murillo

Jardín Catalina

Busbahnhof

Plaza
Don Juan
de Austria

Avenida de Isabel la Católica

Museum für
Volkskunst und
Traditionen

10

Plaza de
América

Lope de Rueda

Tabakfabrik

13

Parque de María Luisa

Cádiz

Plaza de
Doña Elvira

Alcázar-Garten

Avenida María Luisa

schöflicher
Palast

14

Plaza
del
Triunfo

Alcázar

15

Theater
Lope de Vega

12

Paseo de las Delicias

edrale

Archivo
de
Indias

Plaza
Contratación

4

5

El Puerta
de Jerez

Jardines
de San Telmo

alda

2

Avenida de la Constitución

Avenida de Roma

Palacio de
San Telmo

9

Post

Tomás de Ibarra

Glorieta
del Alférez
Provisional

Puente Carmen Blanco

Hospital de
la Caridad

18

Teatro
Maestranza

Torre del Oro

6

San Telmo

Plaza
de
Cuba

Asunción

Virgen de Luján

Stierkampfarena
(Maestranza)

7

Paseo de Cristóbal Colón

Guadalquivir

Santa Ana

8

Los Remedios

Avda. de República Argentina

Ramón de Carranza

Puente
Isabel II

Plaza del
Altozano

Feria-
Gelände

Triana

San Jacinto

Beim Barbier von Sevilla

de Herera im strengen Renaissancestil entworfen und Ende des 16. Jh. errichtet. Es ist seit 1784 Sitz des **Archivo General de Indias 4**, der Sammlung sämtlicher die spanischen Kolonien betreffender Dokumente: auch die schriftlichen Nachlässe und Briefwechsel der Entdecker und Eroberer befinden sich hier: von den Aufzeichnungen des Genuesen Christoph Kolumbus und des in Sevilla gestorbenen Florentiners Amerigo Vespucci, nach dessen Vornamen der gesamte Kontinent vom deutschen Kartografen Waldseemüller 1507 erstmalig ›Amerika‹ genannt wurde, sowie von Hernán Cortés, der das Aztekenreich Mexikos in seine Gewalt brachte, und Francisco Pizarro, der das mächtige Inkareich von Peru niederschlug, bis zu den Briefen des 1474 in Sevilla geborenen ›Apostels der Indianer‹, Bartolomé de Las Casas. Wer über die Geschichte

◁ *Stadtplan Sevilla*

Lateinamerikas forschen will, muss sich deshalb nach Sevilla begeben.

Nur wenige Meter weiter, an der Ecke zur Calle Miguel Mañara, stoßen wir auf das **Fremdenverkehrsamt** *(Oficina de Turismo)* **5**, wo man einen Stadtplan, Hinweise über Unterkunftsmöglichkeiten und Informationen über Veranstaltungen erhalten kann. Direkt gegenüber biegen wir in die Seitenstraßen ein, die zunächst Adolfo R. Jurado heißt und dann in die Calle Santander übergeht. In dem Baukomplex gleich zu Beginn auf der linken Seite befand sich die Münze Sevillas. Die nächste Abbiegung rechts führt zum **Hospital de la Caridad,** dessen Bildersammlung sich kein Besucher entgehen lassen sollte (vgl. S. 267ff.). Aber zunächst führt uns der Weg ein paar Schritte weiter bis zum Paseo de Cristóbal Colón. Rechts erhebt sich das neuerbaute Opernhaus Teatro Maestranza. Auf der anderen Straßenseite sehen wir den zweiten berühmten Turm Sevillas, den ›goldenen Turm‹, **Torre**

del Oro . Das Bauwerk aus der Almohadenzeit wurde 1220 erbaut. Angeblich war seine Kuppel in längst vergangenen Jahrhunderten mit goldenen Ziegeln bedeckt, die schon aus der Ferne glänzten. Der Turm diente zeitweise als Gefängnis. Heute ist in ihm ein Marinemuseum untergebracht. Vom Torre del Oro führte ehemals eine eiserne Kette bis zu einem gegenüberliegenden Festungsturm, den es heute nicht mehr gibt, um über den Fluss kommende Eindringlinge abzuhalten. Hier kamen die Schiffe aus dem fernen Amerika an. An den Kais wurde das Gold der Inka und Azteken ausgeladen und, nachdem es in der nahe gelegenen Münze geschmolzen und zu Goldstücken verarbeitet worden war, in den europäischen Sack gestopft und bis auf wenige Reste, die zu Monstranzen transformiert wurden, außer Landes getragen. Über Sevillas Hafen wickelte sich zwei Jahrhunderte lang der Warenverkehr mit dem riesigen Kontinent des von Chile bis Kalifornien spanisch besetzten Amerika ab. Heute genießt man bequem von einer Bank aus den Blick auf das ruhige Gewässer.

Von der gegenüberliegenden Seite des Flusses aus kann man komfortabel im Cafe sitzend den Blick auf den Guadalquivir und auf die beiden wichtigsten Türme der Stadt genießen. Spazieren wir noch ein wenig weiter die Uferpromenade oder den parallelen Paseo de Cristóbal Colón entlang. Hier sehen wir

Die Calle Adriano

die im sevillanischen Ocker-Weiß gestrichene berühmte **Plaza de Toros de la Maestranza** , die Stierkampfarena von Sevilla, eine der größten und ältesten des Landes. 1777 wurde sie errichtet. 14 000 Zuschauer kann sie fassen. Darin aufzutreten bedeutet neben dem Engagement in der Arena von Madrid einen Höhepunkt in der Karriere eines jeden *toreros*. Die *corridas* beginnen zwischen 18 und 20 Uhr. Auch für diejenigen, die nicht hineingehen mögen, bieten die Ankunft der *toreros* etwa eine halbe Stunde vor Beginn der Veranstaltung an der Rückseite der Maestranza und die nervöse Spannung, die schon eine Stunde zuvor im Gedränge vor dem Haupteingang herrscht, ein Spektakel besonderer Art. Karten werden übrigens von Straßenverkäufern angeboten; nur bei Ausverkauf verlangen sie Schwarzmarktpreise. Offiziell kann man sie in vielen Hotels, in legitimierten Büros oder in der Verkaufsstelle am Haupteingang an der Nordseite der Arena erwerben, die in der Calle de Adriano mit einer normalen Häuserfront abschließt.

Gegenüber der Stierkampfarena versteckt sich unter Bäumen am Paseo de Cristóbal Colón eine Carmen-Figur, die meistens übersehen wird.

Wir können nun den Weg zurück antreten oder die Brücke Puente de Isabel II. überqueren, von der wir ein besonders wirkungsvolles Bild von Sevilla vor Augen haben. Außerdem betreten wir über sie das traditionsreiche Stadtviertel **Triana,** berühmt als Heimat der Seeleute, großer Flamenco-Interpreten und Stierkämpfer. Die älteste christliche Kirche Sevillas, **Santa Ana** 8 aus dem Jahre 1280, befindet sich in der Parallelstraße zur Uferpromenade. Heute hat Triana, das nach dem römischen Kaiser Trajan benannt ist, sein ehemals reizvolles architektonisches Gesicht fast vollständig verloren. Vergnügungszentrum der Sevillaner ist es allerdings geblieben. Besonders nachts herrscht am diesseitigen Ufer des Guadalquivir größte Lebendigkeit. Wir spazieren am Fluss entlang in der Gegenrichtung zurück und überqueren ihn abermals, diesmal über den Puente de San Telmo. Würden wir unseren Weg an der Brücke vorbei in gerader Richtung fortsetzen, kämen wir zu dem Gelände, auf dem die Sevillaner im April ihre Feria feiern.

Über den Puente San Telmo gelangen wir auf den Paseo de las Delicias. Nahe der Brücke steht dunkel und schlicht der **Palacio de San Telmo** 9, 1692 als Seemannsschule erbaut. Der Eingang ist von einem hellgrauen, überaus reich verzierten Portal von 1734 geschmückt. Der Palast wird die andalusische Regierung aufnehmen. Dahinter beginnt das Areal der Ibero-Amerikanischen Ausstellung von 1929, der Parque de María Luisa. Die Länder der Iberischen Halbinsel, Spanien und Portugal, und die lateinamerikanischen Länder haben ihre jeweiligen Ausstellungspavillons in verschiedenen historisierenden Stilformen errichtet. Die großzügig angelegten Gebäude sind heute inmitten der Blumen und Bäume mehr als gelungene Kulissen. Sie werden als Amts- oder Ausstellungsräume sinnvoll genutzt.

Über den Paseo de las Delicias gelangen wir zum südlichen Ende des Parkgeländes, zur Plaza de América. Wenn wir den Gang mit einer Erfrischung unterbrechen wollen – hier sitzt man gut im

Archäologisches Museum im Parque María Luisa

Die Feria de Abril

Auf der rechten Seite des Guadalquivir, südlich des Stadtteils
Los Remedios, feiert Sevilla die
Feria de Abril. Das riesige, jedes Jahr
neu errichtete und geschmückte Eingangstor wird am Abend von tausen-
den von Lämpchen beleuchtet, so dass
es einem in der Dunkelheit den Weg
zeigt. Während der Festwoche ist das
normale städtische Leben weitgehend

lahmgelegt. Sevilla befindet sich im Rausch. Es feiert und genießt. Die Feria wird nicht für Touristen inszeniert. Fremde bleiben in aller Regel ausgeschlossen, auch von der Aufmerksamkeit der mit großem Vergnügen sich selbst betrachtenden Sevillaner.

Nur in wenige Festhäuser auf dem Gelände der Feria kann jedermann eintreten. Dies gilt zumeist für die *casetas* der politischen Parteien, in den übrigen feiern geladene Gäste. Aber da die Andalusier nicht dazu neigen, ihr Temperament in geschützten Höhlen auszutoben, sondern Plätze und Straßen einbeziehen, sieht und hört man als Besucher der Feria genug, um vom Rausch angesteckt zu werden, der hier alle erfasst und der kein Ereignis, keine Zuspitzung, keine Abfolge kennt – und dennoch den Formen der Tradition folgt. Ausgelassenes Leben und Selbstbeherrschung – beides zugleich demonstrieren die andalusischen Tänze – machen den unnachahmlichen Charme derer aus, die sich hier selbst feiern.

Im Park María Luisa

Freien. Auf der rechten Seite steht im portugiesischen Emanuelstil der Renaissance das Archäologische Museum von Sevilla (vgl. S. 271f.). Gegenüber – maurisch zurechtgemacht – ein **Museum für Volkskunst und -traditionen** 10, in dem Kleidung, Gerätschaften und Möbel der vergangenen Jahrhunderte ausgestellt sind. Das dritte Gebäude an der Frontseite des Platzes beherbergt heute einen Teil der Landesverwaltung.

Halten wir uns links, gelangen wir in die Grünanlagen des **Parque de María Luisa,** benannt nach einer spanischen Prinzessin des 19. Jh. Er ist mit seinen Springbrunnen, Teichen, künstlichen Hügeln und dem wuchernden Grün einer der schönsten Spaniens. Besonders an den Wochenenden treffen sich hier die Familien zum Spaziergang. Gelbschwarz lackierte Pferdekutschen laden zur Rundfahrt ein. Sie empfiehlt

sich für Gruppen von zwei bis vier Personen – und nicht nur für Fußlahme! Den Preis sollte man vorher absprechen.

Nach einigen hundert Metern sehen wir rechter Hand einen gewaltigen Gebäudekomplex in halbrunder Form, den **Palacio de España** 11 (s. S. 248/249). Auch er ist ein architektonisches Produkt der Ibero-Amerikanischen Ausstellung, und zwar der Beitrag Spaniens. Ein Kanal ist im inneren Halbkreis angelegt, auf dem man mit Booten herumfahren kann. An der gesamten nach innen gerundeten Frontseite des Gebäudes flaniert man an gekachelten Bildern entlang, die historische Ereignisse aus der Geschichte Spaniens illustrieren. Jedes Bild steht für eine Provinz oder eine Stadt und bezieht aus ihr das jeweilige Thema.

Maurisches, Gotisches, Barockes und Klassizistisches sind im Palacio de España auf eklektizistische Weise zusammengebracht. Dennoch wirkt das monumentale Gebäude nicht überladen, eher zurückhaltend-verspielt als bedrohlich. Die zierlichen Türmchen gehören zur weithin sichtbaren Silhouette Sevillas. Im Palast sind diverse Verwaltungen untergebracht, doch wirkt er eher wie eine zivile Theaterkulisse. Das Gebäude schützt die grüne Oase des Parkbezirks vor dem drohenden Lärm und Gestank der großen Straßen ringsum.

Wir gehen weiter und geraten an eine der zentralen Verkehrsadern Sevillas. Linker Hand erhebt sich der Rundbau des **Theaters Lope de Vega** 12, der auch als Ausstellungsraum genutzt wird und wie der Palacio de España ein Schmuckstück der Ibero-Amerikanischen Ausstellung von 1929 ist. In der Mitte der Kreuzung bäumt sich die Reiterfigur des spanischen Volkshelden El Cid auf. Wir gehen halbrechts am großen Parkplatz der Stadt entlang.

Juan de Austria und Miguel de Cervantes

Don Juan de Austria, ein Halbbruder Philipps II. war eine der glänzendsten Erscheinungen der Monarchie im 16. Jh. Unter der Führung des 23-jährigen Prinzen schlugen die vereinigten christlichen Heere die Türken 1571 bei Lepanto und beendeten damit die türkische Herrschaft übers Mittelmeer. Unter Juan de Austria kämpfte auch der junge Offizier Miguel de Cervantes. Ein Geschoss zerfetzte seine Hand. Als er aus Italien mit besten Referenzen für den höheren Staatsdienst in seine Heimat zurückwollte, kaperten Piraten das Schiff. Cervantes wurden die unter anderen Umständen sicherlich segensreichen Papiere zum Verhängnis. Man vermutete in ihm einen bedeutenden und reichen Mann und verlangte ein entsprechend hohes, für die Familie unbezahlbares Lösegeld. Es vergingen Jahre, bis er aus nordafrikanischer Gefangenschaft zurück nach Spanien gelangte. Inzwischen war sein Gönner Juan de Austria in Flandern gestorben, und ein zum Krüppel geschossener Seeheld aus vergangenen Tagen war nichts mehr wert. Als Proviantkommissar für die Armada und als Steuereintreiber musste er durch die Lande ziehen. Wegen angeblicher Unterschlagung wurde Cervantes im Jahre 1597 für einige Monate festgesetzt. In einem Kerker Sevillas (Calle Sierpes Nr. 52) begann der bislang erfolglose Fünfzigjährige mit dem Entwurf seines ›Don Quijote‹ (›Der Ritter von der traurigen Gestalt‹), dessen erster Teil 1605 in Madrid erschien.

Auf der anderen Straßenseite steht eine platzgreifende Festung – die ehemalige **Tabakfabrik** 13. Selten erscheint wohl eine derartige Produktionsstätte in solch palastartiger Ausführung. Die Ausmaße sind mit 250 m Länge und 180 m Breite ungewöhnlich; es handelt sich um einen der größten zivilen Baukomplexe Spaniens. 1757 konnten in seinen labyrinthischen Räumen die ersten Zigarettendreherinnen ihre Arbeit aufnehmen. Anfang des 19. Jh., zur Zeit Carmens, waren es um 12 000. Das königliche Monopolunternehmen wurde streng bewacht. Es sollte nichts herausgeschmuggelt werden. Für etwaige Vergehen gab es innerhalb der Einrichtung eine eigene Gerichtsbarkeit und ein Gefängnis für die Straffälligen. Immerhin war die Fabrik bis 1954 in Betrieb. Man sieht an allen vier Seiten imposante Portale, einen Burggraben und Wachhäuschen. Im Innern befindet sich eine Anzahl kleinerer Höfe. Heute ist in der alten Tabakfabrik ein Teil der Universität von Sevilla untergebracht.

Palacio de España: eine gelungene Mischung verschiedener Architekturstile ▷

Wir passieren eine weitere Kreuzung mit einem Denkmal in der Mitte. Der Name dieses Platzes und das Monument erinnern an Juan de Austria, einen unehelichen Sohn Karls V. und der Regensburger Bürgerin Barbara Blomberg.

Es geht geradeaus auf der linken Seite weiter, durch den **Jardín Catalina de Ribera** entlang der Calle Menéndez Pelayo. Links hinter den zinnengekrönten Mauern befinden sich die Gärten **Alcázar** (s. S. 265). Im Zentrum des Jardin de Catalina de Ribera bilden zwei durch ein Schiff verbundene Säulen ein Kolumbusdenkmal. Wo die Mauern des Alcázar-Gartens einen Linksknick beschreiben, treffen wir auf die dreiecksförmigen **Jardines de Murillo,** den Murillo-Garten. Am Ende wartet auf der Plaza Refinadores Don Juan – in Bronze gegossen, lässig und ohne jede Dämonie.

Sind wir aber strikt den Mauern des Alcázar-Gartens gefolgt, dann gelangen wir nun über einige Stufen in den Altstadtbezirk von Sevilla. Im Callejón del Agua befinden wir uns im historischen Judenviertel. Am Ende der Gasse biegen wir links in die Calle Judería. Sie führt uns durch einen dunklen Hohlgang bis zum weiträumigen Platz des Patio de Banderas, über den wir zur Plaza del Triunfo mit der Kathedrale zurückkehren.

Barrio de Santa Cruz: Sevillas ehemaliges Judenviertel

Als Ferdinand der Heilige 1248 Sevilla eroberte, fand er kaum noch Juden vor. Sie waren weitgehend von den fanatischen Almohaden vertrieben worden und in den christlichen Teil Spaniens geflohen. Lion Feuchtwangers Roman ›Die Jüdin von Toledo‹ erzählt davon. Der christliche König holte die Juden zurück und ließ sie, wie es üblich war, unmittelbar neben seinem Palast erneut siedeln, wo sie königlichen Schutz genossen. Die Ruhezeit dauerte für sie nicht lange. Nachdem christliche Geistliche zur Hatz gegen die Juden aufgerufen hatten, begann in Sevilla 1391 ein furchtbares Pogrom, das sich im Lande ausbreitete und drei Monate lang bis hinauf nach Toledo und Barcelona wütete. Es bedeutete das Ende der blühenden jüdischen Kultur in Spanien schon vor der endgültigen Vertreibung von 1492. Wer unbehelligt in leitenden Stellungen verbleiben wollte, musste dem Judentum abschwören. Dies taten nicht wenige. Sie wurden *maranos* (Schweine) oder *conversos* genannt. Manche hielten weiterhin zu ihren verfolgten Brüdern, andere verteufelten sie mit der Leidenschaft von Konvertiten. Und die sie getauft hatten, glaubten ihnen dennoch nicht. Sie seien verkappte Juden geblieben,

Barrio de Santa Cruz

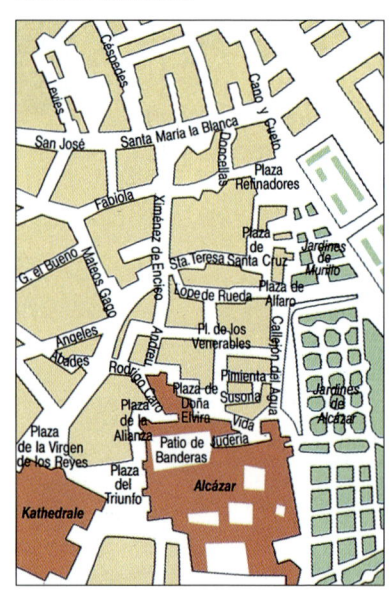

Plaza de los Venerables im Stadtteil Santa Cruz

schlimmer noch, heimliche Unterwanderer. Ihr ›schlechtes Blut‹ sollte das ›reine Blut‹ der wahren Christen nicht länger verunreinigen. Generationslisten wurden geführt – ähnlich dem Ariernachweis, den man im Hitler-Deutschland 500 Jahre später verlangte. Gegen Ende des 15. Jh. sorgte dann die Inquisition mit äußerstem Nachdruck für die gewünschte ›Reinhaltung‹ des Christenbluts. Dostojewskij hat seine berühmte Geschichte vom Großinquisitor, der den wiedererschienenen Christus ins Gefängnis werfen lässt, mit gutem Recht in Sevilla angesiedelt.

Der Barrio de Santa Cruz ist der reizvollste Stadtteil Sevillas. Er besteht aus einem Gewirr enger Gassen und lauschiger Plätzchen mit zahlreichen Restaurants und anderen Lokalen. Auf der Plaza Santa Cruz befand sich das inzwischen verschollene Grab Murillos. In der Nähe steht sein Geburtshaus, das man besichtigen kann. Sehenswert ist auch die Plaza de los Venerables, an dem sich das jüngst restaurierte **Hospital de los Venerables** befindet. Das mächtige palastartige Gebäude mit eigener Kapelle, Ende des 17. Jh. erbaut, diente als Aufenthaltsort für in die Jahre gekommene Priester. Heute gilt der barock ausgeschmückte Bau mit seinen an der Renaissance orientierten Maßen als einer der zentralen und schönsten Ausstellungsplätze Sevillas, der zudem als Konzertsaal genutzt wird und als Sitz einer interessanten Bibliothek zur Geschichte der Stadt fungiert.

Semana Santa
Heilige Woche in Sevilla

Sie beginnt am Palmsonntag, eine Woche vor Ostern. Jeden Tag, häufig auch nachts, ziehen Prozessionen durch die Straßen der andalusischen Städte. Am Karfreitag gelangt die Zeremonie zu ihrem Höhepunkt. Einen Tag vor Ostern endet sie.

Der gekreuzigte Christus wird durch die Straßen getragen und hinter ihm die Gottesmutter Maria als festlich geschmückte Königin. Trommler begleiten sie, kapuzenbedeckte Gestalten mit Kerzen in den Händen. Manche tragen schwere Holzkreuze, gehen barfuß und ziehen Ketten hinter sich her. Stundenlang dauert die Prozession, nur langsam geht es voran, denn die prachtvoll geschmückten Bühnen, auf denen mannshohe Figuren stehen, sind schwer. Immer wieder müssen die jungen Männer das Gestell absetzen, das sie über Stunden tragen. Aber sie harren genauso aus wie Teilnehmer und Zuschauer, selbst die Kinder. Eindrucksvoll verbindet die Menschen das gemeinsame Schweigen. Vereinzelt ertönen dünne Klagegesänge. Der Schmerz Jesu und die Tränen Marias werden durch die Straßen geführt, in denen sich die Menschen als große Gemeinde versammeln. Das Opfer Christi ist gegenwärtig und wird wahrgenommen.

Sehenswert sind auch die Prozessionen von Córdoba, Granada, Málaga oder Ronda. Aber die Heilige Woche von Sevilla übertrifft sie an Prunk und Aufwand. Schon im 17. Jh. war sie berühmt.

Am Karfreitag ziehen die Prozessionen aus den verschiedenen Stadtteilen zur Kathedrale und durchqueren gemeinsam den geweihten Ort. Vor dem Rathaus wird eine Tribüne aufgebaut und an der Avenida de la Constitución kann man auf gemieteten Stühlen Platz nehmen, um die gesamte Passionsgeschichte vom Einzug Jesu in Jerusalem am Palmsonntag bis zur Kreuzigung am Karfreitag an sich vorüberziehen zu lassen. Jeder dieser Skulpturengruppen folgt eine der schmerzreichen Marienköniginnen Sevillas.

Frömmigkeit mag auch eine Rolle spielen. Stärker jedoch als im strengeren Norden Spaniens wird in Andalusien die Lust spürbar, das Drama der Leiden aufzuführen und sich dem feierlichen Gepränge hinzugeben. Dabei erscheint der gekreuzigte Christus als einsamer Mann im Vergleich zur heiß verehrten Maria, die gekrönt und im goldenen Schimmer flimmernden Kerzenlichts herumgeführt wird. Man spürt deutlich: Die andalusische Religiosität hat nicht nur christliche Wurzeln. Hier leben auch kaum verborgene andere Traditionen weiter und finden öffentlichen Ausdruck. Man ist katholisch, aber durchaus vom Klerus abgetrennt. Die Einführung und Reglementierung der Prozessionen in der Karwoche waren Versuche des Klerus, das Volk zu gewin-

Semana-Santa-Prozession

nen. Aber dies gelang nur mit Zuge-
ständnissen an die im Volk tiefverwur-
zelte und nichtdomestizierte Lust am
Selbstausdruck. Der gefundene Kom-
promiss hält seit Jahrhunderten. Nach
dieser Bußübung pflegt man das Jahr
über wieder den gewohnten anarchi-
schen Individualismus.

Die Prozessionen werden von so genannten Bruderschaften vorbereitet
und bestritten. Die erste derartige
cofradía gründete sich 1531 in Sevilla.
Wie die vielen nachfolgenden entstand
sie als Reaktion auf damals grassie-
rende ›Irrlehren‹, gegen die man sich
von katholischer Seite aus wappnen
wollte. Die Kirche suchte nach Wegen,
um in das Bewusstsein der Menschen
zu dringen. Da es sich bei diesen zum
Großteil um Analphabeten handelte,

nützte die Schrift wenig. Doch man erreichte sie durch ›reale Bilder‹, die zu
Elementen einer bildhaften ›Predigt‹
ausgearbeitet wurden. Man spielte die
Leidensgeschichte Christi nach, zunächst in den Kirchen. Aber der Publi-
kumsandrang wurde so groß, dass man
auf die Straßen und Plätze auswich. Die
Figurengruppen, die während der Prozession durch die Straßen getragen
werden, heißen immer noch *pasos*
(kurze Handlung innerhalb einer Szene).
Mit zeremoniellem Prunk und bildneri-
scher Rhetorik, mit Tribünen und Gir-
landen, Fahnen und Kreuzen wurden
die Szenen als aufwendiges Fest der
Sinne gestaltet. Die Passionsgeschichte
sollte nacherlebbar werden durch dra-
matische Inszenierung und die beruhi-
gende Festlegung aufeinander abge-

Semana-Santa-Prozession

stimmter Akte, die das Gewicht von Dogmen erhielten.

Den drohenden Einfluss des Protestantismus vor Augen, übernahm die katholische Kirche die Initiative, bestimmte Volkstraditionen zu verstärken und ins religiöse Zeremoniell einzubinden. Das Konzil von Trient im Jahre 1545 machte Spanien endgültig zum härtesten und strengsten Pfeiler der Gegenreformation. Aber in Andalusien verwahrte man sich gegen allzu große Strenge. Der 1534 vom Spanier Ignatius von Loyola gegründete und 1540 von Papst Paul III. anerkannte Orden der ›Gesellschaft Jesu‹, der schnell an Einfluss gewann und die Jesuiten zu den intelligentesten Propagandisten der Gegenreformation machte, bewies dafür Verständnis. Die Jesuiten wussten die Gefühlsaspekte der Religion gezielt zu nutzen. Sie waren geschickte Dramaturgen. Die Illusionswirkung der damals aufkommenden Barockkunst kam ihnen entgegen und wurde daher großzügig gefördert. Betörender Glanz ersetzte

fehlende Innerlichkeit und barocker Überschwang traf sich mit andalusischem Lebensgefühl. Schon damals hieß es: »Die eine Kerze für Gott und die andere für den Teufel«. Nach außen gezeigte überschwängliche Frömmigkeit hinderte nicht am ausschweifenden Leben im Verborgenen. Bußübungen und Schmerzen der Karwoche gaben der Seele Frieden.

Zu Beginn des 16. Jh. verliefen die Prozessionen noch ungeordnet. Die Bruderschaften, zum großen Teil Zusammenschlüsse von Berufsverbänden, richteten zunächst Bußstationen ein, an denen man vor den dargestellten Szenen aus der Passionsgeschichte betete.

Im 17. Jh. erhielt der Kult der Unbefleckten Empfängnis Marias zentrale Bedeutung. Die schon vorher stark ausgeprägte Marienverehrung wurde durch eine Erklärung des Papstes aus dem Jahre 1616 legitimiert. Sevillas Muttergottes wuchs endgültig zur Königin; und die ›Unbefleckte‹ wurde das bevorzugte Thema der Malerei und Bildhauerei. Hingebungsvoll betete man die schöne, reine und gnadenreiche Schmerzensmutter an, während die Inquisitionstribunale mit der öffentlichen Zeremonie von Schuldzuweisungen den väterlichen Schrecken institutionalisierten, Autodafés, ›Glaubensakte‹, hießen jene Massenspektakel, in denen die Kirche ihre einschüchternde Macht über das Leben demonstrierte, indem sie jene, die sich ihr nicht unterwarfen, dem weltlichen Gericht und damit den reinigenden Flammen des Scheiterhaufens überließ.

Die Kirche setzte nun Regeln für die Prozessionen durch, die bis heute gelten. Die *pasos* von Maria und Jesus und die Kostümierung der an der Prozession Beteiligten gehen auf das 17. Jh. zurück, als auch die Ausgangspunkte und Routen durch die Stadt bestimmt wurden. Jede Bruderschaft besitzt eigene Embleme, Farben, Kostüme und Figuren. Der Zeitpunkt der Prozession während der Karwoche und der Weg, dem sie folgt, sind festgelegt. Auch die Reihenfolge während der Hauptprozession am Karfreitag hat eine seit 300 Jahren gültige Ordnung: Die jüngeren Bruderschaften gehen am Anfang, die ältesten bilden den Schluss.

Zur festgelegten Stunde öffnet man die Kirchentore. Das Leitkreuz wird herausgetragen. In Zweierreihen folgen die ›Nazarener‹ in den Farben und mit den Emblemen ihrer Bruderschaft. Die Büßer tragen spitze Mützen *(capirote)*, die Kopf und Gesicht verdecken. Dieser Brauch geht auf das 14. Jh. zurück, als der Papst jede öffentliche Form der Züchtigung verbot. Wer sich weiterhin während des Büßerumzugs züchtigen und kasteien wollte, war gezwungen, sein Gesicht zu verdecken.

Es folgt der *paso,* der eine Szene aus der Passionsgeschichte darstellt. Während die Gestelle unter der Bühne in Malaga von 200 Männern sichtlich offen getragen werden, sind sie in Sevilla verhüllt – man sieht nur die Füße der Träger. Durch Kommandos, in einer Schweigeprozession durch Klopfzeichen, weist man ihnen den Weg durch die winkligen Gassen. Dem Pfarrkreuz folgt eine zweite Gruppe, zumeist mit brennenden Kerzen, dann der geschmückte *paso de la virgen,* die Heilige Jungfrau unter einem Baldachin. Erstes Wegeziel am Karfreitag ist die Plaza de la Campaña. Dort treffen sich alle Prozessionszüge, um von hier aus gemeinsam den für alle verbindlichen Prozessionsweg zu beschreiten. Er führt durch die Calle Sierpes, über die Plaza de San Francisco, die Avenida de la Constitución und durch die Kathedrale zur Plaza de la Virgen de los Reyes, wo sie unter dem Balkon des Kardinals am Erzbischöflichen Palast vorübergeht. Die Schlusszeremonie findet in der Nacht von Karfreitag auf Ostersamstag in der Kathedrale statt. Am Ostersamstag bildet eine Prozession mit einer einsam trauernden Marienfigur den Abschluss der *Semana Santa.*

Trotz der inzwischen weitgehend säkularisierten Gesellschaft findet die *Semana Santa* immer noch große Beachtung. Man nutzt die arbeits- und schulfreie Woche aber inzwischen auch für Kurzurlaube und Ausflüge. Die Statistik der Verkehrsunfälle spricht für sich. Nervosität, Hektik, überfüllte Urlaubszentren und übermüdete Mitmenschen wird der Andalusienbesucher während dieser Woche ertragen müssen. Dennoch lohnt das Erlebnis des größten und wichtigsten Festes des katholischen Spanien.

Eine der Gassen heißt Calle de Pimienta, Pfefferstraße. Im Deutschen erinnert der Ausdruck ›Pfeffersäcke‹ als Bezeichnung für schwerreiche Bürger daran, dass mit diesem kostbaren Gewürz einmal viel Geld ins Haus kommen konnte. Es war zeitweise wertvoller als Gold. Man bezog es ursprünglich aus Indien, später aus Peru und Chile und anderen seinerzeit verrufenen Gegenden Südamerikas, »wo der Pfeffer wächst«.

Santa Cruz ist ein Stadtteil, dem man viel Zeit schenken möchte, der immer wieder und zu jeder Tages- und Nachtzeit eine Fülle romantischer Traumbilder auf verschwenderische Weise Wirklichkeit werden lässt. Natürlich trifft man hier auch auf Touristengruppen, die mit Präsenz und Lautstärke den Zauber vertreiben. Aber wenn man morgens früh, zur Mittagszeit (ab 14 Uhr) oder abends umhergeht, wird man nicht enttäuscht sein. Sevilla war jahrhundertelang berühmt für seine Keramikproduktion. Ei-

niges aus dieser Tradition wird im Barrio Santa Cruz angeboten.

Ein Paradestück: Die Kathedrale

14 Die Kathedrale von Sevilla ist eines der gewaltigsten Bauwerke der Christenheit, die größte gotische Kirche der Welt. 1402 begann man, sie zu errichten. 1506 war der Bau vollendet, vorläufig je-

denfalls. Fünf Jahre später stürzte die Kuppel ein. 1519 wurde sie erneuert und erhielt ihre jetzige Form. Die Höhe der Kuppel beträgt 56 m. 69 Kreuz-, Stern- und Netzgewölbe überziehen den Raum und 90 bemalte Glasfenster, die zwischen dem 16. und 19. Jh. entstanden, schmücken die Seiten. Der gotische Grundriss dominiert. Er wird durch Renaissance-Anbauten und Bildwerke des Barock ergänzt. Über hundert Künstler arbeiteten intensiv an der Ausgestaltung. Alles in allem ist Sevillas Kathedrale ein gewaltiges Werk der Architektur und bildenden Künste, deren wechselnde Stile zwischen dem 15. und 17. Jh. das vielgliedrige baukünstlerische Gesamtkunstwerk prägten.

Die Sehenswürdigkeiten sind immens. Eine Auswahl muss genügen. Durch die Puerta de la Lonja an der Plaza del Triunfo betritt man einen relativ düsteren Raum, wie er im Unterschied zu den lichtdurchfluteten gotischen Kathedralen Frankreichs und Englands für spanische Kirchen typisch sind. Spanischer Tradition entspricht ebenso der in der Mitte hineingesetzte Chor mit dem gegenüberliegenden Hauptaltar, zwischen denen sich die Bänke für die Gläubigen zwängen. Die Raumwirkung wird durch diese Konstruktionsweise gemindert. Andererseits konzentrieren sich die künstlerischen Anstrengungen zur bildnerischen Prachtentfaltung gerade auf diesen Mittelpunkt. Zur Besonderheit spanischer Kirchen gehören außerdem die reich verzierten Gitter vor den Kapellen.

An der Puerta de la Lonja tragen vier Herolde den Sarkophag des Christoph Kolumbus, der nicht nur als Lebender,

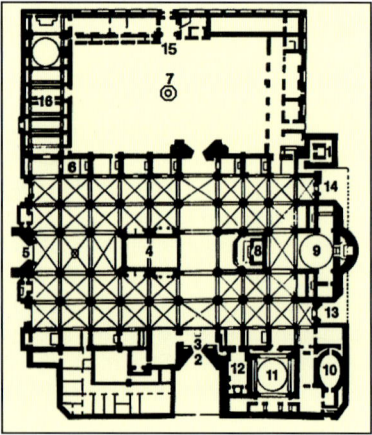

Kathedrale *1 Giralda 2 Puerta de la Lonja 3 Grabmal von Christoph Kolumbus 4 Chor 5 Haupteingang 6 Capilla de San Antonio 7 Orangenhof 8 Hochaltar 9 Capilla Real 10 Sala Capitular 11 Sacristía Mayor 12 Sacristía de los Cálices 13 Puerta de las Campanillas 14 Puerta de los Palos 15 Puerta del Perdón 16 Capilla del Sagrario*

sondern auch als Leichnam weite Reisen gemacht hat. 1506 starb Kolumbus in Valladolid. Seine sterblichen Überreste wurden einige Jahre später nach Sevilla gebracht, 1596 aber nach Santo Domingo überführt. 1795 kamen dorthin die Franzosen – mit Menschenrechtserklärung und Guillotine an Bord. Ihnen wollte man Kolumbus nicht überlassen, infolgedessen brachte man ihn nach Havanna. Als mit Kuba die letzte spanische Kolonie 1898 im spanisch-amerikanischen Krieg verlorenging, verschiffte man den Weitgereisten wieder nach Sevilla. Ob er wirklich im Sarg liegt, ist nicht gewiss.

Das Denkmal entstand 1902. Die vier Träger stehen für die Königreiche Kastilien, León, Aragón und Navarra, mit deren Wappen sie geschmückt sind. Von den vorderen Figuren hält die linke als

Zeichen der Seeleute ein Ruder, die rechte eine Lanze, die einen Granatapfel aufspießt – eine Allegorie auf die Eroberung Granadas.

Wenden wir uns dem Chor zu, um ein Kleinod inmitten der riesigen Schatzkammer zu würdigen. Das Vorbild für die kleine Madonna von Cano in der Kathedrale von Granada steht hier: Sie hat die Augen niedergeschlagen und sieht von links betrachtet ernst aus, während sie zu lächeln scheint, wenn man sie von der rechten Seite anschaut. Ihr Schöpfer, der große andalusische Bildhauer Montañés, der Canos Lehrer war, hielt sie für sein Meisterwerk. Sie entstand 1606.

Wir gehen weiter Richtung Hauptportal, das außerhalb großer Festlichkeiten nur für den König, den Papst und den Kardinal geöffnet wird. Auf dem Fußboden befindet sich die Grabplatte von Hernando Colón, einem Sohn des Entdeckers. In der **Kapelle des heiligen Antonius 6** hängt ein Meisterwerk von Murillo: Das Jesuskind erscheint dem heiligen Antonius von Padua. Die Abbildung des Heiligen wurde Anfang dieses Jahrhunderts von einem Dieb, dem das ganze Gemälde offenbar zu groß war, herausgeschnitten. Man fand sie Jahre später per Zufall in einem New Yorker Antiquariat. Inzwischen staunt der heilige Antonius wieder über das ihm erscheinende Jesuskind. In derselben Kapelle und in den folgenden sind zahlreiche Gemälde des Sevillaner Barock zu sehen: von Pacheco, Valdés Leal und Zurbarán. An der Nordseite liegt auch der Eingang zum **Orangenhof.**

Nach Durchschreiten des riesigen Raums der Kathedrale gilt es eines der Wunderwerke bildender Kunst zu be-

Der Hochaltar in der Capilla Mayor

Dem heutigen Besucher wird es nicht viel anders ergehen als *Théophile Gautier,* der die Kathedrale besuchte: ...»das eigentliche Paradestück von Sevilla ist seine Kathedrale, ein Gebäude, das man bestaunt, selbst wenn man die Kathedralen von Burgos und Toledo und die Mezquita von Córdoba gesehen hat. Als der Bau beschlossen wurde, fasste ein Kapitelherr zusammen: ›Errichten wir eine so große Kirche, dass uns die Nachwelt für verrückt erklärt!‹ Solch ein großzügiges und klares Programm lasse ich mir gefallen. Da sie somit freie Hand hatten, vollbrachten die Künstler wahre Wunder, während die Kanoniker, um die Bauarbeiten zu beschleunigen, ihre gesamten Einkünfte opferten und für sich nur das zum Leben unbedingt Nötige behielten ... Es ist ein ausgehöhlter Berg, ein umgestülptes Tal. Im Mittelschiff von Schwindel erregender Höhe könnte Notre-Dame von Paris hocherhobenen Hauptes spazieren gehen. Pfeiler wie dicke Türme, die einem so zerbrechlich erscheinen, dass man schaudert, steigen aus dem Boden und fallen von den Gewölben herab wie Stalaktiten in der Höhle eines Riesen.«

trachten: den **Hochaltar** der Hauptkapelle. Er ist derart reich gestaltet, dass die Augen versagen. Sie sehen den Glanz, schweifen ab und schauen wieder hin: in das Spinnwebfiligran aus Gold, in den Wald hunderter holzgeschnitzter Figuren. Wollte man alle Elemente einzeln betrachten, würde der Tag nicht ausreichen. Das beste Licht fällt am frühen Nachmittag ein.

Der größte gotische Hochaltar der Welt füllt die gesamte Rückwand der Kapelle. Er ist 23 m hoch und 12 m breit. Das Leben Marias und Jesu wird auf 45 Feldern geschildert, daneben das einiger Sevillaner Heiliger. Der Mittelteil ist Maria gewidmet, der obere zeigt die Auferstehung Christi. Um perspektivische Verzerrungen auszugleichen, sind die oberen Figuren größer gearbeitet, so dass sie, von unten betrachtet, nicht kleiner erscheinen. Der tragende Teil des Altars besteht aus Flachreliefs mit Stadtansichten Sevillas, auf denen auch Kathedrale und Giralda ohne ihren späteren Aufbau sowie die Stadtheiligen Justina und Rufina zu entdecken sind; davor die im 13. Jh. aus Zypressenholz geschnitzte Virgen de la Sede. Sie gab der Kathedrale ihren Namen.

1482 begannen die Arbeiten am Altar. Während der ersten zehn Jahre schnitzte der Flame Pieter Dancart an den Bildwerken, dann etwa zwanzig Skulpteure, die zur künstlerischen Elite Spaniens gehörten. 1526 wurden die Einzelbilder eingefasst, 1564 war der gesamte Altaraufsatz vollendet.

Gegenüber dem Hochaltar befinden sich weitere Schnitzwerke höchster Güte. Das 1478 fertig gestellte **Chorgestühl** besteht aus 117 reichverzierten Sitzen, zu denen 216 Figuren sowie zahlreiche Intarsien und Reliefs gehören. Es gilt als das größte Spaniens und für manchen als das schönste Andalusiens.

Die **Capilla Real** (Königliche Kapelle) wurde erst Mitte des 16. Jh. im plateresken Stil der spanischen Renaissance an das Mittelschiff des Kathedralbaus angefügt. Hier thront die neben der Macarena (Madonna des Stadtteils Macarena) berühmteste Marienfigur Sevillas: Die Virgen de los Reyes, Jungfrau der Könige, Schutzpatronin Sevillas. Sie stammt aus dem 13. Jh. und ist aus Lärchenholz geschnitzt. Mit einer Krone wurde sie erst 1904 versehen.

Vor dem Altar steht ein reich verzierter Schrein aus Silber und Bronze. In ihm ruht angeblich unverwest Ferdinand III. der Heilige, der Sevilla 1248 eroberte. Banner und Schwert des Heiligen Ferdinand sowie ein Kreuz, das Hernán Cortés bei der Eroberung Mexikos begleitet hatte, gehören zum Schatz der Kapelle. In der tiefer gelegenen Krypta sind die Särge Peters des Grausamen und seiner Geliebten María de Padilla untergebracht. Auf halber Höhe an den Seitenwänden der Kapelle sind rechts die kniende Figur der Beatrix von Schwaben (Gattin Ferdinands III.) und links die ihres Sohnes Alfons X. des Weisen zu sehen, die hier bestattet sind.

Die **Sala Capitular** wurde 1530 im Stil der Renaissance hinzugebaut. Sie hat ein elliptisches Gewölbe. Gegenüber dem Eingang hängt ein großes Marienbildnis Murillos.

In der **Sacristía Mayor** sind links und rechts an der Wand Heiligenbildnisse (Leander und Isidor) von Murillo zu bewundern; an der hinteren Wand ein kraftvoll-schlichtes Bildnis der Heiligen Teresa von Avila von Zurbarán und die eindrucksvolle, vor allem von Murillo hoch geschätzte ›Kreuzabnahme‹ von Pedro de Campaña aus dem Jahre 1548. Von Juan de Arfe, dessen Vater Enrique de Arfe eine der Kustodien in der Kathedrale von Cádiz schuf (vgl. S. 205), stammt die 3,25 m hohe Monstranz aus Silber (1581).

Die **Sacristía de los Cálices** beherbergt zahlreiche Gemälde aus der Sevillaner Malerschule. Goyas ›Justa und Rufina‹, eines seiner unbedeutenderen Werke, zeigt die beiden Heiligen Sevillas, dargestellt vor der Giralda. Sie waren junge Töpferinnen aus dem Stadtteil Triana. Weil sie ein römisches Götterbild zerstörten, starben sie als Märtyrerinnen.

Der Alcázar Peters des Grausamen

15 So wie die Kathedrale an die Stelle der riesigen Moschee der Almohaden trat, deren Vorgänger wiederum eine westgotische Kirche und ein römischer Tempel waren, ist auch der Ort des Königspalastes über zwei Jahrtausende derselbe geblieben. Und ebenso wie die Kathedrale noch heute das zentrale Gotteshaus Sevillas bildet, dient der Alcázar von Sevilla als Residenz des Königs von Spanien, wenn er Sevilla besucht.

Die Mauern des Alcázar sind teilweise noch römischen Ursprungs. Seit Cäsar Sevilla befestigen ließ, war der Palast des Herrschers zugleich eine wehrhafte Festung. Die zinnengekrönten Mauern, die nicht nur die Gebäude, sondern auch die Gärten umschließen, wurden unter den Almohaden errichtet. Sie machten Sevilla im 12. Jh. – in Konkurrenz zur früheren Kalifenstadt Córdoba – zur neuen Hauptstadt des Landes. Entsprechend groß und repräsentativ sollte nicht nur die Moschee, sondern auch der Sitz des Regenten sein. Das Kernstück des Königspalastes und eine der Hauptsehenswürdigkeiten Sevillas ist aber ein späterer Bauabschnitt, die Residenz von Pedro el Cruel, Peter dem Grausamen, der von 1350–1369 herrschte. Der christliche König von Kastilien zählte den moslemischen König von Granada zu seinen Bündnispartnern; Pedro half dem zeitweise vom Thron gestürzten Mohammed V. wieder auf seinen angestammten Platz. Aus Dankbarkeit schickte dieser ihm seine Baukünstler und Handwerker, jene namenlose Spezialistengarde, die einige Jahre später

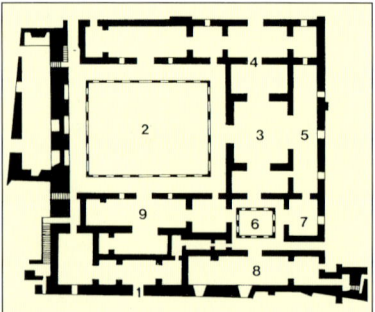

Alcázar Peters des Grausamen *1 Eingang 2 Patio de las Doncellas 3 Sala de Embajadores 4 Gemächer Marías Padillas 5 Speisesaal 6 Patio de las Muñecas 7 Saal der Katholischen Könige 8 Prinzensaal 9 Schlafsaal der Maurenkönige*

auch den Löwenhof der Alhambra hervorbringen sollte.

Mit dem Alcázar, dem Königspalast Pedros, schufen sie ein Meisterwerk maurischer Baukunst – teilweise auch Formen und Symbole der christlichen Tradition einarbeitend. Man nennt diesen Stil *mudéjar.* Pedro engagierte sich sehr für diesen Palast. In ihm sollte jene zauberhafte Frau wohnen, der er ergeben war, seine Geliebte María de Padilla. In den Ruinen der alten Kalifenstadt Medina Azahara und anderen Orten vergangener Pracht islamischer Baukunst ließ er nach brauchbaren Resten suchen und sorgte dafür, dass dort gefundene Säulen in das Schmuckwerk seiner Residenz eingearbeitet wurden.

Wenn wir das Eingangstor zum Festungsbereich, die **Puerta del León,** durchschritten haben, gelangen wir zu einem gepflasterten Platz, der Ausgangspunkt für die Besichtigung dreier verschiedener Baukomplexe ist – und außerdem als reizvolle Bühne für abendliche Ballett- und Musikvorführungen dient.

Im Gebäude rechts befand sich die **Casa de Contratación,** die 1503 von Isabella I. gegründete Handelskammer. Von hier aus wurde der Warenverkehr mit dem neuentdeckten Kontinent, den man erst später Amerika nannte, gesteuert. Im **Audienzsaal,** dem ersten Raum, empfingen die spanischen Könige Seefahrer und Entdecker, wie etwa Kolumbus nach seiner zweiten Amerikareise, und verabschiedeten sie, wie Magaláes vor der Erdumseglung. Dahinter befindet sich eine Kapelle mit einem berühmten Gemälde: Die ›Madonna der Seefahrer‹ wurde 1540 von Alejo Fernández gemalt. Sie ist auch bekannt als ›Madonna der guten Winde‹ *(buenos aires),* die der Hauptstadt Argentiniens ihren Namen gab. Unter ihrem weiten Mantel versammeln sich bekannte Figuren der Weltgeschichte, unter ihnen Karl V. und Kolumbus.

Gegenüber der Casa de Contratación liegt der Palast Karls V., den wir betreten werden, um von dort aus in die Gärten des Alcázar zu gelangen. Zunächst aber schauen wir auf den Palast Peters des Grausamen. Reich dekorierte Blendarkaden umgeben das schlichte Eingangstor. Über den Vielpassbögen der Fenster grüßt uns dekorativ, nur für Eingeweihte erkennbar, in kufischer Schrift das Motto des Nasridenkönigs: »Es gibt keinen Sieger außer Allah.« Möglich, dass der christliche König den Text, der wie ein harmloses Linienornament wirkt, nicht entziffern konnte, möglich aber auch, dass ihm das Motto recht war, denn Allah bedeutet schließlich Gott. Im ersten Stock befinden sich die für den jetzigen spanischen König reservierten Wohnräume.

Ähnlich wie in der Alhambra folgt hinter dem großformatigen Eingangstor zunächst ein winkliger, schmaler Gang. Er führt in das weitläufig-offene Zentrum des Palastes, den **Patio de las Doncel-las** (Hof der Damen). Von ihm aus betritt man die umliegenden Wohn- und Repräsentationsräume. Manches ist in diesem Palast restauriert und hinzugebaut worden. So setzte man 1569 über die maurischen, auf Doppelsäulen gestützten Fächerbögen des zentralen Hofs ein Obergeschoss im Stil der Renaissance. Der frische Glanz der Stuckdekoration an den Wänden ist auch Ergebnis von Restaurierungsarbeiten während der vergangenen Jahrhunderte, in denen der Palast die Residenz der spanischen Könige geblieben war.

Die **Sala de Embajadores** (Gesandtensaal) bildet ein besonderes Prunkstück unter den Räumlichkeiten. Ein Stalaktitengewölbe schwebt in der Höhe. Die vollständig bemalte Stuckdekoration sämtlicher Wandflächen erfüllt den Raum mit einem warmen Goldton.

Karl V. und Isabella von Portugal heirateten 1526 in diesem Saal. Im oberen Teil ließ Philipp II. ein halbes Jahrhundert später – wenig passend, aber glücklicherweise dem Blick weit entrückt – die Bildnisse kastilischer Könige anbringen.

Auch die übrigen Räume sind mit farbigem Stuckwerk reich dekoriert. Zahlreiche Decken werden von kunstvollen Einlegearbeiten aus Holz geschmückt *(artesonado)*. Die großen geschnitzten Türen sind originale Meisterwerke aus dem 14. Jh. Kacheln mit verschiedensten Motiven bekleiden die unteren Teile der Seitenwände. Ein alle Räume verbindendes Motiv, der Zedernbaum als Zeichen des Lebens, schließt den Kachelschmuck oben ab. Im eisernen Gitterwerk versteckt, vor einem Fenster zum Garten, kann man die Form eines Judensterns ausmachen: Die Schöpfer dieser Räume gehörten offenbar nicht nur der christlichen und islamischen Religionsgemeinschaft an.

Die königlichen Säle, ein überaus kunstreiches Werk interkonfessioneller Zusammenarbeit, bergen nichts als die Fülle ihres eigenen Wanddekors. Über

Blick über den Alcázar Peters des Grausamen

die ursprüngliche Einrichtung und Aufteilung des Palastes ist nichts Sicheres
bekannt. Die zum Garten ausgerichteten
Räume gelten als die Gemächer María
de Padillas. Hinter dem Saal der Ge-
sandten liegt der lange **Speisesaal.** Um
den kleinen **Patio de las Muñecas**
herum befanden sich später die Räume
der Katholischen Könige und ihrer Kinder.

Wir verlassen den Palast Pedros I.
durch das Eingangstor und wenden uns
rechts dem schlichten **Palast Karls V.**
zu. Er enthält noch Reste eines Bauwerks im gotischen Stil. Kostbare Gobe-
lins, die die Belagerung von Tunis durch
Karl V. (1535) illustrieren, stammen aus
der Brüsseler Werkstatt von Willem de
Pannemaker (1554). Auch im Palast
Karls V. finden sich gekachelte Wände
mit Fliesen aus dem 16. Jh. Während die
Mauren noch im 14. Jh. die Farben getrennt brannten, verstanden es die Kera-
mikmaler 200 Jahre später, eine vielfar-
bige Glasur auf die Kachelfläche aufzu-
tragen und einzubrennen, ohne dass sie
verlief, und konnten somit auf das kom-
plizierte Mosaik der einzeln gebrannten
Farbteile verzichten.

Wir betreten vom Palast Karls V. oder
auch direkt vom Königspalast Pedros
des Grausamen aus die **Gärten des
Alcázar.** Sie bilden besonders um die
Mittagszeit eine Oase der Ruhe mit
Orangenbäumen, Palmen, Zedern und
Zypressen, Myrtensträuchern und blühenden Büschen, mit Fischteich und
Springbrunnen, einem Pavillon und Ru-
hebänken. Um auszuruhen, sind sie der
geeignete Platz. Andalusienreisende
loben sie schon seit 500 Jahren.

*Alcázar: Sala de Embajadores
(Gesandtensaal)*

Sevillas prächtigster Stadtpalast: Casa de Pilatos

🔢 Die Casa de Pilatos ist neben dem
Alcázar der prachtvollste Stadtpalast Sevillas und das beste Beispiel des
mudéjar-Stils. Die Verschmelzung von
maurischer Dekorationstradition mit
Maß und Form der Renaissance ist in
diesem Palast der Herzöge von Medinaceli auf besondere Weise gelungen. Der
Zusammenklang von offenen und geschlossenen Räumen, abstrakten Elementen und menschlichen Figuren
scheint hier jenseits aller ideologischen
Abgrenzungen nur dem Sinn für Schönheit zu gehorchen, der sich so sichtbar
wie selten in Andalusien am antiken Humanismus orientiert.

Um zur Casa de Pilatos zu gelangen,
machen wir am besten einen längeren
Spaziergang durch den Barrio de Santa
Cruz und darüber hinaus bis zur Plaza de
Pilatos. Dort steht ein Denkmal für den
Maler Zurbarán. Schräg gegenüber be-
findet sich das Tor zum Palastbezirk, der
uns in den Eingangshof führt.

Ein weiteres Tor öffnet sich zu einem
arkadengesäumten Renaissancehof mit
einem Springbrunnen in der Mitte. Über
den Wasserstrahlen zeigt ein Januskopf
seine beiden Gesichter. In den vier
Ecken des Patios stehen römische Statuen: eine friedliche und eine kriegerische Minerva, die sizilianische Frucht-
barkeitsgöttin Demeter und eine Muse.
Von Wandnischen schauen römische
Cäsarenköpfe herab.

Es gibt in den umliegenden Räumen
zahlreiche andere Skulpturen aus der
Antike zu sehen, eine Athene-Figur
sogar angeblich aus der Schule des Phi-
dias (aus dem 5. Jh. v. Chr.). Aus dem 1.
nachchristlichen Jh. stammt ein freizü-
giges römisches Relief: Leda und der
Schwan (die Eltern der schönen Helena).

Den stärksten Eindruck hingegen machen Schönheit, Vielfalt und Ausmaß der Kachelwände, die nicht nur die Innenräume schmücken, sondern auch die zum Garten zeigenden Außenmauern. Die verschiedenfarbigen Kacheln mit unterschiedlichsten Motiven entstanden überwiegend nach der so genannten Cuenca-Technik. Innerhalb einer reliefartigen Musterung, die der einzelnen Kachel aufgeprägt wurde, konnten die Farben aufgetragen werden, ohne dass sie ineinanderliefen. Sie tun es dennoch manchmal, was einen reizvoll irisierenden Effekt hat. Das Treppenhaus zum ersten Stockwerk ist bis zur Decke mit dunkel glänzenden *azulejos* bedeckt und von einer *artesonado*-Kuppel überkrönt.

All die großzügige und kühle Pracht wirkt dennoch schlicht, auf kostbare Weise einfach. Die Übergänge vom Hellen ins Dunkle, vom Geschlossenen ins Offene sind von großem Reiz, ergeben sich aber beiläufig. Wohnzwecke sind nicht zuzuordnen; nur eine Hauskapelle

Patio in der Casa de Pilatos

Es stimmt davon nichts. Dennoch: der Name ›Haus des Pilatus‹ überlebte.

Ein weiterer interessanter Adelspalast mitten in der Stadt ist der **Palacio Lebrija** 17 (Calle de Cuna, 18). Er stammt ebenfalls aus dem 16. Jh. und ist ein gelungenes Beispiel für *mudéjar*-Baukunst mit starker Anknüpfung an römische Vorbilder. Die Fußbodenmosaiken im Palacio Lebrija sind teilweise originale Stücke aus dem nahe gelegenen Itálica.

Die wichtigsten Museen

Hospital de la Caridad

18 Das im 17. gegründete Hospital de la Caridad wird heute als Seniorenheim genutzt. Es verdient einen eigenen Besuch, denn in seiner Kapelle befinden sich einige Meisterwerke der Sevillaner Malerschule aus dem ›Goldenen Jahrhundert‹ spanischer Kultur. Nach der Besichtigung der Almohadentürme aus dem 12. und 13. Jh., des *mudéjaren* Alcázars von Peter dem Grausamen aus dem 14. Jh., der Kathedrale aus dem 15./16. Jh. und der im Geist des Humanismus errichteten Renaissance-Stadtpaläste aus dem 16. Jh. erleben wir nun die Blüte andalusischer Malerei im katholischen 17. Jh., und zwar anhand der Werke von Esteban Murillo (1618–1682) und Valdés Leal (1622–1690), zwei sehr verschiedenartigen Künstlern.

Beide Maler stammten aus Sevilla, sie lebten und starben hier. Malt Murillo mit weichen, stimmungsvollen Tönen auf verhaltene, aber doch innig-gefühlvolle Weise das Leben, so stellt Valdés Leal den Schrecken des Todes dar. Murillo entdeckt noch im Elend der Gassenjungen Charme, Freude und Schönheit und erhebt – wie seine flämischen Zeitge-

offenbart ihre Funktion. Im ersten Stockwerk werden wir durch die Wohnräume einer Adelsfamilie geführt, die mit starren Porträts und dunklem Mobiliar ausgestattet sind.

1519 n. Chr. schloss man die Bauarbeiten des Jahrzehnte zuvor geplanten Palastes ab. Bauherr war der erste Marqués von Tarifa mit Namen Ribera. Er hatte sich lange Zeit in Jerusalem aufgehalten und wollte der Legende nach das Haus des berüchtigten römischen Stadthalters Pilatus nachbauen lassen.

nossen – den profanen Alltag zum geachteten Thema der europäischen Malerei. Valdés Leal hingegen zeigt Pracht und Glorie der Menschenmacht als Todgeweihtes und deren Repräsentanten als stinkende Kadaver. Murillo lobte den krassen Realismus des Malerfreundes mit der Bemerkung, dass er sich beim Anblick von dessen Todesbildern die Nase zuhalten müsse.

Auftraggeber für das Hospital, die dazugehörige Kapelle und die Gemälde war ein ›Don Juan‹ Sevillas, der sich inmitten des dahinflatternden Lebens plötzlich mit seiner eigenen Sterblichkeit konfrontiert sah und vom Sünder zum Büßer wurde. 1674 entstand der Bau.

Wir betreten zunächst den Eingangshof, dessen Wände zahlreiche auf flämischen Fliesen abgebildete Geschichten aus dem Alten Testament schmücken –

fälschlich mit der niederländischen Aufschrift ›De tien Geboden‹ versehen.

Im Eingangsbereich zur einschiffigen Kirche hängen zwei Gemälde von Valdés Leal. Das erste zeigt die verwesenden Leichen eines Ritters, der die Züge des Hospitalgründers Mañara trägt, und eines Erzbischofs. Im zweiten, gegenüber angebrachten Bild löscht ein Knochenmann das Licht des Lebens, indem er über ausgebreitete Sinnbilder des Irdischen hinwegschreitet.

An den Seitenwänden der Kiche hängen zahlreiche Gemälde Murillos: gleich vorn auf der rechten Seite ›Die Heilige Elisabeth von Ungarn bei der Heilung von Leprakranken‹ (Elisabeth von Thüringen, die in Marburg lebte und starb, wird in Andalusien sehr verehrt); gegenüber ›Die Barmherzigkeit des San Juan de Dios‹: Der Heilige trägt einen Kranken zum Hospital, ein Engel stützt ihn. Die-

Innenhof im Hospital de la Caridad

ses Gemälde ist ein gutes Beispiel für Murillos entwickelten Chiaroscuro-Stil, eine Hell-Dunkel-Komposition, wie sie der Italiener Caravaggio in die europäische Malerei eingeführt hatte. Weitere Themen sind ›Das Wunder der Brotvermehrung‹ und ›Johannes der Täufer als Kind‹ mit einem Lamm im Arm.

Murillos Kinderdarstellungen gehören zu den besten der europäischen Malerei: Lebendigkeit, Wärme und Individualität kennzeichnen diese Bilder, die sich mit einem damals völlig neuen Genre befassen. Sie haben ihn ebenso berühmt gemacht wie die zahlreichen Darstellungen der ›Unbefleckten Maria‹, die gerade im 17. Jh. in Sevilla inbrünstig verehrt wurde. Murillo veranschaulichte und prägte zugleich das weibliche Schönheitsideal des Katholischen Südens. Mehr davon sehen wir in der großen Sammlung der Sevillaner Malerschule im Museo de Bellas Artes.

Museum der Schönen Künste

19 Das Museo de Bellas Artes führt in den Räumen eines ehemaligen Klosters aus dem 17. Jh. vor allem den Reichtum der Sevillaner Malerschule vor Augen.

Die Kreuzgänge kann man zum Ausruhen nutzen.

Die Sevillaner Malerschule – das ist keine provinzielle Angelegenheit. Zu ihr gehörten ganz bedeutende Meister des ›Goldenen Jahrhunderts‹ der spanischen Kunst, als Spanien im gesamten katholischen Europa den ersten Rang einnahm.

Der wichtigste spanische Maler des 17. Jh. und einer der ›Großen‹ europäischer Kunstgeschichte war Diego Velázquez, Hofmaler in Madrid. Er stammte aus Sevilla, wo er aufwuchs und auch sein Handwerk erlernte. Sein Lehrer war der Sevillaner Maler Francisco de Pacheco.

Vom ›Maler der Mönche‹, Zurbarán, sind in Cádiz großartige Bilder zu sehen (vgl. S. 202f.) und Sevilla bietet Entsprechendes. In der Extremadura geboren, wurde er schon früh zu einem ›Sevillaner‹. Valdés Leal gehörte ebenso zur Reihe der Meister. Aber niemand von ihnen ist der Stadt so mit seinen Themen, seinem Stil und auch seinem Leben zugehörig wie Murillo.

Allein um Murillos Gemälde zu sehen, lohnt ein Besuch des alten Klosters. Kein

Im Museum der schönen Künste

zweiter Ort gibt einen besseren Einblick in sein Werk. Faszinierend ist es, anhand der über 20 Gemälde die Entwicklung seines Stils zu verfolgen. Zunächst übernahm Murillo von Zurbarán die scharfen Konturen und von seinem Lehrer Castillo die matten Braun- und Schwarztöne; die kühle Farbgebung des frühen Murillo erinnert an den Granadiner Cano. Dann werden die Farben wärmer, die scharfen Konturen werden noch beibehalten, aber der Hell-Dunkel-Kontrast bestimmt die Gesamtkomposition. Die Technik des Chiaroscuro hatte Murillo dem Valencianer Malerkollegen José de Ribera abgesehen, einem der bedeutendsten spanischen Porträtisten. Dieser war in Neapel ein Schüler des künstle-

risch überaus einflussreichen Caravaggio gewesen. In der letzten Phase, *vaporoso* genannt, mildert Murillo wieder die Kontraste und lässt die Konturen verschwimmen. Alles wird leicht, schwebend, durchwirkt von ätherischem Goldton.

Hierfür gibt es keine Vorbilder mehr: Murillos religiöse Inbrunst, die sich dem Gedanken lebensvoller Schönheit verpflichtet, drückt sich mit Hilfe der fortgeschrittensten Maltechnik der damaligen Zeit aus. An Murillo und Velázquez knüpfen später im 19. Jh. die französischen Meister des Impressionismus an.

Alle genannten spanischen Maler sind im Museum der Schönen Künste vertreten, daneben Luis de Morales und

Isla Mágica
Expo' 92 und die Folgen

Im Jahr 1992 fand 500 Jahre nach der Entdeckung Amerikas in Sevilla eine Weltausstellung statt. Deshalb erhielt die Stadt einen weltstädtischen Bahnhof mit Schnellzugtrasse nach Madrid und einen Flughafen. Das halbjährige Fest auf der Isla Cartuja inmitten des Guadalqivirs war grandios und zog über 30 Millionen Besucher an. Aber die Träume von einer raschen und ökonomisch sinnvollen Nachnutzung der vielen neuerrichteten Pavillons erfüllten sich nicht. Heute wird das ehemalige Expo-Gelände nur teilweise genutzt: kulturelle Veranstaltungen finden nach wie vor im Teatro Central und im Filmtheater statt, im Kartäuserkloster wird spanische Kunst der Gegenwart gezeigt. Tecnópolis heißt ein Sektor, in dem Wirtschaftsunternehmen, die Universität und die Regionalverwaltung Quartier bezogen haben. 1999 wurde das Olympiastadion eröffnet.

Seit 1997 zieht vor allem die neue Attraktion Sevillas, die Isla Mágica, jüngere Besucher und Familien an. Der erste stadtnahe Themenpark der Welt inmitten eines 60 000 qm großen Gartens mit 500 000 Pflanzen und 42 000 qm Wasserfläche bietet mit Hilfe modernster illusionsfördernder Technik einen Erlebnispark, der sich in fünf Stationen thematisch mit der Entdeckung Amerikas befasst und eine Zeitreise in die Vergangenheit erlaubt.

sein Zeitgenosse El Greco, der aus Kreta stammte und im 16. Jh. in Toledo zu einem der größten Maler Spaniens wurde, außerdem Goya und zahlreiche ausländische Künstler wie Cranach, Rubens, van Dyck, Coreggio, Tizian, Veronese, Lorrain und Poussin.

Will man gezielt auswählen und sich auf das Einmalige der Sammlung konzentrieren, sollte man weder an den Mönchen Zurbaráns noch an den Madonnen Murillos vorübergehen.

Das Archäologische Museum

[20] Ein Besuch des Museo Arqueológico ist ein sinnvoller Abschied von Sevilla. Die hier zusammengefassten Zeugnisse einer jahrtausendelangen Geschichte verdeutlichen nochmals die historische Dimension des Gesehenen. Sie ergänzen mit Gesichtern aus Stein und gleißendem Schmuck das dürre Zahlenwerk der Geschichte, und die schnell verklingenden Namen der Iberer, Phönizier, Karthager, Griechen, Römer, Westgoten gehen hier weniger leicht verloren. Sie haben etwas Sichtbares hinterlassen. Daran heftet sich unser Blick. Sie waren die ersten, die die andalusische Bühne der Weltgeschichte betraten.

Vor allem in Zusammenhang mit einem Ausflug nach Itálica ist der Besuch des Museums eine gute Vor- oder Nachbereitung. Denn das dort Gefundene wird hier zum größten Teil aufbewahrt. Andere Objekte stammen aus dem iberisch-römischen Mulva (vgl. S. 287f.). Ausgrabungen von 1956 haben dort unter anderem einen ›Hispania‹ genannten Frauenkopf zutage gefördert, der nun zu den Attraktionen der Sevillaner Sammlung gehört.

Das Archäologische Museum zeigt Fundstücke von der Prähistorie bis zur Maurenzeit, vor allem aus den Provinzen Sevilla, Cádiz und Huelva. Unbestrittene Glanzpunkte der im Untergeschoss versammelten älteren Objekte sind die Goldschätze von Carambalo (1958 nahe Sevilla gefunden) und Sanlúcar de Barrameda aus dem 7./8. vorchristlichen Jh., die möglicherweise in einem Zusammenhang mit der Kultur des unter-

gegangenen Tartessos gestanden haben.

Im Erdgeschoss sind die römischen Funde aus Itálica (s. S. 273ff.) ausgestellt, außerdem hellenistische Statuen, die der Konsul Mummius 147 v. Chr. nach dem Sieg über das griechische Korinth per Schiff in seine spanische Villa bringen ließ. Eine Hermes-Statue gilt als die schönste klassische Skulptur, die auf spanischem Boden entdeckt wurde. Darstellungen der römischen Kaiser Trajan und Hadrian sind unter den Cäsarenporträts natürlich besonders häufig anzutreffen; schließlich waren beide Einheimische, geboren und aufgewachsen in Itálica.

Ausflüge in die Umgebung von Sevilla

Karte: S. 274/275
Tipps & Adressen: Niebla S. 347, Huelva S. 430, Moguer S. 345, Isla Cristina S. 3341, Ayamonte S. 326, Coto de Doñana S. 334, Aracena S. 324, Osuna S. 347, Carmona S. 329, Écija S. 335

Itálica

1 Überquert man in Sevilla den Guadalquivir in westlicher Richtung und biegt wenig später in die N 630 Richtung Mérida ein, so gelangt man nach insgesamt 10 km zur Ortschaft Santiponce (Linienbus ab Calle Marqués de Paradas). Mitten im Ort hat man ein Theater aus Römerzeiten freigelegt. Etwas abseits der Häuser erstreckt sich das Ausgrabungsgelände von Itálica, der ältesten römischen Gründung in Andalusien.

Kurz nachdem unter Scipio dem Älteren die Karthager 206 v. Chr. im nahe gelegenen Ilipa, dem heutigen Alcalá del Río, geschlagen wurden, siedelten in Itálica die ersten römischen Veteranen. Sie nahmen sich einheimische Frauen und vermischten sich schnell mit der Bevölkerung. Auch die Mutter des römischen Kaisers Hadrian war – 270 Jahre später – eine jener begehrten Frauen ›aus der Gegend von Cádiz‹, deren sich in der Hüfte wiegender, tänzerischer Gang allgemein Bewunderung erregte.

Itálica war während der gesamten Römerzeit eine bedeutende Stadt, die sich ständig ausdehnte. Der geringste Teil ist bislang ausgegraben worden. Auf dem römischen Itálica, das im Mittelalter fast völlig in Vergessenheit geraten war, steht der heutige Ort Santiponce. Nach einer Überschwemmung des Guadalquivir im 17. Jh. bedienten sich die Einwohner von Santiponce der Ruinen der Römerstadt, um ihre Straßen zu pflastern und ihre Häuser wiederaufzubauen. Dennoch sind unter einer dünnen Erdschicht die Fundamente von Itálica erhalten geblieben. Man sieht die breite gepflasterte Hauptstraße und Teile der unterirdischen Kanalisation. Die regelmäßigen Strukturen der Stadt sind gut

Amphitheater des römischen Itálica, einst Ort unzähliger Gladiatorenkämpfe

Portugal

Corteguna   Jabugo   **10** ● **Aracena**

● La Umbría

Sierra   *de*   *Aracena*

Huelva

Cabezas Rubias

Nerva

Río Tinto

Fuente Coto Nacional de la Pata del Caballo

Puebla de Guzmán

●Alosno   Valverde

El Granado

El Almendró

Río Guadiana

San Bartolome de la Torre

Río Odiel

San Silvestre de Guzmán

Gibraleón   **2** ●Niebla   La Palma del Condado

Rivera de la Nicoba

3   Bollulos del Condado

Lepe   ●**Huelva**

7   El Rompido   ●**Moguer**   ●**Almonte**

▶**Ayamonte**   La Antilla

Palos de la Frontera

Arroyo de la Rocina

Isla Cristina **6**   Kolumbusdenkmal   Kloster Rábida **5**

Playa de Isla Cristina   **Punta Umbría**   Mazagón   El Acebrón   ●**El Rocío** **9**

El Rocina   *Marismas*

Caño

Playa de Mazagón   Acebuche   *del*

4   *Guadalqui*

Matalascañas

C o s t a   d e   l a   L u z   *Playa de Matalascañas*   *Coto de Doñana*   **8**

N
0 ▲ 10 km   *Golfo de Cádiz*

Umgebung von Sevilla

erkennbar, das Straßensystem, die Lage der Häuser, das Forum. Die Sockel der Häuser stehen zum Teil noch, oder sie konnten rekonstruiert werden. Einige Zimmerböden zeigen Beispiele römischer Mosaikkunst, die rund zwei Jahrtausende unter einer dünnen Erdschicht ihre Leuchtkraft bewahren konnten. Neben geometrischen Mustern sind mythologische Figuren wie ein Medusenhaupt, Neptun und Minotaurus sowie zahlreiche bunte Vögel zu sehen.

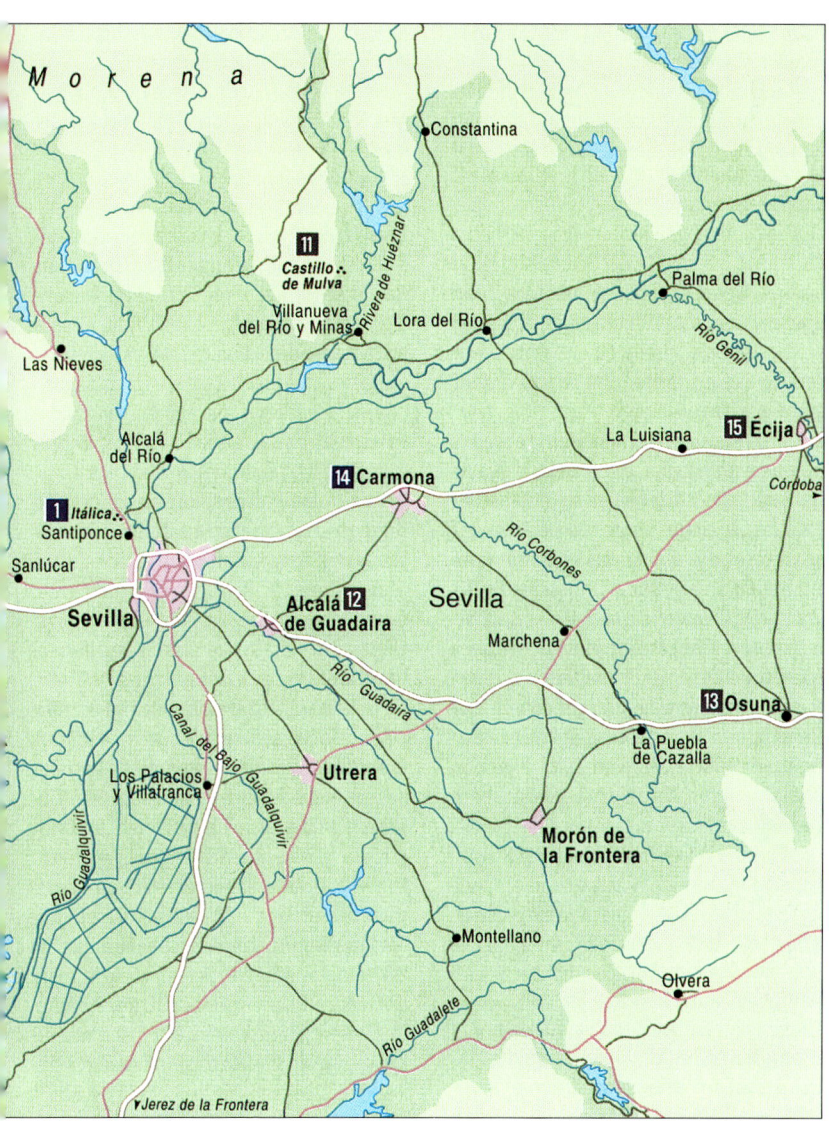

Eindrucksvollstes Bauwerk ist das riesige Amphitheater aus dem 2. nachchristlichen Jh. 25 000 Zuschauer fanden in ihm Platz. 160 m lang ist das Oval. In den Gewölben unterhalb der Ränge kann man spazierengehen und die Leistung der römischen Konstrukteure bewundern. Neben Tierhatzen fanden hier Gladiatorenkämpfe statt. Es müssen wohl sehr viele gewesen sein, denn im Archäologischen Museum von Madrid lässt sich auf einer Bronzetafel der schriftliche Erlass des römischen Kaisers Marc Aurel nachlesen, der für

Itálica eine Beschränkung der Gladiatorenkämpfe forderte.

Gegenüber vom Eingang befinden sich weiträumige Lokale, in denen man einfache, kräftige Gerichte und Getränke bekommen kann.

Von Sevilla an den Atlantik

Das heißt: die Provinz Sevilla verlassen, die Provinz Huelva entdecken. Günstig ist es, auf der Fahrt von Sevilla nach Huelva (über die N 431) in **Niebla** 2 Station zu machen.

Die Almohaden hinterließen in Niebla einen Mauergürtel von 3 km Länge. Er ist mit 46 Wehrtürmen bestückt und stammt aus dem 12. Jh. Hinter ihm verschwindet die kleine Stadt, in die vier Tore Einlass gewähren. An einem reizvollen Platz im Zentrum kann man zwischen Brunnen, Palmen und Orangenbäumen eine Rast einlegen. Die ehemals mozarabische Kirche ist originalgetreu wiederaufgebaut worden. Der kleine Ort am Río Tinto war ehemals eine römische Stadt und später Sitz eines kleinen maurischen Königreichs. Die Almohaden, bemüht ihre Hauptstadt Sevilla weiträumig zu schützen und den Fluss und die Küste zu kontrollieren, gaben mit der Befestigung von Niebla ein gutes Beispiel für Wehrhaftigkeit und strengen Stil, die sie in Andalusien einzuführen versuchten.

Huelva 3 blickt, wie viele Städte Andalusiens, auf eine lange Geschichte zurück. Funde aus der Altsteinzeit belegen dies. Die Phönizier bezeichneten die Höhen der Sierra Morena nördlich von Huelva als ›silberne Berge‹. Schon vor 3000 Jahren wurden in Bergwerken wertvolle Metalle gefördert und nach Huelva gebracht. Das ist bis heute so geblieben. Unter Phöniziern, Kelten und Römern war Huelva eine wichtige Ha-

fenstadt. 1755 wurde sie wie Lissabon von einem Erdbeben zerstört.

Heute ist die Stadt zwischen den Flüssen Río Tinto und Río Odiel ein industrielles Zentrum und wichtiger Erzverschiffungshafen. Schön ist Huelva wahrhaftig nicht. Der für Andalusien ungewohnte und buchstäblich scharfe Geruch der Industriegesellschaft weckt uns hier ziemlich rau aus dem Traum von Sonne, Licht und Meer. Wer gerade für den Charme dieser Modernität etwas übrig hat, sollte an Huelva nicht vorübergehen. Aber die Stadt wäre kein empfehlenswertes Ziel, um die Sehnsucht nach Abkühlung im Atlantik zu befriedigen. Zu verschmutzt sind Luft und Wasser. Doch südlich und nördlich von Huelva sieht es anders aus.

Huelvas ›Lichtküste‹

Vom Naturschutzgebiet an der Mündung des Gudalquivir bis zur portugiesischen Grenze befinden sich nahezu ohne Unterbrechung feine Sandstrände. Gesamtlänge: 120 km. Sie beginnen im Süden mit der im Wachsen begriffenen, erst vor wenigen Jahren gegründeten Urlaubsstadt **Matalascañas** 4. Ein ödes Hochhaus nach dem anderen drängt sich an das unmittelbar angrenzende Naturschutzgebiet Coto de Doñana. Es gibt nur wenige Hotels und Hostales (von Mai bis September geöffnet). Die Häuser bestehen zumeist aus Apartments. Dennoch – Matalascañas gilt als einziges ›internationales‹ Seebad dieses Küstenstreifens. Nordwestlich trifft man auf einer Strecke von fast 30 km entlang des Atlantik auf keine Ortschaft; nur einige Campingplätze, eingelagert im Sand und beschirmt von Pi-

Die Atlantikküste bei Mazagón

nien, laden zur Übernachtung ein. In der Dünenlandschaft zwischen Straße und Meer und am weiten feinsandigen S:..:vor der gelb leuchtenden Steilküste ve..eren sich die wenigen Badegäste. Ein Hotel allerdings gibt es auf dieser Strecke. Es liegt direkt am Strand der Steilküste (mit Zugang zum Strand) und kann – wie alle genannten Paradores – empfohlen werden. Es gehört bereits zum Städtchen Mazagón (6 km).

Auf der Strecke zwischen Mazagón und Huelva treffen wir auf gewaltige Anlagen der petrochemischen Industrie. Diese Gegend verlockt nicht zum Bleiben. Doch sollte man kurz vor der Mündung des Río Tinto einen kleinen Abstecher zum **Kloster Rábida** 5 und zum Ort **Palos de la Frontera** machen (H 624). Sie sind Teil der so genannten ›Ruta Colombina‹: Wir befinden uns auf den Spuren von Kolumbus. Das Kloster stellte im Kolumbusjahr 1992 eine der Hauptattraktionen im Besichtigungsprogramm dar und wurde für diesen Anlass sorgfältig restauriert. Es lohnt einen Besuch vor allem wegen der hübschen Innenhöfe. Außerdem ist der Blick vom Kloster bergab auf die Mündung des Río Tinto und das offene Meer reizvoll. Ein viertelstündiger Spaziergang zum Ufer des Flusses führt zu den anlässlich der Expo '92 originalgetreu nachgebauten Schiffen, mit denen Kolumbus 1492 aufgebrochen war. Ein Ausstellungsraum zeigt technische Geräte der Seefahrt und Kartenmaterial. Ein kurzer Film bringt dem Besucher die wichtigsten Ereignisse der ersten Überfahrt nach Amerika nahe.

Bevor Sevilla das unangefochtene Tor zur Neuen Welt wurde, war Palos de la Frontera ein Zentrum der Entdecker, Ausrüster und Schiffsbauer. Die freundlichen und gebildeten Mönche des Franziskanerordens in La Rábida nahmen 1486 nicht nur den jungen Sohn von Kolumbus auf, sie unterstützten den Vater zudem tatkräftig in seinem Vorhaben. Nach sechs Jahren gab Isabella die Katholische dem Drängen der Mönche und des Genuesen nach, der zuvor schon sieben Jahre vergeblich am portugiesischen Königshof von Lissabon für seine Idee geworben hatte, einen westlichen Seeweg nach Indien zu finden. Aus dem einige Kilometer entfernten **Moguer**, der Geburtsstadt des Literaturnobelpreisträgers Juan Ramón Jiménez, und aus Palos de la Frontera stammte ein Großteil der Mitentdecker Amerikas, erfahrene Seeleute und Kapitäne der Schiffe von Kolumbus. Drei Karavellen verließen am 3. August 1492 den Hafen von Palos und kehrten am 15. März 1495 mit weltbewegenden Nachrichten dorthin zurück.

Der Kapitän der ›Pinta‹, Martín Alonso Pinzón, genießt in Palos besondere Achtung. Er stammte aus dem Ort, hatte maßgeblichen Anteil am Gelingen der Expedition und erwies sich noch während der Seereise als eigensinniger Konkurrent seines Vorgesetzten Kolumbus. In Palos de la Frontera steht gegenüber vom Rathaus ein Denkmal für Pinzón. Der Hafen ist inzwischen versandet. Ein **Kolumbusdenkmal** befindet sich an der Mündung des Río Tinto. Es wurde von der nordamerikanischen Bildhauerin Gertrude Vanderbilt Whitney aus Granit geschlagen und hier 1929 aufgestellt. Zurückgekehrt auf die Küstenstraße, fahren wir daran vorbei, nachdem wir den Río Tinto überquert haben.

Wir durchfahren das Hafengelände Huelvas an der Mündung des Río Odiel, überqueren den Fluss über eine Brücke und setzen unsere Küstenstrecke bei **Punta Umbría** fort. Es liegt am Zipfel einer Landzunge. Zwischen diesem wenig ansehnlichen, aber viel her-

Im Hafen von Isla Cristina

kömmliche Unterhaltung bietenden Touristenzentrum und Huelva existiert auch eine regelmäßige Bootsverbindung.

Auf einer Strecke von 15 km führt die Straße direkt am Meer entlang, bis zum kleinen Fischerort **El Rompido** an der Mündung des Río Piedras. Dann muss man ein Stück ins Landesinnere fahren, um den Fluss zu überqueren und zum mehrere Kilometer langen Strand zu gelangen, der sich bis zur portugiesischen Grenze erstreckt. Belebt ist es hier nur in der Hauptsaison und an den Wochenenden; ansonsten gibt es nur Sand, Pinien und Meer.

Der einheimische Tourismus ist im Wachsen begriffen. Die traditionelle Fischerei geht zurück. Der Ort La Antilla beispielsweise ist glanzlos, aber nicht ohne Charme. Die schrillen Töne werbender Modernität sind Tupfer geblieben, so wie das pittoreske, dürftige Fischerleben am Ortsrand.

Als Fischerort wesentlich bedeutender und interessanter ist das Städtchen **Isla Cristina** 6, das allerdings auch stärker in den Sog der Tourismus-Industrie geraten ist. Aber noch konnte sie dem Ort kein einheitliches Konzept überstülpen, so dass Raum für genussvolle Melancholie bleibt. Gewaltige Hotelkomplexe in Strandnähe gibt es bisher nur vereinzelt. Der Ort mit seinem lebendigen Hafen hat sich seinen spröden Charme erhalten. Dies gilt auch für die Grenzstadt **Ayamonte** 7, in der man vom Parador oberhalb der Stadt über die weißen Häuser bis zum Atlantik und über den Río Guadiana hinweg ins benachbarte Portugal schauen kann. Noch ist nicht die gesamte Küste verbaut, noch gehorcht nicht alles einem einzigen Geschäft. Das sichtbar Unausgeführte beruhigt. Die Modernität, eine blinde und kaum angefochtene Größe im lange vernachlässigten Land, setzt sich zaghaft, orientierungslos durch, sie verzichtet bislang jedenfalls auf den alles beherrschenden Zugriff.

Der Nationalpark
Coto de Doñana

8 Jahrhundertkonflikt zwischen ökonomischer Effizienz und ökologischer Verantwortung beginnt auch in Andalusien ins Bewusstsein zu dringen – am spektakulärsten in der teilweise sogar gewaltsam geführten Auseinandersetzung um das Naturschutzgebiet des Coto de Doñana.

Das Schwemmlang im Mündungsbereich des Guadalquivir bildet eines der größten Naturschutzgebiete Europas. Die Landschaft verändert sich je nach Jahreszeit: Am Ende des Winters ist sie von Wasser bedeckt, im Sommer trocknet sie aus. Vögel kommen in riesigen Schwärmen zur Rast oder zur Brut in

dieses flache Vogelparadies am Ausgang Europas. Von Süden reisen die Flamingos zur Brut an, von Norden die Graugänse zur Überwinterung. Die Nähe Afrikas ist ein Grund für die Vielfalt der anzutreffenden Arten, darunter Adler, Falken, Milane, Reiher, Schwalben, Enten. Der Nationalpark Doñana ist nicht nur für 125 Vogelarten Brutplatz, sondern auch die letzte Zuflucht für die Luchse Südeuropas und Heimat von 27 weiteren Säugetierarten, darunter wild lebenden Pferden.

Das Delta des Guadalquivir unterscheidet sich von den Mündungen anderer großer Flüsse. Denn der Guadalquivir ergießt sich in nur einem Arm ins offene Meer. Vor das übrige Gebiet seines ehemals weiten Deltas hat sich eine riesige Sandbank geschoben, die von der Mündung des Río Tinto bis zum Guadalquivir-Ufer gegenüber von Sanlúcar de Barrameda reicht; das sind fast 100 km. Der Seewind hat den Sand zu hohen Dünen aufgeworfen, die jetzt wie eine Barriere vor dem Schwemmland der *marismas* stehen. Vielleicht befand sich an der Stelle dieser Sandbank einmal das verschollene Tartessos bzw. Atlantis. Der bis zu 5 km breite Dünen-

Junge Schlangenadler im Nationalpark Coto de Doñana

gürtel wandert pro Jahr 6 bis 8 m landeinwärts, wobei er Bäume und Buschwerk unter sich begräbt.

Der Nationalpark besteht aus drei verschiedenen Landschaftsformen: Hinter dem Strand am Atlantik und dem breiten Küstenstreifen der Wanderdünen liegt das buschbewachsene und waldreiche frühere Jagdgebiet des ›Coto‹, dem weiter landeinwärts die feuchten, im Sommer ausgetrockneten weiten Flächen der *marismas* folgen. Noch in Römerzeiten gehörten große Teile des inzwischen sumpfigen Hinterlandes der *marisma* zum schiffbaren Delta.

Die kastilischen Könige besaßen schon im 13. Jh. auf dem menschenleeren, waldreichen Gelände ein abgeteiltes Jagdgehege. Die Herzöge von Medina Sidonia, zugleich Herren des auf der anderen Seite des Guadalquivir liegenden Sanlúcar de Barrameda, schufen sich hier ein privates Revier. Eine der Herzoginnen ließ auf dem Gelände eine Residenz bauen. Und nach diesem einsiedlerischen Palast der *Doña* wurde

schließlich das ganze Gebiet benannt: Jagdgebiet *(coto)* der Doña Ana, woraus ›Doñana‹ wurde.

Ein englischer Ornithologe beschrieb 1958 diese einmalige Wildnis in einem Buch. Die Öffentlichkeit wurde erstmals aufmerksam. 1964 stellten die Behörden das Gebiet unter die Kontrolle des World Wildlife Fund. 1969 entstand der jetzige Nationalpark unter der Aufsicht des Nationalen Instituts für Naturschutz (ICONA). Obwohl 1994 von der UNESCO zum Welterbe der Menschheit erklärt, wird sein Lebensrecht von verschiedenen Seiten wieder in Frage gestellt. Noch vor Jahrzehnten ein weißer Fleck auf der Landkarte, gewinnt das Gebiet neuerdings Anziehungskraft für private Bauspekulanten und Investoren im Tourismusgeschäft sowie für staatliche Verkehrsplaner. Außerdem dehnt sich Matalascañas mit seinen Ferienburgen nach Süden aus. Und von Norden drän-

Der Nationalpark Coto de Doñana ist ein Refugium für zahlreiche Vogelarten ▷

gen die Bewohner von Almonte, die weiteres fruchtbares Land gewinnen wollen. Zwischen Naturschützern und Landarbeitern der Umgebung kam es deshalb bereits zu handgreiflichen Auseinandersetzungen. Der bestehende Zustand selbst ist bedrohlich genug. 1986 starben mehr als 50 000 Vögel an bedenkenlos über die Felder ausgestreuten Pestiziden, die in die flachen Gewässer gesickert waren. 1998 entging das Naturschutzgebiet nur knapp einer Katastrophe, als durch den Dammbruch des Rückhaltebeckens einer 30 km entfernt liegenden Erzmiene schwermetallhaltiger Schlamm über den Fluss Guadiamar in das Gebiet abfloss.

Ein Ausflug in den Coto de Doñana lässt sich gut von Sevilla aus unternehmen. Die Fahrzeit bis zum **Centro del Acebuche** unweit von Matalascañas beträgt etwa zwei Stunden. Hier besteht die Möglichkeit, mit Landrovern – und in Begleitung kundiger Führer – eine vier-

stündige Besichtigungsfahrt zu unternehmen. Eine vorherige Anmeldung ist erforderlich, entweder an Ort und Stelle oder im Tourismusbüro in Sevilla respektive anderen Orten. Von Sevilla aus existiert eine Busverbindung in den Park.

Ferngläser mitzunehmen ist angebracht, denn verständlicherweise ergreifen die meisten Tiere die Flucht vor den röhrenden Ungetümen der Zivilisation, die die Besucher durch die Wildnis befördern. Das Fahrzeug schlingert im nachgiebigen Sand, sodass diese Expedition nur für ›Seetüchtige‹ zu empfehlen ist. Wesentlich reizvoller und auch genussvoller sind geruhsame Spaziergänge auf jeweils 2–3 km langen Pfaden, die in abgesonderten Bereichen des Naturschutzgebiets angelegt wurden. Dort hat man verdeckte Stationen eingerichtet, von wo sich die Vögel gut beobachten lassen. Diese Zonen liegen direkt an der Straße H 612, die wir benutzen, um von Sevilla zum Centro La Rocina bei El

Parkwächter im Coto de Doñana

Blick auf den Ort El Rocío, Ziel der berühmten Pfingstwallfahrt

Rocío und zum Centro del Acebuche zu gelangen, wo die motorisierten Ausflüge beginnen. Das am Rande des Nationalparks gelegene **El Rocío** [9] ist als Ziel der großen Pfingstwallfahrt weltberühmt (vgl. S. 15).

Ausflug in die Sierra Morena

Die unmittelbare Umgebung von Sevilla besitzt wenig landschaftlichen Reiz. Ein Ausflug in die Sierra Morena, deren Höhen 40 km nördlich der Stadt beginnen, ist – manchmal unfreiwillig – ein Abenteuer besonderer Art. Hier wird nichts geboten. Man muss also Lust zum Risiko des Entdeckens aufbringen und sich Zeit nehmen. Manche Straßen enden plötzlich, obwohl sie kilometerlang einen zuverlässigen Eindruck gemacht haben. Vielfach versperren verschlossene Tore den Zugang, oder die Unwegsamkeit des Geländes bildet natürliche Grenzen. Man fühlt sich aus der

Turbulenz von Geschichte und Gegenwart herausversetzt in die Starre einer ewigen Landschaft, die ihr verwittertes Antlitz nur dem Druck menschenloser Jahrtausende verdankt. Der erste Eindruck von Gleichförmigkeit ist indes falsch. Und auch die Spuren menschlicher Eingriffe sind auf den zweiten Blick unübersehbar.

Ödeste Landstriche wechseln sich ab mit leuchtenden Blumenteppichen, kahle graue Bergrücken mit Tälern, die plötzlich zu Schluchten herabstürzen, in deren Tiefe schlangengleich die blauen Spiegel der Stauseen eingebettet sind.

Seit Jahrtausenden hat man am Río Tinto inmitten der westlichen Sierra Morena die erzreichen Berge geplündert und nicht viel mehr hinterlassen als rotfarbene Flussbetten und riesige Trichter ins Erdinnere, die den Gang ins Dantesche Inferno nachahmen.

Nur 30 km von dieser Hölle entfernt, 100 km nordwestlich von Sevilla, liegt

Schwarze Schweine liefern den aromatischen jamon serrano

das Paradies der Sierra de Aracena – mit bewaldeten Tälern und Gipfeln von fast 1000 m Höhe. Burgen und Bergstädtchen zwischen Aracena und Cortegana schmücken die grüne Landschaft. Die Luft ist frisch und würzig. Im Kurort **Aracena** 10, wo man auch Unterkunft finden kann, zeigt sich die Bergwelt von ihrer verführerischsten Seite. Die im Ort gelegene Gruta de las Maravillas ist eine 1200 m lange Tropfsteinhöhle aus Gesteinsformationen in verschiedensten Farben, die sich in unterirdischen Seen spiegeln. Aracena schätzten auch die Mauren; Reste ihrer Burg und einer Moschee sind noch vorhanden.

Heute wird die Sierra Morena nicht zuletzt von Feinschmeckern geschätzt, die in den Bars von Sevilla den aromatischen *jamón serrano* genossen haben.

Nach dem in der Nähe von Aracena gelegenen Ort Jabugo ist der neben dem von Trevélez (Sierra Nevada) berühmteste Schinken Andalusiens benannt. Er ist luftgetrocknet und stammt von dunklen iberischen Schweinen, die sich in der Sierra Morena von den Eicheln der Steineichen ernähren.

Die Sierra Morena steht normalerweise nicht auf dem Besichtigungsprogramm von Andalusien-Besuchern. Ihr Gebiet ist zu riesig und wenig übersichtlich, zu abgelegen und kaum erschlossen. Dies wird sich möglicherweise ändern; eine Erschließung ausgewählter Gebiete durch Wegesysteme, vor allem für Wanderer, ist zumindest geplant. Und für geduldige Freunde dieser sanften und respektvollen Fortbewegung ist die Sierra Morena heute schon eine reiz-

Wanderung zur Ruinenstadt Mulva

Etwa 50 km nordöstlich von Sevilla, am Rande der Sierra Morena und nahe dem Guadalquivir, befindet sich das Bergarbeiterstädtchen **Villanueva del Río y Minas.** Von Sevilla aus nimmt man am besten die N 630 Richtung Mérida und zweigt hinter Itálica auf die SE 182, dann C 431 Richtung Alcalá del Río ab.

Im Ort Villanueva del Río y Minas fahre man bis zur Brücke über den Rivera de Huéznar. Hier beginnt ein Fußweg von insgesamt 12 km Länge. Der Pfad hat kaum Steigungen, die Wanderung dauert rund vier Stunden.

Wir überqueren die Fußgängerbrücke, gehen in Richtung Eisenbahnbrücke und links davor auf die ansteigende Straße, an deren Ende sich einige Häuser befinden. Dort wendet man sich nach links. Hinter der Siedlung beginnt ein einfacher Sandweg. Nach einigen hundert Metern müssen wir die Bahngleise überschreiten und halten uns dann rechts der Schienen. Nach 5 km stoßen wir auf eine verlassene Bahnstation. Wir folgen dem Weg, der rechts abbiegt, und gehen durch ein ausgedehntes Tal, das mit Steineichen bewachsen ist. Nach etwa 1 km halten wir uns an einer Weggabelung rechts. Bald sehen wir hoch oben auf dem Hang die gewaltige und wie aus einem Traum in die Einskamkeit hereingewehte Festung der römischen Stadt **Mulva-Munigua** 11. Unterhalb des Hügels fließt ein rauschender Bach; an einer Vertiefung

kann man baden. Verhält man sich leise, quaken die Frösche, und die Vögel setzen ihr unterbrochenes Konzert fort.

Hinter der Burgbefestigung haben seit 1956 deutsche und spanische Archäologen Teile der Stadt ausgegraben. Die im 4. vorchristlichen Jh. gegründete iberische Siedlung wurde einige hundert Jahre später grundlegend romanisiert. Trotz ihrer abseitigen Lage muss sie eine wichtige Rolle im Netz der römischen Verwaltung gespielt haben. Als im Hügelland versteckte militärische Bastion wachte sie über die unwegsame Umgebung. Auf dem Gelände des Forums fand man eine Bronzeplatte, in die ein Brief des römischen Imperators Titus aus dem Jahre 79 n. Chr. graviert war. Sämtliche Funde aus Mulva gelangten in das Archäologische Museum von Sevilla, auch der berühmte, im Ruheraum des städtischen Bades gefundene Frauenkopf, der ›Hispania‹ genannt wird.

Schon im 3. nachchristlichen Jh. gab man die Stadt aufgrund schwerer ökonomischer Krisen auf; der Handel verlief über günstigere Plätze und Wege. Von der Geschichte vergessen verschwand Mulva in den verschwiegenen Falten der Sierra Morena, von Menschenschicksal nicht mehr berührt.

Das Ufer des Flusses ist für eine Rast geeignet. Die römische Stadt im Rücken, nehmen wir den Weg zurück, den wir gekommen sind.

volle fluss- und seenreiche Landschaft, die man mit umherlaufenden Rindern und Schweinen, Ziegen, Schafen und Pferden teilt. Sie wird sicherlich nie eine Touristenattraktion sein, aber ein Geheimtipp für Entdeckungsreisende.

Von Sevilla Richtung Málaga

Nur wenige Kilometer von Sevilla entfernt, über die Hauptstraße N 334 erreichbar, steht in **Alcalá de Guadaira** 12 eine der gewaltigsten Festungen Andalusiens. Sie wurde im 12. Jh. von den Almohaden als eine Sevilla vorgelagerte Verteidigungsbastion errichtet. Das arabische Wort *al kala* heißt Festung. Sie liegt am Fluss Guadaira. Daher der Name des Ortes.

Innerhalb der Anlagen in diesem so genannten ›Schlüssel Sevillas‹ war Platz für eine ganze Stadt. Über eine römische Brücke gelangt man auf den Burghügel. Nur noch der gewaltige Mauer-

kranz auf der Anhöhe, von dem aus die Verteidiger Sevillas die Ebene kontrollieren konnten, ist erhalten. Die Almohadenburg wurde auf den Resten eines römischen Kastells errichtet, es barg riesige unterirdische Kornspeicher zur Versorgung Sevillas.

Die dynastische Geschichte des neuzeitlichen Spanien hat in Alcalá de Guadaira einen ihrer Ursprünge. Der Vater Peters des Grausamen war Alfons XI. Großzügig vermachte er seiner Geliebten namens Leonor, einer geborenen Guzmán (aus dem Adelsgeschlecht des Helden von Tarifa), die Burg Alcalá de Guadaira. Ihr gemeinsamer Sohn, ein Halbbruder des in Sevilla residierenden Königs Peter des Grausamen war Heinrich von Trastámara. Er ließ seinen königlichen Halbbruder meuchlings erstechen und wurde auf diese Weise König Kastiliens und Begründer der Dynastie Trastámara. Aus dem edlen Haus Trastámara stammte nicht nur Isabella

Die Festung von Alcalá de Guadaira

Osuna: Palacio de los Condes de la Gomera

I., weibliche Hälfte der Katholischen Könige, die Spanien zur Weltmacht führten, sondern auch ihr Verwandter und Ehegatte Ferdinand von Aragón.

Sehenswert sind die Herrenhäuser und Kirchen **Utreras** und die ursprünglich karthagische Siedlung Morón de la Frontera mit den Resten eines römischen Kastells.

Die Stadt **Osuna** 🔢, eine iberische Gründung, wurde auf Betreiben Julius Cäsars, der 61 v. Chr. römischer Stadthalter Spaniens war, erstmals zum lebendigen Zentrum der Region. Nach der *reconquista* begann für Osuna eine zweite Blütezeit. Es wurde eine Art spanisches Ferrara. Die Herzöge von Osuna, eines der ersten Adelsgeschlechter Spaniens, machten ihre Stadt im 16. und 17. Jh. zu einem hochgeadelten Mittelpunkt von Kunst und Wissenschaft. 1549 gründeten sie eine Universität, deren Ruf in der Welt des Wissens

weit über die Grenzen Spaniens hinausdrang – nicht nur dadurch, dass die Studenten sich vor der Aufnahme verpflichten mussten, das Dogma der Unbefleckten Empfängnis zu verteidigen. 1820 wurde die Lehranstalt in ein Gymnasium umgewandelt. Neben der alten Universität mit ihrem Innenhof steht die Mitte des 16. Jh. errichtete Renaissancekirche Santa María. Zu ihren Schätzen gehören vier Gemälde von Ribera, die an diesen Ort gelangten, weil ein Herzog von Osuna Vizekönig in Neapel war; und diese Stadt war die Hauptwirkungsstätte von ›El Españoleto‹ alias José de Ribera.

Auf dem Weg nach Córdoba: Carmona und Écija

Die Nationalstraße IV von Sevolla nach Córdoba führt über Carmona und Ecija; ihr Verlauf folgt der alten Ost-West-Verbindung aus Römerzeiten, der Hauptstraße der Provinz Baetica durch das Tal des ›großen Flusses‹ Guadalquivir.

Carmona

🔢 **Carmona,** eine jahrtausendealte Siedlung, liegt 38 km von Sevilla entfernt. Die andalusische Kleinstadt hat Atmosphäre und kann mit einem großen Reichtum an Sehenswürdigkeiten aufwarten. Die alte römische Straße führt direkt durch diesen Ort.

Hinter der Neustadt beginnt hügelaufwärts der Bezirk der mauerumsäumten Altstadt. Wer mit dem Auto unterwegs ist, sollte es besser außerhalb der Stadtmauern parken, statt es durch die engen Gassen zu steuern. Unweit des nach Sevilla zeigenden Stadttores liegt die **Kirche San Pedro,** ursprünglich ein gotischer Bau aus dem 15. Jh., der im 17. Jh. umgebaut und mit einem giraldaähnlichen Turm versehen wurde. Die Fundamente der eindrucksvollen **Puerta de Sevilla** bestehen noch aus römischem Mauerwerk. Durch römische und arabische Torbögen gelangt man in die Altstadt mit ihren schlichten weißen Häusern. Nahe dem Hauptplatz, im Innenhof des **Ayuntamiento** (Rathaus) kann man ein kostbares römisches Mosaik mit einem Haupt der Medusa besichtigen.

Auf dem weiteren Weg die Stadt hinauf, vorbei an Stadtpalästen und Barockkirchen, liegt die **Kirche Santa María la Mayor.** Sie wurde im 15. Jh. über einer Moschee errichtet. Den Orangenhof hat man stehen lassen. Manche Säulen verraten ihre Herkunft aus westgotischer Zeit. Der Weg hinaus aus der Stadt führt durch die **Puerta de Córdoba** mit klassizistischer Fassade. Die schmale Straße geht steil den Hügel hinunter und trifft auf die Nationalstraße in Richtung Córdoba.

Durch die Puerta de Sevilla kommend, muss man sich innerhalb des Stadtbezirks rechts halten, um zum ehemaligen **Alcázar** von Carmona zu gelangen,

einer Almohaden-Burg, die Peter der Grausame ausbaute, aber 1504 bei einem Erdbeben weitgehend zerstört wurde. Leonor de Guzmán, Mätresse Alfons des XI. und Mutter Heinrichs von Trastámara, wurde hier von Peter dem Grausamen gefangen gehalten. Nach ihrer Flucht ließ er sie ermorden und beschwor damit die Rache seines Halbbruders herauf (vgl. S. 290f.). Sehr schön eingelagert in den Ruinen der Befestigung liegt der mit Recht gerühmte **Parador** Carmonas. Er steht am höchsten Punkt der Stadt und grenzt unmittelbar an die steil abfallenden Bergwände. Wer hier nicht nächtigt, sollte dem Parador dennoch einen kurzen Besuch abstatten. Vom Balkon des Cafés aus hat man den schönsten Blick über die Umgebung.

Der Weg hügelabwärts führt zurück zum Eingangstor an der Südseite der Stadt. Rechts der Straße Richtung Sevilla befinden sich eine der bedeutendsten Ausgrabungsstätten Spaniens: die **römische Nekropole** von Carmona.

Zwischen dem 2. vorchristlichen und dem 4. nachchristlichen Jh. wurden hier

Römisches Mosaik im Rathaus von Carmona

die Toten bestattet. 250 der 1000 gefundenen Grabstätten hat man offen gelegt. Unter ihnen befinden sich riesige Familiengräber in Form unterirdischer Villen. Interessant ist die Tumba del Elefante, so genannt nach der Skulptur eines Elefanten, der noch gut erkennbar ist. Die größte Grabanlage heißt Tumba de Servilia; dabei handelt es sich um ein teilweise in den Fels geschlagenes Gebäude mit Innenhof und Fresken an den Wänden des Untergeschosses.

Écija

🔲 Unsere nächste Station ist das 53 km von Carmona entfernte Écija im Tal des Río Genil. Der von sanften Hügeln umgebene Ort wird von kaum einem Windhauch berührt und gilt als heißeste Stadt Andalusiens.

Das in der Antike von Griechen gegründete Écija wurde 1755 durch das Erdbeben, das Lissabon zerstörte, stark in Mitleidenschaft gezogen und in einem schwerelos wirkenden, barocken Stil wiederaufgebaut. Die Stadt wird nicht nur ›Bratpfanne Andalusiens‹ genannt, sondern auch ›Stadt der Türme‹. Charakteristisch für ihre vielen Kirchtürme ist deren *azulejo*-Verkleidung.

Im Zentrum der Stadt liegt die belebte Plaza España, umgeben von Palmen und ansehnlichen Häusern aus dem 18. Jh. Im **Rathaus** am Platze befindet sich ein römisches Mosaik.

Hinter der eleganten Plaza España schlängeln sich schmale Gassen an den blumengeschmückten weißen Fassaden der Häuser vorbei. Laternen, Fenstergitter und Balkone geben auf diesem Hintergrund eine wirkungsvolle Vorstellung von barocker Schmiedekunst. Als längster schmiedeeiserner Balkon Spaniens gilt der des gewaltigen **Palacio de los Marqueses de Peñaflor.**

Einer der vielen Kirchtürme in Écija

Kurz vor Córdoba wird die Landschaft noch einmal eindrucksvoll. Die baumlosen Hügel heben und senken sich in gewaltigen Wellen. Die Erde schimmert wie ein schmutziges Fell, dann wieder im Licht der Abendsonne als goldenes Vlies – fruchtbare Erde, die dennoch an Wüsten erinnert. Bevor sich der Weg zum Tal des Guadalquivir senkt, wölben sich die Felder noch einmal zu einer dramatischen Szenerie. Dann wird der Blick frei für das hell schimmernde Córdoba am Fuße der dunklen Sierra Morena.

Säulen in der Mezquita von Córdoba   ▷

Córdoba – Die verborgene Schöne

CÓRDOBA

O erhabene Mauern, o Türme gekrönt
Von Ehre, Majestät und Kühnheit!
O großer Fluss, großer König Andalusiens,
Von edlem, ja goldenem Sand!
O fruchtbare Ebene, o aufsteigendes Gebirge
In der Gunst des Himmels und vergoldet vom Tag!

(Luis de Góngora, Córdoba 1561–1627)

Karten: S. 304/305 (Stadtplan Córdoba), S. 315
Tipps & Adressen: Córdoba S. 332, Baena S. 326, Montilla S. 346, Palma del Río S. 348

■ Córdoba gibt sich weder hin wie Sevilla, noch zeigt es sich stolz und erhoben inmitten einer großartigen Kulisse wie Granada. Die Stadt bleibt geheimnisvoll, mauerumwehrt, als hüte sie den Traum ihrer eigenen Vergangenheit.

Längst ist Córdoba keine Hauptstadt Andalusiens mehr wie zurzeit der Römer, längst nicht mehr die ›Zierde der Welt‹, wie die erste deutsche Dichterin Roswitha von Gandersheim im 10. Jh. die Kalifenstadt nannte; eine riesige Stadt mit in Europa unbekannter Straßenpflasterung und bei Nacht von Laternen beleuchtet. Es kam ihr in Europa an Glanz und Pracht nur Konstantinopel gleich.

Schon die Zeugen jener Zeit beschreiben den noch heute spürbaren eigentümlichen Kontrast zwischen dem verfeinerten Leben im Innern der Häuser, die durch die Patios nach oben hin offen waren, und ihrem schlichten, ja abweisenden Äußeren. Das entsprach der Lebensvorstellung und auch der in der Architektur umgesetzten Lebensform des maurischen Spanien. Reichtum wurde von innen erfahren, im privaten, als heilig geltenden, geschützten Bereich.

Die jetzige Provinzhauptstadt mit fast 300 000 Einwohnern war in der Zeit ihrer höchsten Blüte – vor 1000 Jahren – eine Millionenstadt und Sitz des westlichen Kalifats. Die Besiedlung erstreckte sich bis auf die Hänge der Sierra Morena. 600 Moscheen, 300 öffentliche Bäder, 80 Schulen und 17 Hochschulen, in der Regel Koranschulen *(medresen)* sowie zahlreiche Bibliotheken und Krankenhäuser zählte die Stadt. Unvorstellbar für den heutigen Besucher. Und unvorstellbar auch für die Abgesandten des im 10. Jh. entstandenen Deutschen Reiches unter Otto I., die dem Kalifen ebenso ihre Aufwartung machten wie Vertreter der dritten europäischen Großmacht, Byzanz. Die griechischen Erben Ostroms allerdings, an eigenen Glanz gewöhnt und der rüden Unhöflichkeit der deutschen Christen abhold, brachten als Geschenk erfahrene Künstler und Tonnen von Mosaiksteinen zur Ausgestaltung der Mezquita mit.

Wenige Reste der vergangenen städtischen Pracht sind erhalten geblieben. Aber diese sind eindrucksvoll genug und im europäischen Raum einmalig. Sie lassen uns eine Vorstellung gewinnen von jenem Zentrum der damaligen Welt, das sich innerhalb von 200 Jahren so rasch vergrößerte, dass die Moschee immer wieder erweitert werden musste. Die Mezquita von Córdoba ist erhalten geblieben und sie ist eine der großen Sehenswürdigkeiten der Welt. Sie liegt nahe dem Guadalquivir inmitten der Altstadt. Diese gehört zu den ausgedehntesten und reizvollsten des spanischen Südens: mit dörflich anmutenden blumengeschmückten Gassen, palmenbestandenen Eingangshöfen zu verborgenen Palästen, verschwiegenen Plätzen, dem leuchtenden Weiß gekalkter Hauswände und immer wieder überraschenden Einblicken in schattige, geschmückte, duftende Innenhöfe.

Nachdem die Almohaden im 12. Jh. das Marokko näher gelegene Sevilla der ehemaligen Kalifenstadt vorgezogen hatten, musste Córdoba seine angestammte Rolle abgeben und verlor sie für immer. Für den Spaziergänger hat das nur Vorteile. Die kleinen Gassen und Häuser im Zentrum wurden nicht niedergerissen. Und der rauschende Verkehr führt um die Altstadt herum, zum großen Teil auch an Córdoba vorbei. Córdoba ist heute trotz der verkehrsgünstigen Lage eine ruhige, fast provinzielle Stadt. Das trägt durchaus zu ihrem Reiz bei. Natürlich wollen viele Touristen die Mezquita sehen. Und um sie herum gibt es den üblichen Trubel. Aber schon wenige Meter davon entfernt hört man nur noch die eigenen Schritte.

Einer der typischen Patios in Córdoba

Aufstieg und Fall Córdobas

Vor 3000 Jahren bestand an den Windungen des Guadalquivir eine iberische Siedlung. Die Karthager bauten sie zu ihrer Stadt aus. Hauptsächlich aus Córdoba stammten die spanischen Truppenanteile, die unter dem Karthager Hannibal über die Alpen bis nach Italien zogen und den Römern eine Niederlage nach der anderen beibrachten. 206 v. Chr. fiel die Stadt an den Römer Scipio und wurde wenig später als Corduba zur Hauptstadt von Hispania Ulterior, dem Süden der Halbinsel. Zunächst als Steuerbeamter, dann als Statthalter und Prokonsul hielt sich Cäsar in Cordoba auf – er sanierte hier zugleich seine eigenen Finanzen –, dann sein Mitstreiter und späterer Widersacher Pompejus. Während des römischen Bürgerkriegs entfachten die Söhne des Pompejus von Córduba ausgehend einen Aufstand gegen Cäsar, den dieser 45 n. Chr. beim nahen Ort Montilla niederschlug. Damit war Cäsars Weg zur absoluten Macht in Rom endgültig frei.

Unter Kaiser Augustus, der die immer noch widerspenstigen Kantabrer und Asturier im Norden Spaniens endgültig besiegte, wurde Hispania in drei Provinzen geteilt. Der Süden, das Land des Flusses Baetis (arab.: Guadalquivir), erhielt den Namen Baetica. Seine Hauptstadt war weiterhin Corduba. Spanien war römische Provinz und wurde romanisiert, aber sowie die unterworfenen Griechen zu Lehrern Roms geworden waren, steuerten nun die Söhne und Töchter Hispanias Bedeutendes zur Kultur der Römer bei – nicht nur Tänzerin-

nen und Literaten, sondern auch Männer der Macht und Liebhaber des Wissens. Das Lebensideal der römischen Stoa, eine aus Mäßigung und Selbstbeherrschung erwachsene Tugend, die gelassen den Forderungen der Natur folgt, um sie in die Bahnen der Vernunft zu lenken, beruhte auf einer Philosophie, die kynisch-griechische Wurzeln hat und Anklänge einer christlichen Ethik ent-

Die Römische Brücke

hält. Annehmen des Lebensschicksals, gelassen den Tod erwarten: Stoische Lebenshaltung ist in Spanien nichts Fremdes. Einer ihrer wichtigsten Vertreter war der 4 v. Chr. in Córdoba geborene Seneca, eine zeitlang mächtigster Mann Roms, unglücklicher Lehrer Neros und einer jener Weisen, deren Schriften zu den Fragen menschlicher Existenz und rechter Lebensweise bis heute aktuell geblieben sind.

Das Römische Reich zerfiel. Im 5. Jh. kamen die romanisierten und christianisierten Westgoten und blieben. Der letzte westgotische König Roderich stammte aus Córdoba, ebenso sein Vetter Pelayo, der sich in den unzugänglichen Bergen Asturiens vor den Mauren verschanzte und der als erster Kämpfer der *reconquista* in Spanien verehrt wird.

Im fernen Damaskus, Sitz des Kalifats und Schaltstelle der islamischen Eroberung, stürzten die Abbasiden die Dynastie der herrschenden Omaijaden und rotteten sie aus. Nur einem Prinzen gelang die abenteuerliche Flucht, die ihn bis in das gerade erst eroberte Andalusien führte, wo er die Anhänger der

alten Dynastie um sich versammelte. 756 gründete er als Abd ar-Rahman I. in Córdoba ein unabhängiges Emirat. Abd Ar-Rahman III. erhob es 929 zum westlichen Kalifat. Córdobas Moschee wurde zur heiligen Pilgerstätte des Islam.

Die Omaijaden waren nicht nur Männer der Macht. Einige von ihnen machten sich einen Namen als Poeten und Gelehrte. Den Höhepunkt der Macht bildete die Regierungszeit Abd ar-Rahmans III., des ersten Kalifen Córdobas, der die Palaststadt Medina Azahara (arab.: Medinat az-Zahra) in der Nähe der Stadt bauen ließ. Einer der gelehrtesten Männer seiner Zeit war sein Nachfolger, der Kalif al-Hakam II. Die Kalifen entsagten immer mehr der Machtausübung. Der letzte Herrscher vor dem Zerfall des Kalifats, Hischam II., lebte schließlich in Medina Azahara wie in einem goldenen Käfig. Die wirkliche Macht übte indessen sein Schatzmeister und Feldherr al-Mansur aus, der das Kalifenreich noch einmal bis hoch in den Norden Spaniens ausdehnte. Er wurde zu einer legendären Gestalt, zur ›Geißel der Christenheit‹. Die Glocken der Kathedrale von Santiago de Compostela, dem westlichen Pilgerzentrum der europäischen Christen, ließ er auf dem Rücken christlicher Sklaven bis in die Mezquita Córdobas tragen, wo sie als Lampen aufgehängt wurden. Sie wanderten später auf dem Rücken nun islamischer Gefangener denselben Weg wieder zurück.

Nach dem Tod al-Mansurs übernahmen dessen Söhne die führende Stellung. Aber auch ein Sohn des zurückgezogen lebenden Kalifen beanspruchte die Macht des Vaters. Es kam zum Bürgerkrieg. Die Gegner erbaten die Hilfe katalanischer beziehungsweise kastilischer Ritter. Ein Aufstand der Berber innerhalb der Armee vervollständigte das Chaos. Die Berber stürmten im Jahre 1010 wochenlang Córdoba, dann wendeten sie sich der Kalifenstadt Medina Azahara zu, metzelten sämtliche Bewohner nieder und ließen keinen Stein auf dem anderen. Das war der Anfang vom Ende des westlichen Kalifats.

Das Kalifat hielt sich in Andalusien rund 80 Jahre, dann zerfiel das zentral regierte Reich in verschiedene Teil-Königreiche. 20 Jahre lang wütete der Bürgerkrieg noch weiter und zerstörte einen Großteil der glanzvollen Metropole – bis auf die Mezquita. 1031 wurde Córdoba zu einem der vielen *taifas*.

Die islamische Kultur blühte in den vielen Kleinreichen eine Atempause lang wie nie zuvor. Aber sie war bedroht. Die christlichen Reiche im Norden Spaniens dehnten ihre Macht nach Süden aus. 1085 fiel Toledo. Den militärischen Widerstand gegen die christliche *reconquista* ließen die andalusischen Mauren seit 1090 von herbeigerufenen Berberstämmen organisieren, zunächst von den Almoraviden, dann von den Almohaden. Diese machten Sevilla statt Córdoba zu ihrer Hauptstadt. In fanatischem Glaubenseifer bedrängten sie nun die Juden und Christen Andalusiens und trieben viele in die christlichen Reiche des Nordens. Der feinen Lebenskunst der andalusischen Glaubensbrüder begegneten sie mit Misstrauen. Die im fruchtbaren Dialog der Rassen und Religionen entstandene geistig-sinnliche Kultur wurde von den herbeigerufenen Verteidigern beschränkt. Trotzdem gelang unter ihnen noch einmal ein Orient und Okzident verbindendes Denken, das in Andalusien geboren wurde – ein geistiges Vermächtnis Córdobas an das sich erst langsam entwickelte Abendland.

Maimonides und Averroës
oder die Entdeckung der Vernunft

*Glücklich im rechten Sinn
kann nämlich niemand genannt werden,
dem die Wahrheit verschlossen bleibt.*

(Seneca)

Nach dem Ende der kulturellen Blütezeit unter dem Kalifat und in den kleinen Königreichen beherrschten die berberischen Almoraviden (1086–1145), dann die Almohaden (1147–1223) aus dem heutigen Marokko das Land. Als dogmatische Verfechter des Islam verfolgten sie die Andersdenkenden. Córdoba war nicht mehr das mächtige Zentrum ihres Herrschaftsgebietes, sondern Sevilla. Aber die Schulen und Bibliotheken in Córdoba bestanden noch. Das gesammelte Wissen wurde übersetzt und neu geordnet und es war Ansporn, das Reich der Gedanken zu mehren. Das intellektuelle Leben florierte, der Gedankenaustausch war rege, Moslems, Juden und Christen standen im Dialog miteinander. Unter den dogmatischen Almohaden, im Zeitalter geistiger Verfolgung und Unterdrückung, spielten noch einmal zwei bemerkenswerte Philosophen eine Rolle, der eine jüdischen, der andere islamischen Glaubens.

Vernunft war für diese beiden Männer etwas Göttliches. Das war neu. Gegen die verbreiteten Traditionen des Wunderglaubens und einer ausschließlich im Glauben erfahrbaren Wahrheit setzten sie die Klarheit des Denkens. Beide, Maimonides wie Averroës, leugneten nicht die durch den Glauben gewonnene Wahrheit. Sie bestritten aber, dass der Glaube der einzige Weg zur Gotteserkenntnis sei, und das hieß immer mehr: die Erkenntnis über Gottes Menschenwelt. Der erkennende und seine Vernunft anwendende Mensch war für sie jener, der vom Geist Gottes beseelt war, sich ihm näherte und also gottgefällig lebte. Maimonides und Averroës versuchten, die philosophische Weltbetrachtung mit ihrer jeweiligen Religion in Übereinstimmung zu bringen. Sie wurden vertrieben, lebten im nordafrikanischen Exil und standen schließlich in Diensten islamischer Herrscher als Leibärzte: Maimonides als Leibarzt des Sultans Saladin in Kairo, Averroës am marokkanischen Hof in Marrakesch.

Maimonides, der 1135 in Córdoba geboren wurde und 1204 in Kairo starb, war schon zu Lebzeiten für die jüdische Gemeinde eine bedeutende Autorität. Er verfasste öffentliche Briefe zu Fragen des persönlichen Verhaltens und der jüdischen Politik in der Diaspora, die in den verstreuten Gemeinden diskutiert wurden. Mit seinen Schriften zu Recht, Moral und Lebensführung suchte er der jüdischen Tradition eine vernunftbestimmte Wendung zu geben. Er zog gegen selbsternannte Messiasse ebenso zu Felde wie gegen den weit verbreiteten Wunderglauben. Stattdessen verknüpfte er die zentralen Elemente jüdischen Glaubens mit der neuentdeckten Philosophie des Aristoteles. Das Ergebnis waren eine Erweiterung des Horizonts, eine klärende, ver-

Maimonides-Statue in Córdoba

nunftbegründete Fundamentierung der Tradition und zugleich die Verdichtung jüdischen Selbstverständnisses.

Die Werke des Maimonides wurden zu Klassikern, deren Ratschläge die Menschen folgten oder die sie bekämpften, jahrhundertelang – bis heute. Sie standen fortan im Zentrum der intellektuellen Auseinandersetzung

zwischen jüdischer Religion und Philosophie. Aber auch die alles neu überdenkenden katholischen Kollegen in Paris, Köln und Bologna bedienten sich des geistreichen ›Wegweisers‹, wie der Titel eines der Hauptwerke von Maimonides lautet, für die Konstruktion ihrer im Entstehen begriffenen spätscholastischen Lehrgebäude. Und bedeutende jüdische Philosophen wie Spinoza und Moses Mendelssohn entnahmen in späteren Jahrhunderten ihre ersten Anregungen den Schriften des Maimonides, der die geistige Welt der mittelalterlichen jüdischen Religion zusammengefasst, verständlich gemacht und eine spezifisch jüdische Tradition philosophischen Denkens neu gestiftet hatte.

Maimonides verließ Córdoba als junger Mann und entging dadurch der Verfolgung durch die Fanatiker der in Andalusien herrschenden Almohaden. Nach kurzem Aufenthalt in Fés (Marokko) zog die Familie weiter nach Kairo. Für den Lebensunterhalt sorgte sein Bruder, ein Diamantenhändler. Als dieser mit seinem Schiff in einem Sturm unterging, konnte Maimonides nicht mehr nur in der Gelehrtenstube sitzen. Er nutzte seine Kenntnisse in den Naturwissenschaften, wurde innerhalb kurzer Zeit zu einem berühmten Arzt und arbeitete schließlich als Leibarzt des Sultan Saladin.

Der Philosoph Averroës (Ibn Rushd), 1126 in Córdoba geboren und 1198 in Marrakesch gestorben, der unter den Arkaden der Mezquita von Córdoba gelehrt hatte, zeitweise oberster Richter war und alle Gebildeten der Stadt zu seinen Freunden zählte, wurde dem Spott des von Strenggläubigen aufgehetzten Pöbels ausgesetzt, der ihn vor dem Tor zum Vorhof der Moschee von Córdoba bespuckte. Vor allem bei den eigenen Glaubensbrüdern fand er nicht das Ausmaß an Anerkennung, das Maimonides erfuhr. Auch Averroës endete als Arzt eines Königs – ausgerechnet am Hof des Almohaden-Herrschers in Marrakesch (Marokko). Der Oberste der Almohaden war so frei, diesen unabhängigen Geist zu fördern, den seine Untergebenen bekämpften. Seine Philosophie wirkte nicht in die islamische Welt hinein. Die frühere intellektuelle Emphase innerhalb des Islam war im Niedergang begriffen. Wegen der fortdauernden äußeren Bedrohung galt die Sorge der Moslems seit Mitte des 13. Jh. dem einfachen Überleben der Gemeinde und spürbar weniger der intellektuellen Auseinandersetzung.

Averroës geistige Botschaft wirkte seitdem aber verstärkt in den intellektuellen Zentren des christlichen Europa. Hier bekämpfte man ihn zwar auch, weil er wie sein verehrtes Vorbild Aristoteles die Unsterblichkeit der einzelnen Seele leugnete. Es wurde heftig gegen das Gift dieses für das Christentum gefährlichen Denkens gepredigt. Aber gerade die Heftigkeit der Auseinandersetzung mit der Philosophie des Averroës beweist, welche Anziehungskraft sein scharfes Denken für die europäischen Geister hatte. Dante vermachte Averroës neben Seneca und Euklid in seiner ›Divina Comedia‹ einen Ehrenplatz im ersten Kreis des Infernos. Alle Gebildeten Europas lasen Averroës' Schriften, denn sie machten nicht nur die Philosophie des Aristoteles bekannt, mit dem sich Averroës scharf und kenntnisreich auseinandersetzte. Sie entsprachen dem intellektuellen Bedürfnis nach einer philosophischen Grundlegung des Weltgebäudes.

In den europäischen Wissenszentren des 13. Jh., in Toledo und Palermo, wurden die Schriften des Averroës vom schottischen Gelehrten Michael Scotus aus dem Arabischen ins Lateinische übersetzt. Scotus war Berater am Hof des deutschen Kaisers und Königs von Sizilien, Friedrich II., der selbst zu den ersten Denkern seiner Zeit gehörte und sich mit arabischer Weisheit auseinandersetzte. An der von Friedrich II. gegründeten Universität von Neapel studierte wenig später der junge Thomas von Aquin die von Scotus übersetzten Schriften und entwickelte Mitte des 13. Jhs. auf ihrer Grundlage sein katholisches Lehrsystem. So wurde der seit Jahrhunderten verschollene Aristoteles vermittelt über den Araber Averroës zu ›dem‹ Philosophen des Mittelalters, der die Pfeiler und Bausteine für das scholastische Lehrgebäude eines Thomas von Aquin bereitstellte.

Der heute weitgehend unbekannte Denker entwarf keine eigene Philosophie, sondern kommentierte vorwiegend Bestehendes. Aber er beharrte auf einem Gedanken: dem der Unsterblichkeit des Geistes.

Der allgebildete Leibniz nahm in seine Theorie der Welt Anregungen von Averroës wie von Maimonides auf. Voltaires ›Esprit‹, Kants ›Ding an sich‹ und Hegels ›Weltgeist‹ haben im Geistbegriff von Averroës einen frühen Verbündeten. Der Stolz, mit dem man sich in der europäischen Neuzeit Erkenntnis und Wissenschaft als eigener Welt mit eigener Logik widmete, hat eine tiefe Beziehung zur averroëschen Theologie, die in der unabhängigen geistigen Tätigkeit die göttliche Gnade selbst wirksam fand.

Ein Spaziergang durch Córdoba

Für Córdoba braucht man einige Zeit, um sich zu orientieren. Oft wird man sich im Gassengewirr der Altstadt verlaufen.

Kommt man von Sevilla, so kann man kurz vor dem Übergang über den Guadalquivir rechts in die Avenida de la Confederación einbiegen, die am linken Ufer des Flusses entlang bis zur **Römischen Brücke** 1 führt. Von hier aus blickt man auf das breite Flussbett und die Ruinen von Wassermühlen. Auf der anderen Seite gelangen wir direkt in den Altstadtbezirk Córdobas mit der Mezquita.

Die Brücke, deren Fundamente aus der Zeit von Kaiser Augustus stammen, bildete lange den einzigen Zugang zur Stadt von Süden. Im Norden ist sie durch die Höhen der Sierra Morena geschützt. Entsprechend umkämpft war dieser Flussübergang durch die Jahrhunderte. Um seine Verteidigung zu gewährleisten, ließ Heinrich von Trastámara, Halbbruder und Gegner Peters des Grausamen, 1369 auf der dem Zentrum gegenüberliegenden Seite eine Bastion hinzufügen, die Festung **La Calahorra** 2. Sie ist heute Sitz eines Museums, das aus der Stiftung des französischen Philosophen Roger Garaudy hervorging. Es wurde zum Teil mit Unterstützung der UNESCO eingerichtet und stimmt in ungewöhnlicher Weise auf das maurische Spanien ein: durch die Begegnung mit den Figuren seiner bedeutendsten Philosophen und des Kalifen Abd ar-Rahman, die Erläuterung grundlegender Bauprinzipien anhand der Modelle von Alhambra und Mezquita oder durch die Vorführung des arabischen Bewässerungssystems. Die aufgebauten Szenen aus einem anderen Leben werden ausführlich erläutert, auch in deutscher Sprache.

Über die Brücke geht man direkt auf die Mauern der **Mezquita** (ausführliche Beschreibung s. S. 308ff.) zu. Davor steht ein Triumphbogen aus dem 16. Jh., der unter Philipp II. anstelle eines früheren römischen Torbogens entstand. Daneben ist ein Monument zu Ehren des Heiligen Raphael, dem Schutzpatron Córdobas, aufgestellt. Von der Brücke aus betrachtet links von der Moschee befand sich in arabischer Zeit der Stadtpalast des Kalifen. Hier steht nun der einstige **Erzbischöfliche Palast** 3, der heute ein Diözesanmuseum enthält.

Geht man vor dem Palast in die Calle Amador de los Ríos, so gelangt man zum **Alcázar** 4, der im 14. Jh. erbaut wurde und den Katholischen Königen während des Krieges gegen das maurische Königreich Granada acht Jahre lang als Hauptwohnsitz diente. In den Innenräumen der Burg, deren Mauern man besteigen kann, befinden sich römische Mosaiken und ein reich gestalteter Sarkophag aus dem 3. nachchristlichen Jh. Das Gebäude weckt düstere Erinnerungen. Es war bis zu deren Auflösung im Jahre 1821 Sitz der Inquisition, danach ein Gefängnis. Der dazugehörige Park mit Wasserspielen und Blumenbeeten ist zum Teil von der alten maurischen Stadtmauer umgeben. Zwischen den Bäumen steht eine seelenlos wirkende Statue von Isabella der Katholischen.

Schräg gegenüber vom Eingang zum Alcázar beginnt zwischen den Resten **arabischer Bäder** 5 und dem Restaurant Almudaina eine kleine Straße, die zu den besterhaltenen Resten der **maurischen Stadtmauer** 6 führt. Man kommt an der sitzenden Figur des Averroës vorüber. Am Ende wartet im Schatten von Bäumen ein in Bronze gegossener Seneca. Hier gelangt man durch das **Imodóvar-Tor** 7 in die Altstadt. Gleich die erste Gasse rechts führt in das größte in Spanien erhaltene ehemalige Judenviertel. Links beachte man die Bodega Guzmán, ein Weinlokal, in dem man den guten trockenen Weißwein der Umgebung (aus Montilla) probieren kann. Nur ein paar Schritte weiter auf der rechten Seite, durch das Eingangstor des Hauses mit der Nr. 20 und von einem kleinen Hof aus zu betreten, liegt die einzige erhalten gebliebene **Synagoge** 8 Andalusiens. Reicher *Mudéjar-*

Schmuck bekleidet die Wände. Der Platz für die Aufbewahrung der Thora-Rollen ist zu sehen und im ersten Stock die Galerie für die Frauen, die die unteren Räume nicht betreten durften. Das Gebäude wurde 1315 errichtet, also schon in christlicher Zeit. 1492, nach der Judenvertreibung, machten die Christen daraus ein Tollwut-Hospital. Später diente der Ort als Versammlungsraum der Schuhmacherzunft. 1885 erklärte man die Synagoge zum Nationaldenkmal.

Ein schmaler Durchgang auf der linken Seite der Gasse führt zu zwei hintereinander liegenden Innenhöfen, in denen früher Markt *(zoco)* gehalten wurde. Cordobesische Handwerksware kann hier käuflich erworben werden, darunter aus Silber gearbeiteter filigraner

Platz vor dem Erzbischöflichen Palast

22 → Medina Azahara
Palma del Río

Avda. Medina Azahara

Ronda de los Tejares

Av. del Gran Capitán

Post

Avda. del Gran Capitán

Avda. de la República Argentina

Góngora

José Cruz Conde

Jardines de la Victoria

Concepción

Avda. Morería

Gondomar

Morato

Conde de

Paseo de la Victoria

Eduardo Dato

San Felipe

Plaza de Málaga las Tendillas

D. León

Claudio Marc

Pérez de Castro

Lope de Hoces

Sevilla

Tesoro

Valladares

Sánchez

Jesús y María

Cárdenas

Sta. Victoria

C. Pompeyos

Avda. Conde Vallellano

Almodóvar-Tor
(Seneca-Statue) **7**

C. Telón y Marín

Barroso

A. Sta. Ana

C. de Morales

C. Fernández Ruano

Almanzor

Buen Pastor

8 Synagoge

Judíos

B. Belmonte

Archäologisches Museum **20**

9 Museo Municipal de Arte Taurino y de Artes Típicas/Zoco

Cairuan

Buen Pastor

Deanes

Luque

Luque

Céspedes

V. Bosco

Calleja de las Flores

19 Arco del Portillo

San Fernando

Avda. Doctor Fleming

Maurische Stadtmauer **6**

Tomás Conde

10 El Caballo Rojo

Encarnación

Rey Heredia

Manríquez

C. Herreros

Reste arabischer Bäder **5**

Torrijos

3 Erzbischöflicher Palast

21 Mezquita/Kathedrale

C. Martínez Rücker

M. G. Francés

Calderero

17 Plaza del Potro

Jardines Campo Santo de los Mártires

Cardenal González

Lucano

4 Alcázar

Amador de los Ríos

Pl. Alhóndiga

Ronda de Isasa

Alcázar-Garten

1 Römische Brücke

Av. del Alcázar

Río Guadalquivir

2 La Calahorra

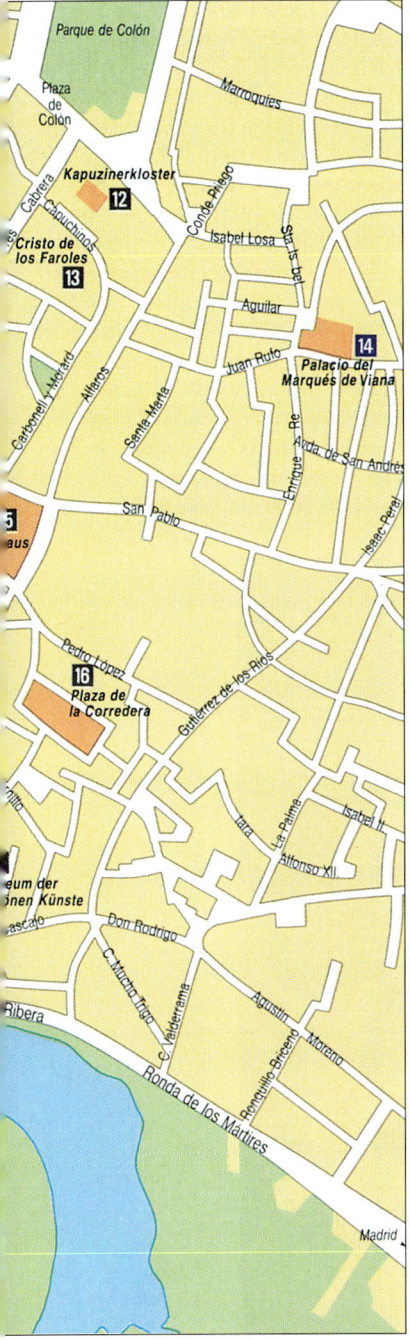

Schmuck. Auf improvisierten Bühnen finden hier zuweilen am Abend theatralische und musikalische Vorstellungen statt. Gehen wir die Gasse weiter, kommen wir rechts an der Statue des Maimonides vorbei. Unmittelbar gegenüber liegt ein besuchenswertes Stierkampfmuseum. Immerhin stammen einige der Großen dieses Gewerbes aus Córdoba. Am berühmtesten ist der nach seiner Heimatstadt ›El Cordobés‹ genannte *torero*. Außerdem kann man im **Museo Municipal de Arte Taurino y de Artes Típicas** 9 kostbaren Silberschmuck bewundern und einen Einblick in die Tradition der Lederverarbeitung in der Stadt gewinnen.

Folgt man nun der Gasse Tomás Conde, um dann links in die Calle Manríquez einzubiegen, stößt man bald auf die Mezquita. Gegenüber ihrer Nordseite liegt eines der besten Restaurants Andalusiens: **El Caballo Rojo** 10. Sein legendärer Ruf hat die Qualität bislang noch nicht geschmälert und die Preise nicht unmäßig anziehen lassen.

Ein paar Schritte weiter biegen wir links in die Calle Velázquez Bosco ein und dann gleich in die erste Gasse rechts davon. Man beachte an der Ecke die eigemauerte Säule. Wir befinden uns in einer winzigen Blumengasse ohne Ausgang. Als solche ist sie auch bekannt: **Calleja de las Flores** 11. Blickt man vom Platz am Ende der Gasse zurück, so fügt sich in den freien Himmelsausschnitt zwischen den Häusern der Glockenturm der Kathedrale ein. Gegenüber dem Eingang in die Calleja de las Flores befinden sich Reste eines arabischen Bades. Sie sind nur durch einen Souvenirladen erreichbar. Wir durchqueren nun die Altstadt bis

Córdoba

zum Verkehrsknotenpunkt Plaza de las Tendillas. Dort beginnen zur Linken die Geschäftsstraßen des modernen Córdoba. In der Mitte des Platzes erhebt sich das Reiterstandbild des ›Gran Capitán‹ (vgl. S. 90).

Wir gehen weiter geradeaus in nördlicher Richtung bis fast an die Grenze des alten Stadtbezirks. In der Calle Cabrera biegen wir rechts ab zur Plaza de los Dolores. Gegenüber der Front eines **Kapuzinerklosters** 12 steht auf dem äußerst schlichten Platz ein **steinerner Christus** (Cristo de los Faroles) 13, der von schmiedeeisernen Laternen umgeben ist. Die Kirche beherbergt die in Córdoba berühmte, reich geschmückte ›Jungfrau der Schmerzen‹ mit durchbohrtem Herzen.

Es geht geradeaus weiter, eine Treppe hinunter, dann ein paar Schritte nach links, um rechts in die Calle Isabel Losa einzubiegen und an deren Ende wiederum rechts in die Calle Santa Isabel. So gelangt man zum **Palacio del Marqués de Viana** 14, dem prachtvollsten Adelspalast Córdobas, zu dem 13 blumengeschmückte Innenhöfe und nahezu 100 eingerichtete Zimmer gehören. Neben Gemälden der Sevillaner Malerschule aus dem 17. Jh. sind antike Möbel und Gegenstände des heimischen Kunsthandwerks zu besichtigen. Der Palast ist erst vor kurzem der Öffentlichkeit zugänglich gemacht worden. Man bekommt am Eingang einen Prospekt mit einem Plan (auch in deutscher

Die pittoreske Blumengasse Calleja de las Flores

Der prachtvollste Adelspalast in Córdoba: der Palacio del Marquéz de Viana

Sprache), so dass man sich auch ohne Führung gut zurechtfinden kann.

Wir gehen durch die Calle Juan Rufo, bis wir auf die Calle Alfaros treffen. Nach links kommen wir am **Rathaus** 15 von Córdoba vorbei, das aus dem frühen 17. Jh. stammt. Hier wurden einige Säulen wiederaufgerichtet, die zu einem römischen Tempel gehörten. Hält man sich nach Passieren des Rathauses halblinks, kommt man zur **Plaza de la Corredera** 16, ehemals Austragungsort für Stierkämpfe und jene Volkserschreckungen, wie sie die Inquisition für notwendig hielt. Der Platz wurde 1683 erbaut. Er ist heute kein Zentrum der Stadt mehr, sondern ein vergessener Ort.

Von ihm ist es nicht weit zu einem berühmteren Platz mit einem aus dem Jahre 1557 stammenden Brunnen: der **Plaza del Potro** 17. Hier befinden sich das **Museum der Schönen Künste** und gegenüber eine alte Herberge, die Cervantes literarisch verewigte. ›Potro‹

heißt der Platz nach der Fohlenfigur über der Brunnenschale. Neben dem steinernen Laternenchristus von der Plaza de los Dolores ist der Brunnen ein Wahrzeichen der Stadt.

Das Gebäude des **Museums der Schönen Künste** 18 diente ehemals als Hospital, das die Katholischen Könige im 15. Jh. gründeten. Die Fassade ist jüngeren Datums. In den schönen Räumen sind vor allem Bilder aus der Region ausgestellt; bemerkenswert sind zwei Zeichnungen von Goya.

Von der Hauptstraße, der Calle San Fernando, führt stadteinwärts links ein Weg durch ein altes Stadttor, den **Arco del Portillo** 19. Wir gehen ein Stück in westlicher Richtung bis zur Plaza de Jerónimo Páez. In einem verwitterten Renaissance-Palast des 16. Jh. mit schönen Innenhöfen befindet sich das **Archäologische Museum** 20 Córdobas. Zu seinen Exponaten gehören Alltagsgegenstände aus der Vorgeschichte

(Glockenbecherkultur), iberische Kunst aus den vorchristlichen Jahrhunderten und römische Skulpturen und Porträts. Die edelsteinbesetzten Goldkreuze aus westgotischer Zeit und die Tierfiguren aus der Kalifenstadt Medina Azahara gehören zu den interessantesten Stücken.

Vom Platz aus steigen wir einige Treppenstufen hinauf und zwängen uns durch eine enge Gasse. Links führt eine Straße zur Mezquita, deren Glockenturm wir schon bald über den Dächern der Häuser sehen.

Die Mezquita

21 Wir betreten zunächst den **Patio de Naranjos,** den Orangenhof der Moschee. In islamischer Zeit dienten seine Brunnen den rituellen Waschungen vor dem Gebet. Erst nach der *reconquista* wurde er mit Orangenbäumen be-

pflanzt. In maurischer Zeit standen hier Zypressen, Oliven- und Lorbeerbäume. Der Haupteingang, die **Puerta del Perdón** an der Calle Cardenal Herrero befindet sich unterhalb des **Glockenturms,** der im Kern – von außen nicht sichtbar – noch das alte Minarett enthält. Hier, unter den Arkaden an der Nordseite des Hofes, trafen sich die Studenten mit ihren Lehrern, um zu disputieren. Rechts, an der Westseite, gaben die Ärzte Auskunft. Unter den gegenüberliegenden östlichen Arkaden sprachen die *qadí* Recht.

Die inzwischen zugemauerten Tore der Moschee waren in maurischer Zeit geöffnet, so dass die Stimme des Vorbeters bis in den Vorhof dringen konnte. Wer heute in das Dunkel des Bauwerks tritt, sollte bedenken, dass ehemals Tageslicht durch die geöffneten Pforten eindrang und tausende brennender Öl-

Blick auf die Mezquita

lämpchen im Innern den Raum zusätzlich erhellten. Die riesige Moschee von Córdoba, ehemals die größte der islamischen Welt, misst 175 m in der Länge und 130 m in der Breite. Ihre Fläche beträgt 22 750 qm. Sie zeigt außen wie innen ein einheitliches Gesicht, obwohl sie das Ergebnis von mehreren Erweiterungsbauten ist. An der Stelle der Mezquita von Córdoba stand einst ein römischer Tempel, dann eine westgotische Kirche. Nach der islamischen Eroberung teilten sich Moslems und Christen einträchtig deren Raum. 785 kaufte Abd ar-Rahman I. den Christen ihre Hälfte ab, er ließ die Kirche abreißen und unter Verwendung westgotischer und römischer Säulen die Mezquita bauen, die etwa ein Viertel der jetzigen Fläche einnahm. Weil die Stadt wuchs, musste ihre Hauptmoschee entsprechend vergrößert werden. Man verlängerte sie zunächst zweimal in südlicher Richtung. Unter al-Mansur wurde ein letzter großer Abschnitt an die Ostseite hinzugesetzt. Entstanden ist der Gesamtbau zwischen 785 und 1009.

Nach der *reconquista* nutzte man die Moschee als christliche Kirche. Gegen den Widerstand der Bevölkerung ließ der Klerus zu Beginn des 16. Jh. eine Kathedrale in das Zentrum des Bauwerks einpflanzen. Zu diesem Zweck fielen 63 der 856 Säulen. Ein Fremdkörper wurde in die Mitte gesetzt, der nun das gewaltige Hauptschiff der Kathedrale bildet. An den Seiten der Moschee richtete man Kapellen ein, außerdem wurden eine Sakristei und eine Schatzkammer geschaffen. Von Karl V., der als junger Mann die Erlaubnis zum Einbau der Kathedrale gegeben hatte, ist der Satz überliefert: »Ihr habt etwas gebaut, was man überall hätte bauen können und etwas zerstört, das einmalig war.«

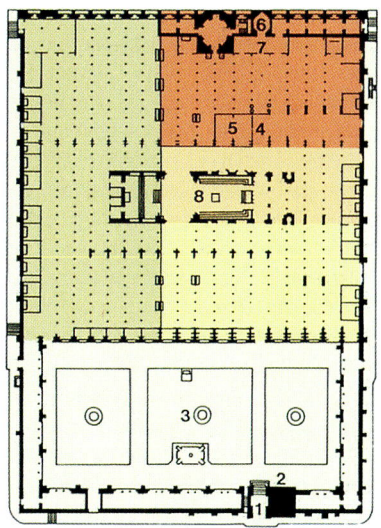

Mezquita *1 Puerta del Perdón 2 Glockenturm 3 Orangenhof 4 Capilla de Villaviciosa 5 Capilla Real 6 Mihrab 7 Mihrab-Vorraum 8 Kathedrale*

Erster Bauabschnitt
(unter Abd ar-Rahman I.)

Zweiter Bauabschnitt
(unter Abd ar-Rahman III.)

Dritter Bauabschnitt
(unter al-Hakem II.)

Vierter Bauabschnitt
(unter al-Mansur)

Wir treten in einen unübersehbaren Wald von Säulen ein. Sie werden von rot-weiß gestreiften Bögen überspannt. Die unteren Säulen stützen Hufeisenbögen, die oberen aufgesetzten Pfeiler tragen Rundbögen. In der Durchsicht wirken sie wie Fächer. Der Raum scheint sich durch die Doppelbögen nach oben zu dehnen. Daher wirkt die niedrige

Decke nicht drückend und lastend. Die Gesamtkonstruktion erscheint leicht und stabil zugleich – ein Raum ursprünglich ohne Mittelpunkt, als Gleichnis harmonischen Alls (s. Abbildung S. 292/293).

Für den Moslem ist jeder Platz, an dem er seine Gebete verrichtet, Allah gleich nah. Nur die Ausrichtung nach Mekka zählt. Die Moschee ist kein Gotteshaus, sondern ein Betsaal, ein Haus der Gläubigen. In ihm existiert kein herausgehobenes heiliges Zentrum, wie es in der christlichen Kirche der Altar, ein Heiligenbild oder der Aufbewahrungsort einer Reliquie darstellt. Auch die kleine Gebetsnische *(Mihrab)* war anfänglich nichts anderes als eine Vertiefung in der Wand, die den tastenden Blinden die Richtung nach Mekka angeben sollte. In der Moschee des Kalifen wurde aus dieser primitiven Konstruktion ein bevorrechtigter Gebetsort. Man überzog seine Wände mit den Namen Allahs und schmückte ihn prachtvoll aus. Der Eindruck großer Schlichtheit bleibt dennoch vorherrschend. Der gleichmäßige Säulenwald der Moschee steht für die Unendlichkeit dessen, an den man glaubt und die Gleichheit aller vor ihm.

Nachdem wir den Säulenwald durchwandert haben, sollten wir uns die einzelnen Bauabschnitte vor Augen führen. Für die Bögen benutzte man im Wechsel weißgelben Sandstein und rote Ziegel, eine schon im Orient bekannte Technik; die unterschiedlichen Materialien sollten das Bauwerk flexibel halten und auf diese Weise vor Erdbeben schützen.

Im ältesten Teil der Moschee verwendete man römische und westgotische Säulen, deren Färbung und Oberflächenbearbeitung variiert. Um die unterschiedlichen Längen auszugleichen, erhielten einige Säulen einen Sockel, wäh-

rend andere in den Fußboden eingesenkt wurden. Auch sind sie mit verschiedenartigen Kapitellen geschmückt: Neben korinthischen (römischen), westgotischen und byzantinischen sind die groberen im so genannten Kalifenstil zu sehen, deren Form an Palmblätter erinnert.

Nach dem Durchschreiten des ältesten Teils der Moschee gelangt man zur **Capilla de Villaviciosa,** die nach der ersten Erweiterung unter Abd ar-Rahman II. (822–852 Emir von Córdoba) als Mihrab diente. Fächerartig aufgeschlagene und sich verzahnende Bögen scheinen den Wänden eine vibrierende Schwingung zu geben. Über vier Säulen erheben sich drei Vielpassbögen, über denen sich weitere Bögen verzahnen und schließlich von einem großen umschlossen werden. Die Kuppel über dem Viereck der Wände ist ein ›architektonisches Ereignis‹. Möglicherweise wurden die französischen Erfinder der Kreuzrippengewölbe in gotischen Kathedralen 250 Jahre später hiervon inspiriert. Wie sollte man eine Kuppel auf ein großes Viereck setzen, ohne dass sie einzustürzen droht? Die Meister dieses Bauwerks konnten sich im 9. Jh. weder an Vorbildern des Abend- noch des Morgenlandes orientieren. Durch ein kunstvolles Flechtwerk von gewölbten Rippen verkleinerten sie die zu überkuppelnde Grundfläche, so dass diese mühelos von einer Halborange oder einer Muschel bedeckt werden konnte. Diese Technik nahmen die Mózaraber später mit in den christlichen Norden. Über uns schwebt das 1100 Jahre alte Original. Der von dieser Kuppel gekrönte ehemalige Mihrab wurde von den Christen im 13. Jh. in den Altarraum einer Kapelle umgewandelt.

An die Capilla de Villaviciosa schließt sich die **Capilla Real** an, die ursprüng-

Säulendekoration in der Capilla de Villaviciosa

lich als Grablege für die Könige Ferdinand IV. und Alfons XI. geplant wurde. Im 14. Jh. ließ der christliche König Heinrich von Trastámara diese kleine Kapelle von islamischen Künstlern dekorieren. Sie ist meistens verschlossen. Durch eine Öffnung kann man die filigranen Wandornamente und ein Stalaktitengewölbe an den Decken sehen. Beides erinnert an die Alhambra und den Alcázar Peters des Grausamen in Sevilla.

Die dritte Erweiterung der Moschee erfolgte im 10. Jh. unter dem Kalifen al-

Hakem II. Ihr Glanzstück ist der in die Südmauer eingelassene, prunkvoll geschmückte **Mihrab.** In ihm waren byzantinische Künstler am Werk, die im gesamten Mittelmeerraum als Spezialisten für die Herstellung kunstvoller Mosaiken galten. Sie arbeiteten für die islamischen Syrer in Damaskus ebenso wie später für die westlichen Christen in Venedig oder Palermo. In Córdoba gelang ihnen ein Meisterwerk früher islamischer Kunst. Der Vorraum des Mihrab ist dreigeteilt. In der Mitte wird das überaus reiche Bogenwerk von einer gerippten

Kuppel des Mihrab

Kuppel überwölbt. An der Stirnseite, über dem Eingang zum Mihrab, sind die Grundformen der Moschee wiederholt: das ordnende Viereck und der Lebensbogen. Das kufische Schriftband mit hunderten von Namen Allahs schließt einen blumigen Farbenbogen ein. Die Vielzahl der farbigen Figuren lässt das Auge nicht ruhen, aber es wird nicht verwirrt. Denn auch hier zeigt sich eine unbegrenzte Symmetrie. Rhythmische Schwingung und klare Gliederung fügen sich so zum Sinnbild kosmischer Ordnung.

Die Mittelkuppel im Vorraum mit ihren weichen abgerundeten Formen fügt der Balance noch den Schein einer ein- und ausatmenden Bewegung hinzu. Die Weltmuschel in der Mitte schwebt wie ein eigenes Kraftfeld – eine alles durchwirkende Energie ist bildhaft ge-

worden: als strömten Himmel und Erde den Atem eines Lebens aus.

Der Ostteil der Moschee, die vierte, unter al-Mansur vorgenommene Erweiterung, ist am schlichtesten. Die Kapitelle zeigen einen einheitlichen Stil. Die rotweißen Bögen bestehen nicht mehr aus verschiedenen Materialien, sondern sind bemalt. Die steinernen Gewölbe wurden in christlicher Zeit eingebaut. Von den ursprünglichen *artesonado*-Decken sind einige im Südwestteil der Moschee restauriert worden.

In der Mezquita sehen wir nicht nur die Anfänge der maurischen Kultur in Spanien. Sie ist ein Schatzhaus, das neben römischen und westgotischen Säulen byzantinische Mosaike enthält. Und sie gibt einen Überblick von den Anfängen islamischen Bauens im Westen Europas bis zur *mudéjaren* Verfeinerung im Auftrag christlicher Herrscher, wie sie in der Capilla Real zu bewundern sind. Eine Spanne von sechshundert Jahren liegt zwischen dem ersten Bauabschnitt aus dem 8. Jh. und der feinen Spätkunst aus dem 14. Jh.

Beeindruckt von der Moschee ist es schwer, den christlichen Einbau aus dem 16. Jh. zu würdigen. Er zeigt ein Stilgemisch aus Gotik und Renaissance. Das Chorgestühl, im 18. Jh. aus Palisanderholz geschnitzt, ist eine großartige Arbeit. Das Gewölbe der Kathedrale überragt nun natürlich die Moschee, aber das wirkt eher wie ein Zeichen vergeblicher Müh.

Den **Glockenturm**, der im 16. Jh. um das alte Minarett herumgebaut wurde, kann man besteigen. Von oben blickt man auf die Dachgärten in der Altstadt Córdobas, auf die Mauern des Alcázar und auf die rotbraunen Ziegeldächer der Mezquita; der sie überragende Kathedralbau hat sich mit den Spinnbeinen seiner Strebebögen in ihrer Mitte festgeklammert.

Die Kalifenstadt
Medina Azahara

22 10 km westlich von Córdoba lag die Kalifenstadt Medina Azahara (arab.: Medinat al-Zahra) an den Hängen der Sierra Morena, in Sichtweite vom Minarett der Moschee. Medina Azahara steht für die Pracht und die Zerstörung, für den Anfang und das Ende der Kalifenzeit.

Der erste Kalif von Córdoba, Abd ar-Rahmann III., ließ sie seit 936 bauen. 25 Jahre später standen hier der Palast des Kalifen, Verwaltungs- und Empfangsgebäude, eine Moschee, Kasernen, zoologische Gärten und Wohnpaläste für die Regierungsbeamten. Am Hang der

Sierra Morena gelegen, breitete sich die Kalifenstadt terrassenförmig in drei Stufen zur Ebene des Guadalquivir hin aus. Im oberen Teil residierte der Kalif, im mittleren lagen repräsentative Empfangsgebäude und Verwaltungszentren, vor allem für die Schreiber und Übersetzer. Im untersten Bezirk befanden sich Moschee, Tiergehege und Kasernen für die Soldaten. 20 000 Menschen lebten hinter den 5 m dicken Mauern. Medina Azahara, vom Kalifen nach seiner Lieblingsfrau az-Zahara (›Blume‹) genannt, wurde zur Legende, zur Märchenstadt. Hier empfing der Kalif mit größtem vorbereitendem Prunk (und nach langer Wartezeit!) schließlich in würdiger persönlicher Einfachheit die ausländischen Gäste und Botschafter, die in ihren Heimatländern von jener sagenhaften 1500 m langen und 750 m breiten Palastanlage berichteten.

Die Zerstörung von Medina Azahara im Jahre 1010 bedeutete auch das Ende des mächtigen Kalifats. Ihre Säulen wanderten in den Königspalast von Sevilla oder an die Fensterbrüstungen der Giralda. Die erhalten gebliebenen Trinkgefäße, Schatullen und Truhen haben sich über die Museen der Welt verstreut. Jahrhundertelang hatte man diese Stadt einfach vergessen. Historiker hielten die Ruinen zunächst für Reste einer römischen Patrizierkolonie. Erst 1910 begann man mit den Ausgrabungen, die noch längst nicht beendet sind.

Während der Besichtigung bekommt man einen Einblick in die mühsame Arbeit der Archäologen, die gefundene Splitter nebeneinanderlegen, um irgendwann die passenden Ergänzungsstücke zu finden oder zu rekonstruieren. Der Botschaftersaal des Kalifen im mittleren Bezirk, zu dem man auf einem bequemen Weg entlang der inneren Mauern wandern kann, ist rekonstruiert wor-

Die Kalifenstadt Medina Azahara

den. Von der Moschee im unteren Bereich (die man gut an der Richtungsverschiebung erkennen kann) sind nur die Fundamente zu sehen.

Von der Anhöhe nahe dem Eingang haben wir den besten Überblick. Und von hier sehen wir auf das in der Ferne blinkende Córdoba.

Ausflüge in die Provinz

Von Córdoba gelangt man über die N 432 nach Norden in die Sierra Morena. An zahlreichen Stauseen und den Burgen von **El Vacar** und **Belmez** vorbei führt die Straße in die Nachbarregion Extremadura.

In südöstlicher Richtung können wir der Straße nach Jaén und Granada fol-

Die Umgebung von Córdoba

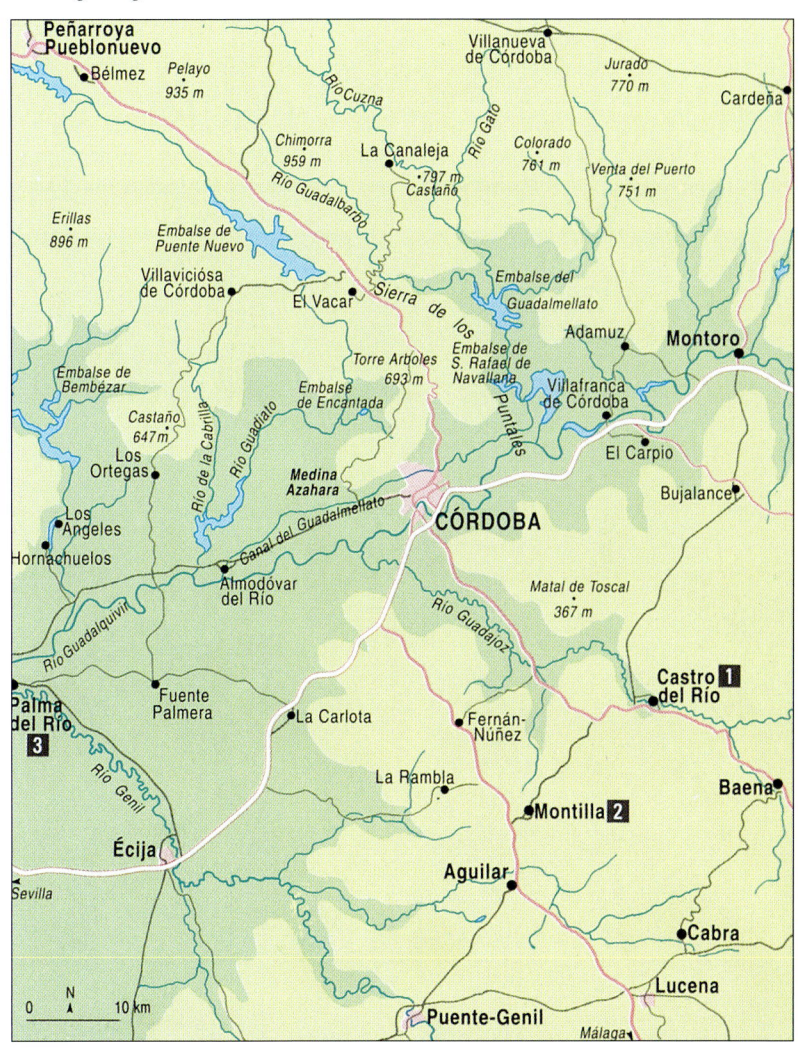

gen. Im Kerker von **Castro del Río**  saß Ende des 16. Jh. der arme Staatsdiener Miguel de Cervantes, weil er die glorreiche Idee besessen hatte, von der Geistlichkeit Steuern einzutreiben. Ihm fiel in der erzwungenen Ruhestellung nichts Besseres ein, als das im Sevillaner Kerker Ausgedachte endlich aufs Papier zu bringen: Die ersten Seiten des ›Don Quijote‹ entstanden. Gelobt sei der steuerverweigernde Klerus!

Im Städtchen **Baena** trifft man auf die älteste noch im Betrieb befindliche Ölmühle des Mittelmeerraums, die man auf Anfrage besichtigen kann. Auf dem Weg nach Málaga (NIV, dann N 331) kommt man an der Stadt **Montilla** 2

vorbei, die wegen des nach ihr benannten Weißweins *Amontillado* berühmt ist. Er ist so gut, dass man sich nicht scheut, ihn dem Sherry beizumischen (vgl. S. 210). Auf der Anhöhe steht eine maurische Festung auf römischen Fundamenten. Ein wichtiges historisches Ereignis verbindet sich mit Montilla. Cäsar erstritt hier 45 v. Chr. den entscheidenden Sieg im römischen Bürgerkrieg gegen die Partei des Pompejus.

Der Held Córdobas, der als ›Gran Capitán‹ bezeichnete Fernándo Gonzales, wurde 1443 in Montilla geboren. Und im 16. Jh. lebte im Ort der Spross eines andalusischen Adligen und einer

Inkaprinzessin. Im Palast des ›Inca Garcilaso‹, heute Sitz der Stadtverwaltung, befinden sich in einem Museum Zeugnisse des bemerkenswerten Mannes, der zum wichtigsten Chronisten der Eroberung Perus durch die Spanier wurde.

30 km weiter kommen wir an **Lucena** vorüber. In maurischer Zeit war Lucena eine jüdische Stadt mit Selbstverwaltung. Im Ghetto wohnten hier ausnahmsweise die Anhänger des Islam. Nehmen wir den Weg in Richtung Sevilla über die nahe am Guadalquivir und unterhalb der Sierra Morena verlaufende C 431, so stoßen wir bald auf **Almodóvar del Río,** das von einer

Die Ritterburg von Almodóvar del Río ▷

turmverstärkten und zinnenbewehrten Ritterburg beherrscht wird. Hinter dem Ort kann man den Hügel bis vor die Tore des Kastells hinaufsteigen und auf das blinkende Silberband des Guadalquivir hinunterschauen.

Wer nach **Palma del Río 🖪** weiterfährt, sollte nicht versäumen, sich noch einmal umzublicken: Wie ein unzerstörter Kindheitstraum hebt sich die stolze Festung als graue Silhouette aus der leuchtend roten Erde der weich geschwungenen andalusischen Landschaft hervor.

Information

 Unterkunft

 Restaurant

 Sehenswert

 Museen

 Einkauf

 Nachtleben

 Unterhaltung

 Feste

 Aktivitäten

 Strand

 Verkehr

Tipps & Adressen

Inhalt

Reiseinformationen von A–Z

Tipps & Adressen von Ort zu Ort

Preiskategorien Hotels:
Die folgenden Preise gelten für ein Dop-
pelzimmer mit Frühstück:
sehr teuer: über 120 €
teuer: 75–120 €
moderat: 50–75 €
günstig: 25–50 €
sehr preiswert: bis 25 €

Preiskategorien Restaurants:
Die folgenden Preise gelten für ein Menü
und ein Getränk:
teuer: über 25 €
moderat: 12–25 €
günstig: bis 12 €

Algeciras

Lage: Vordere Umschlagkarte G2
Einwohner: 100 000

 Oficina de Turismo, Juan de la
Cierva, s/n Tel. 956 57 26 36.

 Hotel Reina Cristina, Paseo de la
Conferencia, Tel. 956 60 26 22, Fax
956 60 33 23, sehr teuer: ein großzügiger
Bau im englischen Stil um 1900, am Rande
der Stadt gelegen, mit großem Park und
Schwimmbad. Ein idealer Ort zur Erholung. Das Restaurant des Hauses ist allerdings nur mäßig.
Hotel Don Manuel, Segismundo Moret,
4, Tel. 956 63 46 06, günstig: kleines gut
gelegenes Hotel in der Nähe des Hafens.
Hostal Nuestra Senora de la Palma,
Plaza Palma, 12, Tel. 956 63 24 81, sehr
preiswert: direkt am Marktplatz gelegen.

 Iris, San Bernardo 1, Tel. 956 65
58 06, Fax 9 56 65 28 02, günstig.
Pazo de Edelmiro, Plaza M. Martin, 1,
Tel. 956 66 63 55, günstig: galizische
Küche, großzügig bemessene Speisen.
La Esquina, Ctra. El Rinconcillo (Playa del
Rinconcillo), günstig: Strandrestaurant mit
frischen Fischspeisen und reicher Aus-
wahl.
Casa Gil, Segismundo Moret, 2, Tel. 956
65 15 53, günstig: nahe des Hafens.

La Cabana, Avenida Agua Marina, 5,
Tel. 956 66 73 79, günstig: gegrillte oder im
Ofen gebackene Fleisch- und Fischspeisen.

 Ausflüge nach Gibraltar, Tarifa und
Castellar de la Frontera.
Überfahrt nach **Afrika** (Ceuta, Tanger):
Compañía/SNASA, Estación Marítima,
Tel. 956 66 52 00, Fax 956 66 52 16; außer-
dem Transmediterránia und Transtour.

 Fähre: Estación Marítima: Haupt-
fährhafen für die Verbindungen
nach Ceuta und ins marokkanische Tanger.
Zug: Bahnhof: Estación Nueva, Carretera
de Cádiz.
Bus: Busbahnhöfe: Estación Marítima
(Europabusse); San Bernardo 1, Richtung
Atlantikküste und Sevilla; Virgen del Carmen 15, Richtung Costa del Sol und
Granada; Plaza de Barcelona, Tel. 950 21
00 29, Busse nach Cabo de Gata.

Almería

Lage: Hintere Umschlagkarte Q4
Stadtplan: S. 130
Einwohner: 170 000

 Oficina de Turismo, Parque Nicolas Salmerón, Tel. 950 27 43 55, Fax
950 27 43 60, Mo–Fr 9–19 Uhr, Sa 9–14 Uhr
www.dipalme.org, www.a2002.es/almeria.

Gran Hotel Almería, Avenida Reina Regente 8, Tel. 950 23 80 11, Fax 950 27 06 91, sehr teuer: das beste Hotel am Platze, nahe der alten Stadtmauer, des Hafens und der Altstadt gelegen.
Hotel Residencia Torreluz, Plaza de las Flores, 6, Tel. 950 23 43 99, moderat: elegant und mit schöner Aussicht.

Einfache Unterkünfte gibt es an der Carretera de Granada, zum Beispiel im **Hostal Andalucía,** Granada 9, Tel. 950 25 80 11 oder in der Pension **Sevilla,** Granada 23, Tel. 950 23 00 09, nahe der Puerta de Purchena, sauber und geschmackvoll (alle drei: günstig).

Jugendherberge:
Albergue Juvenil, Isla Fuerteventura, s/n, Tel. 950 26 97 88: in Strandnähe im Stadtteil Zapillo, Mehrbettzimmer.

Camping:
La Garrofa, N 340 km108, Tel. 950 23 57 70, am Strand, ganzjährig geöffnet.

 Torreluz, Plaza de las Flores, 1, Tel. 950 23 43 99, moderat: elegantes Ambiente, reiche Auswahl, sehr gutes Menü.
Casa Puga, Jovellanos, 7, Tel. 950 23 15 30, moderat: klassisches Tapa-Restaurant, mehr als 70 Variationen von Tapas und Rationen.
Rincon de Juan Pedro, Federico Castro, 2, Tel. 950 23 58 19, moderat: gute traditionelle und landestypische Küche, besonders Fischspeisen, von *tapas* über *raciones* bis zum Menü.

Zwischen Almería und Aguadulce, direkt an der Hauptstraße (N 340, km 436) befinden sich in Strandnähe zwei Lokale:
El Bello Rincón, Tel. 950 23 84 27, moderat, mit schönem Blick aufs Meer (empfehlenswert sind Fisch und Meerestiere) sowie **La Gruta,** Tel. 950 23 93 35, moderat, in einer natürlichen Höhle eingerichtet, nur abends geöffnet (vor allem Fleischgerichte aus dem Ofen und vom Rost).
Einige Kilometer weiter, Carretera de Málaga, km 419, liegt nahe der Straße das

Restaurant **Cortijo Blanco,** das besonders gern von Handwerkern und Lkw-Fahrern besucht wird. Es gibt dort keine Karte, sondern nur ein Menü, das allerdings ausgezeichnet und unschlagbar niedrig im Preis ist; gute Fischqualität, Gambas, rascher Service (sehr preiswert).

In **Pechina,** von Almería 7 km in nördlicher Richtung entfernt, befindet sich das Restaurant **Baños Sierra Alamilla,** Tel. 950 31 74 13, moderat: in ehemaligen römischen Thermen wird eine gute Auswahl lokaltypischer Gerichte serviert.

In **Alba,** zwischen Almería und Guadix an der Carretera Almería-Granada, km 268, werden im **Casa Pintao,** einem einfachen Lokal, ebenfalls gute regionaltypische Gerichte geboten (sehr preiswert).

1. So im Jan.: **Romeria de la Virgen de la Mar,** Wallfahrt zur Schutzheiligen der Stadt. Die Marienfigur wird aus der Kirche Santo Domingo zum Strand geführt.
15. Juni: **Fest zu Ehren des Heiligen Antonius von Padua**
24. Juni: **Noche de San Juan,** Fest zu Ehren von Johannes dem Täufer; Johannisfeuer.
Letzte Aug.-Woche: **Feria zu Ehren der Virgen del Mar.** Eine ganze Woche lang festliche Aktivitäten. Mittags im Zentrum, abends auf dem Festgelände am östlichen Stadtrand. Stierkämpfe (mit Vesperpause zwischen dem dritten und vierten Stier).

Besichtigung des **Alcázar;** Ausflüge an die Küste nach Cabo de Gata und zu den Westerndörfern in der Wüste.

Der Strand liegt am östlichen Stadtrand, nur durch die Mole vom Handelshafen abgetrennt; in der Hauptsaison meistens überfüllt.
Sehr schöne Buchten und einsame Strände befinden sich zwischen Cabo de Gata und Carboneras; zu Fuß erreichbar von San Jose oder Las Negras.
Die Küste mit ihren kahlen Bergen vulkanischen Ursprungs gehört zum Naturschutzpark. Berühmt ist die Klarheit des Meeres, ein gesuchter Ort auch für Sporttaucher.

Flughafen: 8 km östlich Richtung Nijar, Tel. 950 22 19 54 (Charterverkehr auch von Deutschland aus)
Fähre: Fähre nach Melilla (spanische Exklave an der nordafrikanischen Küste) und zur marokkanischen Stadt Nador.
Zug: Bahnhof: Plaza de la Estacion, 6, Tel. 950 21 11 35.
Bus: Busbahnhof: Plaza de Barcelona, Tel. 950 21 00 29. Nach Cabo de Gata: Tel. 950 22 44 03. Busse nach Alicante und Barcelona, sowie 8 x tägl. nach Granada. Zum Cabo de Gata und San Jose 7.15 und 18.30 Uhr.
Taxis: Radio Taxi, plaza Costitucion, 10, Tel. 950 21 00 00.
Parkplätze: Plaza de Oliveros, Pedro, Lopez Falcon. Nicht im Zentrum!

Antequera

Lage: Hintere Umschlagkarte K5
Einwohner: 40 000

 Oficina de Turismo, Plaza San Sebastián 7, Tel. 952 70 25 05.

 Parador de Antequera, Paseo García de Olmo, Tel. 952 84 02 61, Fax 952 84 13 12, teuer: bestes Hotel der Stadt.
Hotel Nuevo Infante, Infante Don Fernando, 5, Tel. 952 70 02 93, günstig: kleine Apartments mit eigener Küche.
Pension Manzanito, Plaza de San Sebastian, 5, Tel. 952 84 10 23, günstig: gegenüber der Kirche San Sebastian, mit Restaurant und Bar.
Pension Madrona, Calzada, 25, Tel. 952 84 00 14, günstig: im schönen Altstadtviertel gelegen.
Pension Colon, Infante Don Fernando, 29, Tel. 952 84 00 10, sehr preiswert.

 Dolmen von Antequera: megalithische Ganggräber am östlichen Stadtrand von Antequera.

 Zug: Estacion de Renfe: Avenida de la Estacion, Tel. 952 84 32 26.
Bus: Estacion de Autobuses, Campillo Alto, Tel. 952 84 19 57: Busse nach Granada und Málaga 3 x tägl.
Taxis: Tel. 952 84 42 92

Aracena

Lage: Vordere Umschlagkarte: nördlich D8
Einwohner: 7000

 Oficina de Turismo, Pozo de la Nieve, Tel. 959 12 82 06, 9–14 und 16–19 Uhr geöffnet.
Centro de Visitantes del Parque Natural, Cabildo Viejo, Plaza Alta, Tel. 959 12 84 75, Auskunft und Organisation für Wanderungen in der Umgebung.

 Hotel Sierra de Aracena, Gran Via 21, Tel. 959 12 61 75, moderat.
Hotel Los Castanos, Avenida de Huelva, 5, Tel. 959 12 63 00, moderat: zentral gelegen, gute Parkmöglichkeiten.
Pension Casa Manolo, Barbero, 6, Tel. 959 12 80 14, sehr preiswert: das preisgünstigste Quartier am Ort, Bad für mehrere Zimmer.

 Casas, Pozo de la Nieve 39–41, Tel. 959 11 00 44, moderat: erstes Restaurant am Platze, typische Küche der Sierra, Gerichte vom ›iberischen‹ Schwein, luftgetrockneter Schinken, Kaninchen und anderes Wild.
Jose Vicente, Avenida Andalucia, 53, Tel. 959 12 84 55, günstig: sehr gute traditionelle Küche, man serviert kleine Gerichte (mit Wein des Hauses 12 €), aber auch große Menüs.
Manzano, Pza. Del Marques de Aracena, günstig: beliebtes und belebtes Lokal mit Terasse, *raciones* mit Eierspeisen, Fisch und Fleisch.

 Jabugo-Schinken, die Spezialität der Region

 Bus: nach Huelva 3 x tägl., nach Sevilla 7. 45 und 18 Uhr.

Arcos de la Frontera

Lage: Vordere Umschlagkarte F4
Einwohner: 28 000

 Oficina de Turismo, Plaza del Cabildo, Tel. 9 56 70 22 64

 Casa del Corregidor, Plaza de España, Tel. 956 70 05 00, Fax 956 70 11 16, teuer: Der Parador von Arcos de la Frontera existiert seit 25 Jahren, wurde mehrfach ausgezeichnet und hat unbestritten die schönste Lage: mitten in der Altstadt herausgehoben und zugleich geschützt; Patio, Terrasse mit großartigem Blick auf die feingegliederte Landschaft und die Gebirge in der Ferne.

Hotel Marques de Torresoto, Marques de Torresoto 4, Tel. 956 70 42 56, moderat: eingerichtet in einem ehemaligen Aristo-kratenpalast, mit schönem Patio und Blick auf den Stausee.

El Convento, Maldonado 2, Tel. 956 70 23 33, Fax 956 70 41 28, moderat: sehr kleines Hotel in einem ehemaligen Kloster in der Altstadt, mit reizvoller intimer Atmosphäre und schönem Blick.

Los Olivos, Boliches 30, Tel. 956 70 08 11, Fax 956 70 20 18, günstig: ein typisches andalusisches Haus mit Patio, verzierten Gittern, Balkonen, Bögen und Blumen.

Hotel La Fonda, Corredera 83, Tel. 956 70 00 57, günstig: eine der ältesten Herbergen (Fondas) Andalusiens, 1998 renoviert und zum Hotel umgestaltet. Schön mobilierte ruhige Zimmer nach innen und weniger ruhige, aber dafür hellere Zimmer (mit Balkon) nach aussen.

Pension Callejon de las Monjas, Dean Espinosa 4, Tel. 956 70 23 02, günstig: kleine einfache Pension, einige Zimmer mit schöner Aussicht, gegenüber der Kirche Santa Maria, das den Zuschnitt eines arabischen Hauses bewahrt hat.

In der Nähe von Arcos de la Frontera befinden sich drei empfehlenswerte Landsitze aus dem 17. bzw. 18. Jh., die für einen längeren Aufenthalt geeignet sind:
Cortijo Faín, Carretera de Algar, km 3, Tel. 956 23 13 96, teuer: inmitten eines riesigen Olivenanbaugebiets, großzügige Inneneinrichtung, Bibliothek

Cortijo Barranco, Molina de Nuestra Señora de la Luz, Tel. 956 70 13 05, teuer: in der Nähe des *Cortijo Faín* gelegen.

Hostal la Molinera, Carretera Arcos-El Bosque, km 6, Urbanisacion El Santiscal, Tel. 956 70 80 02, günstig: 20 Appartements, schön neben einer alten Ölmühle am See von Arcos gelegen, Schwimmbad und Bootanleger.

 Sehr gut essen kann man sowohl im Parador **Casa del Corregidor,** Plaza de España, wie im **El Convento,** Marques de Torresoto, 7, Tel. 956 70 32 22, lokale und regionale Spezialitäten, besonders Gemüse- und Jagdgerichte (beide: moderat).

El Telescopio, Carretera Arcos – El Bosque, Tel. 956 70 24 61, moderat: schön am Fuße der Felsen und in der Nähe des Flussufers (Guadalete) gelegenes Restaurant mit Terasse.

San Marcos, Marques de Torresoto 6, Tel. 956 70 07 21, günstig; kleines Restaurant mit einfachen Gerichten, preiswertes Menü des Tages.

Los Faraones, Debajo del Corral, Tel. 956 70 06 12, günstig: arabische und französische Küche.

Semana Santa (Karwoche); Ostersonntag: **Encierro de Aleluya** (Stierfest);
5. Aug.: **Patronatsfest der Nuestra Senora de las Nieves;**
19. 9.–1.10.: **Fest des Heiligen Michael,** Wallfahrt, Viehmarkt, Tanzvorführungen.

Bus: Tel. 956 70 20 15; nach Jerez de la Frontera (30 km entfernt), zum Flughafen und Bahnhof.
Taxi: Tel. 956 70 13 55.
Parkplatz: Parkmöglichkeiten gibt es im Zentrum, gegenüber vom Parador, auf der Plaza del Cabildo, sowie am Paseo de Boliches, wo man das Auto stehen lassen kann. Für die Besichtigungen muss man auf das Auto völlig verzichten.

Ayamonte

Lage: Vordere Umschlagkarte A6
Einwohner: 14 000

Parador Costa de la Luz, El Castillito, Tel. 959 32 07 00, Fax 959 32 07
00, teuer: oberhalb der Stadt gelegenes
modernes Gebäude, Blick auf die Dächer
von Ayamonte, den Atlantik, die Mündung
des Guadiana und hinüber nach Portugal,
annehmbare Küche.

Fähre nach Portugal (Vila Real de
Santo Antonio) über den Grenzfluss
Guadiana. Fahrkarten direkt am Ufer (pro
Person 1 €).
Bus: Busgesellschaft Damas, Avenida
Cayetano Feu, Tel. 959 32 11 71.

Baena

Lage: Hintere Umschlagkarte K7
Einwohner: 20 000

Oficina de Turismo, Plaza de
Espana 5, Tel. 957 67 19 46.

Hotel La Casa Grande, Avenida
de Cervantes,Tel. 957 67 19 05,
moderat: zentral gelegen, komfortabel, im
April 2000 neu eröffnet.
Hostal Rincon, Plaza de Espana, Tel. 957
67 02 23, sehr preiswert: kleines familiäres
Gasthaus.

Los Arcos, Avenida Padre Villos-
lada 2, Tel. 957 67 18 96, moderat:
besonders gute Fleischgerichte vom Grill.
Vise, Poeta Vicente Aleixandre, Tel. 957
69 04 10, moderat: gute regionale Küche,
sowohl Fisch wie Fleisch.
Meson Casa del Monte, Plaza Constitucion 8, Tel. 957 67 16 75, günstig: in der
unteren Etage eines alten Patrizierhauses
eingerichtetes viel besuchtes Restaurant
mit Cordobeser Küche. Sowohl gut für
Tapas wie für Menüs.
Rincon, Llano del Rincon 13 (Plaza Espana), Tel. 957 67 02 23, günstig: solide
Küche, Tagesmenüs in kleiner Auswahl.

 Die Ölmühle des Familienbetriebs
von **Nunez de Prado** liegt in der
Avenida de Cervantes 15 in der Nähe des
Stadtparks (Tel. 957 67 01 41). Hier wird
besonders hochwertiges Olivenöl *(flor de
aceite* – Blume des Öls) hergestellt. Öffnungszeiten: 9–14 und 16–18 Uhr. Vorherige Anmeldung ist empfehlenswert. Die
Pressung findet nur im Winter statt, der
Verkauf des Produkts direkt vom Erzeuger
das ganze Jahr über.

 Bus: Tel. 957 67 00 25
Taxi: 957 67 06 98

Baeza

Lage: Hintere Umschlagkarte N9
Stadtplan: S. 69
Einwohner: 15 000

Oficina de Turismo, Plaza del
Populo, s/n, Tel. 953 74 04 44, Mo–Fr
9–14 Uhr.

Hotel Baeza, Concepción 3, Tel. 953
74 81 30, Fax 953 74 25 19, moderat:
in guter Lage in der Nähe der Plaza España
im historischen Zentrum, Speisesaal im
arkadenumsäumten Patio.
Hospederia Fuentenueva, Paseo del
Arca, Tel. 953 74 31 00, moderat: stim-
mungsvolles Haus mit wechselvoller
Geschichte. Aus einem ehemaligen Frau-
engefängnis entstandenes Stadthaus eines
Richters, 1995 gründlich renoviert, mit
Schwimmbad, Patio und sehr gutem
Restaurant.
Pension El Patio, Conde de Romanones
13, Tel. 953 74 02 00, günstig: im Zentrum
der Alstadt in einem ehemaligen Palast,
die Zimmer liegen rund um den andalusischen Patio herum.
Pension Comercio, San Pablo 21, Tel.
953 74 01 00, günstig: familiäre Pension im
historischen Zentrum, in der der Dichter
Antonio Machado drei Jahre lang wohnte.

Palacio de Valdelvira, San Francisco 14, Tel. 953 74 81 72, teuer:
sehr gute heimische Küche mit vielen regi-

onalen Spezialitäten (Stockfisch, Rebhuhn, Artischocken) in einem 400 Jahre alten Klosterpalast.

Casa Juanito, Paseo del Arca del Agua, Tel. 953 74 00 40, moderat: bestes Restaurant der Stadt; Fasan, Lammgerichte, Artischocken, Stockfisch, gute Weine. Zum Hotel Baeza (s. o.) gehört das Restaurant im ehemaligen Renaissance-Kreuzgang des Klosters San Francisco de Baeza.

La Bodega, San Francisco, 49, Tel. 953 74 03 75, günstig: große Auswahl an Tapas und Menüs, traditionelle Gerichte aus Baeza.

El Jardin, Damaso Alonso 14, Tel. 953 74 15 55, günstig: offene und schattige Terasse, gute Auswahl an kombinierten Tellergerichten.

La Gondola, Portales Carboneria, 13, Tel. 953 74 29 84, günstig: zentral gelegenes Restaurant, gute Fleischgerichte vom Grill; drei verschiedene Tagesmenüs.

 Bus: Estacion de autobuses: Avenida Alcalde Puche Pardo 1, Tel. 953 74 04 68.
Taxi: Plaza de Espana, Tel. 953 74 00 06.

Cádiz

Lage: Vordere Umschlagkarte D3
Stadtplan: S. 204
Einwohner: 150 000

Oficina de Turismo, Calderon de la Barca, Tel. 9 56 21 13 13, Mo 9–14, Di–Fr 9–19, Sa 9–14 Uhr.
Oficina Municipal de Turismo, Plaza San Juan de Dios 11, Tel. 956 24 10 00, Mo–Fr 9–14 und 17–20 Uhr
Zur Orientierung verläuft eine rote Linie am Straßenrand, die dem Fremden in der labyrinthischen Altstadt den Weg zu den Sehenswürdigkeiten weist.
Internet: www.cadizayto.es, www.cadiz.org

Hotel Atlántico. Duque de Najera 9, Tel. 956 22 69 05, Fax 956 21 45 82, teuer: Der **Parador** von Cádiz an der äußersten Spitze der Stadt hat mit freiem Blick aufs offene Meer die beste Lage; ein moderner Bau am Rande der Altstadt, mit Schwimmbad. Park und Promenade zum Spazierengehen befinden sich in unmittelbarer Nähe.

Playa Victoria, Ingeniero La Cierva 4, Tel. 956 27 54 11, teuer: großzügiges modernes Hotel direkt am großen Badestrand der Neustadt.

Hotel Francia y París, Plaza de San Francisco 2, Tel. 956 22 23 48, Fax 956 22 24 31, www. Hotelfrancia.com, moderat: in der pittoresken Altstadt gelegenes traditionelles bürgerliches Haus im Stil der Wende zum 20. Jh.

Hotel Imares, San Francisco 9, Tel. 956 21 22 57, günstig: in der Altstadt gelegenes Hotel neben der Iglesia del Rosario, teilweise mit Balkon.

Hostal Carlos I, Plaza de Sevilla, Tel. 956 28 68 11, günstig: in unmittelbarer Nähe des Bahnhofs, gegenüber vom Hafen. Teilweise sehr schöne Sicht auf die Hafenanlagen.

Hostal Bahia, Plocio 5, Tel. 956 25 91 10, h.bahia@arrakis.es, günstig: gut gelegenes kleines, modern eingerichtetes Hostal in der Nähe des Rathauses mit Klimaanlage, alle Zimmer mit Bad.

Hostal Fantoni, Flamenco 5, Tel. 956 28 27 04, sehr preiswert: familiäres bürgerliches Haus mit Patio in der Nähe der Plaza de San Juan de Dios (Rathaus).

Jugendherberge:
Hostal y Albergue Juvenil Quo Vadis, Diego Arias 1, Tel. 956 22 19 39, quoquadis@infocadiz.com: in der Nähe des Alstadtstrandes La Caleta, Schlafmöglichkeit ab 6 €, aber auch separates Wohnen mit Frühstück (DZ: 20 €). Internationales Publikum, vor allem junge Gäste. Man verleiht Fahrräder!

El Faro, San Felix 15, Tel. 956 21 10 68, Fax 956 21 21 88, teuer: in der Altstadt gelegen, nahe des Hotels Atlántico, bestes Fischrestaurant von Cádiz; Familienbetrieb mit dem Ehrgeiz, nicht nur die frischesten, sondern auch die ausgefallensten Arten zu servieren. Man kann, man muss hier aber nicht teuer speisen. Wer nicht ausgiebig tafeln, sondern nur naschen möchte, kann an der Bar verschiedene *tapas* probieren. Qualität ist auf jeden Fall gewährleistet.

Balandro, Alameda de Apodaca 22, Tel. 956 22 09 92, teuer: in unmittelbarer Nähe zum Rathaus in einer Seitenstrasse gelegenes Restaurant mit erstklassigem Fisch aus der Bucht von Cadiz sowie Fleisch aus Avila. Der wachsende Erfolg der letzten Jahre hat auch die Preise anziehen lassen.

Ventorillo El Chato, Carretera de Madrid–Cádiz, km 687, Tel. 956 25 00 25, teuer: einsam an der langen Ausfallstraße in Richtung San Fernando direkt am Meeresstrand gelegen, stilvoll in einem Postgebäude aus dem 18. Jh. eingerichtet; unter derselben Leitung wie ›El Faro‹ und von gleicher Güte.

Fogon de Mariana, Sacramento 39, Tel. 956 22 06 00, moderat: ebenfalls in Rathausnähe gelegenes, wegen seiner Fleischqualität geschätztes Restaurant.

Cerveceria Marisqueria Joselito, San Francisco, Ecke Canalejas, in der Nähe der Grünanlagen gegenüber vom Hafen, Tel. 956 25 45 57, günstig: Meeresfrüchte in guter Qualität, dazu Wein des Landes.

Meson Criollo, La Palma, Ecke Lubet, Tel. 956 22 71 27, günstig: in der Nähe des Restaurants El Faro im Stadtteil La Vina gelegenes Lokal, das neben Eier- und Fischgerichten vor allem gute Fleischgerichte anbietet (churrasco im argentinischen Stil).

Noya, Sopranis 20, in der Nähe der Plaza San Juan de Dios (Richtung Neustadt), günstig: kleines galizisches Lokal mit familiärer Atmosphäre, guter Auswahl an Tapas und Tellergerichten (*Raciones*).

8 km von Cádiz entfernt, direkt an der Einfahrt nach San Fernando, liegt an der Carretera de Ardila **Los Tarantos,** Tel. 956 88 12 72 (teuer), ein typisches gaditinisches Gasthaus mit traditionellen Gerichten; empfehlenswert sind *Urta a la rotena* oder *choco,* immer gut ist das Fischgericht des Tages.

Archäologisches Museum, Di–So 9–14 Uhr, Mo geschl.; **Römisches Theater,** Di–So 11–13.30 Uhr

Torre Tavira, 15. Juni–15. Sept. tägl. 10–20 Uhr, sonst 10–18 Uhr.

Karneval im Februar, das heißt: drei Wochen Ausnahmezustand in Cadiz. Zum berühmtesten Karneval Spaniens sind viele Geschäfte und Banken nur wenige Stunden geöffnet und die Hotels belegt (Rechtzeitige Reservierung unbedingt erforderlich!), dafür aber die Plätze, Theater, Restaurants und Bars Tag und Nacht voller Menschen, die in phantasievoller Verkleidung ein poetisches Fest feiern, tanzen und singen.

Karwoche: **Semana Santa,** sehenswerte Prozessionen.

Mai/Juni: Das **Festival de Manuel de Falla** zieht die Liebhaber klassischer Musik nach Cadiz.

Juli: **Folklorefestival** unter freiem Himmel.

Aug.: **Velada de los Angeles,** Volksfest.

Okt.: **Festival des iberoamerikanischen Theaters** mit zahlreichen Gruppen aus Lateinamerika, Spanien und Portugal

Dez.: Großes **Marionetten-Theater-Festival.**

Bootsüberfahrt nach Puerto de Santa María: Abfahrt vom Hafen gegenüber der Plaza España um 10, 12, 14 und 18.30 Uhr, an Festtagen zusätzlich 16.30 Uhr

Flamenco: La Cava (Taberna Flamenca), Calle Antonio Lopez 16, besonders Do Pena Juanito Villar, direkt am Damm zum Castillo San Sebastian.

Pferdekutschen an der Plaza San Juan de Dios laden zum bequemen Bummel durch die Altstadt ein.

Der Stadtstrand **Playa de la Caleta** gegenüber vom Castillo de Santa Catalina am äußersten Ende des Altstadtkerns ist klein ud schön gelegen, aber häufig auch ungepflegt; hier baden vor allem Einheimische.

In der Neustadt erstreckt sich der feinsandige, breite Strand der **Playa de la Victoria,** auf den eine schöne Atlantikbrandung fällt, kilometerweit. Unmittelbar anschließend Restaurants, Bars und Hotels.

Fährschiffe: Autofähren verbinden Cadiz mehrmals wöchentlich mit den Kanarischen Inseln Teneriffa, Gran Canaria und La Palma.

Zug: Bahnhof: Plaza de Sevilla, Tel. 956 25 43 01. Alle 1–2 Stunden fährt ein Zug nach Sevilla (über Puerto de Santa Maria und Jerez de la Frontera), deutlich eingeschränkt Sa/So.vormittags und mittags.

Bus: Kurze und alle langen Strecken nach Sevilla, Conil oder Granada an der Busstation Gomes, Plaza de la Hispanidad (Tel. 956 211 763 in der Nähe des Hafens. Kurze Strecken an der Busstation Los Amarillos, Avenida Ramon de Carranza 31, Tel. 956 28 58 52 in der Nähe der Plaza San Juan de Dios: nach Sanlucar de Barrameda, Chipiona und Ubrique.

Taxi: Taxistände am Bahnhof, Playa de Caleta, Plaza de San Juan de Dios und San Antonio, Tel. 956 21 21 21.

Carmona

Lage: Vordere Umschlagkarte F7
Einwohner: 25 000

Oficina de Turismo, Puerta de Sevilla, s/n, Tel. 954190955, Fax 954 19 00 80, carmona@andal.es, www.andal.es/carmona

Alcázar del Rey Don Pedro, Tel. 954 14 10 10, Fax 954 14 17 12, teuer: Der Parador von Carmona, schön gelegen am Rande der Altstadt und zugleich an der höchsten Stelle, eingefasst von den alten Mauern des ehemaligen Alcázars Peters des Grausamen, der durch ein Erdbeben zerstört wurde. Großartige Sicht auf die fruchtbare Landschaft des Guadalquivir-Beckens. Der Parador ist auch beliebtes Domizil für Sevilla-Besucher, die einen ruhigen Ausklang des Tages schätzen.

Alcázar de la Reina, Plaza de Lasso 2, Tel. 954 19 00 64, teuer: im Mudejar-Stil errichtete Residenz.

Casa de Carmona, Plaza de Lasso 2,Tel. 954 14 33 00, teuer: in einem Stadtpalast des 16. Jh., luxuriös eingerichtet.

Hostal San Pedro, San Pedro 3, Tel. 954 14 16 06, günstig: gepflegtes und gut eingerichtetes Haus.

Pension Comercio, Torre del Oro 56, Tel. 954 14 00 18, günstig: gut gelegen nahe der Puerta de Sevilla, stimmungsvoll mit arabischem Patio, im Winter etwas kühl, im Sommer (wegen der dicken Stadtmauern) angenehm temperiert.

San Fernando, Sacramento 3, Tel. 954 14 35 56, moderat: zentral gelegen an der Plaza Mayor, gegenüber dem Rathaus; kleine und feine traditionelle andalusische Küche mit phantasievollem französischem Esprit, zeitweise Wildgerichte.

Meson Almazara, Santa Ana 33, Tel. 954 19 00 76, moderat: an der Bar gute Tapas, als Menü schmackhafte Fleischspeisen, besonders Ziege und Spanferkel.

Molino de la Romera, calle Pedro I., zwischen Alcazar (Parador) und Puerta de Cordoba gelegen, Mo geschl., moderat: eingerichtet in einer alten Ölmühle (Ölpresse) aus dem 15. Jh., die bis 1937 in Betrieb war. Seitdem schrittweise Veränderungen bis zum heutigen vielseitigen pittoresken Gasthaus mit Restaurant, Cafe und Terasse. An Wochenenden wird das eigentliche Restaurant ebenfalls geschl. und in einem anderen Saal Tellergerichte *(raciones)* zur Selbstbedienung angeboten.

Anca Carmela, Plaza de Abastos, sehr presiwert: reichhaltiges Tagesmenü und gute Auswahl an *tapas.*

Comercio, Torre de Oro 56, sehr preiswert: Restaurant der oben angegebenen Pension, gute hausgemachte Gerichte.

Necropolis Romana, Avenida de Jorge Bonsor, Tel. 954 14 08 11, 15. Juni–15. Sept. Di–Fr 8.30–14, Sa 10–14 Uhr, Rest des Jahres Di–Fr 9–17, Sa/So 10–14 Uhr. Für EU-Bürger Eintritt frei.

Mai: die örtliche **Feria** mit Musik, Feuerwerk, Tanz.
1. So. im Sept.: **Romeria del la Virgen de Gracia,** Wallfahrt mit Pferd und Wagen.

Bus: stündlich nach Sevilla, Abfahrt im südlichen Stadtteil an der zentralen Calle Sevilla.

Castellar de la Frontera

Lage: Vordere Umschlagkarte G2
Einwohner: 200

Casa Convento de la Almoraima, 8 km südöstlich in einem Park gelegen, Tel. 956 69 30 02 und 956 69 32 14, teuer: ehemaliges Klostergebäude und Sitz der Herzöge von Medinaceli, von wo aus der riesige Landsitz verwaltet wurde; elegante Salons, eingerichtet im Stil der ehemaligen Herren.
Casas Rurales, Reservierung bei der Gesellschaft Tugasa, Tel. 956 30 56 11, Fax 956 30 55 59, tugasa@cadiz.org, moderat: von einfachem Zuschnitt, dennoch konfortabel.
Gästehaus Casa Linda Castillejos, Tel. 989 56 64 16, günstig.

1. So im Mai: **Romeria del Santo Christo de la Almoraima** in Nuevo Castellar, Wallfahrt mit geschmückten Ochsenkarren; Tanz und Musik bereits in den letzten Apriltagen.

Wandern in waldreicher Umgebung, teilweise mit Blick auf Gibraltar und die afrikanische Küste.

Zug/Bus: Zum Castillo gibt es keine Busverbindungen. Im 7 km entfernten Almoraima gibt es einen Bahnhof. 2 x tägl. (am Wochenende 3 x tägl.) verkehrt ein Zug der Linie Algeciras – Bobadil. Der Zug hält nur, wenn am Bahnhof vorher vom Kunden Fahrinteresse signalisiert worden ist.

Cazorla

Lage: Hintere Umschlagkarte O8
Einwohner: 10 000

Oficina Municipal de Turismo de Cazorla, calle Paseo del Santo Cristo 17, Tel. 953 71 01 02; Muelle Canonerodato 1, Tel. 956 50 14 10.
Officina de Informacion Turistica Quergas, Juan Domingo 2, Tel. 953 72 01 15, Fax 953 71 00 68. Information und Organisation von Ausflügen in den Naturpark. Nahe der zentralen Plaza de la Constitucion (über eine Treppe erreichbar). Gutes Kartenmaterial für den Naturpark. Während der Ferien und zu Festtagen öffnet eine eigene zentrale Informationsstelle: **ACEC,** calle Hilario Marco, Tel. 953710337.
Im Naturpark: Centro de Interpretacion ›Torre del Vinagre‹, Carretera del Tranco, Tel. 953713040 oder 720115.

In Cazorla:
Hotel Guadalquivir, Nueva 6, Tel. und Fax 953 72 02 68, günstig: zentral gelegenes, vollständig renoviertes und komfortables Haus.

Zwischen Cazorla und dem Naturschutzgebiet:
Hotel Sierra de Cazorla, Tel. 953 72 00 15, günstig: an der Straße gelegen, die in die Sierra führt; großartiger Blick auf die von Olivenbäumen übersäte Landschaft, Pool.
Im Naturschutzgebiet:
Parador Nacional el Adelantado, Tel. 953 72 70 75, Fax 953 72 70 77, teuer: einsam und hoch inmitten der Sierra gelegen, als Ort der Ruhe und Ausgangspunkt für Wanderungen (zum Beispiel zur Quelle des Guadalquivir) gut geeignet.
Noguera de la Sierpe, Carretera del Tranco, km 13, Tel. 953 72 17 09; Fax 953 71 31 09, moderat: altes Jagdhaus mit großem Grundstück, Privatsee und Pferden, besonders für Kinder reizvoll.
Hotel Villa Turistica de Cazorla, Calle Ladera de San Isicio, Tel. 953 71 01 00, Fax 953 71 01 52, villaturisticacazorla@wol.es,

moderat: Apartmentanlage im ländlichen Stil, mit Blick vom Berghang auf Cazorla.

Jugendherberge:
Albergue Juvenil Cazorla, Plaza Mauricio Martinez 6, Tel. 953 72 03 29: in einem alten Klarissenkloster eingerichtete gut gelegene, ganzjährig geöffnete Herberge.

Camping:
Cortijo San Isicio, 2 km südlich von Cazorla gelegen, Tel. 953 72 12 80, Anfang März–Ende Okt. geöffnet: ein ruhiger Platz, von dem aus auch schöne Wanderungen möglich sind.
Im Naturschutzgebiet:
Camping Chopera de Coto Rios, zwischen dem Info-Zentrum ›Torre del Vinagre‹ und Coto-Rios, Crta. del Tranco km 11,8. Tel. 953 71 30 05, ganzjährig geöffnet, 3. Kategorie: mit Spielplatz und Einkaufsmarkt, schattig.
Camping Llanos de Arance, Crta. del Tranco km 53,8, Tel. und Fax 953 71 31 39, ganzjährig geöffnet: mit Restaurant und Supermarkt, Pferde zum Mieten.
In der Sierra de Segura:
Fuente de la Canalica, Crta. de las Acebas, km 6, bei Siles, Tel. 953 12 61 02, 1. Kategorie: großzügig und gepflegt.

 La Sarga, in der Nähe der zentralen Plaza de la Constitucion, Di und Sept. geschl., günstig: auf Jagdwild spezialisiertes Restaurant.
Juan Carlos, Plaza de Consuelo Mendieta, Tel. 953 72 12 01, günstig: auch hier besonders gute Wildspezialitäten.

Zwei Cafeterias für *tapas* aus regionaler Küche sind empfehlenswert, beide im Zentrum von Cazorla: **La Monteria**, Generalimo 10, und die **Bar Paseo del Cristo**, Plaza de la Constitucion.

17.–21. Sept.: **Santisimo Cristo del Consuelo**

Ausflüge: Das Officina de Informacion Turistica Quergas (s. o.), organisiert 5–8-stündige Ausflüge mit Geländewagen in den Naturpark, Beobachtung der Fauna (Teleskop!), zu Pferd und zu Fuß. In der Hauptsaison mindestens zwei Wochen vorher anmelden. Kosten: ein halber Tag mind. 18 €, Reiseleiter zusätzlich 60 €.

 Bus: In der Regel fährt 2 x tägl. ein Bus von der Plaza de la Constitucion in Cazorla über Arrovo Frio bis Coto de Rios.

Conil de la Frontera

Lage: Vordere Umschlagkarte E2 (nahe Zahora)
Einwohner: 16 000

 Oficina Municipal de Turismo, Calle Carretera, Tel. 956 44 05 00/1.

 Cortijo de La Fontanilla, Tel. 956 44 10 24, moderat: La Posada, neben dem Markt im Ort. Neun großzügige, stilvoll eingerichtete, separat zu betretende und individuell eingerichtete Wohnungen mit Blick auf den hauseigenen üppigen Park; keine 200 Meter vom Strand entfernt, frühzeitige Voranmeldung unbedingt notwendig.
Cortijo el Caserio, Carril de la Pinaleta bei El Colorado nahe der Felsbuchten von La Roche, Tel. 956 23 26 77, moderat: ruhige Lage, Fahrradverleih.

Direkt am Strand von **Fontanilla** gibt es, nahe der beiden Restaurants und etwa 1 km vom Zentrum entfernt, Appartements zu mieten, die nicht viel teurer als Hotelzimmer sind:
Patio Andaluz, Diego Ramos Sanchez/ Alfonsa Rubio Ramos, Tel. 956 44 05 78, günstig.
Wer lieber in unmittelbarer Ortsnähe sein möchte, findet ohne Probleme Platz in den kleinen Hotels an der Strandpromenade; allerdings nur außerhalb der Hochsaison-Monate Juli/Aug.

Playa la Fontanilla, Tel. 956 44 07 79, moderat: einfaches Lokal direkt am Strand, Familienbetrieb. Spezialität: *urta* (ein großer Fisch der Region mit sehr zartem Fleisch). Hier muss man kein Menü zu sich nehmen, kleine Portionen gebratenen frischen Fisches kosten wenig und schmecken hervorragend.

Francisco, direkt neben La Fontanilla, Tel. 956 44 08 02, moderat: zuweilen etwas größere Speiseauswahl und auf mehrgängige Gerichte eingerichtet.

La Posada, Calle Quevedo, Tel. 956 44 41 71, günstig: Restaurant nahe des Marktplatzes mit schönem Garten.

 Juni: **Feria de la Primavera de El Colorado;**
16. Juli: **Tag der Virgen del Carmen,** Schutzpatronin der Seefahrer;
Sept.: **Feria** mit viel Tanz und Gesang.

 Lange **Strandwanderungen** bis nach Trafalgar oder hoch oben über dem Meer auf der Steilküste entlang bis El Roche.

Tauchen: Club de Buceo Scorpora, Roche Viejo an der Straße zum Fischereihafen, Tel. 956 23 23 64.

 Der breite feinsandige Strand zieht sich gen Osten kilometerweit, gen Westen erheben sich Steilküsten mit kleinen Badebuchten.

 Bus: Linienbusse fahren stündlich nach Sevilla, Cadiz, Algeciras und Malaga. Die Haltestelle der Gesellschaft Gomes liegt an der Hauptstraße.

Córdoba

Lage: Vordere Umschlagkarte J8
Stadtplan: S. 304/305
Einwohner: 306 000

 Oficina de Turismo, Plaza Judá Levi, Tel. 957 20 05 22, und Palacio de Congresos y Exposiciones, Torrijos 10, Tel. 957 47 12 35.
Im Internet: www.ayuncordoba.es.

El Conquistador, Magistral Gonzáles Frances 15, Tel. 957 48 11 02, Fax 957 47 46 77, teuer: das beste Hotel

am Platze, direkt an der Mezquita in der Altstadt gelegen.

Maimonides, Torrijos 4, Tel. 957 47 15 00, Fax 957 48 38 03, moderat: eine ›klassische‹ Adresse, ebenfalls direkt an der Mezquita gelegen.

Amistad Córdoba, Plaza de Maimonides 3, Tel. 957 42 03 35, Fax 957 42 03 65, moderat: ein stilvoll eingerichtetes Hotel, mitten im alten jüdischen Viertel der Altstadt.

Hotel Maestre (nebenan Hostal Maestre), Romero Barros 4/6, Tel. 957 47 24 10, Fax 957 47 53 95, günstig: nahe der Plaza del Potro gelegen: empfehlenswert wegen der Kombination von ausreichendem Komfort, guter Lage und sehr günstigem Preis.

Hotel Mezquita, Pza. Santa Catalina, 1, Tel. 957 47 55 85, günstig: direkt an der Mezquita gelegenes Zweisterne-Hotel.

Hostal Seneca, Conde y Luque 7, Tel. und Fax 957 47 32 34, günstig: kleines reizvolles Hostal im ehemaligen Judenviertel.

Hostal Almanzor, Corregidor Luis de la Cerda 10, Tel. 957 48 54 00, sehr preiswert.

Hostal Plaza Corredera, Plaza Corredera 1, Tel. 957 47 05 81, sehr preiswert: einige Zimmer mit Balkon zum Platz (Sa Markttag!).

Reizvoll sind auch die zahlreichen kleinen Pensionen und Hostals mit charakteristischen Patios, die eine familiäre Atmosphäre bieten. Eine große Anzahl davon findet man zwischen der Mezquita und der Plaza del Potro nahe des Guadalquivir (Calle Cardenal Gonzáles). Die Lage ist sehr gut, die Preise sind gering, dem Komfort entsprechend. Sehr zu empfehlen ist die **Casa Andalusí** (Calle Judios 12, günstig) in einem restaurierten Haus des 12. Jh. Im nördlichen Teil der Innenstadt: Hostal **Alegría,** Menendez Pelayo 8, Tel. 957 47 55 00, sehr preiswert.
Nördlich des Stadtzentrums in Richtung Sierra Morena gibt es eine Reihe luxuriöser Hotels (einschließlich des Paradors von Córdoba) sowie gute Restaurants.

Jugendherberge:
Plaza Judá Levi, Tel. 957 29 01 66, Fax 957 29 05 00): im jüdischen Viertel gelegen.

Camping:
Camping Municipal El Brillante, Avenida del Brillante 50, Tel. 957 28 21 65, ein km nördlich der Innenstadt (man folge dem Richtungsschild ›Parador‹), städtische Linienbusse 10/11, ganzjährig geöffnet: auch Bungalows zum Mieten (2 Pers. 36 €, 4 Pers.: 48 €).

El Caballo Rojo, Cardenal Herrera 28, Tel. 957 47 53 75, Fax 957 47 47 42, teuer: ein besonders empfehlenswertes Restaurant mit legendärem Ruf, direkt an der Mezquita gelegen; gute Küche, erstklassige Bedienung. Spezialitäten: Speisen nach Rezepten aus dem maurischen Andalusien zu angemessenen Preisen; besonders zu empfehlen sind *rabo de toro* (Stierschwanz) und *cordero* (Lamm) sowie die phantasievollen Desserts; auch der Wein des Hauses *(vino de la casa)* ist sehr gut.
El Churrasco, Romero 16, Tel./Fax 957 29 08 19, teuer: schön gelegen inmitten der Altstadt, gegenüber der philosophischen Fakultät der Universität; luftiger Patio, traditionelle Córdobeser Küche bester Qualität.
Almudaina, Jardines de los Santos Martires 1, Tel. 957 47 43 42, Fax 957 48 34 94: an der alten Stadtmauer gelegen, gegenüber vom Alcázar nahe der maurischen Bäder, teuer: schön eingerichtetes verwinkeltes altspanisches Haus, fantasievolle eigenwillige Küche auf der Grundlage regionaler Rezepte.
Circulo Taurino, Manuel Maria de Arjona 1k, Tel. 957 48 18 62, moderat: im Norden der Altstadt gelegenes, im Ambiente dem Stierkampf gewidmetes vielseitiges Lokal.
La Taberna, in Almodóvar del Río, Antonio Machado 24, Tel. 957 71 36 84, moderat: traditionelles Gasthaus mit typischen Gerichten aus der Region.
Federacion de Pena, Conde y Luque 8, Tel. 957 47 54 27, günstig: kleines gutes Lokal mit Patio und gutem Service.
El Potro, Lineros 2, günstig: Tapas-Bar mit Terasse, besonders bei Studenten beliebt, originelle Menüs und Tellergerichte.

 Alcázar, Di–Sa 10–14, 17.30–19.30 Uhr, So nachmittags und Mo geschl.
Archäologisches Museum, Di 15–20 Uhr, Mi–Sa 9–20 Uhr, So 9–15 Uhr, So nachmittags und Mo geschl.
Kalifenstadt Medina Azahara, Okt.–April 10–14 und 16–18.30 Uhr, Mai–Sept. 18–20 Uhr, So nur vormittags, Mo geschl.
Mezquita, Mo–Sa 10–18.30 Uhr, So 11, 12, 13 sowie 14–18.30 Uhr
Museo de Bellas Artes, Di 15–20 Uhr, Mi–Sa 9–20 Uhr, So 9–15 Uhr, So nachmittags und Mo geschl.
Palacio del Marqués de Viana, Okt.–Mitte Juni Mo–Fr 10–13 und 16–18, Sa 10–13 Uhr; Mitte Juni–Sept. Mo–Sa 9–14 Uhr.
Patios, Calle Martín de Roa 7 und 9, Calle San Basilio 17, 22, und 50, im Sommer immer geöffnet, auch abends; im Winter 18–20 Uhr.
Sierra Morena (Eremitenbehausungen), 10–13 und 15–18 Uhr, im Sommer 16–19.45 Uhr.
Synagoge, Di–Sa 10–14 und 15.30–17.30 Uhr, So 10–14 Uhr, So nachmittags und an Festtagen geschl.
Torre de la Calahorra, Okt.–April 10–18 Uhr, Mai–Sept. 10–14 und 17.30–20.30 Uhr.

Fein ziselierter **Silberschmuck, Ledertaschen, Keramik;** Verkaufsausstellungen befinden sich u. a. im Palacio de Congresos y Exposiciones in unmittelbarer Nähe der Mezquita und im Zoco Municipal de Artesania (hinter dem Stierkampfmuseum).

Woche vor Ostern: **Semana Santa** mit insgesamt 32 Prozessionen der verschiedenen Bruderschaften;
1.–4. Mai: **Fest der Maikreuze** (Anlass: Auffindung des Kreuzes Jesu Christi);
Ca. 5.–18. Mai: **Festival der Patios;**
Letztes Mai-Wochenende: **Feria de Mayo** (Maifest), Hauptfest der Stadt am gegenüberliegenden Ufer des Guadalquivir.
Fronleichnam: **Corpus Cristi,** Fronleichnamsprozession mit der Monstranz aus der Mezquita;
Ende Juni/Anfang Juli: **Festival der Gitarrenmusik,** nicht nur Flamenco, sondern auch Jazz und Rock.

Besuch der **Bodega Guzmán** in der Judería; Probe des aromatischen Weißweins aus Mantilla
Ausflug zur Burg von **Almodóvar del Río**

 Flughafen: 9 km östlich von Córdoba, Tel. 957 21 41 00.
Zug: Bahnhof: Avenida de America, Tel. Auskunft: 957 40 02 02 und 902 24 02 02. Stündliche Schnellverbindungen nach Sevilla (42 Min.) und Madrid (AVE). 6 x tägl. mit dem schnellen T 200 (Talgo) nach Malaga. Dazu Regionalexpresszüge auch nach Jaén und Granada. An Wochenenden eingeschränkter Fahrplan.
Bus: Zwei unterschiedliche Busgesellschaften für unterschiedliche Fahrziele:
Alsina Graells, Avenida Medina Azahara 29, Tel. 957 23 64 74, fährt nach Almeria (tägl. 8 Uhr), nach Cadiz (7.30 Uhr), nach Marbella (7 Uhr), nach Malaga (7, 9.30 und 15.30 Uhr) sowie 7 x tägl. nach Granada (zwischen 7.30 und 18.20 Uhr).
Empresa Urena, Avenida de Cervantes, Tel. 957 47 23 52 fährt 3 x tägl. nach Madrid und Sevilla.
Taxi: Tel. 957 47 48 71

Costa del Sol

Lage: Umschlagkarte H-M 2/3

 Patronato de Turismo de la Costa del Sol, Palacio de Congresos y Exposiciones, Avenida de los Mamantiales, s/n, Torremolinos, Tel. 952 38 57 31

Die Costa del Sol bietet neben einer breiten Palette von Produkten höchster Qualität (vor allem Malaga und Marbella) auch volkstümliche offene Märkte, die einen Besuch lohnen: speziell den **Antiquitätenmarkt** von Puerto Banus am Sa und den **Kunsthandwerksmarkt** in Estepona am So. Andere Märkte bieten Vielerlei, darunter einheimische Keramik, Leder- und Schmiedearbeiten.

Golf: Etwa vierzig Golfplätze bilden das dichteste Anlagennetz in Europa und das modernste, was Design und Einrichtung betrifft.
Zahlreiche **Freitzeit- und Vergnügungsparks** sind in den letzten Jahren entstanden, verbunden mit Wasservergnügungen: der Aquavelis in Torre del Mar (Tel. 952 54 27 58), der Aquapark in Torremolinos sowie der Parque Acuatico von Mijas. Naturkundliches bietet das **Aquarium** in Puerto Banus, der **Botanische und Ornitologische Park ›El Retior‹** in Chrurriana und der **Naturkundliche Park Selwo** in Estepona (Tel. 952 79 21 50) sowie der **Crocodile Park** in Cartama.

Der Strand ist zumeist schmal, der graue Sand grobkörnig.

Bus/Zug: Zwischen Málaga und Fuengirola verläuft eine S-Bahn mit günstigen strandnahen Haltepunkten, regelmäßige Verbindungen im 30-Minuten-Takt. Entlang der Küstenstraße existiert ein regelmäßiger Busverkehr.

Coto de Doñana

Lage: Vordere Umschlagkarte D5

El Acebuche, 21760 Matalascañas, Huelva, Tel. 955 44 23 40;
La Rocina: Tel. 955 40 61 40;
El Acebrón: Tel. 955 43 04 32.
Alle drei Informationszentren sind von 8–20 Uhr geöffnet. Anmeldung für eine 4-stündige Rundfahrt durch den Nationalpark (s. u.) entweder schriftlich oder per Telefon.

El Acebuche, 4 km von Matalascañas, 1,5 km von der A 493 entfernt, ist das wichtigste der drei Besucherzentren: Spazierweg, Beobachtungsstationen, Lehrpfad, Cafeteria, Andenkenladen; Ausgangspunkt für die 4-stündige Rundfahrt mit Geländewagen, Juni–15. Sept. tägl. außer So 8.30 und 17 Uhr, sonst Di–So 8.30 und 15 Uhr. Vorherige Anmeldung im Info-Zentrum persönlich oder telefonisch (Tel. 959 43 04 32). An Wochenenden, Feiertagen oder in den Ferien um Ostern und

Pfingsten ist eine Anmeldung z. T. bis zu mehreren Wochen im voraus notwendig. Die tägliche Besucherzahl des Parks ist auf 2500 Personen beschränkt. Öffnungszeiten des Parks 8.30–20 Uhr, im Winter bis 19 Uhr.

La Rocina liegt direkt an der Straße A 493, 1 km von El Rocío entfernt: Fußwege ins Gelände; Beobachtungsstationen. Gleiche Einfahrt wie **El Acebrón** (7 km weiter): Rundweg, Ausstellung ›El hombre y la marisma‹, (›Der Mensch und die Marisma‹) über die in der *marisma* (Sümpfe) lebenden Fischer, Köhler und Sammler

 Busse nach Sevilla und Huelva

Écija

Lage: Vordere Umschlagkarte H7
Einwohner: 37 000

Oficina de Turismo, Palacio de Benamejí, Cánovas del Castillo 4, Tel. 955 90 29 33.

Hotel Platería, Plateria 4–A, Tel. 955 90 27 54, günstig: kleines gediegenes und frisch renoviertes Hotel im alten Viertel der Silberschmiede, nahe der Plaza de Espana.

Hotel Ciudad del Sol, Miguel de Cervantes, 50, Tel. 954 83 03 00, günstig: etwa 8 Min. Fußweg zur Plaza de Espana, mit Parkplatz und Restaurant.

Pension Santa Cruz, Practicante Romero Gordillo 8, Tel. 954 83 02 22, sehr preiswert: einfaches stilvolles Haus mit Patio.

Bodegon del Gallego, Arcipreste Aparicio 3, moderat: galizische Küche mit frischen Meeresfrüchten, in einem alten Posthaus eingerichtet.

Las Costillas, Avenida del Genil, Tel. 954 83 39 16, moderat: Fleisch-und Fischgerichte guter Qualität, variantenreiche Nachspeisen und aufmerksamer Service.

Casa Pirula, Miguel de Cervantes 50, Tel. 954 83 03 00, günstig: Restaurant des Hotels Ciudad del Sol. Man muss kein Menü nehmen und kann *tapas* und *raciones* an der Bar bekommen (besonders gut: Paella und *Rabo de toro*).

Estepona

Lage: Vordere Umschlagkarte J3
(nahe Fuengirola)
Einwohner: 35 000

Oficina de Turismo, Avenida San Lorenzo, Tel. 952 80 20 02, www. costadelsol.sopde.es.

Hotel El Paraiso, Carretera de Cadiz km 167, Tel. 952 88 30 00, sehr teuer: schön gelegenes luxuriöses Hotel.

Hotel Residencia Dobar, Avenida de Espana,178, Tel. 952 80 06 00, günstig: zentral gelegen und in Strandnähe, schöner Blick aufs Meer.

Hotel Buenavista, Avenida de Espana 180, Tel. 952 80 01 37, günstig: ebenfalls gut gelegen und mit schönem Blick aufs Meer.

La Alcaria de Ramos, carretera de Malaga-Cadiz, km 167, Urb. Paraiso, Vista al Mar 1, Tel. 952 88 61 78, moderat: exclusive traditionelle andalusische Küche.

Hachomar, carretera N 340, km 143, Castillo de la Duquesa, Tel. 952 89 03 47, moderat: spezialisiert auf Fisch und Meerestiere.

El Aguilar, Real 56, sehr preiswert: beliebtes einfaches Lokal im Zentrum, gut für Tellergerichte in großer Auswahl.

Buenavista, Avenida Espana 180, Tel. 952 80 01 37, sehr preiswert: nahe am Paseo Maritimo, reiche Menüauswahl.

La Pena, Terraza 85, Tel. 952 80 00 57, sehr preiswert: einfaches und beliebtes Restaurant, frequentiert von Werktätigen.

Hinter der hübschen Strandpromenade liegt einer der längsten Strände der Costa del Sol.

Bus: Busstation: San Roque, s/n, Tel. 952 80 02 49.
Taxis: Avenida de Espana, Tel. 952 80 29 00.

Fuengirola

Lage: Vordere Umschlagkarte J3
Einwohner: 42 000

 Oficina de Turismo, Avenida Jesús Santos Rein 6, Tel. 952 46 74 57.

 Hotel Las Piramides, Misgsuel Marquez 43, Tel. 952 47 06 00, Fax 952 47 29 08, teuer: erstklassiges 4-Sterne-Haus.
Hostal Agur, Toston 2, Tel. 952 47 66 66, Fax 952 66 40 66, günstig: 100 m vom Hafen entferntes 2-Sterne-Haus mit frisch renovierten Zimmern.
Hostal Las Islas, Torreblanca del Sol, Tel. 952 47 55 98, Fax 952 46 42 98, günstig: ruhig, 10 Min. Fußweg zum Strand, Zimmer mit Dusche und Terasse, Pool, Bar und Restaurant.
Hostal Andalucia, Troncon 59, Tel. 952 46 33 30, sehr preiswert: familiäres kleines Haus im Zentrum.

 Valparaíso, auf der Strecke zwischen Fuengirola und Mijas (4 km), Tel. 952 48 59 75, moderat: schöner Blick aufs Meer, angenehmer Service, solide Küche (nur Abendessen).
El Bote, Torreblanca del Sol, Tel. 952 66 00 84, moderat: am Paseo Maritimo, frische Fische und Meerestiere.
La Casa Vieja, Avenida de Los Boliches, Tel. 952 58 38 30, moderat: ebenfalls nahe des gastronomischen Zentrums von Fuengirola am Paseo Maritimo, fantasievolle Küche auf der Basis hervorragender Qualitätsprodukte in einem 200 Jahre alten Haus.
Romy, Moncayo 10, Edificio Perlilla, Tel. 952 46 41 31, sehr preiswert: parallel zum Paseo Maritimo, Gegrilltes oder Paella von guter Qualität.
Dany, Paseo Maritimo, Edificio de Jean Luis, Tel. 952 47 34 85, sehr preiswert: gewaltige Salate und frittierter Fisch besonders zu empfehlen.
Casa Pepon, Francisco Cano, Tel. 952 46 53 68, sehr preiswert: weniger Fisch als Fleisch; sehr gute Lammgerichte und ›Rabo de toro‹.

Wer unbedingt Wert legt auf deutsche Küche in Andalusien, für den ist **Kuhdamm Berlin** empfehlenswert; gute Fleischgerichte und Kuchen; serviert auf grosser Terasse mit Blick auf den Hafen und das Meer (moderat).

 Zug: Estacion de Renfe, Tel. 952 47 85 40.
Bus: Estacion Autobuses, Tel. 952 47 50 66.
Taxis: Tel. 952 47 10 00.

Gibraltar

Lage: Vordere Umschlagkarte G2
Einwohner: 30 000

 Gibraltar Tourist Office, Piazza John Macintosh, Tel. 0 03 50/4 24 00

 Elektronische Geräte, Uhren, Kameras

Taxifahrt ab Grenzkontrollstelle inkl. Besichtigungen (Tropfsteinhöhle), Fahrt zum Affenfelsen etc.; am Schluss Rundgang durch das Zentrum, Einkaufsbummel und Rückweg zu Fuß.

Flugverbindung nach London und Tanger (Marokko).
Fährschiff nach Tanger. **Achtung Autofahrer:** kein Links-, sondern Rechtsverkehr!

Granada

Lage: Hintere Umschlagkarte M/N5
Stadtplan: S. 86
Einwohner: 245 000

Oficina de Turismo municipal, im Corral del Carbón, Tel. 958 22 59 90, Fax 958 22 39 27, Mo–Sa 9–19 Uhr, So 10–14 Uhr, Fei geschl.
Oficina de Turismo provincial, Plaza Mariana Pineda 10, Tel. 958 22 66 88, Mo–Sa 9.30–19 Uhr, So 10–14 Uhr, Fei geschl.

An allen Kiosken gibt es das **wöchentliche Veranstaltungsprogramm:** Guia del Ocio.

In den Informationsbüros gibt es den **Touristenpass »Bono turistico«.** Er bietet sieben Tage lang freien Eintritt in die Museen und freie Fahrt in den Stadtbussen für 18 €.

Central de Reservas Granada, Pl. Chuchilleros, 3, (Plaza Nueva), E-18009 Granada/Spanien, Tel. 0034-958-229134, Fax 0034 958 220865, centralderereservas@gmx.net, geöffnet 10–20 Uhr, in der Hochsaison auch sonntags: Das zentral gelegene Dienstleistungszentrum bietet Einzelreisenden in allen Belangen Hilfestellung: von der Wohnmöglichkeit über Autovermietung, Ausflüge, Tickets für Flamenco-Vorführungen, Sportmöglichkeiten u. v. m.; es ist auch eine Mitfahrzentrale und eine Mitwohnzentrale.

Alles, was mit Ausflügen, Unterkünften und Buchungen in Zusammenhang mit **Skiurlaub und Wanderungen in der Sierra Nevada** zusammenhängt, lässt sich erfahren bei **Central de Reservas Sierra Nevada**, Plaza de Andalucia, Granada, Tel. 958 24 91 11 oder in Madrid, Paseo Pintor Rosales 32, Tel. 915 48 44 00, sowie speziell für Skitouren: **Cetursa,** Tel. 958 24 91 19, www.cetursa.es, cetursa@globalnet.es

Im Internet: www.granadatur.com.

Internet-Cafe: In der Calle de Molinos zwischen Campo del Prinzipe und Plaza del Realejo.

Man muss (und kann) sich entscheiden, ob man in der Stadt oder auf dem Alhambra-Hügel wohnen möchte:
Parador de San Francisco, Tel. 958 22 14 40, Fax 958 22 22 64, sehr teuer: Der Parador gilt mit Recht als edelste Adresse, eingerichtet im ehemaligen Franziskanerkloster direkt auf dem Gelände der alten Königsstadt auf dem Alhambra-Hügel. Die Plätze sind allerdings rar; rechtzeitige Vorbestellung ist unbedingt erforderlich, jedenfalls für die Saison, und die währt hier nahezu das ganze Jahr; nur im Winter wird der Besucherstrom spürbar

schwächer. Der Ort selbst ist eine Oase der Ruhe.

Alhambra Palace, Pena Partida 2, Tel. 958 22 14 68, Fax 958 22 64 04, sehr teuer: großes und spektakuläres Hotel im arabischen Stil aus der Wende zum 20. Jh.; großartiger Blick von der Balkonterasse (Cafes) auf Granada, großzügige Salons.

Hostal América, Real de la Alhambra 53, Tel. 958 22 74 71, Fax 958 22 74 70, teuer: ebenfalls auf dem Alhambra-Hügel gelegen; klein und fein.

Victoria, Puerta Real 3, Tel. 958 25 77 00, Fax 958 26 31 08, teuer: stilvolles Hotel vom Anfang des 20. Jh., trotz der zentralen Lage inmitten des Hauptverkehrs eine Welt für sich; Einrichtung mit großzügigen Salons im viktorianischen Stil.

Carmen de Santa Ines, Placeta de Porras 7, Tel. 958 22 63 80, Fax 958 22 44 04, teuer: ein altes arabisches Haus im unteren Teil des Albayzin, das im 16./17. Jh. umgebaut wurde.

Palacio de Santa Ines, Cuesta de Santa Ines 9, Tel. 958 22 23 62, Fax 958 22 24 65, teuer: Palast mit Patio aus dem 16. Jh., ebenfalls im unteren Teil des Albayzin. Keine Parkmöglichkeiten. Die Vertragsgarage des Hotels ist die Parkgarage San Augustin. (Von dort am besten mit dem Taxi zurück). Nur wenige Zimmer, daher rechtzeitige Voranmeldung!

Reina Cristina, Tablas 4, Tel. 958 25 32 11, moderat: das nahe der Kathedrale gelegene Hotel ist eine Perle des andalusischen Hotelwesens inmitten der relativ vielen gesichtslosen Betonklötze, die in Granada als Hotel fungieren. Das Haus war im Besitz des Dichters Luis Rosales, eines Freundes von Federico García Lorca.

Pension Landazuri, Cuesta de Gomerez 24, Tel. 958 22 14 06, moderat: gut gelegen an der kleinen Auffahrtstrasse zur Alhambra (abends ruhig) mit schönen Zimmern und teilweiser guter Aussicht auf die Alhambra (oberstes Stockwerk).

Hotel Suecia, Calle de Molinos, Tel. 958 22 50 44, günstig: etwas abseits gelegen, unterhalb des Alhambra-Hügels, eine kleine und einfache Unterkunft, Terrasse auf dem Dach.

Preiswerte Unterkünfte gibt es entlang der Gran Vía de Colón, in der Nähe der Plaza Trinidad und an der Plaza Nueva.

Cuevas el Abanico, Verea de Enmedio 89, auf dem Sacromonte-Hügel, Tel. 958 22 61 99, moderat: Übernachtung in einer gemütlichen Höhle (!), einschließlich Küche, mindestens zwei Nächte.

Hotel Macias, an der Plaza Nueva, Tel. 958 22 75 35, günstig: empfehlenswert ausschließlich wegen der guten Lage unterhalb der Alhambra.

Hostal Lisboa, Plaza del Carmen 27, Tel. 958 22 14 13, Fax 958 22 14 87, günstig: zentral gelegen, einfaches solides Haus.

Jugendherberge:

Albergue Juvenil, Avenida Ramón y Cajal 2, Tel. 958 28 43 06: etwas außerhalb gelegene Jugendherberge westlich des Uni-Geländes nahe des Stadions, ausschließlich mit Doppelzimmern.

Camping:

Camping Sierra Nevada, Avenida de Madrid 107/Circunvalacion-Salida 126, Tel. 958 15 00 62, geöffnet März–Okt.: gut ausgestattet und relativ günstig gelegen, 3 km nordwestlich des Zentrums von Granada, nahe des Busbahnhofs, alle 15 Minuten Busverbindudng in die Stadt.

Camping Reina Isabel, 4 km südlich vom Zentrum, nahe des Vororts La Zubia, Busse ins Zentrum alle 30 Min, geöffnet März–Okt.

Sevilla, Oficios 12, Tel. 958 22 12 23, teuer: ein traditionsreiches Restaurant nahe der Königlichen Kapelle, solide Küche. In den 1920er Jahren speisten hier Federico García Lorca und Manuel de Falla.

Mirador de Moraima, Pianista García Camillo 2, Tel. 958 22 82 90, teuer: ein ›Geheimtipp‹ besonderer Art, wunderschön am Hang im Albaicín-Viertel gelegen, von Gärten umgeben, mit Blick auf die Alhambra. Gute regionale Küche, Reservierung empfehlenswert, vor allem für den Abend.

Chikito, Plaza Campillo 9, Tel. 958 22 33 64, teuer: ehemals das Cafe Alameda, wo sich die Künstler und Intellektuellen Granadas wie Federico Garcia Lorca und

Manuel de Falla trafen. Heute ein gutes Restaurant für Fleischgerichte; in warmen Jahreszeiten auch draußen auf dem belebten Platz.

Las Tinajas, Martinez Campos 17, Tel. 958 25 43 93, moderat: klassisches Restaurant mit granadinischer Küche, weitab vom Touristenstrom im modernen Teil der Innenstadt gelegen, dennoch gut zu Fuß erreichbar; vor allem von einheimischen Gästen gut besucht.

La Mimbre, Bosques de la Alhambra, Tel. 958 22 22 76, moderat: vor den Toren der Alhambra mit großer Terasse, besonders am Abend stimmungsvoll, granadinische Küche sehr gut: Tortilla, *Rabo de toro,* Salate.

Morillo, Cuesta de Gomerez, 20, Tel. 958 22 97 57, günstig: zwischen Plaza Nueva und Alhambra an der Auffahrtstraße, große Auswahl an reichlichen Menüs zu unterschiedlichen Preisen.

Zoraya, Panaderos del Albaycin 32, Tel. 958 29 35 03, günstig: schön im oberen Albaycin gelegenes und angenehm ausgestattetes Restaurant mit breiter Auswahl an Suppen, Fleisch und Fisch.

El Ladrillo, Panaderos, Tel. 958 22 48 18, günstig: Paella und Grillgerichte, tägl. wechselnde Tagesmenüs.

Cafes:

Cafeteria Lisboa, Calle Hermosa 3, kleines Cafe mit guten Kuchen unterhalb der Plaza Nueva,

Cafe Pasteleria Lopez-Mezquita, Reiyes Catolicos 39/Zacatin 28; großzügiges und sehr beliebtes Cafe.

Heladeria Los Italianos, gegenüber der Kathedrale an der Gran Via; die beste Eisdiele Granadas.

Teehäuser:

Von der Calle Elvira nahe der Plaza Nueva geht eine kleine Gasse in den Albaicín hinauf, die mit ihren kleinen Teehäusern eine neomaurische Atmosphäre verströmt.

Alhambra:

Der Haupteingang der Anlage befindet sich bei den Parkplätzen am äußersten Ende des Geländes; **Öffnungszeiten:**

April–Sept. Mo–Sa 9–20, So 9–18 Uhr, sonst tägl. 9–18 Uhr; nächtliche Besuche: Di, Do und Sa im Sommer 22–24 Uhr, im Winter 20–22 Uhr.

Achtung: Die Tickets für die Besichtigung der Alhambra werden nur für einen bestimmten Tag ausgegeben. Für den Nasriden-Palast gibt es eine bestimmte Eintrittszeit, die auf dem Billett aufgedruckt ist. Sie gilt für 30 Min. Alle anderen Teile wie Alcazaba und Gibralfaro können den gesamten Tag über bis zur Schließzeit besichtigt werden. So ist der Eintritt frei; man muss allerdings sehr früh am Ticket-Schalter sein, um Karten zu bekommen (s. u.). Da die tägliche Besucherzahl auf 8000 Pers. beschränkt ist, sollte zumindest in der Hauptsaison eine telefonische Reservierung (8–18 Uhr) genutzt werden:
aus dem Ausland: Tel. 00 34/913 74 54 20
aus Spanien: Tel. 902 22 44 60
für Gruppen: Tel. 958 22 09 12
Tickets gibt es nicht nur am Alhambra-Haupteingang, sondern auch bei den Zweigstellen der BB-Bank an der Plaza del Carmen und der Plaza Isabel la Católica (dort auch für den selben Tag).
Wer nicht zu Fuß den Alhambra-Hügel hinaufsteigen will, kann einen **Minibus** ab der Plaza Nueva nehmen.

Casa-Museo Federico Garcia Lorca, Calle Virgen Blanca, Tel. 958 51 64 53, Di–Fr 10–13 Uhr, 16/17–19/20 Uhr im Sommer, 16–18 Uhr im Winter, stündlicher Einlass: das Wohnhaus des Dichters.

Casa Museo Manuel de Falla, Calle Antequeruela Alta, Di–Sa 10.15–14.45 Uhr, in der ehemaligen Wohnung des Komponisten eingerichtetes, schön gelegenes von Gärten umgebenes Museum.

Kathedrale, 10.30–13 und 16–19 Uhr.
Königliche Kapelle, 10.30–13 und 16–19 Uhr.
La Cartuja, 10–13 und 15.30–18 Uhr (Buslinien 5, 7, 12, 16, 17).
Museo de Bellas Artes, Mo 14.30–20 Uhr, Di–Sa 9–20 Uhr, So 9–14.30 Uhr.
Museo de la Alhambra, Di–Sa 9–14.30 Uhr.
Parque de las Ciencias, Tel. 958 13 19 00, Fax 958 13 35 82, Di–Sa 10–19 Uhr, So und feiertags 10–15 Uhr, Buslinien 4, 5, 10

und 11: ein faszinierendes interaktives Museum der Naturwissenschaften und Technik; ein Wissenschaftspark, der auch Kinder begeistert.

 Intarsien-Arbeiten; Gitarren

 Bodegas Castaneda, calle Elvira 5, zwischen Gran Via und Plaza Nueva gelegene alte Taverne für *tapas* und guten Sherry.
La Esquenita, Tapas-Bar am Campo del Principe, viele Einheimische.

 Konzerte: Apri–Nov. **Conciertos Ramanticos de Granada,** Fr/Sa in der Alhambra.
Flamenco:
Reina Mora, Mirador de San Christobal, Crta. De Murcia, Tel. 958 22 71 29 (im oberen Teil des Albaycin).
El Patio, Pedro Antgonio de Alarcon.
El Corral del Principe, Campo Principe, unterhalb des Alhambra-Hügels und des Hotels Alhambra-Palace.

 Woche vor Ostern: **Semana Santa**; Ende Juni/Anfang Aug.: **Internationales Musik- und Tanzfestival.**

Ausflug zum Geburtshaus von Federico Garcia Lorca in Fuentevaqueros. Der Ort liegt inmitten der flachen Vega, 13 km von Granada entfernt. Busse fahren von der Avenida Andaluces, nahe der RENFE–Station, ab. Mo–Fr stündlich zwischen 9 und 21 Uhr, So 11,14 und 20 Uhr; zurück um 10,16 und 17 Uhr. Das Geburtshaus ist als Museum eingerichtet und enhält außer dem Mobiliar auch Briefe, Manuskripte und Skizzen zu Bühnenbildern.

Flughafen: ca. 17 km südlich von Granada an der N 342 nationaler Flughafen mit Verbindung nach Barcelona, Las Palmas, Madrid, Mallorca, Teneriffa und Valencia. Tel. 958 24 52 00. Flughafenbus 2–3 x tägl. von der Plaza de Isabel la Catolica. Auskunft über die Flugverbindungen: Iberia, Tel. 958 22 75 92.

Zug: Bahnhof: Avenida de los Andaluces; Stadbüro der RENFE: Reyes Catolicos 63, Tel. 958 22 71 70.

Bus: Busbahnhof: Carretera de Jaén, s/n, Tel. 958 18 50 10; zum neuen Busbahnhof am Stadtrand ab der Avenida de la Constitución Bus Nr. 3; ab Bar El Ventonillo Po. del Violón (neben dem Kongresspalast), 2 x tägl. in die Sierra Nevada und zurück.

Grazalema

Lage: Vordere Umschlagkarte G4
Einwohner: 2200

  Oficina deTurismo Ben-Zalema. Plaza Pequena 2, Tel. 956 13 22 25, 10–14 und 18–20 Uhr (Winter 17–19 Uhr), Mo geschl. Hier bekommt man Wanderkarten und Informationen zu geführten Touren in den Naturpark.

Villa Turisstica Grazalema, El Olivar Tel. 956 132 162, Fax 956 13 22 13, teuer: dörfliches Ambiente mit Garten und Swimmingpool in schöner ruhiger Lage.

Casa de las Piedras, Las Piedras 32, Tel. 956 13 20 14, moderat: komfortable und rustikale Pension mit Restaurant.

Camping:
Camping Tajo Rodillo, Tel. 956 13 20 63, Nov. und Feb. geschl.: oberhalb des Ortes auf der Strecke nach El Bosque (C 344, km 49) liegender Platz am Fluss im Parque Nastural de la Sierre de Grazalema, mit Swimmingpool.

Bus: Tägl. Busse nach Ronda (15.30 Uhr) und Malaga.

Guadix

Lage: Hintere Umschlagkarte O6
Einwohner: 20 300

Oficina de Turismo, Carretera de Granada, s/n, Tel. 958 66 26 65, Mo–Fr 8–15 Uhr.

Hotel Comercio, Misra de Ameczcua 3, Tel. 958 66 05 00, günstig: rustikal und komfortabel.

Hotel Carmen, Avenida Mariana Pineda 65, Tel. 958 66 15 00, günstig: hübsch eingerichtet.

Apartahotel Cuevas, Pedro Antonio de Alarcon (barriada San Torcuato, in Richtung Murcia), Tel. 958 66 49 86, günstig: komfortable Wohnhöhlen für 2–5 Pers., Schwimmbad.

  Pedro Antonio de Alarcon, Barriada San Torcuato, Tel. 958 66 49 86, günstig: zur Hälfte in der Höhle, zur anderen Hälfte außen; die Küche besticht durch eine Vielzahl von Gerichten nach alten Rezepten, darunter auch Lamm im mozarabischen Stil.

Boabdil, Manuel de Falla 3, Tel. 958 66 48 83, günstig: dekoriert wie ein Nasridenpalast, kleine, aber feine Karte.

Schmiedearbeiten

Huelva

Lage: Vordere Umschlagkarte B/C6
Einwohner: 140 000

Oficina de Turismo, Avenida de Alemania 12, Tel. 959 25 74 03.

Costa de la Luz, José María Amo 8, Tel. 959 25 64 22, günstig: günstig im Zentrum gelegenes 2-Sterne-Hotel.

Hostal Andalucia, Vazquez Lopez 22, Tel. 959 24 56 67, sehr preiswert: zentral gelegen, gegenüber vom Theater und nahe des Hauptgeschäftsviertels; das alte Haus eines Mediziners mit teilweise antiken Möbeln, für die Zimmer mit Bad rechtzeitig reservieren.

Pension La Vega, Paseo de la Independencia 15, Tel. 959 24 15 63, sehr preiswert: in der Nähe der Plaza de la Merced; freundliche Atmosphäre; Bad im Flur.

  Las Meigas, Avenida de Guatemala, Tel. 959 28 48 58, moderat:

bestes Restaurant der Stadt; andalusische Küche mit baskischem und galizischem Einfluss, in erster Linie Fisch und Meerestiere.

Pleamar, Alameda Sundheim 20, Tel. 959 25 53 74, moderat: Fischgerichte und portugiesische Spezialitäten.

Las Candelas, Carretera de Punta Umbria, Kreuzung von Aljaraque, Tel. 959 31 83 01, moderat: ausgezeichnete Fischgerichte und Meerestiere; Holzkohlengrill.

Casa del Mar, Avenida Hispanoamericana 9, Tel. 959 28 03 97, günstig: in Hafennähe, über Mittag viele Einheimische; günstiges Tagesmenü.

Consolación, Carretera de Huelva-Ayamonte, km 673, Tel. 959 39 02 98, günstig: gute Fischgerichte zu verhältnismäßig niedrigen Preisen.

 Ausflug zu wichtigen Stätten an der so genannten **Ruta Colombina** (›Kolumbus-Route‹) am Río Tinto entlang; mit Besuch des **Klosters La Rábida,** das unter Führung besichtigt werden kann: tägl. außer Mo 10–13 und 16–18.15 Uhr alle 45 Min.
Weitere interessante Ausflüge führen an die **Atlantikküste** in Richtung portugiesischer Grenze nach Ayamonte und Mazagón.

Zug: Bahnhof: Avenida de Italia.
Bus: Busbahnhof: Avenida de Portugal 9.

Isla Cristina

Lage: Vordere Umschlagkarte A6
Einwohner: 7000

Casa Rufino, Carretera de la Playa, Tel. 959 33 08 10, moderat: reiche Auswahl an Fisch.

Vom Stadtzentrum sind es 20 Min. Fußweg bis zum ersten Strandabschnitt; gepflegt und feinsandig.

Jaén

Lage: Hintere Umschlagkarte M8
Stadtplan: S. 56
Einwohner: 105 000

Oficina de Turismo, Arquitecto Berges 1, Tel./Fax 953 22 27 37, Mo–Fr 9.30–13.30 und 17–19 Uhr, Sa nur vormittags, www.promojaen.es.

Parador Castillo de Santa Catalina; Tel. 953 23 00 00, Fax 953 23 09 30, teuer: Der Blick auf die Stadt, die ausgedehnten Olivenanbaugebiete und das Gebirge ist überwältigend, die Atmosphäre von aristokratischer Gelassenheit. Funktionale Architektur, eingepasst in die wehrhafte Ordnung des ehemaligen Alcázar. Die beste Adresse in Jaén.

Condestable Iranzo, Paseo de la Estación 32, Tel. 953 22 28 00, Fax 953 26 38 07, teuer: in der Innenstadt, Nähe Bahnhof, Hotel der gehobenen Klasse.

Reyes Católicos, Avenida de Granada 1, Tel. 953 22 26 92, günstig: ein kleineres und preiswerteres Haus.

Pension La Espanola, Bernardo Lopez 9, Tel. 953 23 02 54, sehr preiswert: familiär, im alten Viertel von Jaen in einem Palast des Grafen Irazu, nicht alle Zimmer haben ein Bad.

Mesón Nuyra, Pasajo Nuyra, Tel. 953 27 31 31, moderat: typisches kastilianisch-andalusisches Haus mit vielen regionalen Spezialitäten, vor allem Spargelgerichten sowie Saubohnen mit Schinken.

Casa Vicente, Maestra 8, Tel. 953 26 28 16, moderat: nahe der Kathedrale, gute regionale Küche, insbesondere Pilzgerichte, Rebhuhn, Thunfisch, Gazpacho und Cremespeisen.

Casa Antonio, Fermin Palma 3, Tel. 953 27 02 62, moderat: sehr gute traditionelle Küche.

Venus, Flores de Lemus 4, Tel. 953 22 67 70, günstig: variantenreiche Tagesmenüs zu günstigem Preis.

La Casa del Medico, in Mengibar, an der Carretera Bailén-Motril, km 20, 39 km vor

Jaén, Tel. 953 37 12 01, nur mittags geöffnet, günstig: einfaches Lokal in altem Landhaus, bodenständige variationsreiche Küche.

 Arabische Bäder: Di–Fr 10–14 und 17–20 Uhr, Sa/So 10–14 Uhr.
Castillo de Santa Catalina: Di–Fr 11–14 Uhr, Sa/So 11–13.30 Uhr.

 Woche vor Ostern: **Semana Santa** (Karwoche);
2. So im Mai: **Wallfahrt des Cristo del Arroz an dear Fuente de la Pena;**
11. Juni: **Fest der Schutzpatronin der Stadt,** Virgen de la Capilla, Straßenfest und Prozession;
15.–23. Okt.: **Feria de San Luca** mit Stierkämpfen und Jahrmarkt, aber auch Konzerten;
25. Nov.: **Wallfahrt** zum Castillo de Santa Catalina.

 Zug: Paseo de la Estacion, Tel. 953 25 56 07, Direktverbindungen nach Cordoba und Sevilla, über Linares–Baeza auch mit Granada und Almeria.
Bus: Busbahnhof: Plaza de la Coca de la Pinera
Taxi: Tel. 953 22 00 20

Jerez de la Frontera

Lage: Vordere Umschlagkarte E4
Stadtplan: S. 218
Einwohner: 183 000

 Oficina de Turismo, Larga 39, Tel. 956331150, Fax 956331731, Internet: www.webjerez.com

Hotel Jerez, Avenida Alcalde Alvaro Domecq 35, Tel. 956 30 06 00, Fax 956 30 05 01, sehr teuer: bestes Hotel der Stadt, gute Lage, ruhig; tropische Gärten umgeben das Schwimmbad.
Royal Sherry Park, Avenida Alcalde Alvaro Domecq, Tel. 956 30 30 11, sehr teuer.
Hotel Trujillo, Medina 36, Tel. 956 34 24 38, moderat: 1-Stern-Hotel in einem alten Haus, zweites Stockwerk 1997 renoviert.

Hotel y Hostal San Andres, Morenos 14, Tel. 956 34 09 83, günstig: 1-Stern-Hotel mit dichtbelaubtem Patio.
Hotel Nuevo, Caballeros 23, Tel. 956 33 16 00, günstig: zwar nur mit einem Stern ausgezeichnet, aber dennoch ein besonderes Haus: man wohnt in einem alten Palast, mit überdachtem Patio und hohen Türen.

 La Mesa Redonda, Manuel de la Quintana 3, Tel. 956 34 00 69, So geschl., moderat: ein Haus mit familiärer Atmosphäre, abwechslungsreichen und interessanten Tagesgerichten.
Tendido 6, Circo 10, Tel. 956 34 48 35, So geschl., moderat: mit großem Patio, landestypische Gerichte.
Venta Antonio, Carretera Jerez-Sanlúcar, 5 km von Jerez de la Frontera entfernt, an der Straße nach Sanlúcar de Barrameda, Tel. 956 33 05 35, moderat: großzügig angelegtes Speiselokal, man kann auch im Freien essen. Spezialität: Meeresfrüchte und Fisch.
La Parra Vieja, San Miguel 9, Tel. 956 33 53 90, günstig: eines der ältesten Restaurants von Jerez. Fisch und Fleisch vom Grill.
Horno de Lena, Corredera 56, Tel. 956 34 20 43, günstig: Speisesaal und Terasse, Tagesgerichte und Menüs.
Bar Chinina, Plaza de la Asuncion, günstig: *tapas*, Menüs und *rationes*, sehr beliebt besonders auf der Terasse.

 Kirche Santa María: tägl. außer So und Feiertage 10–14 und 16–19 Uhr.
Königliche Reitschule (Real Escuela Andaluza del Arte Ecuestre): Recreo de las Cadenas-Avenida Duque de Abrantes, s/n, Tel. 956 30 77 98, Fax 956 30 37 18, Jerez de la Frontera (Kartenvorbestellung): Mo, Di, Mi und Fr 11–13 Uhr. Jeden Di und Do 12 Uhr Vorführung der *Sinfonía a caballo* (nicht an Feiertagen), während der *Fería de Caballo* im Mai zusätzliche Gala-Vorstellungen Freitag- und Samstagnacht; Extra-Veranstaltungen im Juli und Aug. ab 10.30 Uhr.

Sherry, Brandy

 Flamenco-Lokale:
Pena El Laga de Tio Parrilla,
Plaza del Mercado, Tel./Fax 956 3 38 33 45;
Pena Plamenca Tio Jese de Paula,
calle Merced 11, Tel. 956 30 22 24 im Nord-
westen der Altstadt, nahe der Santiago-
Kirche.

 Mai: **Feria del Caballo** (Fest des
Pferdes).

 Besuch der großen Bodegas:
Gonzalez y Byass: M. María Gon-
záles 12, Tel. 956 35 70 16; Mo–Fr 9.30–14
Uhr alle 30 Min., Mo, Mi, Fr um 17, 18, 19,
Di/Do 15–19 Uhr stündl. (im Winter nach-
mittags 16.30 und 18 Uhr), Sa/So 10–14
Uhr stündl., im Sommer Sa auch 17, 18, 19
Uhr.
Sandemann, Pizarro 10, Tel. 956 30 11 00,
Mo–Fr 10–14, 17.30–19.30 Uhr, Sa und Fei-
ertage 10–14 Uhr.
Pedro Domecq, San Ildefonso 3, Tel. 956
15 15 00, Mo–Fr 9.30–13 Uhr, nachmittags
und So nach Voranmeldung.
Flamenco:
Centro Andaluz de Flamenco, Plaza de
San Juan 1, Tel. 956 34 92 65, caf@cica.es,
Mo–Fr 10–14 Uhr, Besichtigung.
Flamenco-Schulen:
Academia de Baile Chiqui, Calle Santa
Clara 7, Tel. 956 34 95 46;
Centro de Baile, calle Las Quintas 35,
Tel./Fax 956 14 04 06.

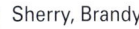 **Flughafen:** 11 km östlich von Jerez,
Tel. 956 15 00 00.
Zug: Bahnhof: Plaza de la Estación
Bus: Busbahnhof: Calle Cartuja

Málaga

Lage: Hintere Umschlagkarte K4
Stadtplan: S. 140
Einwohner: 550 000

 Oficina de Turismo, Pasaje de Chinitas 4, Tel. 952 21 34 45, Fax 952 22
94 21, malagaturismo.com.

 Hotel Don Curro, Sancha de Lara
7, Tel. 952 22 72 00, Fax 952 21 59
46, teuer: traditionelles, zentral gelegenes
3-Sterne-Hotel nahe der Kathedrale.
Parador Nacional de Gibralfaro, Apdo.
de Correos 174, Tel. 952 22 19 02, Fax 952
22 19 04, teuer: hoch über der Stadt, mit
Terrasse, Blick aufs Meer, ruhig.
Hotel Carlos, Cister 6, Tel. 952 21 51 29,
günstig: 2-Sterne-Hotel, gut gelegen in der
Nähe der Kathedrale und angenehm ausgestattet, einziger Mangel: keine Klimaanlage.

Jugendherberge:
Albergue Juvenil, Plaza ade Pio XII., Tel.
952 30 85 00, beliebtes Haus in ruhiger
Gegend, Zimmer mit und ohne Bad, unterschiedlicher Komfort. Reservierung empfehlenswert.

 Viele gute Restaurants liegen dicht
beieinander, nahe der Stierkampfarena und des Badestrandes:
Antonio Martín, Paseo Marítimo 4, Tel.
952 22 21 13, moderat: reiche Speisekarte,
Fisch und Fleisch gleichermaßen; die
repräsentative Küche Málagas; direkt am
Strand gelegen, mit luftiger Terrasse.
Café de París, Vélez-Málaga 8, Tel. 952 2
50 43, moderat: ausgezeichnete internationale Küche mit französischen Akzenten.
Taberna del Pintor, Maestranza 6, Tel.
952 1 53 15, moderat: gute Fleischgerichte
(Rind, Schwein, Lamm), schmackhaftes
Brot; einfaches Lokal, viel von Studenten
frequentiert.
Casa Pedro, Quitapeñas 121, Playa El
Palo, Tel. 952 29 00 13, moderat: eines der
ältesten und populärsten Restaurants
Málagas; einfache Fischgerichte *(sardi-
nas).*

Im Zentrum:
Chinitas, Moreno Monroy 4, Tel. 952 21
07 92, moderat: Bratfisch, *tapas,* typische
Küche Malagas.
Calycanto, Maestranza 8, Tel. 952 21 22
22, moderat: eine excellente Küche mit
Spezialitäten Malagas.
La Buena Sombra, Canon 1 und 3, Tel.
952 22 62 30, günstig: in der Nähe vom
Garten der Kathedrale gelegenes Restau-
rant mit guten Fischspeisen und preisgün-
stigem Menü.

 Alcazaba: im Sommer tägl. 9.30–20
Uhr, Di geschl., Winter bis 18 Uhr
Gibralfaro: mittags geschl.
Museum der Schönen Künste, derzeit
geschl.; für das Jahr 2002 ist die Wieder-
eröffnung als Picasso-Museum geplant.

 Anfang Aug.: **Feria**

 Der Stadtstrand von Malaga (La
Malagueta) liegt unmittelbar östlich
des Fährhafens, südlich der Stierkampfarena.

 Flughafen: ca. 11 km südwestlich
von Málaga, Tel. 952 24 00 00.
Fähre: Estación Marítima: Fährhafen nach
Cádiz, Melilla, Ceuta und Tanger
Zug: Bahnhof: Calle de Cuarteles, s/n,
(halbstündliche Schnellbahnverbindung
zur Costa del Sol bis Fuengirola)
Bus: Bahnhöfe: Paseo de los Tilos, s/n,
Plaza de Toros Vieja

Marbella

Lage: Vordere Umschlagkarte H/J3
Einwohner: 99 000

⬚ **Oficina de Turismo,** Plaza de los
Naranjos, Tel. 952 82 35 50, und
Paseo Marítimo, www.pgb.es/marbella.

⬚ **El Fuerte,** Avenida del Fuerte, Tel.
952 86 15 00, Fax 952 82 44 11,
teuer: traditionelles ›klassisches‹ Hotel
besonderer Güte mit Gartenterrassen und

erlesener Innendekoration; abgeschlossen
und doch in unmittelbarer Nähe zur
Strandpromenade.
Hotel Refugio del Juanar, Tel. 952 88
10 00, teuer: inmitten des Naturschutzgebietes, ehemals Jagdhaus Alfons XIII.; im
Zimmer Nr. 3 schrieb General de Gaulle
seine Memoiren zu Ende; schöner Ausgangspunkt für Spaziergänge und Wande-
rungen in der Sierra Blanca.
Pyr Marbella, Avenida Principal (in
Puerto Banus), Tel. 952 81 73 53, moderat:
großes 3-Sterne-Hotel, Zimmer mit
Terasse.
Linda Marbella, Ancha 21, Tel. 952 85 71
71, günstig: neues Hotel (2 Sterne) in der
Altstadt.
Hostal Sol y Sombra, Avenida Nabeul
25, Tel. 952 82 34 17, günstig: kleines und
schlichtes Haus in der Altstadt.
Pension Enriqueta, Los Caballeros 18,
Tel. 952 82 75 52, günstig: hinter dem Plaza
de los Naranjos in einer kleinen ruhigen
Fußgängergasse.
Pension La Estrella, San Cristobal 36,
Tel. 952 77 94 72, günstig: sehr einfache
Zimmer, dafür schöne Umgebung und nur
100 m bis zum Strand.
Hostal El Castillo, Plaza de San Bernabe
2, Tel. 952 77 17 39, sehr preiswert: im Her-
zen des historischen Zentrums, schlichte
Zimmer mit Balkon.

Jugendherberge:
Albergue Juvenil Inturjoven, Calle Tra-
piche 2, Tel. 952 77 14 91, Fax 952 86 32 27:
Jugendherberge am nördlichen Rand der
Altstadt von Marbella, Swimmingpool,
auch Camping möglich (DZ: 5-10 €).

⬚ **Santiago,** Paseo Marítimo 5, Tel.
952 77 00 78, teuer: große Auswahl
an Meerestieren, Fisch und Wein, großzügige Räume mit Blick aufs Meer.
La Hacienda, Carretera Cádiz, km 193,
Urbanización Las Chapas, Tel. 952 83 11 16,
teuer: wird als bestes Restaurant der Costa
del Sol gepriesen, wo höchste internationale Kochkunst sich den Produkten der
Region widmet; exzellente Fisch- und
Fleischgerichte, ausgesuchte Nachspeisen,
Spitzenweine.

La Fonda, Plaza Santo Cristo, Tel. 952 77 25 12, nur abends geöffnet, moderat: bestes Restaurant im Ort (Altstadt); mit Patio, internationale Küche.

Triana, Gloria 11, Tel. 952 77 99 62, moderat: mittelmeerische Küche, vor allem Reisspeisen, in der Altstadt.

La Taberna del Puerto, im Fischereihafen, Tel. 952 82 83 25, moderat: Fischgerichte und Meerestiere.

Curro, Ramon Gomez de la Serna 2, günstig: vielseitige Küche, Spezialität: Kaldaunen mit Kichererbsen und Paella.

Sol y Sombra, Tetuan 7, Tel. 952 77 00 50, günstig: großzügige Fisch- und Meerestierplatten in einem Lokal mit Stierkampfambiente.

Mare Nostrum, Avenida Antonia Belón 26, Edificio La Farola, Tel. 952 77 80 91, günstig: nahe der Strandpromenade in Marbella. Chinesisches Restaurant, das die eigenen Traditionen mit denen der mediterranen Küche zu verbinden sucht; die Ergebnisse sind wohlschmeckend und außerordentlich niedrig im Preis; rascher und effektiver Service.

In Puerto Banús findet man an der gesamten Kai-Straße entlang gute internationale Restaurants wie **Antonio, Don Leone, Los Bandidos** (alle teuer). Ein kleines, freundliches Lokal sei hervorgehoben:
La Tirana, Puerto Banús, Casa V–X, local 9, Tel. 952 81 35 90, in der Woche nur abends, So ganztägig, moderat.

 Relativ schmale und meist überfüllte Strände; in Richtung Puerto Banús einige längere und abgeschiedene Strandabschnitte.

 Bus: Bahnhof: Avenida Ricardo Soriano 21.

Mijas

Lage: Hintere Umschlagkarte K3
(nahe Fuengirola)
Einwohner: 35 000

Oficina Municipal de Turismo, Avenida Virgen de la Pena. Tel. 952 48 59 00.

Club Puerta del Sol, carretera Mijas- Fuengirola, km 4, Tel. 952 48 64 00, teuer: modernes auf einem Felsen errichtetes 4-Sterne-Hotel mit großartiger Sicht auf die gesamte Küste, Garten und Restaurants.

Hostal Mijas, Plaza Virgen de la Pena, Tel. 952 48 65 91, günstig: kleines Gästehaus im Zentrum.

 Valparaiso, urbaninacion Dona Pilar, carretera Fuengirola-Mijas km 4, Tel. 952 48 59 96, moderat: Spitzenrestaurant mit internationalaer Küche und italienischen Spezialitäten, herrlicher Ausblick von der Terasse.

La Alcazaba, Plaza de la Constitucion, Tel. 952 59 02 53, günstig: Restaurant mit Meerblick; günstige Tagesmenüs.

Escua, Plaza Virgen de la Pena 7, Tel. 952 48 56 97, günstig: gute Fisch- und Fleischgerichte, bekannt für seinen schnellen Service und seine preiswerte Menüs.

Moguer

Lage: Vordere Umschlagkarte C6
Einwohner: 13 300

Oficina de Turismos, Andalucia 5, Tel. 959 37 18 50.

Hostal Platero, Acena 4, Tel. 959 37 21 59, sehr preiswert: typisches andalusisches Haus mit schönem Patio; obere Etage mit Klimaanlage.

Hostal Pedro Alonso Nino, Pedro Alonso Nino 13, Tel. 959 37 23 92, sehr preiswert: altes Wohnhaus mit kleinem Patio.

La Parrala, Plaza de las Monjas, 22, Tel. 959 37 04 52, moderat: Küche nach regionalen Rezepten und mit einheimischen Produkten, tägl. frische Fischspeisen.

Meson el Lobito, Rabida 31, günstig: in einer ehemaligen Bodega eingerichtetes Lokal mit großem Kamin für Gegrilltes. Gutes Brot mit Knoblauch, Wein aus Holzkrügen.

La Bodeguita, Plaza de la Constitucion 14, Tel. 959 37 31 25, günstig: Fisch und Fleisch, reich garniert und auf großzügigen Platten serviert.

Mojacar

Lage: Hintere Umschlagkarte S5
Einwohner: 4400

 Oficina de Turismo, nahe der Plaza Nueva, Tel. 950 61 50 25.

Unter den vielen Hotels der gehobenen Klasse ragen der **Parador** hervor, Drei-Sterne-Haus, Tel. 950 47 82 50, (teuer), und das Hotel **El Moresco,** Tel. 950 47 80 25, ebenfalls Drei-Sterne-Haus im unteren Teil des Ortes, mit Schwimmbad (günstig).
Kleinere Häuser im Ort:
Hostal Arco Plaza, Plaza Nueva, Tel. 950 47 27 77, moderat: gut ausgestattet, modern und zentral.
Hostal Mamabel`s, Embajadores 5, Tel. 950 47 24 48, günstig: hoch gelegenes traditionelles Haus, individuell eingerichtete Zimmer mit Meerblick, familiäre Atmosphäre, sehr gutes Restaurant.
In Strandnähe:
Apartahotel Mar Azul, Paseo del Mediterraneo 297, Tel. 950 47 84 36, moderat: großzügige Räume, schöne Terasse mit Meerblick, gut ausgestattetes Restaurant.
Hotel Sal Marina, Avenida del Mediterraneo, Tel. 950 47 24 04, günstig: geräuschgeschützte und klimatisierte Räume mit Terassen zum Meer.

 Omega, Playa de la Ventanicas, Tel. 950 47 53 17, günstig: gute heimi-

sche Küche mit Fleischspezialitäten und Paella. Günstiges Tagesmenü, Terasse nahe am Strand.
Casa Egea, Playa las Ventanicas 127, Tel. 950 47 21 90, günstig: traditionelle Küche der Küste Almerias mit schöner Terasse und klimatisiertem Innenraum, ebenfalls am Strand.
Virgen del Mar, Paseo del Mediterraneo, Tel. 950 47 82 30, günstig: in Strandnähe, vor allem Fisch und Meerestiere, gute Paellas.

Der Strand liegt 2 km vom Ortskern entfernt; am besten mit den häufig fahrenden Linienbussen erreichbar. Schmaler, aber auch sehr lang gezogener Strand, abgegrenzt von der Straße und großen Baukomplexen.

Montilla

Lage: Vordere Umschlagkarte J7
Einwohner: 23 000

Oficina de Turismo, Im Casa del Inca, Calle Capitan Alonso de Vargas 3, Tel. 957 65 24 62.

Hotel Los Felipes, San Francisco Solano 27, Tel. 957 65 04 96, günstig: kleine, aber ausreichend ausgestattete Zimmer (Bad und Klimaanlage).
Pension Bellido, Enfermeria 57, Tel. 957 65 19 15, günstig: zentral gelegen, mit Garage und kleiner Frühstücksbar.

Meson Las Camachas, Avenida Euroa, 3, Tel. 957 65 00 04, moderat: traditionsreiches Haus mit reicher Karte für Gebratenes und Gegrilltes, Fleisch, Fisch und einheimische Spezialitäten, dazu lokale Weine und schmackhafte Desserts.
El Quijote, Bailen 4, Tel. 957 65 12 71, günstig: im unteren Stockwerk Barbetrieb mit reich garnierten *tapas*, im oberen Stockwerk Menüs und traditionelle Fisch- und Fleischgerichte.

Nerja

Lage: Hintere Umschlagkarte M4
Einwohner: 15 000

Oficina de Turismo, Puerta del Mar 2, Tel. 952 52 15 31, www. bd-andalucia.es/nerja.htlm.

Hotel Balcon de Europa, Tel. 952 52 08 00, teuer: in unmittelbarer Nähe zum berühmten gleichnamigen Aussichtspunkt, mit Privatstrand.
Hostal Estrella del Mar, Bellavista 5, Tel. 952 52 04 61, günstig: kleines Hotel in ruhiger Zone, familiäre Atmosphäre.
Hostal Marazul, Avenida del Mediterraneo 12, Tel. 952 52 41 91, günstig: nahe am Strand, gut ausgestattete Zimmer mit Meerblick.

Rey Alfonso, paseo Balcon de Europa, Tel. 952 52 95, moderat: internationale Küche und spektakulärer Blick aufs Meer.
Casa Luque, plaza Cavana 2, Tel. 952 52 10 04, moderat: mediterrane einfache Küche, regional inspiriert und international.
La Ermita, Plaza de la Ermita 3, Tel. 952 52 12 97, günstig: Restaurant mit Terasse, günstigem Tagesmenü und einer der besten Paellas des Ortes.
El Pulguilla, Bolivia 1, Tel. 952 52 13 84, günstig: sehr frische Meerestiere und Fische; dazu tägl. wechselndes Tagesmenü.

Cuevas de Nerja: Juli/Aug. 10–14 und 16–20 Uhr, übrige Monate 10–14 und 16–18.30 Uhr.

Der schönste und größte Strand der Umgebung ist die **Playa Burriana;** in der Nähe befindet sich die hübsche Gartenanlage **Jardines de Europa.**

Niebla

Lage: Vordere Umschlagkarte C6
Einwohner: 3800

Oficina de Turismo, Campo Castillo, Tel. 959 36 22 70, www.castillode-niebla.com.

Pension Los Hidalgos, Los Hidalgos, Calle Moro 3, Tel. 959 36 20 80, günstig: kleine Pension außerhalb der Stadtmauer, sehr einfach, sauber, freundliche Atmosphäre.

El Galeria, Adelfa 4, Tel. 959 36 33 08, günstig: auch bekannt unter dem Namen »Salon de la Gamba«; sehr gute und preiswerte Meerestiere.
Taberna el Piti, Plaza Pinta, Tel. 959 36 21 93, günstig: ehemalige Bodega mit hohen Räumen und großen Holzöfen; gute Fischgerichte und Meerestiere.
La Parada, Avenida Palos de la Frontera 68, Tel. 959 36 31 62, günstig: Gut bestückte Karte; Salat wird als Aufmerksamkeit des Hauses gereicht.

Osuna

Lage: Vordere Umschlagkarte H6
Einwohner: 17 200

Oficina Municipal de Turismo, Plaza Mayor, Tel. 955 82 14 00, tägl. 10–13.30 und 16–19 Uhr.

Hostal Caballo Blanco, Granada 1, Tel. 954 81 01 84, günstig: hübsches und gut gelegenes Hostal, ruhig.
Hostal Cinco Puertas, Carrera 79, Tel. 954 81 12 43, günstig: zentral gelegenes andalusisches Haus mit Patio.

Osuna ist vor allem wegen des Variationsreichtums und der Vielzahl seiner *tapas* berühmt. Man sollte also in den typischen Lokalen sich erst einmal an der Bar mit *tapas* auf das Hauptmahl vorbereiten, bevor es in den Speisesaal geht.

Curro, Plaza del Salitre 5, Tel. 955 82 07 58, moderat: eine lange Liste der *tapas* steht auf der Schiefertafel der Bar. Im Speiseraum gibt es hervorragende Fisch-und Fleischgerichte sowie hausgemachte Nachspeisen.

Dona Guadalupe, Plaza de Guadalupe 6, Tel. 954 81 05 58, günstig: das beste Restaurant der Stadt mit Produkten der Region: Gemüse und Fleisch aus der Umgebung, frischer Fisch aus Malaga.

Molinillo, Plaza Mayor, Tel. 954 81 27 46, günstig: mit Terasse im Schatten der Klostermauern; am besten das jeweils wechselnde Tagesgericht.

Palma del Río

Lage: Vordere Umschlagkarte G/H7
Einwohner: 19 000

Hospedería de San Francisco, Avenida de Pío XII. 35, Tel./Fax 95 71 01 83, moderat: ehemaliges Franziskanerkloster aus dem 15. Jh. mit Patios, Gärten und Balkonen; ein ruhiger Ort für Entspannung und Meditation.

Hospedería de San Francisco, Tel. 95 71 07 32, moderat: interessante Küche, baskische und andalusische Traditionen verbindend. Die Gerichte werden im ehemaligen Refektorium des Klosters serviert.

El Puerto de Santa María

Lage: Vordere Umschlagkarte D/E3
Einwohner: 72 500

Oficina de Turismo, Luna 22, Tel. 956 54 24 13 und 956 54 24 75, Juli–Sept. 10–14 und 18–20 Uhr, Okt.–Juni 10–14 und 17.30–19.30 Uhr, Sa um 11 Uhr wird ein Rundgang durch die Stadt veranstaltet (kostenlos).

Hotel Monasterio de San Miguel, Larga 27, Tel. 956 54 04 40, Fax 956 54 26 04, sehr teuer: edelstes

Gästehaus der Stadt, eingerichtet in einem ehemaligen Kloster.

Hotel Santa María, Avenida de la Bajamar, Tel. 956 87 32 11, Fax 956 87 36 52, moderat: ehemaliger Palast des Marques de la Cañada; in der Nähe des Hafens gelegen, mit Pool.

Hostal Loreto, Ganado 17, Tel. 956 54 24 10, günstig: in einem Haus aus dem 18. Jh., eingerichtet im Stil um 1900, teilweise sehr große Zimmer.

Hostal Manolo, Jesus de los Milagros 18, Tel. 956 85 75 25 und 910 01 24 18, günstig: das älteste Hostal der Stadt (1912).

Hostal Bahía del Sol, Duñas de San Anton, Tel. 956 85 02 50, nur Juli–Sept. geöffnet; seh rpreiswert: in Strandnähe.

La Bovedas, Hotel Monasterio de San Miguel, Calle Larga 27, Tel. 956 54 04 40, teuer: in der ehemaligen Wäscherei des Kapuzinerklosters (aus dem 18. Jh.) eingerichtet, gute Menüs.

Guadalete, Avenida Bajamar 14, Tel. 956 87 02 98, moderat: sehr schlichtes Ambiente, aber eines der besten Fischrestaurants der Gegend. Es wird alles angeboten, was am selben Tag aus dem Atlantik gefischt und direkt gegenüber dem Lokal im Fischereihafen angelandet wurde. Spezialitäten: *sopa de mariscos* (Suppe mit Meeresfrüchten) und *salmonete* (die wohlschmeckende Meerbarbe), außerdem *gambas* und *langostinos* (Krabben und kleine Langusten).

Casa Flores, Ribera del Rio, Tel. 956 54 35 12, moderat: klassisches, zentral gelegenes Restaurant der Stadt, viel frequentiert; gewaltige Fische und Meerestiere.

La Goleta, Carretera de Rota, km 0,75, Tel. 956 85 42 32, moderat: kleine Karte; vor allem Fisch, aber auch Rebhuhn und *rabo de toro* (Gesottener Stierschwanz).

La Dorada, Avenida De la Bajamar, 26, günstig: schlichte gute Küche, Eierspeisen, Salate, frittierte Fische.

Cervecería Romerijo, Plaza Herreria 3, Tel. 956 54 12 54, günstig: der im Zentrum gelegene Platz ist vor allem zur Mittagszeit empfehlenswert: hier bekommt man ein kühles Bier eingeschenkt und bedient sich nebenan selbst mit frischen Meerestieren, die nach Gewicht verkauft werden, um dann beides an einem schattigen Tisch im Freien zu genießen.

 Castillo San Marcos: Sa 11–13.30 Uhr.

 Sehr empfehlenswert ist die **Boots-überfahrt** von Puerto de Santa María nach Cádiz; Abfahrtszeiten s. »Verkehrsverbindungen«

Badezentrum Aquasherry: Kurz hinter Puerto de Santa María in Richtung Jerez de la Frontera liegt auf einer Anhöhe, direkt in der Kurve der Hauptstraße, dieses Badezentrum der Superlative. Die größte Wasserrutsche Europas (mit 6 Bahnen, je 87 m lang), Wellenbäder sowie spezielle Badevergnügen für Kinder und Unterhaltungsprogramme mit Seelöwen und Papageien bieten Badespaß für Jung und Alt.

 Fähre: Verbindung nach Cádiz: Abfahrt um 9, 11, 13, 15.30 Uhr, an Sonn- und Feiertagen auch 17.30 Uhr; zurück ab Cádiz um 10, 12, 14, 18.30 Uhr, an Sonn- und Feiertagen auch 16.30 Uhr.
Zug: nach Cádiz und Sevilla: vormittags und mittags, am Nachmittag jede Stunde.
Bus: Busse fahren u.a. nach Cádiz und Jerez de la Frontera.

Ronda

Lage: Vordere Umschlagkarte H4
Stadtplan: S. 153
Einwohner: 34 400

 Oficina de Turismo, Plaza de España 8, Tel. 952 87 12 72.

 Parador, Plaza de España, Tel. 952 87 75 00, Fax 952 87 81 88, teuer: 1994 in bester Lage im ehemaligen Rathaus von Ronda eingerichtet; direkt an der Schlucht in der Nähe der Brücke gelegen.
Hotel Reina Victoria, Jerez 25, Tel. 952 87 12 40, Fax 952 87 10 75, teuer: eines der am schönsten gelegenen Hotels in Andalusien, mit großartigem Blick auf das Gebirge. Im englischen Stil der Wende zum

20. Jh. erbaut und äußerlich kaum verändert; mit Schwimmbad, Terrasse und Garten. Rainer Maria Rilke hielt sich hier im Winter 1912/13 einige Monate auf.
Hotel San Gabriel, Calle José M. Holgado 19, Tel. 952 19 03 92, Fax 952 19 01 17, moderat: stilvoll renoviertes altes Bürgerhaus im Altstadtviertel.
Hotel Residencia el Tajo, Cruz Verde 5, Tel. 952 87 40 40, günstig: jüngst renoviertes stilvolles Haus.
Hotel Residencia Royal, Virgen de la Paz 42, Tel. 952 87 11 41, günstig: schöne Zimmer, gut möbliert, mit eigenem Parkplatz.
Hostal Virgen del Rocio, Nueva 18, Tel. 952 87 74 25, günstig: gegenüber vom Parador und der Puente Nuevo, kleine gut eingerichtete Zimmer.

Ferienhausvermittlung: Centro de Iniciativas Turisticas, CIT, Serranía de Ronda Molino 6, local E, 29400 Ronda, Tel. 952 87 07 39, Fax 952 87 90 33, citron@ctv.es, www.serraniaronda.org.

 Pedro Romero, Virgen de la Paz 18, Tel. 952 87 11 10, moderat: gegenüber der Stierkampfarena gelegenes Restaurant mit langer Tradition. Spezialität: *rabo de toro* (Gesottener Stierschwanz).
Don Miguel, Plaza de España 3, Tel. 958 71 0 90, moderat: außerordentlich schön an der Schlucht unterhalb der Brücke gelegen. Man kann auf der Terrasse speisen, am besten mittags. Spezialitäten aus der Bergregion: *faisán* (Fasan), *perdiz* (Rebhuhn), *trucha* (Forelle).
Dona Pepa, Plaza del Socorro 10, Tel. 952 87 42 38, günstig: Spezialitäten aus Ronda, darunter Kaninchen, beliebte Terasse.
Hermanos Macias, Pedro Romero 3, Tel. 952 87 47 77, günstig: handfeste andalusische Küche, besonders Rebhuhn und Schafskeule.
Sol y Sombra, Virgen de la Paz 26, Tel. 952 18 71 76, günstig: neues Restaurant mit reicher spanischer Küche.
Santa Pola, Santo Domingo 3, Tel. 952 87 92 08, günstig: Restaurant, erbaut auf einem ehemaligen arabischen Palast. Preisgünstiges Menü, guter Service.

Die Öffnungszeiten von Stierkampf-arena, Palacio del Marqués de Sal-vatierra, Palacio de Mondragón und Kirche Santa María la Mayor: 10–13 Uhr.

Ausflug nach **Ronda la Vieja** (Reste eines römischen Theaters) westlich der Stadt, 20 km entfernt: geöff-net 11–19 Uhr im Sommer, 10–18 Uhr im Winter, Mo geschl. Entgegen den Eintra-gungen auf den meisten Straßenkarten kann man auf einer reparierbedürftigen Straße über Setenil zur N 342 gelangen. Großartiger Blick nach Grazalema und Olvera.

Ausflug zur **Cueva de la Pileta** (25 km von Ronda entfernt).

Zug: Züge fahren nach Algeciras und Córdoba (von Granada aus umsteigen in Bobadilla Estación).
Bus: Verbindungen u. a. nach Málaga, Cádiz und Córdoba.

San José

Lage: Hintere Umschlagkarte R4
Einwohner: 9700

Hotel San José, Barriada San José, Tel. 950 38 01 16, Fax 950 38 00 02, teuer: in der Nähe des Meeres, au-ßergewöhnliche Atmosphäre, hervorra-gender Service.

Sanlúcar de Barrameda

Lage: Vordere Umschlagkarte D4
Einwohner: 61 000

Oficina de Turismo, Calzada del Ejercito, s/n, Tel. 956 36 61 10, Mo –Fr 10–14 u. 17.30–19.30, Sa 10–13, So geschl.
Centro de Interpretacion de la Natura-leza de Donana, Avenida Bajo de Guia, Tel. 956 38 16 35, Informationszentrum zum Naturpark Coto de Donana; hier auch weitere Informationen über Bootsausflüge auf dem Guadalquivier.

Tourafrica, Tel. 956 36 25 40, geführte Besichtigung in der Umgebung und Teilen des Naturschutzgebiets mit Landrovern.

Hotel Tartaneros, Tartaneros 8, Tel. 956 36 20 44, moderat: nahe des Zentrums an der Straße zum Strand, 1986 in einem alten Palast eingerichtetes Hotel.
Hotel Los Helechos, Plaza de la Madre de Dios 9, Tel. 956 36 76 55, günstig: zen-tral in der Altstadt gelegen, stilvolle anda-lusische Einrichtung mit Patio
Hotel Posada de Palacio, Caballero 11, Tel. 956 36 48 40, günstig: im höchsten Teil der Stadt gelegen, ehemaliges Kloster aus dem 18. Jh., verschieden eingerichtete Zimmer um einen Patio; familiäre Atmo-sphäre
Pension La Bohemia, Con Claudio 5, Tel. 956 36 95 99, günstig: schlichte Zimmer, aber sauber und frisch.
Pension Blanca Paloma, Plaza San Roque 15, Tel. 956 36 36 44, sehr preis-wert: sehr schlicht, aber zentral gelegen.

In San Lucar de Barrameda sollte man nicht unbedingt auf einem Menü bestehen; es lohnt der Verzehr von *tapas* und *raciones*.
Bigote, Bajo die Guía, Tel. 956 36 26 96, So geschl., moderat: sehr beliebtes und entsprechend gut besuchtes Restaurant mit großer andalusischer Küche, vor allem Fisch und verschiedene Gemüse.
Casa Balbino, Plaza del Cabildo, günstig: sehr gute Qualität und Auswahl an *tapas*, auf der Terasse Selbstbedienung.
El Trigo, San Nicolas, günstig: alle *racio-nes* sind reichhaltig.
La Jaula, Calzada del Ejer cito, hinter der Tourismusinformation, sehr preiswert: in diesem beliebten Lokal herrscht Selbstbe-dienung, gegessen wird auf der Terasse, besonders Fisch.
Bar Buchon, Avenida de Huelva, 2 km vom Zentrum in Richtung Hafen (Bona-nanza), sehr preiswert: großes Bierlokal, wo man gute Gerichte bekommt: Fisch und Meerestiere.

 Busse nach Cádiz und Jerez de la Frontera.

Sevilla

Lage: Vordere Umschlagkarte E6
Stadtplan: S. 238
Einwohner: 700 000

Oficina de Turismo, Avenida de la Constitución 21B, Tel. 954 22 14 04 und 954 21 81 57. Weitere Auskunftsstellen am Flughafen, am Bahnhof Santa Justa und auf dem Paseo de las Delicias 9, Tel. 954 23 44 65, und Avenida Arjona, s/n, Tel. 954 50 56 00.
Im Internet: www.dipusevilla.es, www. sevilla.org.

In Sevilla gibt es infolge der Weltausstellung eine hohe Anzahl großer Hotels. Inzwischen mussten die während der EXPO '92 überteuerten Übernachtungspreise drastisch zurückgenommen werden. Die starke Konkurrenz zwingt die Inhaber, außerhalb der Saison Sonderpreise einzuräumen; Preisnachfragen und klare Absprachen vorab lohnen sich.

Der Schwerpunkt der Empfehlungen richtet sich auf Unterkünfte mittlerer Preislage; die teuren Hotels werden – bis auf drei Ausnahmen – nicht berücksichtigt. Entscheidend für die Auswahl ist die gute Lage.

Hotel Alfonso XIII., San Fernando 2, Tel. 954 22 28 50, Fax 954 21 60 33, sehr teuer: die mit Abstand edelste Adresse in Sevilla, mit entsprechend hohem Preis, erbaut zur ibero-amerikanischen Ausstellung von 1929 und bis heute bevorzugter Aufenthaltsort von großer Schauspielern, Fußballstars, Stierkämpfern und politischer Prominenz. In der Nähe von Parque María Luisa, Kathedrale, Alcázar und Barrio Santa Cruz

Hotel Tryp Colón, Cañelejas 1, Tel. 954 22 29 00, Fax 954 22 09 38, sehr teuer: nahe der Stierkampfarena inmitten der Altstadt, wenig auffällig von außen, aber von großer und traditioneller Eleganz.

Hotel Inglaterra, Plaza Nueva 7, Tel. 957 22 44, Fax 954 56 13 36, sehr teuer: wegen der ausgezeichneten Lage besonders zu empfehlen.

Plaza de Armas, Marques de Paradas, Tel. 954 90 19 92, Fax 954 90 12 32, teuer: gut gelegenes großes 1992 errichtetes Drei-Sterne-Hotel gegenüber vom Busbahnhof und ehem. Expo-Gelände.

Alcazar, Menendez Pelayo, Tel. 954 41 20 11, Fax 954 42 16 59, teuer: sehr gut gelegen mit Blick auf die Gärten des Alcazar.

Las Casas de la Juderia, callejon de Dos Hermanas, Tel. 954 41 51 50, Fax 954 22 98 84, juderia@zoom.es, teuer: sympathisches Labyrinth von Patios und Treppen.

Hotel Alvarez Quintero, in gleichnamiger Straße, Tel. 954 22 12 98, teuer: zwischen Rathausplatz und Kathedrale gelegen, edle Ausstattung.

Murillo, Lope de Rueda 7, Tel. 954 21 60 95, Fax 954 21 96 16, murillo@nexo.es, moderat: pittoreskes Hotel in schöner Lage inmitten der engen Gässchen des Barrio Santa Cruz; auch innen ist nicht viel Platz.

Hotel La Rábida, Castelar 24, Tel. 954 22 09 60, Fax 954 22 43 75, moderat: im historischen Zentrum nahe der Stierkampfarena gelegen mit reizvollem Patio.

Hotel Simón, García de Vinuesa 19, Tel. 954 22 66 60, Fax 954 56 22 41, moderat: in unmittelbarer Nähe des Alcázars und der Kathedrale, mit Patio; Brunnen und Bögen erinnern an ein arabisches Haus.

Hotel Maestranza, Gamazo 12, Tel. 954 56 10 70, Fax 954 21 44 04, moderat: 1997 eröffnetes zentral gelegenes Haus.

Hotel Plaza de Sevilla, Canalejas 2, Tel. 954 21 71 49, moderat: vom Architekten Anibal Gonzalez gestaltetes Haus im Arenal-Viertel.

Hotel San Gil, Parras 28, Tel. 954 90 68 11, günstig: im vom Tourismus wenig beachteten Teil Sevillas am Rande der Altstadt gelegen; eines der schönsten Häuser Sevillas, vom Architekten Espiau entworfen, innen wie außen elegant.

Hostal Goya, Mateos Gago 31, Tel. 954 21 11 70, Fax: 954 56 29 88, günstig: gut gelegen im Santa Cruz Viertel, angenehme Atmosphäre.

Hostal Central, Zaragoza 18, Tel. 954 21 76 60, günstig: angenehmes, einfaches und sauberes Haus im Zentrum.

Preislich günstige kleine **Hostals** und **Pensionen** ohne Komfort für hauptsächlich junge Gäste und Studenten gibt es rund um die Kathedrale und Alcázar, insbesondere am Rande des Barrio Santa Cruz. Einige von ihnen vermieten auch Zimmer mit Bad, zum Beispiel:

Alcobia, Avenida Menendez Pelayo 51, Tel. 954 42 03 70.

Fabiola, Fabiola 16, Tel. 954 21 83 46, im Santa Cruz-Viertel, Haus mit Patio.

Torregrosa, Vidrio 9, Tel. 954 41 07 65.

Jugendherberge:

Albergue Juvenil, Isaac Peral 2, Tel. 954 61 31 50, Fax 954 61 31 58, ganzjährig geöffnet.

Camping:

Sevilla, Carretera Madrid – Cadiz (N IV), km 534, Tel. 954 51 43 79.

Club de Campo, Avenida de la Libertad 13, Ctra Sevilla – Dos Hermanos (Richtung Cadiz), bei Dos Hermanos, ganzjährig geöffnet, Tel. 954 72 02 50.

Villsom, Carretera Sevilla-Cadiz (N IV), ebenfalls bei Dos Hermanos, Tel. 954 72 08 28.

Egaña Oriza, San Fernando 41, Tel. 954 21 75 03, teuer: die spektakulärste Küche Sevillas, baskische und andalusische Küche Sevillas, baskische und andalusische Traditionen verschmelzend; schön gelegen unterhalb der Mauern des Alcázar-Parks, gegenüber der Universität, im kühlen Ambiente eines Wintergartens.

Taberna del Alabardero, Zaragoza 20, Tel. 954 53 35 00, teuer: nahe der Plaza Nueva, schön eingerichteter Stadtpalast. Besteht aus dem Restaurant im ersten Stockwerk und der Cafeteria (mit Terrasse) im Parterre. Ausgezeichnete und ungewöhnlich niedrig im Preis liegende Tagesgerichte in der Cafeteria; abends Gerichte nur im Restaurant. Atmosphärereiches Haus, offen und vornehm zugleich.

Casa Robles, Alvarez Quinteoro 58, Tel. 954 56 32 72, teuer: nahe der Kathedrale, prestigereiches Lokal mit Sevillaner Küche.

La Albahaca, Plaza Santa Cruz, Tel. 954 22 07 14, teuer: edles Herrenhaus mit gekachelten Wänden und separaten Salons; kleine, aber feine Karte.

Corral del Agua, Callejón del Agua 6, Tel. 954 22 07 14, teuer: mitten im alten Judenviertel (Barrio Santa Cruz) gelegen. Man kann im stimmungsvollen Vorgarten speisen.

Don José, Avenida del Doctor Pedro Castro (Edificio Portugal), Tel. 954 41 44 02, moderat: Nähe Plaza España, Parque María Luisa, berühmter Familienbetrieb; ungewöhnliche Gerichte, dem täglichen Angebot des Marktes folgend; zur Stierkampfsaison tägl. frisches Fleisch von Kampfstieren.

Río Grande, Betis, Tel. 954 27 39 56, moderat: keine hervorragende, aber korrekte Küche; angenehme Lage am Ufer des Guadalquivir mit schönem Blick.

El Mero, Betis 3, Tel. 954 22 35 83, moderat: direkt am Ufer des Guadalquivier unterhalb der Puente de Isabel (Triana) gelegen, sehr gute Fischgerichte.

Pello Roteta, Farmacéutico Murillo Herrara 10, Tel. 954 27 84 17, moderat: baskische Küche; das beste Restaurant im Stadtviertel Triana.

Modesto, Caño y Cueto 5, Tel. 954 41 68 11, moderat: kleines Restaurant, in dem es schwirrt wie in einem Bienenkorb; sehr beliebt bei den Bewohnern des Viertels am Rande des Barrio Santa Cruz. Bis tief in die Nacht geöffnet, vor allem gut gelegen; man kann auch draußen an der Straße sitzen und sich Gambas servieren lassen.

Donald II, Canelejas 12, Tel. 954 22 72 52, günstig: in einem von Anibal González (Architekt der ibero-amerikanischen Ausstellung von 1929) erbauten Haus; Gerichte frisch und schmackhaft.

Casa Kiko, Herbolario 17, günstig: zentral gelegen, aber abseits der Tourismuspfade nördlich der Plaza del Salvador, gute, reichhaltige und preiswerte Gerichte.

El Tres de Oros, Santa Maria la Blanca 34, Tel. 954 42 27 59, günstig: im Barrio Santa Cruz, guter Service mittags zwei Menüs (Fisch oder Fleisch) zur Auswahl.

Santa Marta, Plaza de Santa Marta, günstig: wunderschön gelegenes Lokal mit Bar, Speiseraum und Terasse.

Alcázar: Di–Sa 9.30–18 Uhr, im Winter bis 17 Uhr, So 9.30–17 Uhr.

Archäologisches Museum: Di 15–20 Uhr, Mi–Sa 9–20 Uhr, So und Feiertage 9–14.30 Uhr.

Archivo de las Indias: Mo–Fr 10–13 Uhr; Eintritt frei.

Cartuja / Centro Andaluz de Arte Contemporaneo, Die–Fr 10–20 Uhr, Sa 11–20 Uhr, So 10–15.30 Uhr, Di für EU-Bürger Eintritt frei.

Casa de Pilatos: tägl. 9–19 Uhr.

Hospital de la Caridad, 10–13 und 15.30–18 Uhr, So geschl.

Hospital de los Venerables, Plaza de los Venerables 8, Tel. 954 56 45 95, Fax 954 56 45 95, 10–14 und 16–20 Uhr.

Itálica, römisches Amphitheater in Santiponce, ca. 10 km westlich von Sevilla: Besichtigung Di–Sa 9–18.30 Uhr, im Sommer bis 20 Uhr, So 10–15 Uhr.

Kathedrale: Mo–Sa 11–17 Uhr, So 14–18 Uhr.

Museum der Schönen Künste: Di 15–20 Uhr, Mi–Sa 9–20 Uhr, So und Feiertage 9–14.30 Uhr.

 Keramik (Barrio Santa Cruz, Calle Sierpes); **Tücher, Schmuck**

Bars:
Cervecería Giralda, Mateos Gago 3, nahe der Giralda; besonders reichhaltige Auswahl an *tapas*; das tägliche Angebot ist der Tafel hinter dem Tresen abzulesen. Vorwiegend von jungen Leuten vielbesucht.

Riconcillo, Gerona 40, traditionsreich, 1670 gegründet, schöne Atmosphäre, es gibt auch kleine Speisen und gute *tapas*.

Cafe Abades, Abades 7, großer und eleganter Salon.

Flamenco:
Biennale des Flamenco im Sept. in verschiedenen Theatern. Ganzjährig: **Los Gallos,** Plaza de Santa Cruz, Tel. 954 21 69 81: In intimem Rahmen sieht man hier *reinen* Flamenco. Los Gallos ist Durchgangsstation für viele Berühmtheiten; Vorstellung: 23.30 Uhr.

Patio Sevillano, Paseo de Colón 11, Tel. 954 21 41 20: Neben Flamenco stehen andalusische Folklore und Choreografien nach der Musik spanischer Komponisten auf dem Programm; Vorstellungen: 19.30, 22 und 23.30 Uhr

Stierkampf: v April–Okt.; nur So; Beginn je nach Jahreszeit zwischen 18 und 20 Uhr.

Musik und Musiktheater:
Opernprogramm während des ganzen Jahres im Teatro de la Maestranza.

Festival der Alten Musik (März), im Theater Lope de Vega, dem Alcazar und in einigen Kirchen der Stadt.

Jazz-Festival (Febr. und März) im Teatro de la Maestranza.

Filmmusik-Treffen (Mai), Teatro de la Maestranza.

Internationales Tanztheater während des Sommerfestivals (Juni–Aug.) im Teatro de la Maestranza.

Open-Air Opern-Festival (Sept.) im Auditorium der Cartuja; für das Jahr 2003 ist ein spezielles Programm geplant: Die Bizet-Oper »Carmen« wird vom 4. bis 14. Sept. erstmals als riesiges Open-air- Ereignis aufgeführt, wobei die Stadt Sevilla selbst die Kulisse bilden wird. Der erste Akt wird vor der Tabakfabrik aufgeführt, der zweite und dritte Akt auf der Plaza de Espana, der vierte Akte in der Stierkampfarena. Infos unter: www.carmen-in-sevilla.com, Tel. 0 89-21 99 82 12, Fax 0 89-29 16 16 67 (München).

 Woche vor Ostern: **Semana Santa** (Karwoche); zwei Wochen nach Ostern: **Feria;** 15. Aug.: **Mariä Himmelfahrt,** zugleich Fest der Stadtpatronin Virgen de los Reyes.

 Bootsfahrten auf dem Guadalquivir, Tel. 954 21 13 96: Abfahrt am Torre del Oro: alle volle Stunde Fahrten zum EXPO-Gelände und zurück (Dauer: etwa 1 Stunde). Jeden Sa Tagesfahrt bis zur Guadalquivir-Mündung nach Sanlúcar de Barrameda, Abfahrt 8.30 Uhr, Ankunft in Sanlúcar de Barrameda 13 Uhr, Lan-

daufenthalt; Rückfahrt ab 17.30 Uhr, Ankunft in Sevilla 21.30 Uhr.
Wer den Fluss in Eigenregie befahren möchte, kann am gegenüber liegenden Ufer **Tretboote** leihen (Verleihstation zwischen den Restaurants Río Grande und El Puerto).

Kutschenfahrt, von der Kathedrale am Guadalquivier entlang bis zur Plaza de Americas, durch den Parque Maria Luisa zur Plaza de Espana und zurück.

Isla Mágica (Vergnügungspark), Information und Reservierung unter Tel. 902 16 17 16, 1. Mai–15. Juni Mo–Do 11–20 Uhr, Fr–So 11–23 Uhr, 15. Juni–15. Sept. tägl. 11–23 Uhr, 15. März–30. April und 15. Sept.–15. Dez. Sa, So und an Feiertagen 11–23 Uhr. Busse C1/C2 bis zum Eingang (Puente de la Barqueta)

Flughafen: Aeropuerto de San Pablo, 12 km westlich gelegen (Richtung Carmona) Tel. 954 51 61 11; Busverbindungen vom Stadtbüro der Iberia in der Calle Almirante Lobo 2.

Zug: Vom neu erbauten Bahnhof Santa Justa gibt es eine Schnellverbindung nach Madrid; vom Estación de San Bernardo geht es Richtung Cádiz.

Bus: Bahnhöfe: Estación Manuel Vázquez Sagastizabal, s/n, Tel. 954 41 71 11; Estación de Autobuses Plaza de Armas, am Guadalquivir gegenüber dem Expo-Gelände gelegen (Richtung Extremadura, Portugal, Huelva und Itálica), Tel. 954 90 77 37.

Tarifa

Lage: Vordere Umschlagkarte F1
Einwohner: 15 400

Kiosk am Paseo de la Alameda und im **Rathaus**, Tel. 956 68 41 86.

Hotel Dos Mares, Carretera Cádiz-Málaga, km 79, Tel. 956 68 40 35, Fax 956 68 10 78, moderat: direkt am Strand gelegen, ideal für Windsurfer.
Hotel Hurricane, Carretera Cádiz-Málaga, km 78, Tel. 956 68 49 19, moderat: ähnlich

gute Lage wie Hotel Dos Mares; tropischer Garten.

In der Bucht von **Bolonia** gibt es sehr einfache Unterkunftsmöglichkeiten nahe des Strandes; am schönsten ist es im **Hostal El Jerezano**, Tel. 956 68 85 64, sehr preiswert: kleine einfache Zimmer, freundliche Besitzer, luftiger und abends gemütlicher Speiseraum, gute Küche mit Dessert-Spezialitäten des Hauses.

Camping:
Torre de la Peña, Carretera Nacional 340, km 38, 76,5, Tel. 956 68 49 03, günstig gelegen am Hang.

Der Badestreand von **Playa de los Lances** mit Restaurant und Strandduschen liegt unmittelbar am Stadtausgang und zieht sich in nördlicher Richtung hin bis zu den Stränden der Windsurfer.

Torremolinos

Lage: Hintere Umschlagkarte K3
Einwohner: 35 400

Oficinas de informacion y turismo, Plaza Borbollon, Tel. 952 37 29 56, Plaza de las Comunidades Autonomas, Tel. 952 37 19 09, Ayuntamento, Tel. 952 37 11 25, Mo–Fr vormittags geöffnet.
Im Internet: www.costadelsol.sopde.es, www.ayto.-torremolinos.org.

Torremolinos ist berühmt durch seine Vielzahl an Hotels. 40 % aller Hotels an der Costa del Sol sind hier versammelt. Die folgenden Tipps beziehen sich auf besonders kleine, gut gelegene und preiswerte Häuser.
Hotel Tarik, Paseo Maritimo 49, Tel. 952 38 23 00, günstig: direkt am Strand gelegenes familiäres Drei-Sterne-Hotel.
Hotel Miami, Aladino 14, Tel. 952 38 52 55, günstig: nahe des Strandes La Ckarihuela, Zwei-Sterne-Hotel im andalusischen Stil mit Schwimmbad und Gärten; einige Zimmer mit Terasse und Blick aufs Meer.
AT.Las Vegas, Luzcozan 5, Tel. 952 38 05 39, günstig: Apartments um einen

Patio, mit Salon, Küche, Bad und Terasse, 30 m vom Strand La Carihuela.

Pension La Palmera, Avenida Palma de Mallorca 37, Tel. 952 37 65 09, sehr preiswert: an einer der Hauptachsen des Ortes nahe vieler Bars, kleine Pension mit einfachen Zimmern (mit Bad).

 Casa El Lebeche, Paseo Maritimo, Tel. 952 38 25 33, teuer: vor allem frittierter Fisch.

Antonio, plaza del Remo 6, Tel. 952 38 52 10, teuer: traditionelle Küche.

El Roque, Carmen 35, Tel. 952 38 49 46, günstig: Meerestiere und Fischgerichte erstklassiger Qualität.

Yate El Cordobes, Paseo Maritimo Playamar, Tel. 952 38 49 56, günstig: schöne Terasse mit Blick aufs Meer, gute Fisch- und Fleischgerichte, Paella besonders günstig.

La Marina, Mar 1, Paseo Maritimo, Tel. 952 38 90 74, günstig.

Las Gaviotas, Paseo Maritimo 7, Tel. 952 38 59 84, günstig: direkt am Strand, gegrillter Fisch.

El Levante, Bulto 26, Tel. 952 37 27 34, günstig: einfaches und sehr populäres Lokal, *tapas, raciones* und Menüs.

Trevélez

Lage: Hintere Umschlagkarte N/O5
Einwohner: 800

 La Fragua, San Antonio 4, Tel. 958 85 85 73, günstig: kleines Haus im Alpujarra-Stil inmitten des Dorfes.

Hostal Regina, direkt an der Hauptstrasse im Ortszentrum, Tel. 958 85 85 64, günstig: ganzjährig geöffnetes Haus mit Bad und Heizung.

Camping:
Camping Trevelez, Ctra. Trevelz-Sorgiva km 1, Tel. 958 85 85 75, 1 km entfernt von Trevelez in Richtung Pitres.

 Luftgetrockneter Schinken

 Busse fahren 2 x tägl. nach Berchules und Capileira/Lanjaron (je 1 x früh morgens und nachmittags).

Úbeda

Lage: Hintere Umschlagkarte N9
Stadtplan: S. 67
Einwohner: 32 000

 Oficina de Turismo, Baja del Marqués, s/n, Tel./Fax 953 75 08 97, Mo–Sa 9–15 Uhr.

 Parador Condestable Dávalos, Plaza Vázquez de Molina 1, Tel. 953 75 03 45, Fax 953 75 12 59, teuer: im Renaissancestil erbauter Palast mit großzügigen luxuriösen Innenräumen, hübschem Patio, mitten im schönsten Bezirk der Altstadt gelegen. 100 m von der Promenade entfernt, die am Stadtrand entlangführt und eine gute Aussicht auf das Guadalquivir-Becken und die Berge der Sierra de Cazorla bietet.

Palacio de la Rambla, Plaza del Marqués 1, Tel. 953 75 01 96, Fax 956 75 02 67, teuer: zentral gelegen und nahezu gleichrangig zum Parador, ein in jüngster Zeit nobel renovierter Palast mit Innenhof, dessen Architekt Andrés Vandelvira war; Alfons XIII. war hier schon zu Gast.

Hotel La Paz, Andalucia 1, Tel. 953 75 21 40, günstig: ruhiges und großzügiges Zwei-Sterne-Hotel.

Hotel Dos Hermanas, Risquillo Bajo 1, Tel. 953 75 21 24, günstig: Ein-Stern-Hotel mit allem Komfort, alte Möblierung, sehr sauber.

Pension Victoria, Alaminos 5, Tel. 953 75 29 52, günstig: äußerst schlicht, aber sehr gut gelegen, nur einige Minuten bis zum historischen Viertel.

 El Gallo Rojo, Ceruela de San Nicolas, Tel. 953 75 20 38, moderat: eines der angesehensten und populärsten Lokale der Stadt mit großer Auswahl an ausgewählten Speisen.

Pintor Orbañeja, Virgen de Guadalupe, Tel. 953 75 90 98, moderat: das beste

Restaurant für die Spezialitäten der regionalen und lokalen Küche.

El Marques, Plaza del Marques la la Rambla 2, Tel. 953 75 72 55, moderat: empfehlenswerte gediegene Küche.

El Olivo, Avenida Ramon y Cajal 6, Tel. 953 75 2 092, günstig: Menüs aus frischen und qualitätsvollen Produkten.

Barbacoa, San Cristobal 17, günstig: variantenreiche Küche, Spezialität: Fleisch vom Grill.

 Busse nach Jaén.

Vejer de la Frontera

Lage: Vordere Umschlagkarte E2
Einwohner: 12 800

Oficina Municipal de Turismo, Marques de Tamaron 10, Tel. 956 45 01 91.

Hotel Hospedería del Convente de San Francisco, La Plazuela, s/n, Tel. 956 45 10 01, Fax 956 45 10 04, moderat: größtes Hotel am Platze; stilvoll, zentral gelegen.

Casablanca, Canalejas 8, Tel./Fax 956 44 75 69, günstig: kleine Apartments um einen hübschen Patio.

Hostal La Janda, Avenida de Andalucia, Tel. 956 45 01 42, sehr preiswert: günstig gelegen; kein Komfort.

Weitere **Apartments** und **Zimmer im Ort**, vorzugsweise in alten traditionellen Häusern, vermittelt der Ladenbesitzer von Magnum Bike & Surf, Avenida de los Remedios 45, Tel. 956 44 75 75.

Häuser und Apartments an den nahe gelegenen Stränden von **Canos de Meca** und **El Palmar** vermietet Hacienda Sajorami in Zahora, Tel. 670 99 11 26, Fax 956 43 73 59, www.haciendasajorami.com, günstig.

Trafalgar, Plaza de Espana 31, Tel. 956 44 76 38, moderat: gute Tagesgerichte.

Venta Pinto, Barca de Vejer, Tel. 956 45 00 69, günstig: einfaches Lokal in einer alten Poststation, Tagesangebote (Fische) stehen auf einer Tafel am Eingang; bemerkenswerte Desserts.

Velez Blanco

Lage: Hintere Umschlagkarte R7
(nahe Vélez-Rubio)
Einwohner: 2300

Oficina Municipal de Turismo, Centro de visitantes Almacen del Trigo, Avenida del Marques de los Velez, Tel. 950 41 56 51, tägl. 10–14 Uhr. Hier werden auch interessante Führung angeboten.

Hotel Casa de los Arcos, San Francisco 2, Tel. 950 61 48 05, Fax 950 61 49 47, günstig: jüngst restauriertes schönes Drei-Sterne-Hotel.

Casa Rural Almazara, Red de Alojamientos Velezanos, Tel. 950 41 53 94, günstig: rustikale Häuser inmitten der Natur.

El Molino, Curtidores, Tel. 950 41 50 70, günstig: in einer alten Mühle eingerichtet, Spezialität: Fleisch vom Grill, Lamm und Rebhuhn.

Velez Rubio

Lage: Hintere Umschlagkarte R7
Einwohner: 6500

Oficina de Turismo, Carrera del Carmen, Tel. 950 41 25 60, 9–14 Uhr und 17 bis 20 Uhr (im Winter 16–19 Uhr).

Hotel Zürich, Paseo de la Libertad, Tel. 9504 1 03 35, günstig: nahe des belebten Zentrums, gut ausgestattetes Zwei-Sterne-Hotel.

Hotel Jardin, Carretera Murcia-Granada, 17, Tel. 950 41 01 06, sehr preiswert: ruhiges einfaches sauberes Haus auf der Strecke.

Espadin, Almez 2, Trel. 950 41 25 34, günstig: Spanferkel und verschiedene Fleischspeisen vom Grill sind von besonderer Güte. Die Mahlzeiten sind reichlich. Satt wird man schon ab 7 Euro.
Jardin, s. unter Hotel, günstig: großzügiger Speisesaal, zügiger Service, variationsreiche Speisen, gute Küche.

Zahara de los Atunes

Lage: Vordere Umschlagkarte F2
Einwohner: 1100

Hotel Gran Sol, Avenida de la Playa, Tel. 956 43 91 97, Fax 956 43 91 97, teuer: ruhig, am Rande des Ortes gelegen; kilometerlanger einsamer Strand; ganzjährig geöffnet.
Hotel Pozo del Duque, Avenida de las Plameras, Tel. 956 43 90 40, Fax 956 43 90 87, moderat: am Strand mit kleinem Garten.
Hotelito El Varadero, Tel. 956 43 90 38, Fax 956 43 94 81, moderat: winziges angenehmes Haus rechts hinter dem großen Hotel Sol Club Atlanterra (mit großem Sportangebot auch für Nicht-Gäste).

Camping:
Camping Bahia de la Plata, Avenida de las Palmeras, Tel. 956 43 90 40, Fax 956 43 90 87, in Richtung Atlanterra, ganzjährig geöffnet.

 Sehr langer und schöner feinsandiger Strand.

Reiseinformationen von A–Z

Ein Nachschlagewerk – von A wie Anreise über N wie Notfälle bis Z wie Zeitungen – mit vielen nützlichen Hinweisen, Tipps und Antworten auf Fragen, die sich vor oder während der Reise stellen. Ein Ratgeber für die verschiedensten Reisesituationen.

Anreise

■ Mit dem Flugzeug

Málaga ist noch immer die Drehscheibe für den Flugverkehr. Neben den spanischen Fluggesellschaften Iberia und Viva Air fliegen zahlreiche Gesellschaften direkt dorthin. Charterflüge nach Málaga sind besonders preiswert. Sevilla wird von Deutschland, Österreich und der Schweiz direkt angeflogen. Almería und Jerez de la Frontera sind ebenfalls mit Linien- und Charterflügen zu erreichen.

Für Studenten, Senioren und Personen unter 25 Jahre gibt es Ermäßigungen bei Linienflügen. Von Mai bis September sind die Flüge nach Jerez de la Frontera besonders preisgünstig (ca. 200 €).

Anschriften der Iberia:
Westendstr. 12,
60325 Frankfurt/M.,
Tel. 0 69/7 16 61

Operring 11,
A-1010 Wien,
Tel. 1/56 61 80, Fax 1/58 76 30

Talackerstr. 42,
CH-7001 Zürich,
Tel. 01/2 21 14 35

■ Mit der Bahn

Die Anreise nach Andalusien mit der Bahn ist sehr umständlich, da man meist mehrmals umsteigen muss. Innerhalb Spaniens ist das Zugfahren aber attraktiver geworden, da zwischen Madrid und Sevilla ein Schnellzug verkehrt, der die Strecke in

wenigen Stunden bewältigt. Man wählt entweder die westliche Variante über Paris (dort umsteigen), das Baskenland (Grenzstation Hendaye/Irun) und Madrid. Die östliche Variante führt ans Mittelmeer über Lyon nach Barcelona. Von dort wählt man die Strecke über Madrid oder Valencia. Von Valencia führt die Strecke über den andalusischen Knotenpunkt Linares–Baeza nach Granada oder Almeria.

Mit dem Autoreisezug kann man bis nach Südfrankreich gelangen, aber auch über Barcelona und Madrid bis nach Sevilla und Málaga.

■ Mit dem Bus

Die Deutsche Touring – Europabus fährt regelmäßig von mehreren deutschen Großstädten aus nach Málaga und Sevilla. Informationen erteilen die Busbahnhöfe und Reisebüros oder die Deutsche Touring GmbH, Am Römerhof 17, 60486 Frankfurt, Tel. 0 69/7 90 30.

■ Mit dem Pkw

Für die Anreise mit dem Auto sind mindestens zwei bis drei Tage zu veranschlagen. Je nach Zielort in Andalusien bietet sich in Spanien die küstennahe Autobahn oder die Strecke über Madrid an, um in den Süden zu gelangen. Das Streckennetz innerhalb Spaniens ist in den letzten Jahren ausgebaut und verbessert worden, doch die Anfahrt ist insgesamt sehr lang, und wer Zeit und Kräfte sparen möchte, sollte die Benutzung eines Autozuges in Erwägung ziehen. Wie in Frankreich ist auch in Spanien die Autobahnbenutzung gebührenpflichtig, das Fahren auf den jüngeren, autobahnartig ausgebauten *auto-vias* hingegen gebührenfrei. In Andalusien ist nur die Strecke Sevilla–Cádiz kostenpflichtig *(peaje)*. Bleifreies Benzin ist problemlos an den Tankstellen zu bekommen. Es gilt die Alkoholgrenze von 0,5 Promille.

Pannenhilfe mit z. T. deutschem Telefondienst (Mitglieder von ADAC, TCI/TCS oder ÖAMTC): Tel. 915 93 33 33.
Notruf des spanischen Verkehrsclubs RACE: Tel. 900 11 22 22.

Aktivitäten

■ Golf
Andalusien ist inzwischen wohl zum wichtigsten europäischen Gelände für den Golfsport geworden. Die Plätze sind überaus zahlreich und schön gelegen. Internationale Wettbewerbe werden hier ausgetragen. Traditionelles Zentrum am Mittelmeer ist die Gegend um Marbella. Doch auch an der Atlantikküste (Costa de la Luz) entstehen zur Zeit neue Plätze.

■ Klettern
In den letzten Jahren sind vor allem an der Südspitze Andalusiens (Campo de Gibraltar) in der Umgebung von Tarifa Klettergebiete in verschiedenen Schwierigkeitsgraden ausgewiesen worden. (einen Kletterführer gibt es in Tarifa). Zum Abenteuer des Festklammerns kommt der häufig starke Wind hinzu. Von den nach Südwest ausgerichteten steilen Klippen kann man bei guter Sicht über die Straße von Gibraltar bis nach Afrika schauen.

■ Radwandern
Das Fahrrad ist in Andalusien als Fortbewegungsmittel wenig verbreitet, obwohl andererseits der Radrennsport in ganz Spanien beliebt ist. Aber es gibt immer mehr Reisende, die sich für das Radwandern als Urlaubsaktivität und als Art der Fortbewegung entscheiden. Denn so lassen sich Erholung und der Genuss landschaftlicher Impressionen sinnvoll verbinden. Zum Radfahren eignen sich das andalusische Hügel- und Bergland zwischen Atlantik-

küste und Sierra Nevada sowie das Guadalquivir-Becken besonders gut.

Sowohl an der Küste wie in touristisch erschlossenen Gebirgsregionen kann man Mountainbikes *(bicicletas de todo terreno)* ausleihen.

■ Reiten
Angebote, Pferde zu mieten und andalusische Landschaften ›reitend‹ kennen zu lernen, gibt es vielerorts. Nähere Informationen und Adressen erhalten Sie in den Tourismusbüros und bei den unten genannten Veranstaltern.

Centro Ecuestre Artecus
Miguel Barrionuevo
Apartado 94
Alaurin de la torre (Málaga)
Tel. 952 41 28 18

Centro Ecuestre Epona
Fernando Gª Carvajal
Ctra. N. IV, Madrid-Cádiz, km. 519
Apartado 86
Carmona (Sevilla)
Tel. 954 15 53 59

Centro Hípico Ciudad de Chiclana
Sres. Vázquez Vela
Ctra. Fuenteamarga 32
Chiclana (Cádiz)
Tel. 956 40 29 44

Torrestrella
Juan Panedas Galindo
Avenida Duque de Abrantes 40
Jerez de la Frontera (Cádiz)
Tel. 956 30 41 68, 956 31 40 65

■ Wandern
Wandern *(senderismo)* ist in Andalusien wenig verbreitet, findet aber immer mehr Anhänger bei Jugendlichen aus den größeren Städten.

Es gibt nur wenige ausgezeichnete Wanderstrecken – so in Torcal de Antequera (vgl. S. 170) oder im Refugio de Juanar (vgl. S. 148). Vielfach sind die Hinweistafeln im Gelände wenig hilfreich, vor allem wenn weitere Hinweise auf den Wegen und Abzweigungen fehlen. Vieles muss

man deshalb auf eigene Faust planen –
und entdecken. Empfehlenswerte Wander-
gebiete sind die nördlichen Vorgebirge der
Sierra Nevada, die Sierra de Cazorla, die
Sierra Morena sowie die Sierra de Grazalema und die Atlantikküste zwischen Tarifa
und Cádiz.

Gut organisierte Wanderungen werden
für die Sierra de Grazalema und die Alpujarras angeboten.

Apotheken

Farmacías sind durch grünes Kreuz auf
weißem Grund gekennzeichnet. Öffnungszeiten: wochentags 9–13.30 und 15–19 Uhr,
Sa 9–12.30 Uhr.

Nachtdienst bis 22 Uhr, danach sind
Medikamente nur noch gegen Rezept
erhältlich. Nacht- und Sonntagsdienste
können der Tageszeitung oder den Aus-
hängen an den Apotheken entnommen
werden.

Auskunft

Bei den spanischen **Fremdenverkehrsämtern** können Sie sich vorab Informationen über Unterkunftsmöglichkeiten, über
die einzelnen Provinzen oder auch zu einigen Spezialthemen besorgen.

■ In Deutschland
Myliusstr. 14
60323 Frankfurt/M.
Tel. 0 69/72 50 33, 72 50 38, Fax 72 53 13

Grafenberger Allee 100 (Kutschenhaus)
40237 Düsseldorf
Tel. 02 11/6 80 39 80
(Anforderung von Informationsmaterial),
Tel. 6 80 39 81 (Auskünfte), Fax 6 80 39 85

Postfach 151940
80051 München
Tel. 0 89/5 38 90 75, Fax 5 32 86 80

Kurfürstendamm 180
10707 Berlin
Tel. 0 30/8 82 65 43, Fax 8 82 66 61

■ In Österreich
Walfischgasse 8/14
1010 Wien 1
Tel. 01/5 12 95 80, Fax 5 12 95 81

■ In der Schweiz
Seefeldstr. 19
8008 Zürich
Tel. 01/2 52 79 31, Fax 2 52 62 04

15, Rue Ami-Levrier,
1201 Genf
Tel. 0 22/7 31 11 33, Fax 7 31 13 66

■ In Andalusien
Regionale Informationsbüros *(Oficinas de
Turismo)* gibt es in jedem größeren Ort
Andalusiens. Das Hauptbüro für Andalu-
sien befindet sich in Sevilla: Consejería de
Turismo, Comercio y Transportes, Avenida
República Argentina 23, Tel. 954 27 01 39.

Die Informationsbüros stellen vielerlei
Materialien, u. a. Verzeichnisse von Unter-
künften, auch von privaten Vermietern von
Ferienwohnungen sowie einen Camping-
Führer (allerdings nur auf spanisch) zur
Verfügung. Ein ausführlicher Camping-
Führer in deutscher Sprache kann über
den ADAC bezogen werden. Des Weiteren
erhält man in den örtlichen Tourismus-
büros Stadtpläne und Informationen über
Veranstaltungen und die aktuellen Öff-
nungszeiten der Sehenswürdigkeiten. Die
Prospekte sind meist auch in deutscher
Sprache erhältlich.

In Sevilla und Málaga liegen monatliche
Kulturprogramme in den Tourismus-
büros aus. Ein vierteljährlich erscheinen-
des Kulturprogramm kann beim spanischen Fremdenverkehrsamt kostenlos
angefordert werden.

■ Im Internet
Fremdenverkehrsamt Turespaña:
www.Tourspain.es
Andalusisches Fremdenverkehrsamt
Turismo Andaluz: www.andalucía.org

Behinderte

Ausführliche Information über rollstuhlgerechte Unterkünfte sowie Vorschläge zur Hilfeleistung gibt die Bundesarbeitsgemeinschaft der Clubs Behinderter und ihrer Freunde e.V. Eupener Straße 5, 55131 Mainz, Tel. 0 61 31/22 55 14, sowie der Bundesverband Selbsthilfe Körperbehinderter e.V., Friesdorfer Straße 255, 53175 Bonn, Tel. 02 28/31 78 40.

Diplomatische Vertretungen

■ Botschaft der Bundesrepublik Deutschland
Calle de Fortuny 8
Madrid 4
Tel. 913 19 91 00

■ Generalkonsulat
Avenida de la Palmera 19,
Edificio Winterthur,
410135 Sevilla
Tel. 954 23 02 04

■ Österreichisches Konsulat
Marqués de Paradas 26
41001 Sevilla
Tel. 954 22 21 62

■ Schweizer Konsulat
San Lorenzo 4
29005 Malaga
Tel. 952 21 72 66

Einreise- und Zollbestimmungen

■ Reisedokumente
Benötigt wird von Deutschen, Österreichern und Schweizern ein gültiger Personalausweis oder Pass. Kinder unter 16 Jahren müssen einen Kinderausweis vorlegen oder im Familienpass eingetragen sein. Die Aufenthaltsdauer ist für EU-Bürger nicht begrenzt. Schweizer, die länger als drei Monate bleiben wollen, sollten sich mit der spanischen Botschaft in der Schweiz in Verbindung setzen. Mitgeführte Hunde und Katzen müssen mindestens

3 Monate alt sein und benötigen ein amtsärztliches Gesundheitszeugnis und einen internationalen Impfpass, beides in spanischer Übersetzung (erhältlich beim Konsulat).

■ Zollbestimmungen
Bargeld kann in unbegrenzter Höhe eingeführt werden. Für die zollfreie Ein- und Ausfuhr innerhalb der EU gelten folgende Richtmengen: 800 Zigaretten (oder 400 Zigarillos oder 200 Zigarren) und 90 l Wein (oder 10 l Spirituosen bzw. 20 l Likör o. ä.). Für Nicht-EU-Bürger sind die zollfreien Mengen nach wie vor auf 200 Zigaretten und 1 l Spirituosen beschränkt. Die Ein- und Ausfuhr von Rauschgift und Waffen, auch Verteidigungsspray, ist verboten.

Elektrizität

220 Volt ist üblich. In älteren Häuser auf dem Lande trifft man allerdings manchmal noch auf 125-Volt-Steckdosen. Einen Adapter *(adaptoro de grueso a fino)* gibt es in Elektrogeschäften für 1 € zu kaufen.

Essen und Trinken

Das Essen hat für Andalusier eine zentrale Bedeutung, obwohl Außenstehende zunächst den Eindruck gewinnen können, es handele sich um eine Nebensache. In den Bars werden kleine Appetithäppchen angeboten, so genannte *tapas,* die häufig auch als größere Portion *(ración)* zu erhalten sind. Hat man sich erst einmal an diese *tapas* gewöhnt, genießt man den Tag mit lauter Zwischenmahlzeiten, durch die man einen Einblick in die Vielfalt und Qualität der andalusischen Küche bekommt. Denn von Tintenfisch über verschiedene Arten von *tortilla,* Würsten, Käse und Salaten lernt man allerhand regionale Spezialitäten kennen. Mancherorts, vor allem in Jaén oder in Granada, ist es üblich, zu jedem bestellten Getränk unaufgefordert – und unentgeltlich – eine *tapa* zu servieren. Trinkt man entsprechend viel, wird man schnell satt.

Sowohl die Zeiten, zu denen die Hauptmahlzeiten des Tages eingenommen werden, als auch ihr Charakter weichen von unseren Gewohnheiten ab. Ein Frühstück in unserem Sinne gibt es kaum. Man trinkt den *café* in der Bar und isst einen Toast *(tostada),* oft mit Olivenöl oder Butter und Marmelade, oder einen süßen Kuchen. Die großen Hotels sind natürlich auf die Bedürfnisse von Ausländern eingestellt und bieten meist ein Buffet.

Bis zur ersten großen Mahlzeit muss man sich also mit Kleinigkeiten begnügen. Natürlich ist es auch möglich, am Vormittag den örtlichen Markt aufzusuchen, um sich mit frischen Nahrungsmitteln zu versorgen. Frühestens um 13 Uhr, meistens aber später, öffnen die Restaurants. Die Andalusier gehen mittags erst ab etwa 14 Uhr essen und leiten damit die *siesta* ein, die mittägliche Ruhezeit, die bis gegen 17 Uhr dauert. Die kleinen Lebensmittelläden öffnen erst danach wieder, schließen aber – auch samstags, teils sogar sonntags – nicht vor 20 Uhr.

Ab 21 Uhr (in Touristenorten auch früher) erhält man in den Restaurants ein Abendessen. Die Andalusier speisen vielfach noch später. Nun gibt es keinen kleinen Nachtimbiss, sondern die Hauptmahlzeit des Tages. Man isst reichlich und mit Muße. Der (kühlere) Abend weckt die Lebensgeister noch einmal, vor allem in den Großstädten. Die Familien verlassen das Haus, auch die Kinder (schließlich haben sie mittags lange genug geruht!). Erst ab Mitternacht legt sich das Treiben.

Hat man am späten Abend einen vollen Magen, kann man natürlich nicht gleich ins Bett gehen. Nach dem Essen müssen noch ein *café* und ein *Brandy,* eine *copa* (Gläschen), getrunken werden. Dazu sucht man in der Regel eine Bar auf. Allerdings gibt es in Andalusien kaum so etwas wie die deutsche ›Stammkneipe‹. Am Abend nur in einem Lokal gesessen zu haben, ist zumindest befremdlich. Man liebt den Wechsel.

■ Die andalusische Küche

Will man das andalusische Essen genießen, darf man keine Scheu vor Knoblauch haben, das aus der Küche der Region nicht wegzudenken ist. Sogar gebratene Wachteln werden häufig mit Knoblauch angeboten (ohne Sauce, nur mit Olivenöl). Typisch ist alles, was mit Sherry zubereitet wird *(al jerez):* Nieren *(riñones),* Lende *(lomo),* Hähnchen *(pollo)* u. a. m.

In den Bergen von Cazorla bekommt man *carne del monte* (Bergfleisch) in einer Wein-Mandel-Sauce. Das Fleisch kann von der Bergziege oder vom Hirsch oder Reh stammen. Im gebirgigen Andalusien gibt es viele wilde Forellen *(trucha).* Auch sie werden mit Mandeln zubereitet. Ein verbreitetes Fleischgericht ist Hauskaninchen *(conejo)* mit Thymian oder einer Weinsauce.

Im Frühjahr steht in Granada eine Abart der so genannten Saubohnen auf dem Speisezettel, die in den Dörfern der Sierra Nevada wachsen und jung geerntet werden. Sie sind zart und mild; mit *jamón serrano* (luftgetrocknetem Schinken) kurz gedünstet, ergeben sie köstliche *habas con jamón.*

In der kühleren Jahreszeit ist der *cocido,* ein Kircherbseneintopf, dem im Unterschied zum Madrider *cocido* kein Weißkohl zugegeben wird, überaus beliebt. Den charakteristischen würzigen Geschmack erhält der gehaltvolle Eintopf durch den mitgekochten Schinkenknochen, die rote Paprikawurst *(chorizo)* und die schwarze Blutwurst *(morcilla).* Beide Wurstarten sind in Andalusien verbreitet. Gern isst man sie in Wein gesotten. Die andalusische *morcilla* ist mit Pinienkernen gefüllt und sehr viel weniger fett als ihre Madrider Schwester. Überhaupt ist Essen in Andalusien zumeist – den warmen Temperaturen angemessen – leicht und gut bekömmlich.

Ein klassisches andalusisches Gericht, einfach und in der heißen Jahreszeit köstlich erfrischend, ist der *gazpacho,* ursprünglich eine Landarbeitersuppe. Heute führt jedes andalusische Restaurant, das etwas auf sich hält, *gazpacho* auf der Speisekarte. Diese Gemüsesuppe besteht aus pürierten Tomaten und Gurken, Knoblauch und Paprikaschoten, Salz und Olivenöl und wird kalt serviert. Je nach Geschmack reichert man sie zusätzlich mit kleingeschnittenen Zwiebeln, Paprikaschoten, Tomaten und Brotwürfeln an.

Als Aperitif trinkt man einen trockenen Sherry *(fino)*, zum Essen natürlich Wein *(vino)*, aber auch spanisches Bier *(cerveza)*, das sehr kühl getrunken wird. Mineralwasser gibt es mit Kohlensäure *(agua mineral con gas)* oder ohne *(sin gas)*. Wo immer es möglich ist, sollte man *zumo de naranja* bestellen, frischgepreßten Orangensaft.

■ Kleine andalusische Speisekarte
Allgemeines
almuerzo, comida – Mittagessen
camarero – Kellner
cena – Abendessen
cubierto – Gedeck, Besteck
cuchara – Löffel
cucharita – Teelöffel
cuchillo – Messer
desayuno – Frühstück
plato – Teller
taza – Tasse
tenedor – Gabel
vaso – Glas

entremeses y tapas – Vorspeisen und tapas
aceitunas – Oliven
anchoas – Sardellen
ensalada – Salat
… verde/mista – grüner/gemischter
gazpacho – kalte Suppe aus Essig, Öl, Knoblauch, Zwiebeln und geschnittenen Gurken etc.
jamón – Schinken
mantequilla – Butter
pan – Brot
panecillo – Brötchen
sardinas – Sardinen
tapas – kleine Appetithäppchen (s. S. 345)
tortilla española – Kartoffel-Ei-Torte
tortilla francesa – Omelette

Eierspeisen
huevo – Ei
… duro/pasado – hart/weich
… frito – Spiegelei
… revuelto – Rührei
… tortilla – Omelette

pescado y mariscos – Fisch und Meeresfrüchte
anguila – Aal
atún – Thunfisch
calamares – gegrillte Tintenfischchen
gambas – Garnelen
langostas – Hummer
langostinos – Langusten
lenguado – Seezunge
merluza – Seehecht
mero – Zackenbarsch
pulpo – Polyp, Tintenfisch
salmón – Lachs
salmonete – Meerbarbe
trucha – Forelle

carnes, caza y aves – Fleisch, Wild und Geflügel
asado – Braten
buey – Rind, Ochse
cabra – Ziege
carnero – Hammel
cerdo – Schwein
choto – Zicklein
conejo – Kaninchen
cordero – Lammfleisch
jabalí – Wildschwein
jamón – Schinken
lomo – Lenden- oder Rückenstück
pato – Ente
perdiz – Rebhuhn
pollo – Huhn
salchichón – Hartwurst
ternera – Kalbfleisch
vaca – Rind

legumbres/verdura – Gemüse
alcachofas – Artischocken
acelgas – Mangold
berenjenas – Auberginen
cebollas – Zwiebeln
espárragos – Spargel
espinacas – Spinat
guisantes – Erbsen
judias verdes – grüne Bohnen
lentejas – Linsen
patatas – Kartoffeln
patatas fritas – Pommes Frites
pepinos – Gurken
tomates – Tomaten

Zutaten und Gewürze – condimentos
aceite – Öl
ajo – Knoblauch
azúcar – Zucker
mostaza – Senf
pimienta – Pfeffer
sal – Salz
vinagre – Essig

postres – Nachspeisen
flan – Karamelpudding
frutas del tiempo – Früchte der Saison
helado – Eis
pastel – Kuchen
queso – Käse
tarta – Torte

frutas – Früchte und Obst
frambuesas – Himbeeren
fresas – Erdbeeren
higos – Feigen
manzana – Apfel
melocotón – Pfirsich
naranja – Orange
pera – Birne
piña – Ananas
plátano – Banane
sandías – Wassermelonen

Getränke
agua mineral con/sin gas – Mineralwasser mit/ohne Kohlensäure
café con leche – Milchkaffee
café solo – schwarzer Kaffee
cerveza – Bier
jerez – Sherry
... amontillado – halbtrockener Sherry
... fino – trockener Sherry
... oloroso – süßer Sherry
leche – Milch
manzanilla – Kamillentee
vino – Wein
... blanco – Weißwein
... tinto – Rotwein
... rosado – Rosé
vino del país – Landwein
vino dulce – süßer Wein
vino seco – trockener Wein
zumo – Saft
... de melocotón – Pfirsichsaft
... de naranja – Orangensaft

■ **Restaurants**
Restaurants geben manchmal nur Netto-preise an und verlangen zusätzlich die Zahlung des Gedecks (Brot). In Bars und Cafés gibt es drei verschiedene Preise, je nachdem, wo der Verzehr stattfindet: stehend am Tresen oder sitzend im Lokal. Draußen sitzend (terraza) ist es am teuersten.

Feste und Feiertage

■ **Wichtige Feste in den Provinzen**
In allen Orten wird die Karwoche *(Semana Santa)* mit feierlichen Prozessionen begangen. Besonders eindrucksvoll sind sie in Sevilla. Schön sind auch die Fronleich-namsprozessionen.

Almería
24.–30. August: Feria mit internationalem Musikfest

Cádiz
Februar: Karneval
Mai: Frühlingsfest in Sanlúcar de Barra-meda; Manzanilla-Fest in Puerto de Santa María
Juli: Gesangsfest in San Fernando
August: Sommerfestspiele von Cádiz mit Theater-, Tanz- und Musikdarbietungen

Córdoba
Anfang Mai: Fest der Blumenkreuze und Fest der Patios
Ende Mai: Feria

Granada
2. Januar: Tag der Einnahme Granadas durch die Katholischen Könige
3. Mai: Tag der Maikreuze
Letzter Sonntag im September: Fest der Stadtheiligen

Jaén
16. Januar: Fest des Heiligen Antonius, mit Feuern und Tänzen
11. Juni: Feier zu Ehren der Schutzpatronin der Stadt, der Virgen de la Capilla
17.–20. Oktober: Feria de San Lucas

Jerez de la Frontera
Zweite Maiwoche (Mi–So): Feria del
  Caballo (Fest des Pferdes)
August: Flamenco-Festival
September: Weinlesefest
Dezember: Nationaler Wettbewerb für
  Flamenco-Gitarre

Málaga
5. Januar: Reiterfest
Februar: Karneval
4.–12. August: Feria

Ronda
September: Stierkämpfe in historischen
  Kostümen

Sevilla
Zwei Wochen nach Ostern: Feria de Abril
Pfingsten: Wallfahrt nach El Rocío
15. August: Mariä Himmelfahrt, zugleich
  Fest der Stadtpatronin Virgen de los
  Reyes

■ Gesetzliche Feiertage
1. Januar (Neujahr)
6. Januar (Heilige Drei Könige)
Karwoche (in Andalusien ist von Palmsonntag bis Ostersonntag arbeitsfrei)
1. Mai (Tag der Arbeit)
Fronleichnam
25. Juli (Tag des heiligen Santiago, des
  Schutzheiligen Spaniens)
15. August (Mariä Himmelfahrt)
12. Oktober (Entdeckung Amerikas)
1. November (Allerheiligen)
6. Dezember (Tag der Verfassung)
8. Dezember (Unbefleckte Empfängnis)
25. Dezember (Weihnachten)

Flamenco

Als Hochburgen des Flamenco gelten insbesondere Sevilla und Jerez de la Frontera. Professionelle Vorführungen finden
in so genannten *tablaos* statt. Im Eintritts-
preis ist normalerweise ein Getränk nach
Wahl enthalten.

Fotografieren

Es lohnt sich, ausreichend Filme von zu
Hause mitzubringen, denn in Spanien sind
sie teurer. In den meisten Museen und Kirchen ist Fotografieren, zumindest mit Blitz-
licht, verboten.

Fremdenführer

Die Tourismusbüros *(Oficinas de Turismo)*
vermitteln offiziell anerkannte Fremden-
führer *(guías)*. In Sevilla und Granada kann
man damit rechnen, Deutsch sprechende
einheimische und gut informierte Frem-
denführer zu bekommen, allerdings kaum
in der Hauptsaison.

Geld und Banken

In Spanien wird seit dem 1. Januar 2002
mit dem Euro (€) bezahlt. Besucher aus der
Schweiz tauschen ihr Geld zum Kurs:
1 sFr = 0,66 €; 1 € = 1,51 sFr.

Banken haben nur Mo–Fr 9–14 Uhr, Sa bis
13 Uhr geöffnet. In den internationalen
Flughäfen gelten Sonderöffnungszeiten.
Am bequemsten ist die Bargeldbeschaf-
fung mit EC-Karte oder Kreditkarte an den
überall verbreiteten Bankautomaten. Die
Benutzung von Traveller-Cheques gehört
weiterhin zu den sicheren Formen des
Geldbeschaffens im Ausland, weil sie bei
Verlust ersetzt werden. Mit der so genannten SparCard 3000 der Postbank (mindestens sechs Wochen vor Reiseantritt bestellen!) kann man von Geldautomaten, die
das Symbol VISA-PLUS zeigen, Geld
bekommen.

Gesundheit

Die ärztliche Versorgung ist in der Regel
gut. Die meisten Hotels in den Touristenzentren sorgen dafür, dass im Notfall ein
Arzt ins Haus kommt. Bei mittleren Be-
schwerden sollten man eine ambulante
Station aufsuchen *(ambulatorio)*. *Urgen-*

cias heißen die Notaufnahmen in Krankenhäusern.

Am besten ist es, die Rechnung des Arztes gleich in bar zu begleichen. Die Bescheinigung (mit Diagnose und Rechnungsbetrag) kann man zuhause bei der Krankenkasse einreichen. Als AOK- oder Ersatzkassenpatient benötigt man einen Auslandskrankenschein. Bevor der Arzt in Andalusien aufgesucht wird, muss dieser Krankenschein im Büro des Sozialversicherungsträgers *(Seguridad Social)* gegen einen spanischen Krankenschein eingetauscht werden. Mit einer privaten Reise-Zusatzversicherung hat man es bequemer und wählt sofort den Arzt nach eigener Wahl.

Zwischen den deutschen und spanischen Krankenkassen gibt es ein Sozialversicherungsabkommen. Da jedoch nicht alle Ärzte den Auslandskrankenschein akzeptieren, sollte man zusätzlich eine Reisekrankenversicherung abschließen.

Günstig ist der Abschluss der spanischen Touristenversicherung (ASTES). Sie deckt alle Arzt- und Krankenhauskosten ab und wird von jedem Reisebüro vermittelt.

Internet-Cafes

Internet-Cafes gibt es in den Touristenzentren der Costa del Sol und in den Großstädten wie Malaga, Sevilla und Granada.

Karten

Gute Übersichtskarten bietet die Südspanienkarte des Reise-und Verkehrsverlags (RV), für Selbstfahrer eignen sich wegen der detaillierten Darstellung die Andalusienkarten von Michelin.

Kinder

Sowohl für Flugreisen wie für Hotelunterkünfte gibt es Kinderermäßigungen. In kleineren Pension ist die – häufig kostenlose – Bereitstellung eines Beistellbettes üblich.

An der Costa del Sol und an der Costa de la Luz sind im letzten Jahrzehnt eine Reihe von attraktiven Unterhaltungsparks entstanden, die speziell für Kinder reizvoll sind: vom Tiergehege bei Estepona bis zu Aqua-Parks in Torremolinos und bei Puerto de Santa Maria; in Sevilla lockt die Isla Magica und in Granada ein technisches Mitmach-Museum.

Andalusien ist ein kinderfreundliches Land. Die Geburtenrate ist zwar auch hier wie in ganz Spanien drastisch zurückgegangen, aber Kinder gehören ganz selbstverständlich zum alltäglichen Leben, auch in den späten Abendstunden. Nach der Siesta während des Nachmittags findet der obligatorische Spaziergang gegen 17 Uhr statt. Während des nächtlichen Treibens auf den Straßen sind natürlich auch die Kinder aller Altersstufen dabei, ebenso in den Restaurants bis Mitternacht.

Literaturhinweise

■ Belletristik

Interessante Hintergrundinformationen zu Themen der andalusischen Kultur und Geschichte finden sich u. a. in folgenden literarischen Werken und Reisebüchern:

Frank Baer: Die Brücke von Alcántara, München/Hamburg 1988
Eberhard Cyran: Abend über Alhambra, Heilbronn 1992
Lion Feuchtwanger: Die Jüdin von Toledo, Frankfurt/M. 1989
Bruno Frank: Cervantes, München 1982
Max Frisch: Don Juan oder die Liebe zur Geometrie, Frankfurt/M. 1975 Hollfeld/Ofr. 1978
Antonio Gala: Die Handschrift von Granada, Frankfurt/Main 1994
Théophile Gautier: Reise in Andalusien, München 1981
Juan Goytisolo: Rückforderung des Conde don Julian, Fraunkfurt/Main 1995
Ernest Hemingway: Der Tod am Nachmittag, Reinbek bei Hamburg 1989
Washington Irving: Erzählungen von der Alhambra (Alhambra. Mythen und

Geschichten um das Traumschloss der Mauren), München 1982

Hermann Kesten: Ferdinand und Isabella, Berlin 1982

Maalouf, Amin: Leo Africanus, München 1988

Prosper Mérimée: Carmen, Frankfurt/M. 1978

James A. Michener: Iberia, München 1979

Antonio Munoz Molina: Stadt der Kalifen. Historische Streifzüge durch Cordoba, Reinbek 1994

Antonio Munoz Molina: Der polnische Reiter, Reinbek 1995

H. V. Morton: Spanien, München 1981

José Ortega y Gasset: Theorie Andalusiens, Stuttgart 1978

Zum Thema des Spanischen Bürgerkriegs stehen zahlreiche Werke zur Auswahl (Romane, Berichte, Tagebücher). Zu den auf republikanischer Seite beteiligten Schriftstellern gehören André Malraux, Ernest Hemingway, George Orwell, Arthur Koestler, Alfred Kantorowicz, Gustav Regler und Ludwig Renn.

■ Sachbücher zur Geschichte und Kulturgeschichte

Walther L. Bernecker, Klaus Dirscherl (Hrsg.): Spanien heute, Frankfurt 1998

Gerald Brenan: Südlich von Granada, Kassel 2001

Titus Burckhardt: Die maurische Kultur in Spanien, München 1981

Hans-Peter Burmeister (Hrsg.): Spanien – die Entdeckung einer europäischen Kultur, Rehburg-Loccum, 2. Aufl. 2002

Americo Castro: Spanien, Vision und Wirklichkeit, Stuttgart 1979

Jan Gibson: Lorcas Granada, Kassel 1995

Oleg Grabar: Die Alhambra, Köln 1981

Walter Haubrich: Spaniens schwieriger Weg in die Freiheit. Von der Diktatur zur Demokratie, 3 Bände, Berlin 1995/1997/2001

Werner Herzog: Spanien, Badenweiler 1988

Peter Hilgard: Der maurische Traum, Kassel 1997

Felix Hofmann (Hrsg.): Andalusische Ansichten, Kassel 1998

Sigrid Hunke: Allahs Sonne über dem Abendland, München 1987

Winfried Jenior: Tapas. Spezialitäten aus Spanien, Kassel 1991

Salvador de Madariaga: Spanien, Stuttgart 1979

Rolf Neuhaus: Fiestas, Kassel 1999

Franz Wördemann: Die Beute gehört Allah, Zürich 1986

National-und Naturparks

In Andalusien gibt es zwei große Nationalparks, die höchsten Schutz genießen: das Mündungsgebiet des Guadalquivier (Parque Nacional Coto de Donana, seit 1969, heute 50 000 ha) und Teile der Sierra Nevada (Parque Nacional Sierra Nevada seit 1999, 170 000 ha). Daneben existieren etwa 30 Naturschutzgebiete *(Reserva Natural)* um kleinere Seen und Feuchtgebiete herum sowie 30 Landschaftsschutzgebiete *(Paraje Natural)*, in denen auch Hotels, Restaurants und Campingplätze erlaubt sind. Neben den Badeküsten und den kulturell attraktiven Städten bilden sie die dritte Gruppe von Attraktionen für den Andalusien-Reisenden. Es locken außergewöhnliche Landschaften, seltene Flora und Fauna, sowie die Möglichkeit zum Wandern.

Die Naturschutzgebiete sind über ganz Andalusien verstreut und von unterschiedlicher Größe. Zusammen bilden sie mit 1,4 Mio. Hektar 16 % des andalusischen Territoriums.

Besonders besuchenswert: Sierra de Aracena y Picos de Aroche in der Sierra Morena (184 000 ha) nördlich von Sevilla in der Provinz Huelva, die Sierra de Grazalema (51 000 ha) im gebirgigen Südteil Andalusiens in der Provinz Cadiz, die Sierra de Cazorla und Sierras Segura y Las Villas , das Mündungsgebiet des Guadalquivier, im Nordosten Andalusiens gelegen und mit 214 000 ha Ausdehnung eines der größten Naturparks Spaniens (Provinz Jaen), Cabo de Gata-Nijar (26 000 ha) im Süden der Provinz Almeria , die Sierra Subbetica (31 000 ha) mit bizarren Gesteinsformationen und schönen Dörfern in der Umgebung in der Provinz Cordoba und die Sierra de las Nieves (16 000 ha) in der Provinz Malaga im Gebirge zwischen Marbella und Ronda.

Notfälle

Allgemeiner Notruf: Policia Nacional: Tel. 0 91
Stadtpolizei (Policia Municipal): Tel. 0 92
Deutsches Konsulat in Sevilla: Tel. 954 45 78 11.

In den größeren Städten wie Sevilla und Malaga niemals Gepäck im Auto lassen, weder sichtbar noch verschlossen im Kofferraum. Nach wie vor werden vielfach Autos aufgebrochen!

Öffnungszeiten

Banken: Mo–Fr 9–14 Uhr, Sa 9–13 Uhr.
Museen: Di–So 9–14 Uhr, mancherorts außerdem 16–18 Uhr. Mo ist Ruhetag. Stark besuchte Sehenswürdigkeiten wie die Alhambra in Granada oder der Alcázar in Sevilla sind ganztägig – ohne Mittagspause – zugänglich, meist von 9–18 Uhr. Die Kathedralen, auch die Mezquita in Córdoba, kann man schon am frühen Morgen besuchen. Speziell für Touristen interessante Dependancen, wie Schatzkammern o. ä., sind in aller Regel erst ab 11 Uhr vormittags geöffnet und dann von ca. 13–16 Uhr geschlossen.
Geschäfte sind während der Mittagszeit – im Sommer meist 14–17 Uhr, im Winter 13–16 Uhr – geschlossen.

Post

Postämter *(correos)* sind in der Regel an Werktagen vor- und nachmittags geöffnet (samstags bis 12 Uhr).

Briefmarken *(sellos)* bekommt man auch in den Tabakläden (gelbbraunes Schild: *tabaco)*. Briefe heißen *cartas,* Postkarten *postales.* Adressen sind mit dem jeweiligen Bestimmungsland zu versehen: Ale-

mania = Deutschland, Austria = Österreich, Suiza = Schweiz.

Briefkästen (gelb) besitzen oft einen besonderen Einwurfschlitz für Auslandspost *(extranjero)*.

Postlagernde Sendungen kann man an einem Extraschalter des Postamtes abholen (mit Pass oder Personalausweis). Der Name sollte unbedingt wie im Personalausweis lauten. Erforderlich ist der Hinweis ›Lista de correos‹.

Preisniveau

Andalusien ist insgesamt teurer geworden. Aber das Angebot hat sich andererseits wesentlich verbessert und auf den unterschiedlichen Qualitätsniveaus, die auch Preisniveaus sind, ausdifferenziert. Es gibt nach wie vor sehr preiswerte Pauschalreisen. Essengehen gehört in Andalusien zu den zentralen Vergnügungen des Lebens, das der Reisende mit dem Einheimischen teilt. In diesem Bereich haben die Preise in den Restaurants angezogen, wenn auch der Wein zum Essen nach wie vor günstiger im Preis ist als in Frankreich oder Italien. Die einfachen Tagesmenüs sind in der Regel nach wie vor preisgünstig. Lederarbeiten, Taschen und Schuhe, sind sowohl vom Preis wie von der Qualität her besonders empfehlenswert.

Reisezeit und Kleidung

Andalusiens Klima ist von heißen Sommern und milden, mehr oder weniger feuchten Wintern geprägt. Da die Mittelmeerküste durch den vorgelagerten Gebirgsgürtel der Betischen Kordillere geschützt ist, kann es hier noch im Winter so warm sein wie an mitteleuropäischen Frühlingstagen. Es gibt keine feste Regenzeit, dennoch muss man von Ende Oktober bis Anfang April mit Niederschlägen rechnen.

Im Gebirge hinter der Mittelmeerküste bringt der Winter Frost und in den höheren Lagen Schnee mit sich. Granada liegt im Schatten der schneebedeckten Sierra

Nevada und erlebt aufgrund seiner Höhenlage nicht nur im Winter, sondern auch im Frühjahr und im Herbst außerordentlich kühle Tage. Der Sommer ist überall in Andalusien heiß, aber es gibt regionale Unterschiede. In der Ebene des Guadalquivir ist die Sommerhitze kaum zu ertragen, heiß wird es auch in der Wüstengegend um Almería. Unbeständiger und kühler ist es dagegen an der Atlantikküste. Im Sommer wehen hier manchmal heftige heiße Winde, die aus den Wüsten Nordafrikas über das Meer kommen. Frühjahr und Herbst sind die angenehmsten Jahreszeiten. Im Frühjahr (bis Anfang Juli) ist die Region grün und von Blumen übersät. Für einen Besuch Andalusiens im Herbst sprechen die angenehmen Wassertemperaturen, die zum Baden einladen, und das verhältnismäßig zuverlässige, milde Klima.

Da es in Andalusien die meiste Zeit des Jahres warm ist, braucht man leichte Kleidung. Wer Ausflüge ins Gebirge unternimmt und wer sich im Winter oder Frühjahr etwa in Granada oder Ronda aufhält, benötigt einen Pullover. Regenkleidung sollte man keinesfalls vergessen, falls man zwischen Mitte Oktober und Anfang Mai reist. Männern in Shorts und Frauen in ›freizügiger‹ Kleidung werden oftmals der Eintritt in Kirchen verwehrt.

Sicherheit

Diebstahlgefahr besteht vorwiegend in größeren Städten und Touristenzentren, kaum aber auf dem Lande. Sinnvoll ist in jedem Fall der Abschluss einer Diebstahlversicherung, z. B. bei einem Reisebüro.

Autofahrer sollten auf jeden Fall das Autoradio ausbauen und kein Gepäck sichtbar im Innenraum des Wagens liegen lassen.

Souvenirs

Zu beliebten Souvenirs gehören Lederarbeiten, Decken und Teppiche (Grazalema), Keramik (Sevilla), Silberschmuck (Cordoba), Intarsienarbeiten und Gitarren (Granada).

Stierkampf

Die Stierkampfsaison wird nach Ostern eröffnet. Der Beginn der Vorstellungen ist unterschiedlich. Im Frühjahr 18 Uhr, im Sommer 20 Uhr jeweils sonntags. Sie dauern etwa zwei Stunden. Karten erhält man an der Stierkampfarena *(Plaza de toros)*. Die billigeren Plätze liegen auf der Sonnenseite *(sol)*, die der mittleren Preislage teils in der Sonne, teils im Schatten *(sol y sombra)* und die teuersten im Schatten *(sombra)*.

Ronda gilt als Geburtsort des spanischen Stierkampfes (vgl. auch S. 158 f.), aber die schönste und berühmteste Arena Andalusiens besitzt Sevilla mit seiner Maestranza.

Telefon

Gespräche aus Spanien: Vorwahl ist 00, Pfeifton abwarten, dann 49 für Deutschland, 43 für Österreich oder 41 für die Schweiz wählen und danach die Ortsvorwahl ohne die Null und die Nummer des Teilnehmers.

Gespräche nach Spanien: 0034, dann die neunstellige Nummer des Teilnehmers wählen.

Man kann für alle Gespräche innerhalb Spaniens den gewöhnlichen Münzfernsprecher benutzen, sollte aber reichlich 20-Cent-Münzen dabei haben. Bequemer, aber auch teurer ist es, von staatlichen Telefonämtern *(Telefónica)* aus anzurufen. Es gibt sie in den größeren Städten und in den Touristenzentren.

Inzwischen bieten die meisten öffentlichen Telefonapparate sowohl die Möglichkeit der Münzbedienung wie die Nutzung einer Telefonkarte *(tarjeta de telefono)*, die man in den Tabakläden bekommt.

Handybenutzer können sich unter ihrer Nummer in Spanien anrufen lassen und auch von dort aus telefonieren. Der Anrufer aus Deutschland, Österreich oder der Schweiz zahlt die Gebühren bis zur Grenze, die Kosten für die Weiterleitung des Gesprächs nach Spanien zahlt der Handy-Benutzer. Problemlos möglich ist auch die

Aufzeichnung der Anrufe auf einer mailbox. Mit einer persönlichen Kenn-Nummer können die aufgelaufenen Nachrichten abgehört werden. Für Anrufe aus Spanien gelten die gleichen Vorwahlen wie für das Festnetz. Wer den Umweg über das heimische Netz vermeiden will, kannn auch eine Telefonkarte *(MoviStar activa)* in den Läden der Telefonica erwerben, die man wieder aufladen kann.

Trinkgeld

Bedienungsgelder sind in Restaurants zumeist inbegriffen. Dennoch ist es üblich, wenn man zufrieden war, bis zu 10 % Trinkgeld zu geben. Man lässt es nach Erhalt des Wechselgeldes zumeist auf dem Tisch oder auf der Schale mit der Rechnung liegen.

Unterkunft

Andalusien wird jährlich von 12 Mio. Gästen besucht, von denen rund 40 % aus dem Ausland kommen. Die 1,5 Mio. deutschen Touristen bilden nach den Engländern die zweitgrößte Besuchergruppe. Zwei Drittel von ihnen zieht es ausschließlich zur Sonne und zum Strand, und hier in erster Linie an die Costa del Sol. Aber die Atlantikküste (Costa de la Luz) und die Costa de Almería haben in den letzten Jahren hohe Zuwachsraten an Besuchern zu verzeichnen; auch der Tourismus im Innern des Landes wächst. Er betrifft nicht nur die attraktiven Städte, sondern auch den ländlichen Raum.

Bei den Tourismus-Büros in Andalusien oder den spanischen Fremdenverkehrsämtern in Deutschland, Österreich oder der Schweiz erhält man auf Anfrage kostenlose Broschüren mit einem Überblick über Hotels, andere Unterkünfte sowie Campingplätze (Adressen, Preise und Qualitätseinstufung).

Neben Hotels gibt es zahlreiche *Pensiones, Hostales* und *Residencias.* Außerdem werden von privat *Camas* (Betten) und *Habitaciones* (Zimmer) angeboten. Die einfachsten Unterkünfte heißen *Fondas.* Zu den exklusivsten Übernachtungsmöglichkeiten zählen die **Paradores** (staatliche Hotels, s. u.).

Wer billiger wohnen möchte, wird eines der zahlreichen *Hostales* wählen, die man meistens auch in den alten Stadtvierteln findet. Häufig lernt man auf diese Weise zugleich die traditionelle Wohnform in den andalusischen Städten kennen: Die Zimmer sind um einen Patio angelegt und werden im ersten und zweiten Stockwerk von einer Galerie aus betreten. Die sanitären Einrichtungen sind einfach, die Betten oft zu kurz, lärmende Stimmen im Hof lassen keine romantische Stimmung aufkommen. Dennoch, zumindest einmal sollte man in einem *Hostal* übernachten. Die Höchstpreise sind je nach Standard staatlich festgelegt. Bei der Rezeption sind die Übernachtungspreise angeschlagen, häufig nach Haupt-, Mittel- und Nachsaison unterschieden. Hotelpreise werden meist ohne Mehrwertsteuer (IVA 7%) angegeben und enthalten zumeist kein Frühstück.

Überall an der andalusischen Mittelmeerküste gibt es ein großes Hotelangebot. Irgendeine Unterkunft findet man hier immer. An der Atlantikküste finden sich eher *Hostales* und auch Apartments für Familien sowie schön gelegene Campingplätze. Einen **Camping-Führer** in deutscher Sprache erhält man beim ADAC.

Urlaub auf dem Lande wird immer beliebter. Die Infrastruktur hierfür ist in den letzten Jahren erheblich verbessert worden. Man kann zwischen einfachen Landhäusern, einen Höhlenwohnung in Guadix, einer Wohnung in einem der weißen Dörfer und luxuriösen Herrschaftssitzen wählen, z. B. im Angebot von RAAR (s. u.). Ausschließlich gehobenen Ansprüchen dient Estancias de Espana, Menendez Pidal 31, 28036 Madrid, Tel. 913 45 41 41, Fax: 913 45 51 74, infor@estanciases.es, www.esstanciases.es. Angeboten wird die Luxus-Finca und das umgebaute Schloss sowie der Luxuszug Al Andals (s. o.)

■ Ferienanlagen und Landhäuser
Unter der Bezeichnung ›**Alojamientos Rurales en Andalucía**‹ bietet ein Netz-

werk privater Anbieter eine Palette verschiedener reizvoller Unterkünfte auf dem Land an – vom Camping auf dem Bauernhof über kleine Herbergen (vor allem für kleine Gruppen), einzelne Zimmer, kleine Häuschen inmitten der Natur bis hin zu Höhlenwohnungen und luxuriösen Haciendas. Recht neu ist das Bonus-System ›Andalucía natural‹, das einem erlaubt, mittels eines Gutscheins eine mindestens zweiwöchige Reise durchs ländliche Andalusien zu unternehmen (nicht in der Hauptsaison) und dabei die Unterkünfte (Übernachtung mit Frühstück) zu wechseln. Der Qualitätsstandard der Angebote ist unterschiedlich und wird nach drei Kategorien mit dem Gütesiegel der Olive bewertet.

Informationen mit rund 400 konkreten Angeboten erhält man in der Hauptstelle in Almería: **Red Andaluza de Alojamientos Rurales (RAAR),** Apdo. 2035, 04080 Almería, Tel. 950 26 50 18, Fax 950 27 16 78 sowie in der Zweigstelle in Sevilla, Fax 954 56 00 03.
Weitere Adressen und Informationsmöglichkeiten unter info@raar.es, www.raar.es.

Die Unterkünfte können auch über die üblichen Reiseagenturen direkt bei den einzelnen Anbietern oder bei der Zentralstelle (wo auch in deutscher Sprache Auskunft erteilt wird) reserviert werden:
Central de Reservas,
Tel. 902 44 22 33, Fax 950 27 16 78.

Inzwischen gibt es **Villas Turisticas** (Ferienanlagen) in jeder Provinz Andalusiens. Auskünfte und Prospektmaterial gibt es bei der
Junta de Andalucía, Turismo Andaluz, Carretera Nacional 340,
29600 Marbella,
Tel. 952 83 87 85, Fax 952 83 63 69.

■ Paradores

Paradores zählen zu den edelsten Übernachtungsmöglichkeiten: Sie bieten meist eine hervorragende Lage, eine stilvolle Einrichtung, guten Service und ausgezeichnetes Essen zu angemessenen Preisen. Die Zentrale für die Reservierung von Unterkünften in den spanischen Paradores Nacionales befindet sich in Madrid:

Central de Reservas
Velázquez 18
28001 Madrid
Tel. 914 35 97 00

Buchungs- und Beratungsstelle in Deutschland
… für Individualreisende:
IHR-Ibero-Hotel-Reservierung
Steinstr. 21
40210 Düsseldorf
Tel. 02 11/8 64 15 20, Fax 32 65 54

… für Gruppen:
IHR Ibero-Hotel-Reservierung
Berliner Allee 22
40212 Düsseldorf
Tel. 02 11/32 82 12, Fax 32 86 60

Adressen vor Ort:
Antequera
P. N. de Antequera
29200 Antequera (Málaga)
Tel. 952 84 02 61, Fax 9 52 84 09 91

Arcos de la Frontera
P. N. Casa del Corregidor,
Plaza de España
11630 Arcos de la Frontera (Cádiz)
Tel. 956 70 05 00, Fax 9 56 70 11 16

Ayamonte
P. N. Costa de la Luz, El Castillito
21400 Ayamonte (Huelva)
Tel. 959 32 07 00, Fax 955 32 07 00

Bailén
P. N. de Bailén, Avenida de Málaga
23710 Bailén (Jaén)
Tel. 953 67 01 00, Fax 953 67 25 30

Carmona
P. N. Alcázar del Rey Don Pedro
41410 Carmona (Sevilla)
Tel. 954 14 10 10, Fax 954 14 17 12

Cazorla
P. N. El Adelantado
23470 Cazorla (Jaén)
Tel. 953 72 10 75, Fax 953 72 10 75

Córdoba
P. N. La Arruzafa
Avenida de la Arruzafa
14000 Córdoba
Tel. 957 27 59 00, Fax 957 28 04 09

Granada
P. N. San Francisco
Alhambra, 18009 Granada
Tel. 958 22 14 40, Fax 958 22 22 64

Jaén
P. N. de Santa Catalina
23001 Jaén
Tel. 953 26 44 11, Fax 953 26 44 11

Málaga
P. N. Gibralfaro
29016 Málaga
Tel. 952 22 19 03, Fax 952 22 19 02

Mazagón
P. N. Cristóbal Colón
21130 Mazagón (Huelva)
Tel. 959 37 60 00, Fax 955 37 60 00

Mojácar
P. N. de los Reyes Católicos
04638 Mojácar (Almería)
Tel. 950 47 82 50, Fax 951 47 81 83

Nerja
P. N. de Nerja,
29780 Nerja (Málaga)
Tel. 952 52 00 50, Fax 952 52 19 97

Sierra Nevada
P. N. de Sierra Nevada
18193 Monachil (Granada)
Tel. 958 48 02 00, Fax 958 48 02 12

Torremolinos
P. N. del Golf
29620 Torremolinos (Málaga)
Tel. 952 38 12 55, Fax 952 38 21 41

Úbeda
P. N. Condestable Dávalos
Plaza de Vázquez Molina 1
23400 Úbeda (Jaén)
Tel. 953 75 03 45, Fax 953 75 12 59

■ Jugendherbergen

Albergues Juveniles gibt es u. a. in Sevilla, Granada, Córdoba, Almería und Marbella. Es gibt keine Altersbegrenzung. Ein Jugendherbergsausweis wird in der Regel benötigt, kann aber an Ort und Stelle erworben werden. Adressen, Informationen und Voranmeldung bei:
Red de Albergues Juveniles de Andalucía (Inturjoven),
Mino 24, 41011 Sevilla,
Tel. 954 99 04 55, Fax 954 99 04 34,
www.inturjoven.com.

Verkehrsmittel

■ Bahn

Bahnfahren ist innerhalb Spaniens preiswert. Das Streckennetz in Andalusien ist allerdings nur unzureichend ausgebaut. Vielerorts muss man vom Zug auf den Autobus umsteigen, um in kleinere Städte und Dörfer zu gelangen. Dennoch, die Fahrt mit der Bahn ist eine empfehlenswerte Reiseform. Man kann bereits auf deutschen Bahnhöfen eine Touristenkarte kaufen. Diese Netzkarte gilt für alle Strecken der staatlichen spanischen Eisenbahngesellschaft RENFE. Für acht Tage kostet das Ticket 80 €, für 14 Tage 130 €. Jugendliche unter 26 Jahren können mit dem Interrail-Ticket (264 bzw. 370 €) bis zu vier Wochen lang alle ausländischen Züge benutzen.

Knotenpunkt der andalusischen Bahnverbindungen ist Bobadilla im Zentrum Andalusiens. Von hier aus führen die Strecken sternförmig zu den wichtigen andalusischen Städten. Allerdings ist das Netz nicht geschlossen. So gibt es beispielsweise keine Zugverbindung zwischen Jaén und Granada. Die Zugverbindungen führen bis auf eine Ausnahme durchs Land und nicht an der Küste entlang. Die Ausnahme sind die so genannten Cercanias an der mittleren Costa del Sol, die von Malaga bis Fuengirola an der Mittelmeerküste entlangfahren.

Es gibt Regionalzüge (Regional), die in jeder Ortschaft halten und den Andalucia Expres, der seltener hält und entsprechend schnell ist. Schnellzüge (Talgo oder T 200) fahren auf den Linien Madrid – Malaga – Torremolinos – Fuengirola oder aber Madrid – Cordoba – Huelva bzw. Madrid – Cordoba – Sevilla – Cadiz. Zwischen Madrid und Sevilla (einzige Zwischenstation: Cordoba) fährt auch der Hochgeschwindigkeitszug AVE (Alta Velocidad Espanola) auf einer extra zur Weltausstellung von Sevilla 1992 fertig gestellten Bahntrasse.

Da der Hochgeschwindigkeitszug AVE zwischen Madrid und Sevilla (weniger als 3 Std. Fahrzeit) auch in Córdoba hält, ist eine Zugfahrt zwischen Sevilla und Córdoba (41 Min.) aus Gründen der Schnelligkeit und Bequemlichkeit (ohne Parkplatzsorgen) zu empfehlen.

Eine Besonderheit ist der **Al Andalus Expreso,** ein luxuriöser Hotelzug mit Restaurants, Salon- und Spielwagen. Jeder einzelne Wagen ist ein Schmuckstück der Belle Epoque, sorgfältig restauriert und mit modernstem Komfort versehen. Die Schlafabteile haben Bad und Dusche. Die Fahrt mit dem Al Andalus Expreso dauert eine Woche. Die Reise beginnt, je nach Wunsch, in Madrid oder Sevilla und führt durch die schönsten Landschaften Andalusiens. Die zugeigenen Restaurants führen die Breite und Qualität der andalusischen Küche vor. Stadtbesichtigungen in Sevilla, Cordoba, Ubeda, Baeza, Granada und Ronda sowie Jerez de la Frontera werden von speziell ausgebildeten Führern geleitet. Pro Person im Doppelabteil: 2440–2820 €. Detaillierte Information im Internet unter www.alandalusexpreso.com.

Bus

Busse sind das verbreitetste und preiswerteste öffentliche Verkehrsmittel. In der Regel überwinden sie größere Strecken außerdem in kürzerer Zeit als die Eisenbahnen. Die meisten Städte besitzen einen zentralen Busbahnhof *(estación de autobuses),* von dem die verschiedenen Gesellschaften starten. In einigen Orten verfügen die Busunternehmen jeweils über einen eigenen Bahnhof. Auch den städtischen Nahverkehr bestreiten Busse. Einzelfahr-

scheine verkauft der Fahrer; günstiger sind Mehrfachfahrkarten.

Für längere Überlandfahrten sollte man den *Directo* wählen, der ohne Zwischenstops das Ziel ansteuert. De*r Ruta* dagegen hält viele Male und ist daher deutlich langsamer. Häufig wechseln die Fahrpläne und Abfahrtszeiten. Man erkundige sich entweder direkt an den Bahnhöfen, wo man auch manchmal *horarios* (Fahrpläne) bekommt, oder bei den Tourismus-Büros.

Flugzeug

Andalusien ist durch die spanische Fluggesellschaft Iberia und deren Tochtergesellschaften Aviaco und Binter Mediterránea an das innerspanische Streckennetz angebunden. Flughäfen gibt es in Almería, Córdoba, Granada, Jerez de la Frontera, Málaga und Sevilla, wobei Almería, Málaga und Sevilla an das internationale Flugliniennetz angeschlossen sind.

Taxi

Taxifahren ist in Andalusien noch immer recht preisgünstig. Der zu zahlende Betrag wird anhand eines Taxameters berechnet. Hinzu kommen gegebenenfalls Aufschläge für Nacht- und Sonntagsfahrten, für Flughafentaxis, Koffertransport u. ä. Die Taxis sind weiß, eine grüne Lampe auf dem Dach signalisiert Fahrbereitschaft.

Mietwagen

Wer nach Andalusien fliegt, dann aber nicht auf die Entdeckung des Landes mit Hilfe eines Automobils verzichten möchte, hat die Möglichkeit, schon im Flughafen bei einem der zahlreichen Anbieter ein Fahrzeug zu mieten. Man kann zwischen verschiedenen Klassen und Tarifen wählen, die sich nach der Ausleihzeit und/oder nach gefahrenen Kilometern richten. Das Leihauto bietet den Vorteil, ›nervenschonender‹ reisen zu können, denn das spanische Nummernschild schützt eher vor Diebstählen als ein ausländisches.

Der Zustand der Straßen in Andalusien ist gut. Im Zusammenhang mit der EXPO '92 ist das Straßennetz erheblich verbessert worden. Die meisten großen Städte sind neuerdings durch Autobahnen oder

großzügig angelegte Autostraßen miteinander verbunden. Auch die Verbindungen zu den Metropolen Madrid und Barcelona sind gut.

Zeit

In Andalusien gilt die Mitteleuropäische
Zeit (MEZ). Ende März bis Ende September
wird auf die Sommerzeit umgestellt.

Zeitungen und Zeitschriften

In den großen Städten, aber auch in den
Touristenzentren der Costa del Sol oder an
der Küste Almerías bekommt man die
großen deutschsprachigen Tagesblätter
manchmal noch am selben Tag: Dies gilt
für die FAZ, die Süddeutsche Zeitung und
die NZZ. Die linksliberale spanische Tageszeitung El Pais wird ebenso überall ausgelegt wie die konservative El Mundo.

In Sevilla sollte man sich das Stadtma-
gazin »Ocio« besorgen; darin sind Informationen zu sämtlichen Veranstaltungen
für das Tages- und Abendprogramm versammelt.

An der Costa del Sol gibt es eine eigene
Tageszeitung in deutscher Sprache. Darin
sind auch die Frequenzen und Sendezeiten
für deutschsprachige Hörfunkprogramme
angegeben.

Glossar

Ajimez: Zwillingsfenster mit mittlerer Säule

Alfiz: rechteckiger Schmuckrahmen um Portale, Fenster oder Bögen

Alcázar: maurisches Schloss oder Burg

Alcazaba: maurische Zitadelle

Artesonado: ornamentierte Decke, oft aus verschiedenen farbig unterlegten Hölzern

Azulejo: glasierte Kachel (von arab.: al-zu-laich)

Barrio: Stadtteil

Bodega: Weinkeller, Weinschenke

Churrigueresco: übersteigerte Variante des spanischen Barock

Comuneros: Spanische Bürger und Adlige, die gegen Karl V. rebellierten

Converso: zum Christentum übergetretener Jude

Coro: Choranlage inmitten des Längsschiffs spanischer Kathedralen

Cueva: Höhle

Emir: Titel arabischer Stammesfürsten

Hispano-Romanen: Bezeichnung für Nachkommen aus der Verbindung von Einheimischen und Römern

Judería: ehemaliges VierTel. der spanischen Juden

Kalif: Nachfolger Mohammeds, höchster politischer und religiöser Führer im Islam

Lonja: Börse

Mauren: christliche Bezeichnung für alle Muslime in Spanien und Nordafrika

Mihrab: nach Mekka ausgerichtete Gebetsnische in Moscheen

Moriske: zum Christentum übergetretener Maure

Mozaraber: unter arabischer Herrschaft lebende Christ in Spanien

Mudéjar: unter christlicher Herrschaft lebender Maure

Mudéjar-Stil: Bau- und Dekorationsstil maurischer Künstler und Handwerker in Spanien, der etwa vom 14. bis 16. Jh. verbreitet war. In den meist für christliche Auftraggeber errichteten und geschmückten Gebäuden verbinden sich spätgotische Formensprache und islamische Gestaltungskunst.

Muquarnas: Hohlformen, die zur Verzierung von Gewölben benutzt werden (Stalaktitengewölbe)

Parador: staatliche Hotels in Spanien, häufig in historischen Bauten

Pasos: holzgeschnitzte, farbige Figuren oder Figurengruppen, die Szenen aus der Passion Christi darstellen. Sie werden während der Karwoche auf Tragebühnen durch die Straßen getragen.

Plateresker Stil: feine, an Filigranschmuck erinnernde Dekorationskunst der spanischen Renaissance (span.: platero = Silberschmied)

Reconquista: Rückeroberung der von den Mauren beherrschten Gebiete Spaniens zwischen dem 8. und dem Ende des 15. Jh.

Reja: schmiedeeisernes Ziergitter

Retablo: Altaraufsatz (Retabel)

Romería: Wallfahrt, Prozession

Tapas: in Bars erhältliche Appetithappen

Taifa: maurisches Kleinkönigreich nach dem Zerfall des Kalifats in Andalusien

Vega: fruchtbare Ebene, die durch den Einsatz von Bewässerungssystemen für den Gemüse- und Obstanbau genutzt wird

Virgen: Jungfrau; Maria

Zoco: basarartiger Markt

Abbildungs- und Quellennachweis

Archiv für Kunst und Geschichte, Berlin:
28/29, 33, 37, 59, 83, 84, 233

Manuel Garcia Blázquez, Madrid: Umschlagrückseite

Hans-Peter Burmeister, Bremen: Titelseite, S. 5 (beide), 6 (oben), 13 (o. r.), 15, 19, 45, 51 (oben), 52/53, 55, 57, 60, 94, 103, 111, 132/133, 142/143, 146/147, 150/151, 155, 163, 174/175, 177, 179, 184/185, 186, 190, 191, 197, 200/201, 226/227, 235, 237, 241, 272/273, 277, 279, 290, 291, 295, 296/297, 300, 303, 314, 318

Fernando Gutiérrez de Madariaga, Köln: S. 244/245

Okapia Bildarchiv, Frankfurt: 74/75 (Winfried Wisniewski)

Jürgen Paeger, Bochum: S. 14, 73, 123

Ullstein Bilderdienst, Berlin: 31

Erika van der Meulen, Hürth: S. 4 (unten), 105, 119, 126/127, 156

Whitestar, Hamburg: Umschlaginnenklappe, 15, 20, 23, 25, 51 (Mitte), 76/77, 79, 89, 90/91, 99, 113, 115, 124, 137, 159, 164/165, 173, 181, 182/183, 207, 209, 213, 214, 224/225, 228/229, 240, 242/243, 253, 254, 262/263, 266/267, 268, 269,

270, 280, 281, 282/283, 284, 285, 286, 317/318; S. 10/11, 12/13, 13 (oben li.), 38, 41 (Monika Gumm); S. 2 (unten), 9, 18, 21, 188/189, 212 (Jörg Steinert)

Thomas Peter Widmann, Regensburg: S. 2 (oben), 3 (oben), 5 (unten), 13 (u. r.), 42, 46/47, 51 (unten), 66, 68, 70, 80/81, 97, 98, 106, 107, 109, 115, 118/119, 120/121, 131, 135, 138, 144/145, 160, 168, 170/171, 172, 192/193, 198, 203, 210, 216/217, 221, 223, 246, 248/249, 251, 256/257, 259, 264, 268, 288, 289, 292/293, 306, 308/309, 311, 312

Textquellen
S. 117 f.: J. Jahn, Der arabische Liebesdiwan, Bärmeier & Nikel, Frankfurt/M. 1986

S. 206: Rafael Alberti, Der verlorene Hain, Suhrkamp-Verlag, Frankfurt/M. 1985

S. 260: Théophile Gautier, Reise in Andalusien, Büchergilde Gutenberg, Frankfurt/M. 1977

Karten und Pläne
DuMont Buchverlag, Köln

Abbildungsnachweis

376

Register

◼ Personenregister

Abd ar-Rahman I.   39, 298, 309
Abd ar-Rahman II. (Emir von Córdoba)
   310
Abd ar-Rahman III. (Kalif von Córdoba)
   27, 39, 129, 298, 313
Abdias (Prophet)   30
al-Hakam II. (Kalif)   298
al-Mansur   **298,** 309, 312
Alberti (Familie)   206
Alberti, Rafael   195, 206
Aleixandre, Vincente   116
Alfons X., genannt der Weise (König von
   Kastilien), Sohn von Ferdinand III.   30,
   39, 44, 210, 219, 231, 261
Alfons XI. (König)   288, 310
Alfons XIII. (König)   35
Ali (König)   59
Aquin, Thomas von   301
Arfe, Enrique de   205, 261
Arfe, Juan de   261
Aristoteles   27f., 301
Atlas   230
Augustus (römischer Kaiser)   296
Austria, Don Juan de (Prinz)   40, **247,** 250
Averroës   299, **300f.,** 302

Baal (Gott)   158
Bartolomé   88
Beatrix von Schwaben, Frau von Ferdi-
   nand III.   261
Bianca de Borbón, Frau von Peter dem
   Grausamen   220
Bizet, Georges   233
Boabdil (König)   112f.
Borgoña, Felipe de   89
Botticelli, Sandro   93
Bouts, Dierk   93
Brancati, Vitaliano   234
Byron, George G. N. (Lord)   195, 234

Calderóra   34
Campaña, Pedro de   261

Cano, Alonso   94f., 96, 144, 205, 258
Caravaggio, Michelangelo da   270
Carlos I.   s. Karl V.
Carmen   231, 232f.
Cäsar, Julius   230, 289, 296, 316
Castaños (General)   65
Castillo, Juan del   270
Cervantes, Miguel de   61, 157, 188, **247,**
   307, 315f.
Chateaubriand   10
Churriguera, José   211
Cisneros (Kardinal)   96
Claude Lorrain   271
Colón, Hernando   258
Coreggio   271
Cortés, Hernán   240, 261
Cosa, Juan de   211
Cranach   271

Dädalus   158
Dancart, Pieter   260
Dante Alighieri   196, 301
Domecq (Familie)   206
Don Juan   231, **234f.,** 250
Dostojewskij, Fjodor M.   251
Drake, Sir Francis   206
Dupont de l'Etang, Pierre (General)   65
Dyck, Anthonis van   271

Eiffel   207
El Cid   29, 246
El Cordobés   305
El Greco   34, 96, 270
Elcano, Sebastián   212
Essex (Graf)   198
Euklid   301
Europa   158
Eyck, Jan van   202

Falla, Manuel de   **205,** 224, 225
Fancelli, Domenico   88
Ferdinand III., genannt der Heilige (König
   von Kastilien)   55, 58, 71, 82, 231, 250,
   261

■ Ortsregister

Register

Bitte schreiben Sie uns, wenn sich etwas geändert hat!
Alle in diesem Buch enthaltenen Angaben wurden vom Autor nach bestem Wissen erstellt und von ihm und dem Verlag mit größtmöglicher Sorgfalt überprüft. Gleichwohl sind – wie wir im Sinne des Produkthaftungsrechts betonen müssen – inhaltliche Fehler nicht vollständig auszuschließen. Daher erfolgen die Angaben ohne jegliche Verpflichtung oder Garantie des Verlages oder des Autors. Beide übernehmen keinerlei Verantwortung und Haftung für etwaige inhaltliche Unstimmigkeiten. Wir bitten daher um Verständnis und werden Korrekturhinweise gerne aufgreifen:
DuMont Reiseverlag, Postfach 10 10 45, 50450 Köln
E-Mail: info@dumontreise.de

Umschlagvorderseite: Andalusierinnen während der Feria de Abril in Sevilla
Umschlaginnenklappe: Blumengeschmückter Innenhof in Córdoba
Umschlagrückseite: Weißes Dorf im Hinterland der Costa del Sol

Über den Autor: Hans-Peter Burmeister, geboren 1949, studierte Kunstgeschichte, Literatur- und Religionswissenschaft. Seit 20 Jahren bereist er Spanien; er arbeitet als Publizist und ist Mitarbeiter der Akademie Loccum. In unserem Verlag erschienen von ihm außerdem das Reise-Taschenbuch ›Extremadura‹ sowie die Kunst-Reiseführer ›Zentralspanien und Madrid‹ und ›Portugal‹.

© DuMont Reiseverlag
5., aktualisierte Auflage 2002
Alle Rechte vorbehalten
Satz und Druck: Rasch, Bramsche
Buchbinderische Verarbeitung: Bramscher Buchbinder Betriebe

Printed in Germany   ISBN 3-7701-3481-8